L'ORDRE PHILOSOPHIQUE

COLLECTION DIRIGÉE PAR FRANÇOIS WAHL

TEMPS
ET RÉCIT

DU MÊME AUTEUR

AUX MÊMES ÉDITIONS

Gabriel Marcel et Karl Jaspers
Philosophie du mystère et philosophie du paradoxe

Karl Jaspers
et la philosophie de l'existence
en collaboration avec M. Dufrenne

Histoire et vérité
troisième édition augmentée de quelques textes

De l'interprétation
essai sur Freud

Le Conflit des interprétations

La Métaphore vive

CHEZ D'AUTRES ÉDITEURS

Philosophie de la volonté
I. Le volontaire et l'involontaire
II. Finitude et culpabilité
1. *L'homme faillible*
2. *La symbolique du mal*
(Aubier)

Idées directrices pour une phénoménologie
d'Edmond Husserl
Traduction et présentation
(*Gallimard*)

Quelques figures contemporaines
*Appendice à l'*Histoire
de la philosophie allemande, *de E. Bréhier*
(*Vrin*)

PAUL RICŒUR

TEMPS ET RÉCIT

TOME I

ÉDITIONS DU SEUIL
*27, rue Jacob, Paris VIe*

A la mémoire de
Henri-Irénée Marrou

ISBN 2-02-006372-7 (édition complète).
ISBN 2-02-006365-4 (vol. I).

Avant-propos

La Métaphore vive et *Temps et Récit* sont deux ouvrages jumeaux : parus l'un après l'autre, ils ont été conçus ensemble. Bien que la métaphore relève traditionnellement de la théorie des « tropes » (ou figures du discours) et le récit de la théorie des « genres » littéraires, les effets de sens produits par l'une et par l'autre relèvent du même phénomène central d'innovation sémantique. Dans les deux cas, celle-ci ne se produit qu'au niveau du discours, c'est-à-dire des actes de langage de dimension égale ou supérieure à la phrase.

Avec la métaphore, l'innovation consiste dans la production d'une nouvelle pertinence sémantique par le moyen d'une attribution impertinente : « La nature est un temple où de vivants piliers... » La métaphore reste *vive* aussi longtemps que nous percevons, à travers la nouvelle pertinence sémantique — et en quelque sorte dans son épaisseur —, la résistance des mots dans leur emploi usuel et donc aussi leur incompatibilité au niveau d'une interprétation littérale de la phrase. Le déplacement de sens que les mots subissent dans l'énoncé métaphorique, et à quoi la rhétorique ancienne réduisait la métaphore, n'est pas le tout de la métaphore ; il est seulement un moyen au service du procès qui se situe au niveau de la phrase entière, et a pour fonction de sauver la nouvelle pertinence de la prédication « bizarre » menacée par l'incongruité littérale de l'attribution.

Avec le récit, l'innovation sémantique consiste dans l'invention d'une intrigue qui, elle aussi, est une œuvre de synthèse : par la vertu de l'intrigue, des buts, des causes, des hasards sont rassemblés sous l'unité temporelle d'une action totale et complète. C'est cette *synthèse de l'hétérogène* qui rapproche le récit de la métaphore. Dans les deux cas, du nouveau — du non encore dit, de l'inédit — surgit dans le langage : ici la métaphore *vive*, c'est-à-dire une nouvelle pertinence dans la prédication, là une intrigue *feinte*, c'est-à-dire une nouvelle congruence dans l'agencement des incidents.

Dans l'un et dans l'autre cas, l'innovation sémantique peut être rapportée à l'imagination productrice et, plus précisément, au schématisme qui en est la matrice signifiante. Dans les métaphores neuves, la naissance d'une nouvelle pertinence sémantique montre à merveille ce que peut être une imagination qui produit selon des règles : « Bien métaphoriser, disait Aristote, c'est apercevoir le semblable. » Or, qu'est-ce qu'apercevoir le semblable, sinon instaurer la similitude elle-même en rapprochant des termes qui, d'abord « éloignés », apparaissent soudain « proches » ? C'est ce changement de distance dans l'espace logique qui est l'œuvre de l'imagination productrice. Celle-ci consiste à *schématiser* l'opération synthétique, à *figurer* l'assimilation prédicative d'où résulte l'innovation sémantique. L'imagination productrice à l'œuvre dans le procès métaphorique est ainsi la compétence à produire de nouvelles espèces logiques par assimilation prédicative, en dépit de la résistance des catégorisations usuelles du langage. Or, l'intrigue d'un récit est comparable à cette assimilation prédicative : elle « prend ensemble » et intègre dans une histoire entière et complète les événements multiples et dispersés et ainsi schématise la signification intelligible qui s'attache au récit pris comme un tout.

Enfin, dans les deux cas, l'intelligibilité portée au jour par ce procès de schématisation se distingue aussi bien de la rationalité combinatoire que met en jeu la sémantique structurale, dans le cas de la métaphore, que de la rationalité législatrice mise en œuvre par la narratologie ou par l'historiographie savante, dans le cas du récit. Cette rationalité vise plutôt à simuler, au niveau supérieur d'un méta-langage, une intelligence enracinée dans le schématisme.

En conséquence, qu'il s'agisse de métaphore ou d'intrigue, expliquer plus, c'est comprendre mieux. Comprendre, dans le premier cas, c'est ressaisir le dynamisme en vertu duquel un énoncé métaphorique, une nouvelle pertinence sémantique, émergent des ruines de la pertinence sémantique telle qu'elle apparaît pour une lecture littérale de la phrase. Comprendre, dans le deuxième cas, c'est ressaisir l'opération qui unifie dans une action entière et complète le divers constitué par les circonstances, les buts et les moyens, les initiatives et les interactions, les renversements de fortune et toutes les conséquences non voulues issues de l'action humaine. Pour une grande part, le problème épistémologique posé, soit par la métaphore, soit par le récit, consiste à relier l'*explication* mise en œuvre par les sciences sémio-linguistiques à la *compréhension* préalable qui relève d'une familiarité acquise avec la pratique langagière, tant poétique que narrative. Dans les deux cas, il s'agit de rendre compte à la fois de l'autonomie de ces disciplines rationnelles et de leur filiation directe ou indirecte, proche ou lointaine, à partir de l'intelligence poétique.

Le parallélisme entre métaphore et récit va plus loin : l'étude de la métaphore vive nous a entraîné à poser, au-delà du problème de la structure ou du sens, celui de la référence ou de la prétention à la vérité. Dans *la Métaphore vive,* j'ai défendu la thèse selon laquelle la fonction poétique du langage ne se borne pas à la célébration du langage pour lui-même, aux dépens de la fonction référentielle, telle qu'elle prédomine dans le langage descriptif. J'ai soutenu que la suspension de la fonction référentielle directe et descriptive n'est que l'envers, ou la condition négative, d'une fonction référentielle plus dissimulée du discours, qui est en quelque sorte libérée par la suspension de la valeur descriptive des énoncés. C'est ainsi que le discours poétique porte au langage des aspects, des qualités, des valeurs de la réalité, qui n'ont pas d'accès au langage directement descriptif et qui ne peuvent être dits qu'à la faveur du jeu complexe entre l'énonciation métaphorique et la transgression réglée des significations usuelles de nos mots. Je me suis risqué, en conséquence, à parler non seulement de sens métaphorique, mais de référence métaphorique, pour dire ce pouvoir de l'énoncé métaphorique de re-décrire une réalité inaccessible à la description directe. J'ai même suggéré de faire du « voir-comme », en quoi se résume la puissance de la métaphore, le révélateur d'un « être-comme. » au niveau ontologique le plus radical.

La fonction mimétique du récit pose un problème exactement parallèle à celui de la référence métaphorique. Elle n'est même qu'une application particulière de cette dernière à la sphère de l'*agir* humain. L'intrigue, dit Aristote, est la *mimèsis* d'une action. Je distinguerai, le moment venu, trois sens au moins du terme *mimèsis :* renvoi à la pré-compréhension familière que nous avons de l'ordre de l'action, entrée dans le royaume de la fiction, enfin configuration nouvelle par le moyen de la fiction de l'ordre pré-compris de l'action. C'est par ce dernier sens que la fonction mimétique de l'intrigue rejoint la référence métaphorique. Tandis que la redescription métaphorique règne plutôt dans le champ des valeurs sensorielles, pathiques, esthétiques et axiologiques, qui font du monde un monde *habitable,* la fonction mimétique des récits s'exerce de préférence dans le champ de l'action et de ses valeurs *temporelles.*

C'est à ce dernier trait que je m'attarderai dans ce livre. Je vois dans les intrigues que nous inventons le moyen privilégié par lequel nous re-configurons notre expérience temporelle confuse, informe et, à la limite, muette : « Qu'est-ce donc que le temps, demande Augustin ? Si personne ne me pose la question, je sais ; si quelqu'un pose la question et que je veuille expliquer, je ne sais plus. » C'est dans la capacité de la fiction de re-figurer cette expérience temporelle en proie aux apories de la spéculation philosophique que réside la fonction référentielle de l'intrigue.

Mais la frontière entre l'une et l'autre fonction est instable. D'abord, les intrigues qui configurent et transfigurent le champ pratique englobent non seulement l'agir mais le *pâtir*, donc aussi les personnages en tant qu'agents et que *victimes*. La poésie lyrique côtoie ainsi la poésie dramatique. En outre, les circonstances qui, comme le mot l'indique, entourent l'action, et les conséquences non voulues qui font une part du tragique de l'action, comportent aussi une dimension de passivité accessible par ailleurs au discours poétique, en particulier sur le mode de l'élégie et de la lamentation. C'est ainsi que redescription métaphorique et *mimèsis* narrative sont étroitement enchevêtrées, au point que l'on peut échanger les deux vocabulaires et parler de la valeur mimétique du discours poétique et de la puissance de redescription de la fiction narrative.

Ce qui se dessine ainsi, c'est une vaste sphère poétique qui inclut énoncé métaphorique et discours narratif.

Le noyau initial de ce livre est constitué par les *Brick Lectures,* données en 1978 à l'Université de Missouri-Columbia. L'original en français se lit dans les trois premiers chapitres de *la Narrativité* (Paris, éd. du C.N.R.S., 1980). S'y ajoute la *Zaharoff Lecture*, donnée à la *Taylor Institution, St. Giles'*, en 1979 : « The Contribution of French Historiography to the Theory of History » (Oxford, Clarendon Press, 1980). Diverses parties de l'ouvrage ont été élaborées sous une forme schématique à l'occasion de deux séminaires donnés à l'Université de Toronto, dans la chaire Northrop Frye, et dans le cadre du « Programme de Littérature Comparée ». Plusieurs esquisses de l'ensemble ont constitué la matière de mes séminaires au *Centre d'Études de Phénoménologie et d'Herméneutique* de Paris et à l'Université de Chicago dans la chaire John Nuveen.

Je remercie les professeurs John Bien et Noble Cunningham de l'Université de Missouri-Columbia, G.P.V. Collyer de la Taylor Institution, St. Giles' à Oxford, Northrop Frye et Mario Valdés de l'Université de Toronto, pour leur aimable invitation, ainsi que mes collègues et mes étudiants de l'Université de Chicago pour leur accueil, leur inspiration et leurs exigences critiques. Ma reconnaissance va, tout spécialement, à tous les participants du *Centre d'Études de Phénoménologie et d'Herméneutique* de Paris, qui ont accompagné ma recherche dans tout son cours et contribué à l'ouvrage collectif *la Narrativité.*

J'ai une dette particulière à l'égard de François Wahl, des Éditions du Seuil, dont la lecture minutieuse et rigoureuse m'a permis d'améliorer l'argumentation et le style de ce livre.

I

LE CERCLE ENTRE RÉCIT ET TEMPORALITÉ

La première partie du présent ouvrage vise à porter au jour les *présuppositions* majeures que le reste du livre est appelé à soumettre à l'épreuve des diverses disciplines traitant soit d'historiographie, soit de récit de fiction. Ces présuppositions ont un noyau commun. Qu'il s'agisse d'affirmer l'identité structurale entre l'historiographie et le récit de fiction, comme on s'efforcera de le prouver dans la deuxième et la troisième partie, ou qu'il s'agisse d'affirmer la parenté profonde entre l'exigence de vérité de l'un et l'autre modes narratifs, comme on le fera dans la quatrième partie, une présupposition domine toutes les autres, à savoir que l'enjeu ultime aussi bien de l'identité structurale de la fonction narrative que de l'exigence de vérité de toute œuvre narrative, c'est le caractère *temporel* de l'expérience humaine. Le monde déployé par toute œuvre narrative est toujours un monde temporel. Ou, comme il sera souvent répété au cours de cet ouvrage : le temps devient temps humain dans la mesure où il est articulé de manière narrative ; en retour le récit est significatif dans la mesure où il dessine les traits de l'expérience temporelle. C'est à cette présupposition majeure qu'est consacrée notre première partie.

Que la thèse présente un caractère circulaire est indéniable. C'est après tout le cas de toute assertion herméneutique. La première partie que voici a pour ambition de prendre en charge cette objection. On s'efforcera dans le chapitre III d'y démontrer que le cercle entre narrativité et temporalité n'est pas un cercle vicieux, mais un cercle bien portant, dont les deux moitiés se renforcent mutuellement. Pour préparer cette discussion, j'ai pensé pouvoir donner à la thèse de la réciprocité entre narrativité et temporalité deux introductions historiques indépendantes l'une de l'autre. La première (chapitre I) est consacrée à la théorie du temps chez saint Augustin, la seconde (chapitre II) à la théorie de l'intrigue chez Aristote.

Le choix de ces deux auteurs a une double justification.

D'abord, ils nous proposent deux entrées *indépendantes* dans le cercle de notre problème : l'un par le côté des paradoxes du temps, l'autre par le côté de l'organisation intelligible du récit. Leur indépendance ne consiste pas seulement en ceci que les *Confessions* de saint Augustin et la *Poétique* d'Aristote appartiennent à des univers culturels profondément différents, séparés par plusieurs siècles et par des problématiques non superposables. De façon plus importante pour notre propos, l'un s'enquiert de la nature du temps, sans apparemment se soucier de fonder sur cette enquête la structure narrative de l'autobiographie spirituelle développée dans les neuf premiers livres des *Confessions*. L'autre construit sa théorie de l'intrigue dramatique sans considération pour les implications temporelles de son analyse, laissant à la *Physique* le soin de prendre en charge l'analyse du temps. C'est en ce sens précis que les *Confessions* et la *Poétique* offrent deux accès indépendants l'un de l'autre à notre problème circulaire.

Mais cette indépendance des deux analyses n'est pas ce qui retiendra le plus l'attention. Elles ne se bornent pas à converger vers la même interrogation à partir de deux horizons philosophiques radicalement différents : elles engendrent chacune l'image inversée de l'autre. L'analyse augustinienne donne en effet du temps une représentation dans laquelle la *discordance* ne cesse de démentir le vœu de *concordance* constitutif de l'*animus*. L'analyse aristotélicienne, en revanche, établit la prépondérance de la concordance sur la discordance dans la configuration de l'*intrigue*. C'est cette relation inverse entre concordance et discordance qui m'a paru constituer l'intérêt majeur de la confrontation entre les *Confessions* et la *Poétique* — confrontation qui peut paraître d'autant plus incongrue qu'elle va d'Augustin à Aristote, au mépris de la chronologie. Mais j'ai pensé que la rencontre entre les *Confessions* et la *Poétique,* dans l'esprit du même lecteur, serait rendue plus dramatique si elle allait de l'ouvrage où prédomine la perplexité engendrée par les paradoxes du temps vers celui où l'emporte au contraire la confiance dans le pouvoir du poète et du poème de faire triompher l'ordre sur le désordre.

C'est dans le chapitre III de cette première partie que le lecteur trouvera la cellule mélodique dont le reste de l'ouvrage constitue le développement et parfois le renversement. On y prendra en charge pour lui-même — et sans autre souci d'exégèse historique — le jeu inversé de la concordance et de la discordance que nous ont légué les analyses souveraines du temps par Augustin et de l'intrigue par Aristote [1].

1. Le choix du vocabulaire doit ici beaucoup à l'ouvrage de Frank Kermode, *The Sense of an Ending, Studies in the Theory of Fiction*, Oxford University Press, 1966, auquel je consacre une analyse particulière dans la troisième partie du présent ouvrage.

1

Les apories de l'expérience du temps

Le livre XI des *Confessions* de saint Augustin

L'antithèse majeure autour de laquelle notre propre réflexion va tourner trouve son expression la plus aiguë vers la fin du livre XI des *Confessions* de saint Augustin [1]. Deux traits de l'âme humaine s'y trouvent confrontés, auxquels l'auteur, avec son goût marqué pour les antithèses sonores, donne la frappe de l'*intentio* et de la *distentio animi.* C'est ce contraste que je comparerai ultérieurement avec celui du *muthos* et de la *peripeteia* chez Aristote.

Deux remarques préalables doivent être faites. Première remarque : je commence la lecture du livre XI des *Confessions* au chapitre *14,* 17 avec la question : « *Qu'est-ce en effet que le temps ?* » Je n'ignore pas que l'analyse du temps est enchâssée dans une méditation sur les rapports entre l'éternité et le temps [2], suscitée par le premier verset de la *Genèse : In principio fecit Deus...* En ce sens, isoler l'analyse du temps de cette méditation, c'est faire au texte une certaine violence que ne suffit pas à justifier le dessein de situer dans le même espace de réflexion l'antithèse

1. La traduction française que j'ai adoptée est celle de E. Tréhorel et G. Bouissou, sur le texte de M. Skutella (éd. Teubner, 1934), avec introduction et notes par A. Solignac, Desclée de Brouwer, « Bibliothèque augustinienne », t. XIV, 1962, p. 270-343. Mon étude doit beaucoup au commentaire savant de E.P. Meijering, *Augustin über Schöpfung, Ewigkeit und Zeit. Das elfte Buch der Bekenntnisse,* Leiden, E.J. Brill, 1979. J'insiste plus que lui sur le caractère aporétique de la discussion et surtout sur la dialectique entre *distentio* et *intentio* qui, en revanche, est fortement soulignée par A. Solignac dans ses « Notes complémentaires » à la traduction Tréhorel-Bouissou, p. 572-591. L'ouvrage de Jean Guitton, *Le Temps et l'Éternité chez Plotin et saint Augustin,* 1933, Paris, Vrin, 4e éd., 1971, n'a rien perdu de son acuité. Pour les références à Plotin, je me suis servi de l'introduction et du commentaire de Werner Beierwaltes, *Plotin über Ewigkeit und Zeit (Enneade III, 7),* Francfort, Klostermann, 1967. On consultera également É. Gilson, « Notes sur l'être et le temps chez saint Augustin », *Recherches augustiniennes,* Paris, 1929, p. 246-255, et John C. Callahan, *Four Views of Time in Ancient Philosophy,* Harvard University Press, 1948, p. 149-204. Sur l'histoire du problème de l'instant, cf. P. Duhem, *Le Système du Monde,* Paris, Hermann, t. I, chap. v.

2. Cette méditation s'étend de *1,* 1 à *14,* 17 et reprend à *29,* 39 jusqu'à la fin, *31,* 41.

augustinienne entre *intentio* et *distentio* et l'antithèse aristotélicienne entre *muthos* et *peripeteia.* Toutefois, cette violence trouve quelque justification dans l'argumentation même d'Augustin qui, traitant du temps, ne se refère plus à l'éternité que pour marquer plus fortement la déficience ontologique caractéristique du temps humain, et se mesure directement aux apories qui affligent la conception du temps en tant que tel. Pour corriger quelque peu ce tort fait au texte de saint Augustin, je réintroduirai la méditation sur l'éternité à un stade ultérieur de l'analyse, dans le dessein d'y chercher une *intensification* de l'expérience du temps.

Seconde remarque préalable : isolée de la méditation sur l'éternité par l'artifice de méthode que je viens d'avouer, l'analyse augustinienne du temps offre un caractère hautement interrogatif et même aporétique, qu'aucune des théories anciennes du temps, de Platon à Plotin, ne porte à un tel degré d'acuité. Non seulement Augustin (comme Aristote) procède toujours à partir d'apories reçues de la tradition, mais la résolution de chaque aporie donne naissance à de nouvelles difficultés qui ne cessent de relancer la recherche. Ce style, qui fait que toute avancée de pensée suscite un nouvel embarras, place Augustin tour à tour au voisinage des sceptiques, qui ne savent pas, et des platoniciens et néo-platoniciens, qui savent. Augustin cherche (le verbe *quaerere,* on le verra, revient avec insistance tout au long du texte). Peut-être faut-il aller jusqu'à dire que ce qu'on appelle la *thèse* augustinienne sur le temps, et qu'on qualifie volontiers de thèse *psychologique* pour l'opposer à celle d'Aristote et même à celle de Plotin, est elle-même plus aporétique qu'Augustin ne l'admettrait. C'est du moins ce que je m'emploierai à montrer.

Les deux remarques initiales doivent être jointes : l'enchâssement de l'analyse du temps dans une méditation sur l'éternité donne à la recherche augustinienne le ton singulier d'un « gémissement » plein d'espérance, qui disparaît dans une analyse qui isole l'argument proprement dit sur le temps. Mais c'est précisément en détachant l'analyse du temps de son arrière-plan éternitaire qu'on en fait saillir les traits aporétiques. Certes, ce mode aporétique diffère de celui des sceptiques, en ce sens qu'il n'empêche pas quelque forte certitude. Mais il diffère de celui des néo-platoniciens, en ce sens que le noyau assertif ne se laisse jamais appréhender dans sa nudité hors des nouvelles apories qu'il engendre [1].

1. J. Guitton, attentif au lien entre temps et conscience chez saint Augustin, observe que l'aporie du temps est aussi l'aporie du moi (*op. cit.*, p. 224). Il cite *Conf.* X, *16,* 25 : « Pour moi du moins, Seigneur, je peine là-dessus et je peine sur moi-même. Je suis devenu pour moi-même une terre excessivement ingrate qui me

Ce caractère aporétique de la réflexion pure sur le temps est pour toute la suite de la présente recherche de la plus grande importance. A deux égards.

D'abord, il faut avouer qu'il n'y a pas, chez Augustin, de phénoménologie pure du temps. Peut-être n'y en aura-t-il jamais après lui [1]. Ainsi, la « théorie » augustinienne du temps est-elle inséparable de l'opération *argumentative* par laquelle le penseur coupe les unes après les autres les têtes toujours renaissantes de l'hydre du scepticisme. Dès lors, pas de description sans discussion. C'est pourquoi il est extrêmement difficile — et peut-être impossible — d'isoler un noyau phénoménologique de la gangue argumentative. La « solution psychologique » attribuée à Augustin n'est peut-être ni une « psychologie » qu'on puisse isoler de la rhétorique de l'argument, ni même une « solution » qu'on puisse soustraire définitivement au régime aporétique.

Ce style aporétique prend en outre une signification particulière dans la stratégie d'ensemble du présent ouvrage. Ce sera une thèse permanente de ce livre que la spéculation sur le temps est une rumination inconclusive à laquelle seule réplique l'activité narrative. Non que celle-ci résolve par suppléance les apories. Si elle les résout, c'est en un sens poétique et non théorétique du terme. La mise en intrigue, dirons-nous plus loin, répond à l'aporie spéculative par un faire poétique capable certes d'éclaircir (ce sera le sens majeur de la *catharsis* aristotélicienne) l'aporie, mais non de la résoudre théoriquement. En un sens, Augustin lui-même oriente vers une résolution de ce genre : la fusion de l'argument et de l'hymne dans la première partie du livre XI — que nous allons d'abord mettre entre parenthèses — laisse déjà entendre que seule une transfiguration poétique, non seulement de la solution, mais de la question elle-même, libère l'aporie du non-sens qu'elle côtoie.

1. *L'aporie de l'être et du non-être du temps*

La notion de *distentio animi,* couplée à l'*intentio,* ne se dégage que lentement et péniblement de l'aporie majeure qui exerce l'esprit d'Augustin : à savoir celle de la *mesure* du temps. Mais cette aporie

---

met en nage [*J. Guitton dit, avec plus d'élégance :* une terre de difficulté et de sueur]. Oui, ce ne sont plus les zones célestes que nous scrutons maintenant, ni les distances astrales, mais l'esprit *(ego sum, qui memini, ego animus).* »

1. Cette audacieuse affirmation, reprise à la fin de la première partie, fait l'objet d'une longue discussion dans la quatrième partie.

elle-même s'inscrit dans le cercle d'une aporie plus fondamentale encore, celle de l'être ou du non-être du temps. Car ne peut être mesuré que ce qui, de quelque façon, *est.* On peut, si on veut, le déplorer, la phénoménologie du temps naît dans le milieu d'une question ontologique : « qu'est-ce en effet que le temps ? », *quid* est *enim tempus ?* (XI, *14,* 17 [1]). Dès la question posée, tous les embarras anciens sur l'être et le non-être du temps surgissent. Mais il est remarquable que, dès le début, le style inquisitif d'Augustin s'impose : d'un côté, l'argumentation sceptique penche vers le non-être, tandis qu'une confiance mesurée dans l'usage quotidien du langage contraint à dire que, d'une façon dont nous ne savons pas encore rendre compte, le temps est. L'argument sceptique est bien connu : le temps n'a pas d'être, puisque le futur n'est pas encore, que le passé n'est plus et que le présent ne demeure pas. Et pourtant nous parlons du temps comme ayant de l'être : nous disons que les choses à venir seront, que les choses passées ont été et que les choses présentes passent. Même passer n'est pas rien. Il est remarquable que ce soit l'usage du langage qui soutienne, par provision, la résistance à la thèse du non-être. Nous parlons du temps et nous en parlons de manière sensée, ce qui sous-tend quelque assertion sur l'être du temps : « Et nous comprenons certes quand nous en parlons ; nous comprenons aussi, quand nous entendons un autre en parler » (*14,* 17 [2]).

Mais s'il est vrai *que* nous parlons du temps de façon sensée et dans des termes positifs (sera, fut, est), l'impuissance à expliquer le *comment* de cet usage naît précisément de cette certitude. Le dire du temps résiste certes à l'argument sceptique, mais le langage est lui-même mis à la question par l'écart entre le « que » et le « comment ». On connaît par cœur le cri d'Augustin au seuil de sa méditation : « Qu'est-ce donc que le temps ? Si personne ne me pose la question, je sais ; si quelqu'un pose la question et que je veuille expliquer, je ne sais plus » (*14,* 17). Ainsi le paradoxe ontologique oppose non seulement le langage à l'argument sceptique, mais le langage à lui-même : comment concilier la positivité des verbes « avoir passé », « survenir », « être » et la négativité des adverbes « ne... plus », « pas... encore », « pas tou-

1. Nous citerons désormais : *14,* 17 ; *15,* 18 ; etc., toutes les fois qu'il s'agira du livre XI des *Confessions.*

2. Ici, le contraste avec l'éternité est décisif : « Quant au temps présent, s'il était toujours présent et ne s'en allait pas dans le passé, il ne serait plus le temps mais l'éternité » *(ibid.).* On peut toutefois noter ici que, quoi qu'il en soit de l'intelligence que nous pouvons avoir de l'éternité, l'argument peut se borner à faire appel à notre usage du langage qui contient le mot « toujours ». Le présent n'est pas toujours. Ainsi, *passer* requiert le contraste de *demeurer* (Meijering cite ici le *sermo* 108 où *passer* est opposé de multiples façons à *demeurer*). On verra tout au long de l'argument la définition du présent s'affiner.

jours » ? La question est donc circonscrite : *comment* le temps peut-il être, si le passé n'est plus, si le futur n'est pas encore et si le présent n'est pas toujours ?

Sur ce paradoxe initial se greffe le paradoxe central d'où sortira le thème de la distension. *Comment* peut-on mesurer *ce qui n'est pas* ? Le paradoxe de la mesure est directement engendré par celui de l'être et du non-être du temps. Ici encore, le langage est un guide relativement sûr : nous *disons* un temps long et un temps court et d'une certaine façon nous *observons* la longueur et nous *faisons* des mesures (cf. l'apostrophe, en *15,* 19, de l'âme à elle-même : « Il t'a été donné de percevoir les lenteurs (*moras*) du temps et de les mesurer. Que vas-tu me répondre ? »). Bien plus, c'est seulement du passé et du futur que nous disons qu'ils sont longs ou courts : pour anticiper la « solution » de l'aporie, c'est bien du futur qu'on dit qu'il se raccourcit et du passé qu'il s'allonge. Mais le langage se borne à attester le fait de la mesure ; le *comment,* une fois encore, lui échappe : « comment se peut-il que... », « à quel titre » (*sed quo pacto, 15,* 18).

Augustin va d'abord paraître tourner le dos à la certitude que c'est le passé et le futur qu'on mesure. Ultérieurement, en mettant le passé et le futur dans le présent, par le biais de la mémoire et de l'attente, il pourra sauver cette certitude initiale d'un désastre apparent, en transférant sur l'attente et sur la mémoire l'idée d'un long futur et d'un long passé. Mais cette certitude du langage, de l'expérience et de l'action ne sera recouvrée qu'après avoir été perdue et profondément transformée. A cet égard, c'est un trait de la quête augustinienne que la réponse finale soit anticipée sous diverses modalités qui doivent d'abord succomber à la critique avant que leur sens véritable n'émerge [1]. En effet, Augustin paraît d'abord renoncer à une certitude trop faiblement argumentée : « Mon Seigneur, ma lumière, est-ce qu'ici encore ta vérité ne va pas se rire de l'homme ? » (*15,* 18 [2]). C'est donc du côté du présent qu'on va d'abord se tourner. N'était-ce pas « quand il était encore présent » que le passé était long (*15,* 18) ? Dans cette question aussi, quelque chose de la réponse finale est anticipé, puisque mémoire et attente apparaîtront comme des modalités du présent. Mais, au stade actuel de l'argument, le présent est encore opposé au passé et au futur. L'idée d'un triple présent ne s'est pas encore fait jour. C'est pourquoi la solution fondée sur le seul présent doit s'effondrer. L'échec de cette solution résulte d'un affinement de la notion de présent, qui n'est plus

1. Ce rôle des anticipations est très bien marqué par Meijering dans son commentaire.

2. Sur le rire de Dieu, cf. Meijering, p. 60-61.

seulement caractérisée par ce qui ne demeure pas, mais par ce qui n'a pas d'extension.

Cet affinement, qui porte le paradoxe à son comble, est apparenté à un argument sceptique bien connu : cent années peuvent-elles être présentes en même temps (*15,* 19) ? (L'argument, on le voit, porte uniquement contre l'attribution de la longueur au présent.) On connaît la suite : seule est présente l'année en cours ; et, dans l'année, le mois ; dans le mois ; le jour ; dans le jour, l'heure : « et cette heure unique, elle-même, court en particules fugitives : tout ce qui s'est envolé est passé, tout ce qui lui reste est futur » (*15,* 20 [1]).

Il faut donc conclure avec les Sceptiques : « Si l'on conçoit *(intelligitur)* un élément du temps (*quid... temporis*) qui ne puisse plus être divisé en parcelles d'instants, si minimes soient-elles, c'est cela qui peut s'appeler le présent... ; mais le présent n'a pas d'espace (*spatium*) » (*ibid.* [2]). A un stade ultérieur de la discussion, la définition du présent s'affinera jusqu'à l'idée d'instant ponctuel. Augustin donne un tour dramatique à l'impitoyable conclusion de la machine argumentative : « Le temps présent s'écrie qu'il ne peut être long » (*16,* 20).

Qu'est-ce donc qui *tient* sous la rafale du scepticisme ? Encore et toujours l'expérience, articulée par le langage et éclairée par l'intelligence : « Et cependant, Seigneur, nous percevons (*sentimus*) les intervalles de temps ; nous les comparons (*comparamus*) entre eux, et nous appelons les uns plus longs, les autres plus courts. Nous mesurons (*metimur*) encore de combien tel temps est plus court que tel autre » (*16,* 21). La protestation du *sentimus, comparamus, metimur* est celle de nos activités sensorielles, intellectuelles et pragmatiques relativement à la mesure du temps. Mais cette obstination de ce qu'il faut bien appeler l'expérience ne nous fait pas avancer d'un pas dans la question du « comment ». Toujours se mêlent de fausses certitudes à l'évidence authentique.

Nous croyons faire un pas décisif en substituant à la notion de pré-

1. Augustin, pas plus que les Anciens, n'a de mot pour les unités plus petites que l'heure. Meijering (*op. cit.,* p. 64) renvoie ici à H. Michel, « La notion de l'heure dans l'Antiquité », *Janus* (57), 1970, p. 115*sq.*

2. Sur l'argument de l'instant indivisible mais sans extension, on trouvera chez Meijering (*op. cit.,* p. 63-64) un rappel des textes de Sextus Empiricus et un renvoi heureux à la discussion stoïcienne, présentée par Victor Goldschmidt dans *Le Système stoïcien et le Temps,* p. 37*sq.,* 184*sq.* On aura noté qu'Augustin est parfaitement conscient de la dépendance de son analyse à une argumentation spéculative : *si quid intelligitur temporis...* Rien ici ne peut se réclamer d'une phénoménologie pure. En outre, on aura remarqué au passage l'apparition de la notion d'extension temporelle ; mais elle n'est pas encore en état de prendre racine : « Car si [le présent] s'étend, il se divise en passé et en futur » (*nam si extenditur, dividitur... 15,* 20).

sent celle de passage, de transition, dans la foulée de l'attestation antérieure : « C'est au moment où ils passent *(praetereuntia)* que nous mesurons les temps, quand nous les mesurons en les percevant » (*16,* 21). La formule spéculative semble adhérer à la certitude pratique. Elle devra pourtant succomber elle aussi à la critique, avant de revenir, précisément, comme *distentio,* grâce à la dialectique des trois présents. Tant que nous n'avons pas formé l'idée du rapport distendu entre attente, mémoire et attention, nous ne nous comprenons pas nous-mêmes quand nous répétons une seconde fois : « Au moment donc où le temps passe, il peut être perçu et mesuré » (*ibid.*). La formule est à la fois une anticipation de la solution et une impasse provisoire. Ce n'est donc pas par hasard qu'Augustin s'arrête, au moment où il paraît le plus certain : « Je cherche, ô Père, je n'affirme pas... » (*17,* 22 [1]). Bien plus, ce n'est pas sur la lancée de cette idée de passage qu'il poursuit sa quête, mais par un retour à la conlusion de l'argument sceptique : « Le présent n'a pas d'extension. » Or, pour frayer la voie à l'idée que, ce que nous mesurons, c'est bien le futur compris plus tard comme attente, et le passé compris comme mémoire, il faut plaider pour l'être du passé et du futur trop tôt dénié, mais en un sens que nous ne sommes pas encore capables d'articuler [2].

Au nom de quoi proférer le bon droit du passé et du futur à être en quelque façon ? Encore une fois, au nom de ce que nous disons et faisons à leur propos. Or que disons-nous et faisons-nous à cet égard ? Nous *racontons* des choses que nous tenons pour vraies et nous *prédisons* des événements qui arrivent tels que nous les avons anticipés [3]. C'est donc toujours le langage, ainsi que l'expérience et l'action que celui-ci articule, qui tiennent bon contre l'assaut des Sceptiques. Or, prédire c'est prévoir, et raconter c'est « discerner par l'esprit » (*cernere*).

1. Meijering (*op. cit.*, p. 66) reconnaît dans le *quaero* augustinien le *zêtein* grec qui fait la différence entre l'aporie augustinienne et l'inscience totale des Sceptiques. J. Guitton discerne une source non grecque au *zêtein* dans la tradition sapientiale des Hébreux, qui trouve un écho dans *Actes, 17,* 26.

2. Ce n'est qu'après avoir résolu le premier paradoxe (être/non-être) qu'Augustin pourra reprendre cette assertion à peu près dans les mêmes termes : « Nous mesurons les temps quand ils passent » (*21*, 27). C'est donc toujours en relation avec la notion de mesure que l'idée de passage s'impose. Mais nous n'avons pas encore le moyen de comprendre cette dernière.

3. Il faut bien distinguer l'argument de la prédiction qui concerne tous les hommes et l'argument de la prophétie qui ne concerne que les Prophètes inspirés : ce second argument pose un problème différent, celui de la manière dont Dieu (ou le Verbe) « instruit » les Prophètes (*19*, 25). Sur ce point, cf. Guitton, *op. cit.*, p. 261-270 : l'auteur souligne le caractère libérateur de l'analyse augustinienne de l'*expectatio* par rapport à toute la tradition païenne de la *divination* et de la *mantique*. La prophétie reste, dans cette mesure, une exception et un don.

Le *De Trinitate* (*15,* 12, 21) parle en ce sens du double « témoignage » (Meijering, *op. cit.*, p. 67) de l'histoire et de la prévision. C'est donc en dépit de l'argument sceptique qu'Augustin conclut : « Il existe donc (*sunt ergo*) et des choses futures et des choses passées » (*17,* 22).

Cette déclaration n'est pas la simple répétition de l'affirmation déboutée dès les premières pages, à savoir que le futur et le passé sont. Les termes futur et passé figurent désormais comme adjectifs : *futura* et *praeterita.* Cet imperceptible glissement fraie en réalité la voie au dénouement du paradoxe initial sur l'être et le non-être et, par voie de conséquence, du paradoxe central sur la mesure. Nous sommes en effet prêts à tenir pour des êtres, non le passé et le futur en tant que tels, mais des qualités temporelles qui peuvent exister dans le présent sans que les choses dont nous parlons quand nous les racontons ou les prédisons existent encore ou existent déjà. On se saurait donc être trop attentif aux transitions d'Augustin.

Au seuil même de sa réponse au paradoxe ontologique, il s'arrête une fois encore : « Laisse-moi, Seigneur, pousser plus loin mes recherches (*amplius quaerere*), Toi mon espérance » (*18,* 23). Ce n'est pas là simple habilité rhétorique, ni pieuse invocation. A cette pause, en effet, fait suite un pas audacieux qui conduira de l'affirmation qu'on vient de dire à la thèse du triple présent. Mais ce pas, comme bien souvent, prend la forme d'une question : « Si en effet les choses futures et les choses passées sont, je veux savoir où elles sont » (*18,* 23). Nous avons commencé par la question *comment.* Nous continuons par la question *où.* La question n'est pas innocente : elle consiste à chercher un *site* pour les choses futures et passées en tant qu'elles sont racontées et prédites. Toute la suite de l'argumentation se tiendra dans l'enceinte de cette question, pour aboutir à situer « dans » l'âme les qualités temporelles impliquées dans la narration et la prévision. La transition par la question *où* est essentielle pour bien entendre la première réponse : « Où qu'elles soient, quelles qu'elles soient, [les choses futures ou passées] n'y sont que comme présentes » (*18,* 23). Nous paraissons tourner le dos à l'affirmation antérieure que, ce que nous mesurons, c'est seulement le passé et le futur ; bien plus, nous semblons renier l'aveu que le présent n'a pas d'espace. Mais c'est d'un tout autre présent qu'il s'agit, lui aussi devenu adjectif pluriel (*praesentia*), aligné sur *praeterita* et *futura*, et prêt à accueillir une multiplicité interne. Nous paraissons aussi avoir oublié l'assertion : « C'est quand elles passent que nous mesurons les choses. » Mais nous la retrouverons plus loin quand nous reviendrons à la question de la mesure.

C'est donc dans le cadre de la question *où* que nous reprenons, pour les creuser plus avant, les notions de narration et de prévision.

Narration, dirons-nous, implique mémoire, et prévision implique attente. Or qu'est-ce que se souvenir ? C'est avoir une *image* du passé. Comment est-ce possible ? Parce que cette image est une empreinte laissée par les événements et qui reste fixée dans l'esprit [1].

On l'a observé : tout va soudain très vite, après les lenteurs calculées qui précèdent.

La prévision est expliquée d'une manière à peine plus complexe : c'est grâce à une attente présente que les choses futures nous sont présentes comme à venir. Nous en avons une « pré-perception » (*praesensio*) qui nous permet de les « annoncer à l'avance » (*praenuntio*). L'attente est ainsi l'analogue de la mémoire. Elle consiste en une image qui existe déjà, en ce sens qu'elle précède l'événement qui n'est pas encore (*nondum*) ; mais cette image n'est pas une empreinte laissée par les choses passées, mais un « signe » et une « cause » des choses futures qui sont ainsi anticipées, pré-perçues, annoncées, prédites, proclamées d'avance (on notera la richesse du vocabulaire ordinaire de l'attente).

La solution est élégante — mais combien laborieuse, combien coûteuse et combien mal assurée !

Solution élégante : en confiant à la mémoire le destin des choses passées et à l'attente celui des choses futures, on peut inclure mémoire et attente dans un présent élargi et dialectisé qui n'est aucun des termes précédemment rejetés : ni le passé, ni le futur, ni le présent ponctuel, ni même le passage du présent. On connaît la fameuse formule, dont on oublie trop aisément le lien avec l'aporie qu'elle est censée résoudre : « Peut-être pourrait-on dire au sens propre : il y a trois temps, le présent du (*de*) passé, le présent du (*de*) présent, le présent du (*de*) futur. Il y a en effet dans (*in*) l'âme, d'une certaine façon, ces trois modes de temps, et je ne les vois pas ailleurs (*alibi*) » (*20*, 26).

Ce disant, Augustin est conscient de s'éloigner quelque peu du langage ordinaire sur lequel il s'est pourtant appuyé, avec prudence il est vrai, dans sa résistance à l'argument sceptique : « Ce n'est pas au sens propre (*proprie*) que l'on dit : " Il y a trois temps, le passé, le présent,

1. Il faut citer le paragraphe entier : « D'ailleurs, quand on raconte des choses vraies mais passées, c'est de la mémoire qu'on tire, non les choses elles-mêmes, qui ont passé, mais les mots conçus à partir des images qu'elles ont gravées dans l'esprit, comme des empreintes, en passant par les sens » (*18*, 23). L'abondance des prépositions de lieu est frappante : c'est de (*ex*) la mémoire qu'on tire... les mots conçus à partir (*ex*) des images qui sont gravées dans (*in*) l'esprit ; « mon enfance, qui n'est plus, est dans (*in*) le temps passé qui n'est plus ; mais son image... c'est dans (*in*) le temps présent que je la regarde, parce qu'elle est encore dans (*in*) la mémoire » (*ibid.*). La question *où* (« si... les choses futures et les choses passées sont, je veux savoir où (*ubicumque*) elles sont ») appelle la réponse « dans ».

le futur " » (*ibid.*). Mais, ajoute-t-il, comme en marge : « Rarement nous parlons des choses en termes propres, plus souvent en termes impropres (*non proprie*), mais on saisit ce que nous voulons dire » (*ibid.*). Rien pourtant n'empêche que l'on continue à parler comme on le fait du présent, du passé, du futur : « Je ne m'en soucie pas, je ne m'y oppose pas, je ne le blâme pas, pourvu toutefois que l'on comprenne ce que l'on dit... » (*ibid.*). Le langage courant est donc seulement reformulé d'une manière plus rigoureuse.

Pour faire entendre le sens de cette rectification, Augustin s'appuie sur une triple équivalence qui, semble-t-il, se comprend de soi-même : « Le présent du passé, c'est la mémoire, le présent du présent, c'est la vision (*contuitus*) [on aura plus loin *attentio*, terme qui marque mieux le contraste avec la *distentio*], le présent du futur, c'est l'attente » (*20*, 26). Comment le sait-on ? Augustin répond laconiquement : « Si l'on nous permet de parler ainsi, je vois (*video*) trois temps ; oui, je l'avoue (*fateorque*), il y en a trois » (*ibid.*). Cette vision et cet aveu constituent bien un noyau phénoménologique pour toute l'analyse ; mais le *fateor,* joint au *video*, témoigne de quel débat cette vision est la conclusion.

Solution élégante, mais solution laborieuse.

Soit la mémoire : il faut doter certaines images du pouvoir de faire référence à des choses passées (cf. la préposition latine *de*) ; étrange pouvoir, en effet ! D'un côté, l'empreinte existe maintenant, de l'autre, elle *vaut pour* les choses passées qui, à ce titre, existent « encore » (*adhuc*) (*18*, 23) dans la mémoire. Ce petit mot « encore » (*adhuc*) est à la fois la solution de l'aporie et la source d'une nouvelle énigme : comment est-il possible que les images-empreintes, les *vestigia,* qui sont des choses présentes, gravées dans l'âme, soient en même temps « au sujet du » passé ? L'image du futur pose une difficulté semblable ; les images-signes sont dites « être déjà » (*jam sunt*) (*18,* 24). Mais « déjà » signifie deux choses : « ce qui est déjà, n'est pas futur mais présent » (*18,* 24) ; en ce sens on ne voit pas les choses futures elles-mêmes qui ne sont « *pas* encore » (*nondum*). Mais « déjà » marque, en même temps que l'existence présente du signe, son caractère d'anticipation : dire que les choses « sont déjà », c'est dire que par le signe j'annonce des choses futures, que je peux les prédire ; ainsi le futur est « dit à l'avance » (*ante dicatur*). L'image anticipante n'est donc pas moins énigmatique que l'image vestigiale [1].

1. Peut-être même l'est-elle un peu plus. Soit la préméditation d'une action future : comme toute attente, elle est présente, alors que l'action future n'est pas encore. Mais le « signe »-« cause » est ici plus compliqué que la simple prévision. Car ce que

Ce qui fait énigme, c'est la structure même d'une image qui vaut tantôt comme empreinte du passé, tantôt comme signe du futur. Il semble que pour Augustin cette structure soit purement et simplement vue telle qu'elle se montre.

Ce qui fait plus encore énigme, c'est le langage quasi spatial dans lequel la question et la réponse sont couchées : « Si en effet les choses futures et les choses passées sont, je veux savoir où elles sont » (*18,* 23). A quoi répond : « Il y a *dans* (*in*) l'âme d'une certaine façon ces trois modes de temps et je ne les vois pas ailleurs (*alibi*) » (*20,* 26). Est-ce parce qu'on a posé la question en termes de « lieu » (*où* sont les choses futures et passées ?) que l'on obtient une réponse en termes de « lieu » (*dans* l'âme, *dans* la mémoire) ? Ou n'est-ce pas plutôt la quasi-spatialité de l'image-empreinte et de l'image-signe, inscrite *dans* l'âme, qui appelle la question du site des choses futures et passées [1] ? On ne saurait le dire à ce stade de l'analyse.

Coûteuse, la solution de l'aporie de l'être et du non-être du temps par la notion d'un triple présent reste plus encore mal assurée, tant qu'on n'a pas résolu l'énigme de la *mesure* du temps. Le triple présent n'a pas encore reçu le sceau définitif de la *distentio animi*, tant qu'on n'a pas reconnu dans cette triplicité même la faille qui permet d'accorder à l'âme elle-même une extension d'une autre sorte que celle qu'on a refusée au présent ponctuel. De son côté, le langage quasi spatial lui-même reste en suspens tant qu'on n'a pas privé cette extension de l'âme humaine, fondement de toute mesure du temps, de tout support cosmologique. L'inhérence du temps à l'âme ne prend tout son sens qu'une fois éliminée par voie argumentative toute thèse qui mettrait le temps dans la dépendance du mouvement physique. En ce sens, le « je le vois, je l'avoue » de *20,* 26 n'est pas fermement assuré aussi longtemps que l'on n'a pas formé la notion de *distentio animi*.

---

j'anticipe, c'est non seulement le commencement de l'action, mais son achèvement ; me portant à l'avance au-delà de son commencement, je vois son commencement comme le passé de son achèvement futur ; nous en parlons alors au futur antérieur : « Quand nous l'aurons entreprise (*aggressi fuerimus*), quand ce que nous préméditons aura reçu de notre part un commencement de réalisation (*agere coeperimus*), alors cette action sera, parce qu'elle ne sera pas future mais présente » (*18,* 23). Le futur présent est anticipé ici au futur antérieur. L'étude systématique des temps verbaux par Harald Weinrich, dans *Tempus*, portera plus loin ce genre d'investigation (cf. troisième partie, chap. III).

1. Le langage quasi cinétique du transit du futur vers le passé à travers le présent (cf. ci-dessous) consolidera encore davantage ce langage quasi spatial.

2. *La mesure du temps*

C'est en résolvant l'énigme de la mesure qu'Augustin accède à cette ultime caractérisation du temps humain (*21-31*).

La question de la mesure est reprise au point où on l'avait laissée à *16,* 21 : « J'ai donc dit un peu plus haut que nous mesurons les temps quand ils passent (*praetereuntia*) » (*21,* 27). Or, cette assertion reprise avec force (« Je le sais, parce que nous les mesurons et nous ne pouvons pas mesurer ce qui n'est pas » (*ibid.*)) se transforme immédiatement en *aporie*. Ce qui passe, en effet, c'est le présent. Or, nous l'avons admis, le présent n'a pas d'extension. L'argument, qui une fois encore nous rejette vers les Sceptiques, mérite d'être analysé en détail. D'abord il néglige la différence entre passer et être présent au sens où le présent est l'instant indivisible (ou, comme on dira plus loin, le « point »). Seule la dialectique du triple présent, interprétée comme distension, pourra sauver une assertion qui d'abord doit se perdre dans le labyrinthe de l'aporie. Mais surtout l'argument adverse est construit précisément avec les ressources de l'imagerie quasi spatiale dont s'est revêtue la saisie du temps comme triple présent. Passer, en effet, c'est transiter. Il est donc légitime de se demander : « de quoi (*unde*) et par quoi (*qua*) et en quoi (*quo*) passe-t-il ? » (*ibid.*). On le voit, c'est le terme « passer » (*transire*) qui suscite cette capture dans la quasi-spatialité. Or, si on suit la pente de cette expression figurée, il faut dire que passer, c'est aller *du* (*ex*) futur, *par* (*per*) le présent, *dans* (*in*) le passé. Ce transit confirme ainsi que la mesure du temps se fait « dans un certain espace » (*in aliquo spatio*) et que tous les rapports entre intervalles de temps concernent des « espaces de temps » (*spatia temporum*) (*ibid.*). L'impasse paraît totale : le temps n'a pas d'espace — or, « ce qui n'a pas d'espace, nous ne le mesurons pas » (*ibid.*).

En ce point, Augustin marque une pause, comme précédemment à chaque moment critique. C'est même ici que le mot d'*énigme* est prononcé : « Mon esprit brûle de voir clair dans cette énigme (*aenigma*) si embrouillée » (*22,* 28). Ce sont en effet les notions courantes qui sont abstruses, comme nous le savons depuis le début de cette investigation. Mais, encore une fois, à la différence du scepticisme, l'aveu de l'énigme est accompagné par un désir ardent qui, pour Augustin, est une figure de l'amour : « Donne ce que j'aime ; oui, j'aime, et cela c'est Toi qui l'as donné » (*ibid.*[1]). Ici se montre le côté hymnique de la quête que l'investigation sur le temps doit à son enchâssement dans une méditation sur le Verbe éternel. Nous y reviendrons plus tard. Bornons-nous, pour l'instant, à souligner la confiance mesurée qu'Augustin accorde au langage ordinaire : « Nous disons... depuis combien de temps ? (*quam diu*) ... qu'il y a longtemps ! (*quam longo tempore*) ... voilà ce que nous disons, voilà ce que nous entendons. Et l'on nous comprend et nous comprenons » (*22,* 28). C'est pourquoi, dirons-nous, il y a *énigme,* mais non inscience.

Pour résoudre l'énigme, il faut écarter la solution cosmologique afin de contraindre l'investigation à chercher dans l'âme seule, donc dans la structure multiple du triple présent, le fondement de l'extension et de la mesure. La discussion concernant le rapport du temps au mouvement des astres et au mouvement en général ne constitue donc ni un hors-d'œuvre, ni un détour.

Moins que jamais, la vision d'Augustin n'est indépendante de la polémique dont la longue histoire s'étend du *Timée* de Platon et de la *Physique* d'Aristote jusqu'à l'*Ennéade* III, 7 de Plotin. La *distentio animi* est durement conquise au cours et au terme d'une argumentation serrée qui met en jeu l'âpre rhétorique de la *reductio ad absurdum*.

Premier argument : si le mouvement des astres est le temps, pourquoi ne pas le dire aussi du mouvement de n'importe quel corps (*23,* 29) ? Cet argument anticipe la thèse que le mouvement des astres pourrait varier, donc s'accélérer et se ralentir, ce qui est impensable pour Aristote. Les astres sont ainsi ramenés au rang des autres mobiles, que ce soit le tour du potier ou le débit des syllabes par la voix humaine.

Deuxième argument : si les lumières du ciel s'arrêtaient et que le tour du potier continuait à tourner, il faudrait bien mesurer le temps par autre chose que le mouvement (*ibid.*). Encore une fois l'argument suppose ébranlée la thèse de l'immutabilité des mouvements célestes. Une variante de l'argument : parler du mouvement du tour du potier prend du temps qui n'est pas mesuré par le mouvement astral supposé altéré ou arrêté.

Troisième argument : sous-jacente aux présuppositions antérieures est la conviction, instruite par les Écritures, que les astres ne sont que des luminaires destinés à marquer le temps (*ibid.*). Ainsi déclassés,

1. Meijering souligne ici le rôle de la concentration qui, à la fin du livre, sera rattachée à l'espérance de la stabilité, laquelle donne au présent humain une certaine ressemblance avec le présent éternel de Dieu. On peut dire aussi que la narration des livres I-IX est l'histoire de la quête de cette concentration et de cette stabilité. Sur ce point, cf. quatrième partie.

si l'on peut dire, les astres ne peuvent par leur mouvement constituer le temps.

Quatrième argument : si l'on demande ce qui constitue la mesure que nous appelons « jour », nous pensons spontanément que les vingt-quatre heures du jour sont mesurées par un circuit entier du soleil. Mais, si le soleil tournait *plus vite* et qu'il fasse son circuit en une heure, le « jour » ne serait plus mesuré par le mouvement du soleil (*23*, 30). Meijering souligne combien, par l'hypothèse d'une vitesse variable du soleil, Augustin s'éloigne de toute la tradition : ni Aristote, ni Plotin, qui pourtant distinguent temps et mouvement, n'ont employé cet argument. Pour Augustin, Dieu, étant le maître de la création, peut changer la vitesse des astres comme le potier celle de son tour, ou le récitant le débit de ses syllabes (l'arrêt du soleil par Josué va dans le même sens que l'hypothèse de l'accélération de son mouvement, qui, en tant que telle, est indépendante de l'argument du miracle). Seul Augustin ose admettre qu'on puisse parler d'espace de temps — un jour, une heure — sans référence cosmologique. La notion de *distentio animi* servira précisément de substitut à ce support cosmologique de l'espace de temps [1].

Il est en effet essentiel de remarquer que c'est au terme de l'argument qui dissocie totalement la notion de « jour » de celle de mouvement céleste qu'Augustin introduit pour la première fois la notion de *distentio*, il est vrai sans autre qualification : « Je vois donc que le temps est une certaine distension. Mais est-ce que je vois ? Ou est-ce que je crois voir que je vois ? C'est Toi qui le montreras, ô Lumière, ô Vérité » (*23*, 30).

Pourquoi cette réticence, au moment où la trouée semble sur le point de se faire ? En fait, on n'en a pas fini avec la cosmologie, malgré les arguments précédents. On a seulement écarté la thèse extrême que « le temps est le mouvement d'un corps » (*24*, 31). Mais Aristote l'avait également réfutée en affirmant que, sans être le mouvement, le temps était « quelque chose du mouvement ». Le temps ne pourrait-il pas être la mesure du mouvement sans être le mouvement ? Pour que le temps soit, ne suffit-il pas que le mouvement soit potentiellement mesurable ?

1. Cette substitution explique qu'Augustin ne fasse plus aucun usage de la distinction entre *motus* et *mora* : « Je cherche à savoir si c'est le mouvement (*motus*) lui-même qui est le jour, ou si c'est la durée (*mora*) pendant laquelle il s'accomplit, ou bien l'un et l'autre » (*23*, 30). Les trois hypothèses étant écartées et la recherche sur le sens même du mot « jour » étant abandonnée, la distinction reste sans conséquence. On ne peut dire, avec Guitton (*op. cit.*, p. 229), que pour Augustin « le temps n'est ni *motus* ni *mora*, mais plus *mora* que *motus* ». La *distentio animi* n'a pas plus d'attache dans *mora* que dans *motus*.

Augustin semble à première vue faire à Aristote cette concession majeure, quand il écrit : « Autre chose est le mouvement d'un corps, autre chose ce qui nous sert à mesurer sa durée ; qui dès lors ne comprendrait pas lequel des deux doit de préférence s'appeler le temps ? » (*24*, 31 [1]). Quand il dit que le le temps est plutôt la mesure du mouvement que le mouvement lui-même, ce n'est pas à un mouvement régulier des corps célestes qu'il pense, mais à la mesure du mouvement de l'âme humaine. En effet, si l'on admet que la mesure du temps se fait par comparaison entre un temps plus long et un temps plus court, il faut un terme fixe de comparaison ; or ce ne peut être le mouvement circulaire des astres, puisqu'on a admis qu'il pouvait varier. Le mouvement peut s'arrêter, pas le temps. Ne mesure-t-on pas en effet des arrêts aussi bien que des mouvements ? (*ibid.*).

Sans cette hésitation on ne comprendrait pas pourquoi, après l'argument en apparence victorieux contre l'identification du temps avec le mouvement, Augustin s'abandonne une fois encore à un aveu de totale ignorance : je sais que mon discours sur le temps est dans le temps ; je sais donc que le temps est et qu'on le mesure. Mais je ne sais ni ce qu'est le temps, ni comment on le mesure : « Malheureux que je suis, moi qui ne sais même pas quelle chose je ne sais pas ! » (*25*, 32).

C'est pourtant dans la page suivante qu'éclate la formule décisive : « Par suite (*inde*), il m'est apparu que le temps n'est pas autre chose qu'une distension, mais de quoi ? Je ne sais, et il serait surprenant que ce ne fût pas de l'esprit lui-même » (*26*, 33). Par suite de quoi ? Et pourquoi cette formule contournée (il serait surprenant si... ne pas...) pour affirmer la thèse ? Encore une fois, s'il y a quelque noyau phénoménologique dans cette assertion, il est inséparable de la *reductio ad absurdum* qui a éliminé les autres hypothèses : puisque je mesure le mouvement d'un corps par le temps et non l'inverse, puisqu'on ne peut mesurer un temps long que par un temps court, et puisque nul mouvement physique n'offre une mesure fixe de comparaison, le mouvement des astres étant supposé variable, *il reste que* l'extension du

1. Cette hésitation d'Augustin est à rapprocher de deux autres assertions : d'abord que le mouvement des grands luminaires « marque » le temps ; ensuite, que pour distinguer le moment où un intervalle de temps commence et celui où il s'arrête, il faut « marquer » (*notare*) l'endroit d'où part et celui où arrive le corps en mouvement ; sinon nous ne pouvons pas dire « en combien de temps, de tel point à tel autre, le mouvement du corps ou de ses parties s'est effectué » (*24*, 31). Cette notion de « marque » semble être le seul point de contact qui demeure entre temps et mouvement chez Augustin. La question est alors de savoir si ces marques spatiales, pour remplir leur fonction de repère de la longueur du temps, ne contraignent pas à rattacher la mesure du temps au mouvement régulier de quelque mobile autre que l'âme. On reviendra plus loin sur cette difficulté.

temps soit une distension de l'âme. Certes, Plotin l'avait dit avant Augustin ; mais il avait en vue l'âme du monde, non l'âme humaine [1]. C'est pourquoi tout est résolu et tout reste encore en suspens, même quand on a prononcé le mot clé : *distentio animi*. Tant que nous n'aurons pas rattaché la *distentio animi* à la dialectique du triple présent, nous ne nous serons pas encore compris nous-mêmes.

La suite du livre XI (*26*, 33 - *28*, 37) a pour objet d'assurer cette liaison entre les deux thèmes forts de l'investigation : entre la thèse du triple présent, qui résolvait la première énigme, celle d'un être qui manque d'être, et la thèse de la distension de l'esprit, appelée à résoudre l'énigme de l'extension d'une chose qui n'a pas d'extension. Il reste donc à penser le triple présent *comme* distension et la distension *comme* celle du triple présent. C'est là le trait de génie du livre XI des *Confessions* d'Augustin, dans le sillage duquel s'engageront Husserl, Heidegger et Merleau-Ponty.

3. Intentio *et* distentio

Pour opérer ce dernier pas, Augustin renoue avec une assertion antérieure (*16*, 21, et *21*, 27), qui, non seulement est restée en suspens, mais a paru submergée par l'assaut sceptique, à savoir que c'est *quand il passe* que nous mesurons le temps ; non le futur qui n'est pas, non le passé qui n'est plus, ni le présent qui n'a pas d'extension, mais « les temps qui passent ». C'est dans le passage même, dans le transit,

1. Sur ce point, cf. le commentaire de Beierwaltes *ad loc.* (Plotin, *Ennéade*, III, 7, 11, 41) *diastasis zoês* ; A. Solignac, *op. cit.*, « Notes complémentaires », p. 588-591 ; E.P. Meijering, *op. cit.*, p. 90-93. L'adaptation libre des termes plotiniens *diastèma-diastasis* en milieu chrétien remonte à Grégoire de Nysse comme l'a établi J. Callahan, l'auteur de *Four Views of Time in Ancient Philosophy*, dans son article « Gregory of Nyssa and the Psychological View of Time », *Atti del XII Congresso internazionale di filosofia*, Venise, 1958 (Florence, 1960), p. 59. On en trouve confirmation dans l'étude de David L. Balás, « Eternity and Time in Gregory of Nyssa's *Contra Eunomium* », in *Gregory von Nyssa und die Philosophie* (IIe Colloque international sur Grégoire de Nysse, 1972), Leiden, E.J. Brill, 1976. Dans le même colloque, T. Paul Verghese établit que la notion de *diastèma* sert essentiellement de critère pour distinguer la trinité divine de la créature : en Dieu il n'y a pas de *diastèma* entre le Père et le Fils, pas d'intervalle, pas d'espacement. Le *diastèma* caractérise dès lors la Création en tant que telle et singulièrement l'intervalle entre le Créateur et la créature (T. Paul Verghese, « Diastema and Diastasis in Gregory of Nyssa. Introduction to a Concept and the Posing of a Concept », *ibid.*, p. 243-258). Cette adaptation par la patristique grecque des termes plotiniens, à supposer qu'elle ait atteint Augustin, laisse intacte l'originalité de ce dernier ; lui seul tire la *distentio* de la seule extension de l'âme.

qu'il faut chercher à la fois la *multiplicité* du présent et son *déchirement*.

C'est la fonction des trois exemples célèbres du son qui est en train de résonner, qui vient de résonner, et des deux sons qui résonnent l'un après l'autre de faire apparaître ce déchirement comme étant celui du triple présent.

Ces exemples demandent une grande attention, car la variation de l'un à l'autre est subtile.

Premier exemple (*27*, 34) : soit un son qui commence à résonner, qui résonne encore et qui cesse de résonner. Comment en parlons-nous ? Il est important pour la compréhension de ce passage de noter qu'il est entièrement écrit au passé ; on ne parle de la résonance du son que quand elle a cessé ; le pas encore (*nondum*) du futur est dit au passé (*futura erat*) ; le moment où il résonnait, donc son présent, est nommé comme disparu : c'est quand il résonnait qu'il pouvait être mesuré ; « mais même alors (*sed et tunc*), ce son ne s'arrêtait pas (*non stabat*) : il allait (*ibat*) et s'en allait (*praeteribat*) » (*27*, 34). C'est donc au passé qu'on parle du passage même du présent. Le premier exemple, loin de procurer une réponse apaisante à l'énigme, paraît l'épaissir. Mais, comme toujours, la direction de la solution est dans l'énigme même, autant que l'énigme est dans la solution. Un trait de l'exemple permet de tenir le cap : « De fait (*enim*), en s'en allant, il se tendait (*tendebatur*) en une sorte d'espace temporel (*in aliquod spatium temporis*) par où il pourrait être mesuré, puisque le présent n'a aucun espace » (*ibid.*). La clé est bien à chercher du côté de ce qui passe, en tant que distinct du présent ponctuel [1].

Le deuxième exemple exploite cette percée, mais en faisant varier l'hypothèse (*27*, 34, suite). On ne parlera pas du passage au passé, mais au présent. Voici un autre son qui résonne : supposons qu'il résonne encore (*adhuc*) : « Mesurons-le, tandis que (*dum*) il résonne. » C'est maintenant au futur antérieur qu'on parle de sa cessation, comme d'un futur passé : « Lorsqu'il aura cessé (*cessaverit*) de résonner, il sera déjà (*jam*) passé et ne sera plus (*non erit*) quelque chose qui puisse être mesuré » (*ibid.*). La question du « combien longtemps » (*quanta sit*) se

1. On remarquera la légère variation de l'expression : un peu plus haut, Augustin a refusé la mesure au présent ponctuel « *quia nullo spatio tenditur* », « parce qu'il ne s'étend sur aucun espace » (*26*, 33). A mon avis, « tenditur » annonce l'*intentio* dont la *distentio* est le revers. En effet, le présent ponctuel n'a ni tension ni distension : seuls le peuvent « les temps qui passent ». C'est pourquoi au paragraphe suivant il peut dire du présent, en tant qu'il passe (*praeteriens*), qu'il « se tend » en une sorte de laps de temps. Il ne s'agit plus du point, mais du présent vivant, à la fois tendu et distendu.

pose alors au présent. Où est alors la difficulté ? Elle résulte de l'impossibilité de mesurer le passage quand il continue dans son « encore » (*adhuc*). Il faut en effet que quelque chose cesse, pour qu'il y ait un commencement et une fin, donc un intervalle mesurable.

Mais si on ne mesure que ce qui a cessé d'exister, on retombe dans l'aporie antérieure. Celle-ci s'est même épaissie un peu plus, si on ne mesure les temps qui passent ni quand ils ont cessé, ni quand ils continuent. L'idée même de temps qui passe, mise à part pour l'argument, semble engloutie dans les mêmes ténèbres que celle du futur, du passé et du présent ponctuel : « Ce n'est donc pas les temps futurs, ni les passés, ni les présents, ni ceux qui passent, que nous mesurons [1] » (*ibid.*).

D'où vient alors notre assurance *que* nous mesurons (la protestation : « et cependant nous mesurons », revient deux fois dans ce paragraphe dramatique), si nous ne savons pas le *comment* ? Existe-t-il un moyen de mesurer les temps qui passent à la fois quand ils ont cessé et quand ils continuent ? C'est bien de ce côté que le troisième exemple oriente l'enquête.

Le troisième exemple (*27*, 35), celui de la récitation par cœur d'un vers — en l'espèce le *Deus creator omnium*, pris de l'hymne d'Ambroise —, apporte une complexité plus grande que celle du son continu, à savoir l'alternance de quatre syllabes longues et de quatre syllabes brèves à l'intérieur d'une unique expression, le vers (*versus*). C'est cette complexité de l'exemple qui contraint à réintroduire la mémoire et la rétrospection que l'analyse des deux exemples antérieurs a ignorées. C'est ainsi sur le troisième exemple seul que s'opère le raccord entre la question de la mesure et celle du triple présent. L'alternance des quatre brèves et des quatre longues introduit en effet un élément de comparaison qui fait immédiatement appel au sentiment : « Je déclame et je proclame, et il en est ainsi, pour autant qu'on le sent par une sensation manifeste (*quantum sensitur sensu manifesto*) [2]. » Mais Augustin n'introduit le sentir que pour aiguiser l'aporie et guider vers sa résolution, non pour couvrir celle-ci du manteau de l'intuition. Car, si les brèves et les longues ne sont telles que par comparaison, nous n'avons pas la possibilité de les superposer comme deux coudées sur une coudée.

1. A. Solignac souligne le caractère aporétique de cette page en donnant pour sous-titre à la traduction de *27*, 34 : « Examen plus approfondi. Nouvelles apories » (*op. cit.*, p. 329).

2. Si le *sensitur* fait échec aux Sceptiques, le *quantum*, note Meijering (*op. cit.*, p. 95), marque une réserve à l'égard des Épicuriens, trop confiants dans la sensation. Augustin suivrait ici la voie moyenne du platonisme, celle d'une confiance mesurée dans les sens contrôlés par l'intelligence.

Il faut pouvoir retenir (*tenere*) la brève et l'appliquer (*applicare*) sur la longue. Or qu'est-ce que retenir ce qui a cessé ? L'aporie reste entière si l'on parle des syllabes elles-mêmes, comme on parlait plus haut du son lui-même, c'est-à-dire des choses passées et futures. L'aporie se résout si l'on parle non des syllabes qui ne sont plus ou pas encore, mais de leurs empreintes dans la mémoire et de leurs signes dans l'attente : « Ce ne sont donc pas elles-mêmes (*ipsas*) que je mesure, elles qui ne sont plus, mais quelque chose dans (*in*) ma mémoire, qui demeure là fixé (*in-fixum manet*) » (*ibid.*).

Nous retrouvons le présent du passé, hérité de l'analyse qui clôturait la première énigme — et avec cette expression tous les embarras de l'image-empreinte, du *vestigium*. L'avantage est néanmoins immense : nous savons maintenant que la mesure du temps ne doit rien à celle du mouvement extérieur. En outre nous avons trouvé, dans l'esprit lui-même, l'élément fixe qui permet de comparer les temps longs et les temps courts : avec l'image-empreinte, le verbe important n'est plus passer (*transire*), mais demeurer (*manet*). En ce sens, les deux énigmes — celle de l'être/non-être et celle de la mesure de ce qui n'a pas d'extension — sont résolues en même temps ; d'une part, c'est en nous-mêmes que nous sommes revenus : « C'est en toi (*in te*), mon esprit, que je mesure les temps » (*27*, 36). Et comment ? Pour autant qu'y demeure, après leur passage, l'impression (*affectio*) faite dans l'esprit par les choses en passant : « L'impression, que les choses en passant font en toi, y demeure (*manet*) après leur passage, et c'est elle que je mesure quand elle est présente, non pas ces choses qui ont passé pour la produire » (*27*, 36).

Il ne faudrait pas croire que ce recours à l'impression termine l'enquête [1]. La notion de *distentio animi* n'a pas reçu son dû tant qu'on n'a pas contrasté la passivité de l'impression avec l'activité d'un esprit tendu en des directions opposées, entre l'attente, la mémoire et l'attention. *Seul un esprit ainsi diversement tendu peut être distendu.*

Cette face active du processus demande que soit repris l'exemple antérieur de la récitation, mais dans son dynamisme : composer à

1. Ici mon analyse diffère de celle de Meijering qui s'attache presque exclusivement au contraste entre l'éternité et le temps et ne souligne pas la dialectique interne du temps lui-même entre intention et distension. Il est vrai, comme on le dira plus loin, que ce contraste est accentué par la visée de l'éternité qui anime l'*intentio*. En revanche, Guitton insiste fortement sur cette tension de l'esprit dont la *distentio* est comme l'envers : « Saint Augustin par le progrès de sa réflexion a dû attribuer au temps des qualités opposées. Son étendue est une *extensio*, une *distentio* qui enveloppe en elle une *attentio*, une *intentio*. Le temps se trouve par là intérieurement lié à l'*actio* dont il est la forme spirituelle » (*op. cit.*, p. 232). Ainsi l'instant est-il un « acte de l'esprit » (*ibid.*, p. 234).

l'avance, confier à la mémoire, commencer, parcourir, autant d'opérations actives que doublent dans leur passivité les images-signes et les images-empreintes. Mais on se méprend sur le rôle de ces images si on néglige de souligner que réciter est un acte qui procède d'une attente tournée vers le poème entier puis vers ce qui reste du poème jusqu'à ce que (*donec*) l'opération soit épuisée. Dans cette nouvelle description de l'acte de réciter, le présent change de sens : ce n'est plus un point, même pas un point de passage, c'est une « intention présente » (*praesens intentio*) (27, 36). Si l'attention mérite ainsi d'être appelée intention, c'est dans la mesure où le transit par le présent est devenu une transition active : le présent n'est plus seulement traversé, mais « l'intention présente fait passer (*traicit*) le futur dans le passé, en faisant croître le passé par diminution du futur, jusqu'à ce que par l'épuisement du futur tout soit devenu passé » (27, 36). Certes, l'imagerie quasi spatiale d'un mouvement *du* futur *vers* le passé *par* le présent n'est pas abolie. Sans doute a-t-elle sa justification dernière dans la passivité qui double le procès entier. Mais nous cessons d'être dupes de la représentation de deux lieux dont l'un se remplit à mesure que l'autre se vide, dès que nous dynamisons cette représentation et que nous discernons le jeu d'action et de passion qui s'y dissimule. Il n'y aurait pas en effet de futur qui diminue, pas de passé qui s'accroît, sans un « esprit qui fait cette action (*animus qui illud agit*) » (28, 37). La passivité accompagne de son ombre trois actions, exprimées maintenant par trois verbes : l'esprit « attend (*expectat*) et il est *attentif* (*adtendit*) [ce verbe rappelle l'*intentio praesens*] et il se rappelle (*meminit*) » (*ibid.*). Le résultat est « que ce qu'il attend, traversant ce à quoi il est attentif, passe (*transeat*) dans ce qu'il se rappelle » (*ibid.*). Faire passer c'est aussi passer. Le vocabulaire ici ne cesse d'osciller entre l'activité et la passivité. L'esprit attend et se rappelle, et pourtant l'attente et la mémoire sont « dans » l'âme, à titre d'images-empreintes et d'images-signes. Le contraste se concentre dans le présent. D'une part, en tant qu'il passe, il se réduit à un point (*in puncto praeterit*) : c'est là l'expression la plus extrême de l'absence d'extension du présent. Mais, en tant qu'il fait passer, en tant que l'attention « achemine (*pergat*) vers l'absence ce qui sera présent », il faut dire que « l'attention a une durée continue » (*perdurat attentio*).

Il faut savoir discerner ce jeu de l'acte et de l'affection dans l'expression complexe d'une « longue attente du futur », qu'Augustin substitue à celle, absurde, d'un long futur, et dans celle d'un « long souvenir du passé », qui prend la place de celle d'un long passé. C'est *dans* l'âme, donc à titre d'impression, que l'attente et la mémoire ont de l'extension. Mais l'impression n'est dans l'âme que pour autant que l'esprit *agit*, c'est-à-dire attend, fait attention et se souvient.

En quoi consiste alors la distension ? Dans le contraste même entre trois tensions. Si les paragraphes *26*, 33 - *30*, 40 sont le trésor du livre XI, le paragraphe *28*, 38, à lui tout seul, est le joyau de ce trésor. L'exemple du chant, qui englobe celui du son qui dure et cesse et celui des syllabes longues et brèves, est ici plus qu'une application concrète : il marque le point d'articulation de la théorie de la *distentio* sur celle du triple présent. La théorie du triple présent, reformulée en termes de triple intention, fait jaillir la *distentio* de l'*intentio* éclatée. Il faut citer le paragraphe entier : « Je me prépare à chanter un chant que je connais. Avant que je commence, mon attente se tend (*tenditur*) vers l'ensemble de ce chant ; mais, quand j'ai commencé, à mesure que les éléments prélevés de mon attente deviennent du passé, ma mémoire se tend (*tenditur*) vers eux à son tour ; et les forces vives de mon activité (*actionis*) sont distendues (*distenditur*), vers la mémoire à cause de ce que j'ai dit, et vers l'attente à cause de ce que je vais dire. Néanmoins mon attention (*attentio*) est là, présente ; et c'est par elle que transite (*traicitur*) ce qui était futur pour devenir passé. Plus cette action avance, avance (*agitur et agitur*), plus s'abrège l'attente et s'allonge la mémoire, jusqu'à ce que l'attente tout entière soit épuisée, quand l'action tout entière est finie et a passé dans la mémoire » (*28*, 38).

Tout ce paragraphe a pour thème la dialectique de l'attente, de la mémoire et de l'attention, considérées non plus isolément, mais en interaction. Il n'est plus alors question d'images-empreintes, ni d'images anticipantes, mais d'une action qui abrège l'attente et allonge la mémoire. Le terme *actio* et l'expression verbale *agitur*, redoublée à dessein, traduisent l'impulsion qui régit l'ensemble. L'attente et la mémoire sont elles-mêmes dites toutes deux être « tendues », la première vers l'ensemble du poème avant le commencement du chant, la seconde vers la partie déjà écoulée du chant ; quant à l'attention, sa tension consiste tout entière dans le « transit » actif de ce qui était futur vers ce qui devient passé. C'est cette action combinée de l'attente, de la mémoire et de l'attention, qui « avance, avance ». La *distentio* n'est alors pas autre chose que la faille, la non-coïncidence des trois modalités de l'action : « et les forces vives de mon activité sont distendues vers la mémoire à cause de ce que j'ai dit et vers l'attente à cause de ce que je vais dire ».

La *distentio* a-t-elle à voir avec la passivité de l'impression ? Il le semble, si l'on rapproche ce beau texte, d'où l'*affectio* semble avoir disparu, de la première esquisse d'analyse de l'acte de réciter (*27*, 36). L'impression paraît y être encore conçue comme l'envers passif de la « tension » même de l'acte, fût-il muet, de réciter : quelque chose demeure (*manet*) dans la mesure même où nous « traversons (*peragi-*

mus) en pensée poème, vers et discours ». C'est « l'intention présente [qui] fait passer (*traicit*) le futur dans le passé » (27, 36).

Si donc l'on rapproche, comme je crois qu'on le peut, la passivité de l'*affectio* et la *distentio animi*, il faut dire que les trois visées temporelles se dissocient dans la mesure où l'activité intentionnelle a pour contrepartie la passivité engendrée par cette activité même et que, faute de mieux, on désigne comme image-empreinte ou image-signe. Ce ne sont pas seulement trois actes qui ne se recouvrent pas, mais c'est l'activité et la passivité qui se contrarient, pour ne rien dire de la discordance entre les deux passivités, attachées l'une à l'attente, l'autre à la mémoire. Plus donc l'esprit se fait *intentio*, plus il souffre *distentio*.

L'aporie du temps long ou bref est-elle résolue ? Oui, si l'on admet : 1) que ce que l'on mesure, ce ne sont pas les choses futures ou passées, mais leur attente et leur souvenir ; 2) que ce sont là des affections présentant une spatialité mesurable d'un genre unique ; 3) que ces affections sont comme l'envers de l'activité de l'esprit qui avance, avance ; enfin 4) que cette action est elle-même triple et ainsi se distend dans la mesure où elle se tend.

A vrai dire, chacun de ces stades de la solution constitue une énigme :

1) Comment mesurer l'attente ou le souvenir sans prendre appui sur les « marques » délimitant l'espace parcouru par un mobile, donc sans prendre en considération le changement physique qui engendre le parcours du mobile dans l'espace ?

2) Quel accès indépendant avons-nous à l'extension de l'empreinte en tant qu'elle serait purement « dans » l'esprit ?

3) Avons-nous quelque autre moyen d'exprimer le lien entre l'*affectio* et l'*intentio*, en dehors d'une dynamisation progressive de la métaphore des localités traversées par l'attente, l'attention et le souvenir ? A cet égard la métaphore du transit des événements à travers le présent semble indépassable : c'est une bonne métaphore, une métaphore vive, en ce qu'elle fait tenir ensemble l'idée de « passer », au sens de cesser, et celle de « faire passer », au sens de convoyer. Il ne semble pas qu'aucun concept « surpasse » (*aufhebt*) cette métaphore vive [1].

4) La dernière thèse, si l'on peut encore l'appeler ainsi, constitue l'énigme la plus impénétrable, celle au prix de laquelle on peut dire que l'aporie de la mesure est « résolue » par Augustin : que l'âme

1. Kant rencontrera la même énigme d'une passivité activement produite, avec l'idée de *Selbstaffektion* dans la deuxième édition de la *Critique de la Raison pure* (B 67-69). J'y reviendrai dans la quatrième partie (chapitre II).

se « distende » à mesure qu'elle se « tend », voilà la suprême énigme.

Mais c'est précisément en tant qu'énigme que la résolution de l'aporie de la mesure est précieuse. La trouvaille inestimable de saint Augustin, en réduisant l'extension du temps à la distension de l'âme, est d'avoir lié cette distension à la faille qui ne cesse de s'insinuer au cœur du triple présent : entre le présent du futur, le présent du passé et le présent du présent. Ainsi voit-il la *discordance* naître et renaître de la *concordance* même des visées de l'attente, de l'attention et de la mémoire.

C'est à cette énigme de la spéculation sur le temps que répond l'acte poétique de mise en intrigue. La *Poétique* d'Aristote ne résout pas spéculativement l'énigme. Elle ne la résout même aucunement. Elle la fait travailler... poétiquement — en produisant une figure inversée de la discordance et de la concordance. Pour cette nouvelle traversée, Augustin ne nous laisse pas sans une parole d'encouragement : l'exemple fragile du *canticus* récité par cœur devient soudain, vers la fin de l'enquête, un paradigme puissant pour d'autres *actiones* dans lesquelles l'âme en se tendant souffre distension : « Ce qui se produit pour le chant tout entier se produit pour chacune de ses parties et pour chacune de ses syllabes ; cela se produit pour une action plus ample (*in actione longiore*), dont ce chant n'est peut-être qu'une petite partie ; cela se produit pour la vie entière de l'homme, dont les parties sont toutes les actions (*actiones*) de l'homme ; cela se produit pour la série entière des siècles vécus par les enfants des hommes, dont les parties sont toutes les vies des hommes » (*28*, 38). Tout l'empire du narratif est ici virtuellement déployé : depuis le simple poème, en passant par l'histoire d'une vie entière, jusqu'à l'histoire universelle. C'est à ces extrapolations, simplement suggérées par Augustin, que le présent ouvrage est consacré.

4. *Le contraste de l'éternité*

Il reste à lever l'objection formulée au début de cette étude contre une lecture du livre XI des *Confessions* qui isole artificiellement les sections *14*, 17 - *28*, 37 de la grande méditation sur l'éternité qui les encadre. On n'a répondu que partiellement à l'objection en soulignant l'autonomie que cette investigation doit à son perpétuel affrontement avec les arguments sceptiques qui portaient essentiellement sur le temps. A cet égard, la thèse même que le temps est « dans » l'âme et trouve « dans » l'âme le principe de sa mesure se suffit largement à elle-même, pour autant qu'elle répond à des apories internes à la notion de temps. La notion de *distentio animi* n'a besoin pour être comprise que de son contraste avec l'*intentio* immanente à l'« action » de l'esprit [1].

Et pourtant il manque quelque chose au sens *plénier* de la *distentio animi*, que seul le contraste de l'éternité apporte. Mais ce qui manque ne concerne pas ce que j'appellerai le sens *suffisant* de la *distentio animi* : je veux dire le sens qui suffit à répliquer aux apories du non-être et de la mesure. Ce qui manque est d'un autre ordre. Je discerne trois incidences majeures de la méditation de l'éternité sur la spéculation concernant le temps.

Sa première fonction est de placer toute la spéculation sur le temps sous l'horizon d'une *idée-limite* qui contraint à penser à la fois le temps et l'autre du temps. Sa seconde fonction est d'intensifier l'expérience même de la *distentio* au plan existentiel. Sa troisième fonction est d'appeler cette expérience même à se surpasser en direction de l'éternité, et donc à se *hiérarchiser* intérieurement, à l'encontre de la fascination par la représentation d'un temps rectilinéaire.

a) Que la méditation d'Augustin porte indivisément sur l'éternité et le temps n'est pas contestable. Le livre XI des *Confessions* s'ouvre sur le premier verset de la *Genèse* (dans une des versions latines connues en Afrique à l'époque de la rédaction des *Confessions*) : « *In principio fecit Deus...* » De plus la méditation qui remplit les quatorze premiers chapitres du livre XI se trouve joindre, de manière indivisible, la louange du psalmiste à une spéculation de type largement platonicienne et néo-platonicienne [2]. Sur ce double registre, la méditation ne laisse place à aucune dérivation, en aucun sens convenable du mot, de

1. Deux autres objections pourraient venir à l'esprit. Qu'en est-il d'abord du rapport de la *distentio animi* augustinienne avec la *diastasis zoês* de Plotin ? Et qu'en est-il du rapport du livre XI tout entier avec la narration des neuf premiers livres des *Confessions* ? A la première objection, je réponds que mon propos exclut que je traite en historien des idées le rapport d'Augustin à Plotin. En revanche, je reconnais volontiers qu'une bonne compréhension de la mutation subie par l'analyse plotinienne du temps peut contribuer à aiguiser l'énigme qu'Augustin a léguée à la postérité. Quelques notes en bas de page n'y suffisent évidemment pas. Je renvoie au commentaire d'A. Solignac et de Meijering des *Confessions* pour combler cette lacune, ainsi qu'à l'étude de Beierwaltes sur *Ewigkeit und Zeit bei Plotin*. Quant au rapport entre la spéculation sur le temps et la narration des neuf premiers livres, il m'intéresse au premier chef. J'y reviendrai dans la quatrième partie du présent ouvrage dans le cadre d'une réflexion sur la *répétition*. On en devinera quelque chose ici même, quand on évoquera la *confessio* dans laquelle s'enveloppe l'ouvrage entier d'Augustin.

2. A cet égard, on ne saurait tenir pour un simple ornement rhétorique la grande prière de 2, 3 (pour laquelle le traducteur français a très judicieusement choisi de donner une version versifiée) : elle contient la cellule mélodique que la spéculation aussi bien que l'hymne déploieront :

l'éternité à partir du temps. Ce qui est posé, confessé, pensé, c'est d'un seul jet le contraste de l'éternité et du temps. Le travail de l'intelligence ne porte aucunement sur la question de savoir si l'éternité est. L'antériorité de l'éternité par rapport au temps — en un sens de l'antériorité qui reste à déterminer — est donnée dans le contraste entre « l'être qui n'a pas été fait et qui pourtant est » et l'être qui a un avant et un après, qui « change » et qui « varie » (*4*, 6). Ce contraste est donné dans un cri : « Voici que le ciel et la terre sont ; ils crient qu'ils ont été faits, car ils changent et ils varient » (*ibid.*). Et Augustin souligne : « Nous savons cela » (*ibid.* [1]). Ceci dit, le travail de l'intelligence résulte des difficultés suscitées par cette confession même de l'éternité : « Fais que j'entende et que je comprenne comment (*quomodo*) dans le principe tu as fait le ciel et la terre » (*3*, 5) (question reprise au début de *5*, 7). En ce sens, il en est de l'éternité comme du temps : qu'elle soit ne fait point problème ; comment elle est laisse perplexe. C'est de cette perplexité que procède la première fonction de l'assertion de l'éternité par rapport à celle du temps : la fonction de l'idée-limite.

C'est à toi qu'est le jour, c'est à toi qu'est la nuit :
Sur un signe, à ton gré, s'envolent les instants.
Donne-nous de larges espaces de ce temps
Pour nos méditations sur les secrets de ta loi,
Et quand nous frapperons à cette porte ne la ferme pas.

La spéculation et l'hymne s'unissent dans la « confession ». C'est sur le ton de la confession que le *principium* de Genèse *1*, 1 est invoqué dans la prière de *2*, 3 :

Puissé-je te confesser (*confitear tibi*) tout ce que j'aurai trouvé
Dans tes livres, et entendre la voix de la louange
Et te boire et considérer la merveille de ta loi,
Depuis le principe où tu fis le ciel et la terre,
Jusqu'au règne éternel avec toi dans ta sainte cité !

1. Dans ce savoir se résument la parenté et la différence radicale entre Plotin et Augustin. Le thème de la création fait cette différence. Guitton en mesure toute la profondeur en quelques pages denses (*op. cit.*, p. 136-145) : saint Augustin, dit-il, « a coulé dans le moule fourni par les *Ennéades* une inspiration étrangère à Plotin, bien plus, contraire à son esprit, et telle que toute sa dialectique tendait à la nier, à l'empêcher de naître ou à la dissoudre » (p. 140). De l'idée de création résultent un cosmos temporaire, une conversion temporelle, une religion historique. Ainsi le temps est-il justifié autant que fondé. Quant à l'anthropomorphisme auquel l'émanatisme plotinien semble échapper, on peut se demander si les ressources *métaphoriques* de l'anthropomorphisme *matériel* d'Augustin ne sont pas plus précieuses, concernant le schème de la causalité créatrice, que l'exemplarisme néo-platonicien qui demeure dans l'identité du même et n'échappe pas à un anthropomorphisme plus subtil parce que purement *formel*. La *métaphore* créationniste nous tient en alerte autant qu'en garde, alors que l'exemplarisme nous séduit par son caractère philosophique (sur ce point, cf. Guitton, *op. cit.*, p. 198-199). Sur « le créateur éternel de la création temporelle », cf. le commentaire exhaustif de Meijering, *op. cit.*, p. 17-57. On y trouvera toutes les références au *Timée* et aux *Ennéades*.

Cette première fonction résulte de l'enchaînement même entre confession et questionnement, tout au cours des quatorze premiers chapitres du livre XI des *Confessions.* A la première question : « Mais comment (*quomodo*) as-tu fait le ciel et la terre... ? » (5, 7), il est répondu, dans le même esprit de louange que ci-dessus : « C'est dans ton Verbe que tu les as faits » (*ibid.*). Mais de cette réponse naît une nouvelle question : « Mais comment as-tu parlé ? » (6, 8). Il y est répondu, avec la même assurance, par l'éternité du *Verbum* : « C'est ensemble (*simul*) et éternellement (*sempiterne*) que tout (*omnia*) est dit. Autrement, déjà ce serait le temps et le changement, non la vraie éternité ni la vraie immortalité » (7, 9). Et Augustin *confesse* : « Cela, je le sais, mon Dieu, et je t'en rends grâce » (7, 9).

Interrogeons donc cette éternité du Verbe. Un double *contraste* se creuse, qui avant d'être source de nouveaux embarras est source de négativité concernant le temps.

D'abord, dire que les choses sont faites dans le Verbe, c'est nier que Dieu crée à la manière d'un artisan qui fait à partir de quelque chose : « Ce n'est pas dans l'univers que tu as fait l'univers, car il n'était pas (*quia non erat*) en tant que lieu où il pût être fait, avant qu'(*antequam*) il ne fût fait de façon à être » (5, 7). La création *ex nihilo* est ici anticipée, et ce néant d'origine frappe dès maintenant le temps de déficience ontologique.

Mais le contraste décisif, générateur de nouvelles négations — et de nouveaux embarras — est celui qui oppose le *Verbum* divin et la *vox* humaine : le Verbe créateur n'est pas comme la voix humaine qui « commence » et « s'achève », comme les syllabes qui « résonnent » et « passent » (6, 8). Le Verbe et la voix sont aussi irréductibles l'un à l'autre et aussi inséparables que le sont l'oreille intérieure qui écoute la Parole et reçoit l'instruction du maître intérieur, et l'oreille extérieure qui recueille les *verba* et les transmet à l'intelligence vigilante. Le *Verbum* demeure ; les *verba* disparaissent. Avec ce contraste (et la « comparaison » qui l'accompagne), le temps est à nouveau frappé d'un indice négatif : Si le *Verbum* demeure, les *verba* « ne sont pas, car ils fuient et passent » (6, 8 [1]). En ce sens les deux fonctions du non-être se recouvrent.

1. Si cette déficience ontologique a une autre fonction dans l'argumentation que le non-être de l'argument sceptique sur le temps, lié au « pas encore » du futur et au « ne... plus » du passé, néanmoins elle met sur ce non-être le sceau du manque d'être propre au statut de créature : « Nous savons, Seigneur, nous savons : c'est dans la mesure où elle n'est pas ce qu'elle était, et où elle est ce qu'elle n'était pas, que toute chose disparaît et apparaît » (7, 9). Désormais les deux adjectifs « éternel » (et son synonyme « immortel ») et « temporel » s'opposent. Temporel signifie non éternel.

La progression de la négation ne cessera désormais d'accompagner celle du questionnement qui lui-même double la confession d'éternité. Une fois encore, en effet, l'interrogation surgit de la réponse précédente : « Tu ne fais pas autrement qu'en disant ; et cependant (*nec tamen*), elles ne sont pas faites ensemble et pour l'éternité, toutes les choses que tu fais en les disant » (*7*, 9). Autrement dit, comment une créature temporelle peut-elle être faite par et dans le Verbe éternel ? « Pourquoi cela, je t'en prie, Seigneur mon Dieu ? Dans une certaine mesure je le vois, mais je ne sais comment l'exprimer » (*8*, 10). L'éternité, en ce sens, n'est pas moins source d'énigmes que le temps.

A cette difficulté, Augustin répond en attribuant au Verbe une « raison éternelle » qui assigne aux choses créées de commencer d'être et de finir d'être [1]. Mais cette réponse tient en germe la difficulté majeure qui exercera longuement la sagacité d'Augustin concernant l'avant de la création : en effet, cette assignation d'un commencement et d'une fin par la raison éternelle implique que celle-ci connaisse « le moment quand » (*quando*) cette chose a dû commencer ou finir. Ce *quando* nous rejette en haute mer.

Et d'abord il rend plausible et respectable la question des manichéens et de quelques platoniciens, que d'autres penseurs chrétiens avaient tenue pour ridicule et traitée par la dérision.

Voici donc Augustin confronté aux pressantes objections de l'adversaire qui prennent la forme d'une triple question : « Que faisait Dieu avant (*antequam*) de faire le ciel et la terre ? » « S'il était inoccupé et ne

---

On se demandera plus loin si la négation ne joue pas dans les deux sens. Déjà ici, à *7*, 9, être éternel implique ne *pas* « céder la place », ne *pas* « succéder ». En ce qui concerne les synonymes de l'éternité (*immortalitas*, *incorruptibilitas*, *incommutabilitas*, cf. Meijering, *op. cit.*, p. 32, qui renvoie à cette occasion à *Timée* 29*c*). Retenons donc ces deux premiers moments de la fonction-limite de l'idée d'éternité contenue dans les deux négations : ce n'est *pas* comme un artisan, avec un matériau *antérieur*, que le Verbe crée ; ce n'est *pas* avec une voix qui résonne *dans le temps* que le Verbe parle.

1. Le traducteur et l'interprète des *Confessions* dans la « Bibliothèque augustinienne » marquent une césure entre *9*, 11 et *10*, 12 et divisent ainsi le livre XI : I. La création et le Verbe créateur (*3*, 5 - *10*, 12). II. Le problème du temps : a) l'avant de la création (*10*, 12 - *14*, 17) ; b) l'être du temps et sa mesure (*14*, 17 - *29*, 39). Ma propre analyse m'amène à regrouper I et IIa) sous le même titre de l'intensification de la *distentio animi* par son contraste avec l'éternité. En outre la question, d'apparence saugrenue, qui commence à *10*, 12 appartient au même style aporétique marqué par les questions *comment* ? (*5*, 7) et *pourquoi* ? (*6*, 8) qui nous sont apparues suscitées par la confession même de l'éternité. Enfin l'aporie et les réponses à l'aporie donneront lieu à un même approfondissement du traitement négatif de la temporalité commencée en *3*, 5.

faisait aucun travail, pourquoi ne s'est-il pas de même toujours aussi dans la suite comme toujours auparavant abstenu de travailler ? » « Si Dieu avait une volonté éternelle de produire une création, pourquoi N'est-elle pas éternelle aussi ? » (*10*, 12). Nous nous intéresserons, dans les réponses d'Augustin, au progrès de la négativité ontologique qui affecte l'expérience, elle-même négative au plan psychologique, de la *distentio animi*.

Avant de proposer sa réponse personnelle à ces difficultés qui, encore une fois, résultent de la confession de l'éternité, Augustin affine une dernière fois sa notion de l'éternité. L'éternité est « toujours stable » (*semper stans*) par contraste avec les choses qui ne sont « jamais stables ». Cette stabilité consiste en ceci que « dans l'éternel.... rien ne passe, mais tout est tout entier présent (*totum esse praesens*), tandis qu'aucun temps n'est tout entier présent » (*11*, 13). La négativité est ici à son comble : pour penser jusqu'au bout la *distentio animi*, c'est-à-dire la faille du triple présent, il faut pouvoir la « comparer » à un présent *sans* passé *ni* futur [1]. C'est cette extrême négation qui sous-tend la réponse à l'argument d'apparence frivole.

Si Augustin prend tant de peine à le réfuter, c'est parce qu'il constitue une aporie engendrée par la thèse même de l'éternité [2].

La réponse à la première formulation de l'objection est franche et nette : « Avant de faire le ciel et la terre, Dieu ne faisait rien » (*12*, 14). Certes, la réponse laisse intacte la supposition d'un avant, mais l'important est que cet avant soit frappé de néant : le « rien » du « ne rien faire » est l'avant de la création. Il faut donc penser « rien » pour penser le temps comme commençant et finissant. Ainsi le temps est-il comme entouré de néant.

La réponse à la deuxième formulation est plus remarquable encore ; il

1. Déjà Platon, dans *Timée* 37*c*, avait exclu le passé et le futur de l'éternité sans parler encore d'éternel présent. Meijering, *op.cit.*, p.46, cite d'autres textes d'Augustin qui interprètent le *stare* et le *manere* de Dieu comme éternel présent. Meijering, p. 43, souligne fortement qu'Augustin accepte la partie de l'argument de *10*, 12 qui dit que « la volonté de Dieu n'est pas une créature mais est avant tout une créature... C'est donc à la substance même de Dieu qu'appartient sa volonté ». Le même commentateur rapproche ce texte de Plotin, *Ennéade* VI, *8*, 14 ; VI, *9*, 13. Il identifie la première expression de l'éternel présent dans le moyen platonisme de Numénius, avant sa formulation chez Plotin (il renvoie sur ce point à Beierwaltes, *op.cit.*, p. 170-173), puis chez Grégoire de Nysse et Athanase.

2. Nous imaginons mal aujourd'hui la vivacité, pour ne pas dire la violence, des querelles suscitées par l'idée d'une création temporelle ; Guitton montre comment celles-ci étaient encore exacerbées par le conflit entre exégèse littérale et exégèse allégorique, suscité par le récit biblique de la création « en six jours » et plus particulièrement par le sens à donner aux « trois jours » précédant la création des grands luminaires. Sur ce point, cf. Guitton, *op.cit.*, p. 177-191.

n'y a pas d'avant par rapport à la création, parce que Dieu a créé les temps en créant le monde : « Tu es l'ouvrier de tous les temps. » « Car ce temps lui-même, c'est toi qui l'avais fait et les temps n'ont pu passer avant que tu fisses les temps. » Du même coup la réponse supprime la question : « Il n'y avait pas d'alors (*non erat tunc*) là où il n'y avait pas de temps » (*13*, 15). Ce « non-alors » est de même degré négatif que le *rien* du ne rien faire. Il est donc donné à la pensée de former l'idée de l'absence de temps pour penser jusqu'au bout le temps comme passage. Le temps doit être pensé comme *transitoire* pour être pleinement vécu comme *transition*.

Mais la thèse que le temps a été créé avec le monde — thèse qui se lit déjà chez Platon, *Timée 38d* — laisse ouverte la possibilité qu'il y ait d'autres temps avant le temps (*Confessions* XI, *30*, 40 fin, évoque cette possibilité, soit à titre d'hypothèse spéculative, soit pour réserver une dimension temporelle propre aux êtres angéliques). Quoi qu'il en soit, c'est afin de faire face à cette possibilité qu'Augustin donne à sa thèse le tour de la *reductio ad absurdum* : même s'il y avait un temps avant le temps, ce temps serait encore une créature puisque Dieu est l'artisan de tous les temps. Un temps d'avant *toute* création est donc impensable. Cet argument suffit à écarter la supposition de l'oisiveté de Dieu avant la création : dire que Dieu a été oisif, c'est dire qu'il y eut un temps où il n'a *jamais* fait avant de faire. Les catégories temporelles sont donc impropres à caractériser un « avant du monde ».

La réponse à la troisième formulation de l'objection de l'adversaire donne à Augustin l'occasion de mettre la dernière touche à son opposition entre temps et éternité. Afin d'écarter toute idée de « nouveauté » de la volonté de Dieu, il faut donner à l'idée d'un *avant* de la création une signification qui en élimine toute temporalité. Il faut penser l'antécédence comme supériorité, comme excellence, comme hauteur : « Tu précèdes tous les temps passés selon la hauteur (*celsitudine*) de ton éternité toujours présente » (*13*, 16). Les négations sont encore aiguisées : « Tes années ni ne vont, ni ne viennent » (*ibid.*). Elles « subsistent simultanément (*simul stant*) » (*ibid.*). Le *simul stans* des « années de Dieu », ainsi que l'« aujourd'hui » dont parle l'Exode assument la signification non temporelle de ce qui surpasse sans précéder. Passer est moins que surpasser.

Si j'ai tant insisté sur la négativité ontologique que le contraste entre l'éternité et le temps fait apparaître dans l'expérience psychologique de la *distentio animi*, ce n'est assurément pas pour enfermer l'éternité selon Augustin dans la fonction kantienne d'une idée-limite. La conjonction de l'hébraïsme et du platonisme dans l'interprétation de l'*ego sum qui sum* d'Exode 3, 20 dans sa traduction latine[1] nous interdit d'interpréter la pensée de l'éternité comme une pensée sans objet. En outre la conjonction de la louange et de la spéculation atteste qu'Augustin ne se borne pas à penser l'éternité ; il s'adresse à l'Éternel, il l'invoque à la seconde personne. Le présent éternel se déclare lui-même à la première personne : *sum* et non *esse*[2]. La spéculation, ici encore, est inséparable de la reconnaissance de celui qui se déclare. C'est en cela qu'elle est inséparable de l'hymne. En ce sens, on peut parler d'une expérience d'éternité chez Augustin avec les réserves qu'on dira plus loin. Mais c'est précisément cette expérience d'éternité qui revêt la fonction d'idée-limite, dès lors que l'intelligence « compare » le temps à l'éternité. C'est le choc en retour de cette « comparaison » sur l'expérience vive de la *distentio animi* qui fait de la pensée de l'éternité l'idée-limite sous l'horizon de laquelle l'expérience de la *distentio animi* est affectée, au plan ontologique, de l'indice négatif du manque ou du défaut d'être[3].

Le retentissement — comme eût dit Eugène Minkovski — de cette négation pensée sur l'expérience vive de la temporalité va maintenant nous assurer que le défaut d'éternité n'est pas seulement une limite pensée, mais un manque ressenti au cœur de l'expérience temporelle. L'idée-limite devient alors la tristesse du négatif.

b) Le contraste entre l'éternité et le temps ne se borne pas, en

1. La question n'est pas ici de fidélité de la traduction latine à l'hébreu, mais de son efficacité dans la tradition philosophique.

2. A. Solignac (*op.cit.,* p. 583-584) renvoie ici à Étienne Gilson, *Philosophie et Incarnation chez saint Augustin*, où sont étudiés les principaux textes de l'œuvre d'Augustin sur le fameux verset de l'Exode et sur d'autres versets des Psaumes, en particulier le *sermo* 7. A. Solignac commente : « La transcendance de l'éternité par rapport au temps pour Augustin, c'est la transcendance d'un Dieu personnel qui crée des personnes et s'entretient avec elles. C'est donc la transcendance d'un *être* qui se possède dans un présent sans fin par rapport à l'*existence* d'êtres dont la contingence se manifeste dans les vicissitudes du temps » (*op.cit.,* p. 584).

3. Je ne discute pas ici la question de savoir si l'idée d'éternité est elle-même entièrement positive, comme le laissent entendre les termes *manere*, *stans*, *semper*, *totum esse praesens*. Dans la mesure où « commencer », « cesser », « passer » sont eux-mêmes des termes positifs, l'éternité est aussi le négatif du temps, l'autre du temps. L'expression même « tout entier présent » nie que le présent de Dieu ait un passé et un futur. Or, la mémoire et l'attente sont des expériences positives en raison de la présence des images-vestiges et des images-signes. Le présent éternel ne paraît être une notion purement positive qu'à la faveur de son homonymie avec le présent qui passe. Pour le dire éternel, il faut nier qu'il soit le transit, passif et actif, du futur vers le passé. Il est stable dans la mesure où il n'est pas un présent *traversé*. L'éternité aussi est pensée négativement comme ce qui ne comporte pas le temps, ce qui n'est pas temporel. En ce sens, la négation est double : il faut que je puisse nier les traits de mon expérience du temps pour percevoir celle-ci comme en défaut par rapport à ce qui la nie. C'est cette double et mutuelle négation, pour laquelle l'éternité est l'autre du temps, qui, plus que tout, *intensifie* l'expérience du temps.

conjoignant la pensée du temps à la pensée de l'autre du temps, à entourer de négativité l'expérience du temps. Il la transit de part en part de négativité. Ainsi intensifiée au plan existentiel, l'expérience de distension est élevée au niveau de la *plainte*. Ce nouveau contraste est contenu en germe dans l'admirable prière de *2*,3 déjà évoquée plus haut. L'hymne enveloppe la plainte et la *confessio* les porte l'une et l'autre ensemble au langage [1].

Sous l'horizon de l'éternité stable, la plainte déploie sans vergogne ses affects propres. « Qu'est-ce donc qui resplendit (*interlucet*) jusqu'à moi et frappe (*percutit*) mon cœur sans le blesser ? Je suis à la fois plein d'horreur et plein d'ardeur (*et inhorresco et inardesco*) : plein d'horreur dans la mesure où je ne lui ressemble pas, plein d'ardeur dans la mesure où je lui ressemble » (*9*, 11). Déjà, dans le parcours narratif des *Confessions*, à l'occasion du récit des vaines tentatives d'extase plotinienne, Augustin gémit : « Et j'ai découvert que j'étais loin de toi dans la région de la dissemblance (*in regione dissimilitudinis*) » (VII, *10*, 16). L'expression, qui vient de Platon (*Pol.*, 273*d*) et qui avait été transmise en milieu chrétien par l'intermédiaire de Plotin (*Ennéade* I, *8*, 13, 16-17), prend ici un relief saisissant : elle ne se rapporte plus, comme chez Plotin, à la chute dans le bourbier obscur ; elle marque, au contraire, la différence ontologique radicale qui sépare la créature du créateur, différence que l'âme découvre précisément dans son mouvement de retour et par son effort même pour connaître le principe [2].

Mais si la discrimination du semblable et du dissemblable relève de l'intelligence qui « compare » (*6*, 8), son retentissement ébranle le sentir dans son étendue et sa profondeur. Il est remarquable, à cet égard, que les pages finales du livre XI, qui achèvent l'enchâssement de l'analyse du temps dans la méditation sur les rapports entre l'éternité et le temps (*29*, 39 - *31*, 41), proposent une ultime interprétation de la *distentio animi*,

1. Pierre Courcelle, *Recherches sur les* Confessions *de saint Augustin*, Paris, de Boccard, 1950, chap. I, insiste sur ce que le terme de « confession », chez saint Augustin, s'étend bien au-delà de la confession des péchés et englobe la confession de foi et la confession de louange. L'analyse du temps et l'élégie de la *distentio animi* ressortissent à ce second et à ce troisième sens de la *confessio* augustinienne. La narration, on le dira plus loin, y est aussi incluse.

2. L'expression *in regione dissimilitudinis* a donné lieu à de nombreux travaux rappelés par l'importante note complémentaire nº 16 d'A. Solignac (*op.cit.*, p. 689-693). La fortune de cette expression, de Platon au Moyen Age chrétien, est particulièrement soulignée par Étienne Gilson (« *Regio dissimilitudinis* de Platon à saint Bernard de Clairvaux », *Mediaev. Stud.*, 9, 1947, p. 108-130) et par Pierre Courcelle (« Traditions néo-platoniciennes et traditions chrétiennes de la région de dissemblance », *Archives d'histoire littéraire et doctrinale du Moyen Age*, 24, 1927, p. 5-33, repris en appendice dans les *Recherches sur les* Confessions *de saint Augustin*).

marquée par le même ton de louange et de plainte que les premiers chapitres du livre. La *distentio animi* ne désigne plus seulement la « solution » des apories de la mesure du temps ; elle exprime désormais le déchirement de l'âme privée de la stabilité de l'éternel présent. « Mais puisque ta miséricorde est meilleure que nos vies, voici que ma vie est une distension... (*distentio est vita mea*) » (*29*, 39). C'est en fait toute la dialectique, interne au temps lui-même, de l'*intentio-distentio* qui se trouve reprise sous le signe du contraste entre l'éternité et le temps. Tandis que la *distentio* devient synonyme de la dispersion dans la multiplicité et de l'errance du vieil homme, l'*intentio* tend à s'identifier avec le rassemblement de l'homme intérieur (« Je me rassemble en suivant l'Un », *ibid.*). L'*intentio* n'est plus alors l'anticipation du poème tout entier avant la récitation qui le fait transiter du futur vers le passé, mais l'espérance des choses dernières, dans la mesure même où le passé à oublier n'est plus le recueil de la mémoire, mais l'emblème du vieil homme selon saint Paul dans *Philippiens 3*, 12-14 : « Ainsi, oubliant le passé, tourné non pas vers les choses futures et transitoires mais vers celles qui sont en avant et vers lesquelles je suis non pas distendu mais tendu (*non distentus sed extentus*), je poursuis, dans un effort non pas de distension (*non secundum distentionem*) mais d'intention (*sed secundum intentionem*), mon chemin vers la palme à laquelle je suis appelé là-haut... » (*ibid.*). Les mêmes mot *distentio* et *intentio* reviennent ; mais ce n'est plus dans un contexte purement spéculatif d'aporie et de quête, mais dans la dialectique de la louange et de la plainte [1]. Avec cette mutation de sens qui affecte la *distentio animi*, la frontière est tacitement franchie qui sépare la condition de l'être créé et celle de l'être déchu : « Je me suis éparpillé (*dissilui*) dans les temps dont j'ignore l'ordonnance... » (*ibid.*). Les « gémissements » dans lesquels se passent nos années sont indivisément ceux du pécheur et ceux de la créature.

1. Faut-il aller jusqu'à distinguer, avec J. Guitton (*op.cit.*, p. 237), « deux mouvements intérieurs séparables pour la conscience, bien qu'ils interfèrent l'un avec l'autre, l'*expectatio futurorum* qui nous porte vers l'avenir et l'*extensio ad superiora* qui, en définitive, nous oriente vers l'éternel » ? Y a-t-il là « deux formes du temps » (*ibid.*), dont l'extase d'Ostie illustrerait la seconde ? Je ne le pense pas, si l'on considère la troisième incidence de l'éternité dans l'expérience du temps dont je parlerai plus loin. Aussi, J. Guitton en convient : ce qui distingue fondamentalement Augustin de Plotin *et de Spinoza*, c'est l'impossibilité de « séparer ontologiquement » (p. 243) l'*extensio ad superioria*, qui chez Spinoza s'appellera *amor intellectualis*, de l'*expectatio futurorum*, qui chez Spinoza devient *duratio*. L'extase d'Ostie le vérifie : à la différence de l'extase néo-platonicienne, celle-ci est une défaillance autant qu'une ascension. J'y reviendrai dans la quatrième partie, la narration est possible là où l'éternité attire et surélève le temps, non là où elle l'abolit.

C'est sous le même horizon d'éternité que prennent sens toutes les expressions par quoi d'autres œuvres d'Augustin offrent les ressources de la métaphore à la métaphore centrale de la *distentio*.

Dans un important essai sur « Les catégories de la temporalité chez saint Augustin [1] » où il interroge de préférence les *Enarrationes in Psalmos* et les *Sermones*, le père Stanislas Boros aboutit à quatre « images synthétiques », dont chacune met en couple ce que j'ai appelé jadis la tristesse du fini avec la célébration de l'absolu : à la temporalité comme « dissolution » se rattachent les images de mise en ruine, d'évanouissement, d'enlisement progressif, de fin non rassasiée, de dispersion, d'altération, de copieuse indigence ; de la temporalité comme « agonie » relèvent les images de marche à la mort, de maladie et de fragilité, de guerre intestine, de captivité dans les larmes, de vieillissement, de stérilité ; la temporalité comme « bannissement » regroupe les images de tribulation, d'exil, de vulnérabilité, d'errance, de nostalgie, de désir vain ; enfin le thème de la « nuit » gouverne les images de cécité, d'obscurité, d'opacité. Il n'est aucune de ces quatre images maîtresses ni de leurs variantes qui ne reçoive sa force de signifiance *a contrario* de la symbolique opposée de l'éternité, sous les figures de la récollection, de la plénitude vivante, du chez soi, de la lumière.

Séparée de ce symbolisme arborescent, engendré par la dialectique de l'éternité et du temps, la *distentio animi* resterait la simple esquisse d'une réponse spéculative apportée aux apories que ne cesse de susciter l'argumentation sceptique. Reprise dans la dynamique de la louange et de la plainte, la *distentio animi* devient une expérience vive qui revêt de chair le squelette d'un contre-argument.

c) La troisième incidence de la dialectique de l'éternité et du temps sur l'interprétation de la *distentio animi* n'est pas moins considérable : elle suscite, au cœur même de l'expérience temporelle, une hiérarchie de niveaux de temporalisation, selon que cette expérience s'éloigne ou se rapproche de son pôle d'éternité.

L'accent, ici, est mis moins sur la dissemblance que sur la ressemblance entre l'éternité et le temps dans la « comparaison » que l'intelligence fait de l'une et de l'autre (*6*, 8). Cette ressemblance s'exprime dans la capacité d'approximation de l'éternité que Platon avait inscrite dans la définition même du temps et que les premiers penseurs chrétiens avaient commencé de réinterpréter en fonction des idées de création, d'incarnation, de salut. Augustin donne à cette réinterprétation un accent unique en liant ensemble les deux thèmes de l'*instruction* par le

1. *Archives de philosophie*, t. XXI, 1958, p. 323-385.

Verbe intérieur et du *retour*. Entre le *Verbum* éternel et la *vox* humaine, il n'y a pas seulement différence et distance, mais instruction et communication : le Verbe est le maître intérieur, cherché et entendu « au-dedans » (*intus*) (*8*, 10) : « Là, j'entends (*audio*) ta voix, Seigneur ; tu me dis que celui-là nous parle qui nous instruit (*docet nos*)... Or, qui nous instruit sinon l'immuable Vérité ? » (*ibid.*). Ainsi, notre premier rapport au langage n'est pas que nous parlions, mais que nous écoutions et que, au-delà des *verba* extérieurs, nous entendions le *Verbum* intérieur. Le retour n'est pas autre chose que cette écoute : car si le principe « ne demeurait pas tandis que nous errons, il n'y aurait pas pour nous de lieu ou revenir. Mais, quand nous revenons de notre erreur, c'est bien par la connaissance que nous revenons. Or, pour que nous ayons la connaissance, il nous instruit, puisqu'il est le *Principe* et qu'il nous parle » (*8*, 10). Ainsi s'enchaînent instruction[1], re-connaissance et retour. L'instruction, pourrait-on dire, franchit l'abîme qui se creuse entre le *Verbum* éternel et la *vox* temporelle. Elle surélève le temps en direction de l'éternité.

Ce mouvement est celui même dont les neuf premiers livres des *Confessions* font récit. En ce sens la *narration* accomplit en fait le parcours dont le livre XI réfléchit les conditions de possibilité. Ce livre atteste en effet que l'attraction de l'expérience temporelle par l'éternité du Verbe n'est pas telle qu'elle abolisse la narration encore temporelle dans une contemplation soustraite aux contraintes du temps. A cet égard, l'échec des tentatives d'extase plotinienne, rapportées au livre VII, est définitif. Ni la conversion rapportée au livre VIII, ni même l'extase d'Ostie qui marque le point culminant du récit au livre IX, ne suppriment la condition temporelle de l'âme. Ces deux expériences culminantes mettent fin seulement à l'errance, forme déchue de la *distentio animi*. Mais c'est pour susciter une pérégrination qui relance l'âme sur les routes du temps. Pérégrination et narration sont fondées dans une approximation de l'éternité par le temps, laquelle, loin d'abolir la différence, ne cesse de la creuser. C'est bien pourquoi, quand Augustin fustige la frivolité de ceux qui prêtent à Dieu une volonté *nouvelle* au moment de la création, et qu'il oppose à leur « cœur papillonnant » le « cœur stable » de qui écoute le Verbe (*11*, 13), il n'évoque cette stabilité semblable à celle du présent éternel que pour réitérer la différence entre le temps et l'éternité : « Qui... retiendra [ce cœur] et le fixera pour qu'il prenne tant soit peu de stabilité (*ut paululum stet*), pour qu'il arrive à saisir tant soit peu de la splendeur de l'éternité

1. A quoi il faut ajouter l'avertissement (*admonitio*), que commente A. Solignac, *op. cit.*, p. 562.

toujours stable (*semper stantis*), à la comparer aux temps qui ne sont jamais stables et à voir qu'il n'y a pas de comparaison possible... » (*ibid.*). En même temps que se creuse la distance, la proximité réitère la fonction de limite de l'éternité par rapport au temps : « Qui retiendra le cœur de l'homme, pour qu'il prenne de la stabilité et voie comment l'éternité stable compose (*dictet*) les temps futurs et les temps passés, elle qui n'est ni future, ni passée ? » (*ibid.*).

Certes, quand la dialectique de l'*intentio* et de la *distentio* est définitivement ancrée dans celle de l'éternité et du temps, la timide interrogation deux fois lancée (qui retiendra...? qui retiendra...?) laisse la place à une affirmation plus assurée : « Alors je serai stable (*stabo*) et solide (*solidabor*) en toi, dans ma vraie forme, ta Vérité » (*30*, 40). Mais cette stabilité reste au futur, temps de l'espérance. C'est encore du milieu de l'expérience de distension que le vœu de permanence est prononcé : « jusqu'au jour où (*donec*) je m'écoulerai en toi, purifié, liquéfié au feu de ton amour » (*29*, 39).

Ainsi, sans perdre l'autonomie que lui confère la discussion des apories antiques concernant le temps, le thème de la *distension* et de l'*intention* reçoit de son enchâssement dans la méditation sur l'éternité et le temps une intensification dont toute la suite du présent ouvrage se fera l'écho. Cette intensification ne consiste pas seulement en ce que le temps est pensé comme aboli sous l'horizon de l'idée-limite d'une éternité qui le frappe de néant. Elle ne se réduit pas non plus à transférer dans le registre de la plainte et du gémissement ce qui n'était encore qu'un argument spéculatif. Elle vise plus fondamentalement à extraire de l'expérience même du temps des ressources de hiérarchisation interne dont le bénéfice n'est pas d'abolir la temporalité mais de l'approfondir.

L'incidence de cette dernière remarque sur toute notre entreprise est considérable. S'il est vrai que la pente majeure de la théorie moderne du récit — tant en historiographie qu'en narratologie — est de « déchronologiser » le récit, la lutte contre la représentation linéaire du temps n'a pas nécessairement pour seule issue de « logiciser » le récit, mais bien d'en approfondir la temporalité. La chronologie — ou la chronographie — n'a pas un unique contraire, l'achronie des lois ou des modèles. Son vrai contraire, c'est la temporalité elle-même. Sans doute fallait-il confesser l'autre du temps pour être en état de rendre pleine justice à la temporalité humaine et pour se proposer non de l'abolir mais de l'approfondir, de la hiérarchiser, de la déployer selon des niveaux de temporalisation toujours moins « distendus » et toujours plus « tendus », *non secundum distentionem, sed secundum intentionem* (*29*, 39).

2
La mise en intrigue

Une lecture de la *Poétique* d'Aristote

Le second grand texte qui a mis en mouvement ma recherche est la *Poétique* d'Aristote. Les raisons de ce choix sont doubles.

D'une part, j'ai trouvé dans le concept de mise en intrigue (*muthos* [1]) la réplique inversée de la *distentio animi* d'Augustin. Augustin gémit sous la contrainte existentielle de la discordance. Aristote discerne dans l'acte poétique par excellence — la composition du poème tragique — le triomphe de la concordance sur la discordance. Il va de soi que c'est moi, lecteur d'Augustin et d'Aristote, qui établis ce rapport entre une expérience vive où la discordance déchire la concordance et une activité éminemment verbale où la concordance répare la discordance.

D'autre part, le concept d'activité mimétique (*mimèsis*) m'a mis sur la voie de la seconde problématique, celle de l'imitation créatrice de l'expérience temporelle vive par le détour de l'intrigue. Ce second thème est difficilement discernable du premier chez Aristote, dans la mesure où l'activité mimétique tend chez lui à se confondre avec la mise en intrigue. Il ne déploiera donc son envergure et ne conquerra son autonomie que dans la suite de cet ouvrage [2]. La *Poétique*, en effet, est, quant à elle, muette sur le rapport entre l'activité poétique et l'expérience temporelle. L'activité poétique n'a même, en tant que telle, aucun caractère temporel marqué. Le silence total d'Aristote sur ce point n'est toutefois pas sans avantage, dans la mesure où il met dès le début notre enquête à l'abri du reproche de circularité tautologique et ainsi instaure, entre les deux problématiques du temps et du récit, la distance la plus favorable à une investigation des opérations médiatrices entre l'expérience vive et le discours.

Ces quelques remarques laissent déjà entendre que je n'entends aucunement user du modèle aristotélicien comme d'une norme exclu-

1. On verra plus loin pourquoi c'est ainsi que nous traduisons.

2. Nous nous intéresserons néanmoins, sans les surestimer, à toutes les notations du texte d'Aristote qui suggèrent une relation de référence entre le texte « poétique » et le monde réel « éthique ».

sive pour la suite de cette étude. J'évoque chez Aristote la cellule mélodique d'une double réflexion dont le développement importe autant que l'impulsion initiale. Ce développement affectera les deux concepts empruntés à Aristote, celui de mise en intrigue (*muthos*) et celui d'activité mimétique (*mimèsis*). Du côté de la mise en intrigue, il faudra lever un certain nombre de restrictions et d'interdits qui sont inhérents au privilège accordé par la *Poétique* au drame (tragédie et comédie) et à l'épopée. Il est impossible de ne pas signaler d'emblée le paradoxe apparent qui consiste à ériger l'activité narrative en catégorie englobante du drame, de l'épopée et de l'histoire, alors que, d'une part, ce qu'Aristote appelle histoire (*historia*) dans le contexte de la *Poétique* joue plutôt le rôle de contre-exemple et que, d'autre part, le récit — ou du moins ce qu'il appelle poésie diégétique — est opposé au drame, à l'intérieur de la seule catégorie englobante de la *mimèsis* ; bien plus, ce n'est pas la poésie diégétique, mais la poésie tragique qui porte à l'excellence les vertus structurales de l'art de composer. Comment le récit pourrait-il devenir le terme englobant alors qu'il n'est au départ qu'une espèce ? Nous aurons à dire jusqu'à quel point le texte d'Aristote autorise à dissocier le modèle structural de son premier investissement tragique et suscite, de proche en proche, une réorganisation de tout le champ narratif. Quoi qu'il en soit d'ailleurs des latitudes offertes par le texte d'Aristote, le concept aristotélicien de mise en intrigue ne peut être pour nous que le germe d'un développement considérable. Pour garder son rôle directeur, il devra subir l'épreuve d'autres contre-exemples singulièrement plus redoutables, fournis soit par le récit moderne de fiction, disons le roman, soit par l'histoire contemporaine, disons l'histoire non narrative.

De son côté, le plein déploiement du concept de *mimèsis* demande que soit rendu moins allusif le rapport référentiel au domaine « réel » de l'action, et que ce domaine reçoive d'autres déterminations que les déterminations « éthiques » — d'ailleurs considérables — qu'Aristote lui assigne, pour que nous puissions lui faire rejoindre la problématique mise en place par Augustin concernant l'expérience discordante du temps. Le chemin sera long au-delà d'Aristote. Il ne sera pas possible de dire comment le récit se rapporte au temps, avant que n'ait pu être posée, dans toute son ampleur, la question de la *référence croisée* — croisée sur l'expérience temporelle vive — du récit de fiction et du récit historique. Si le concept d'activité mimétique est premier dans la *Poétique*, notre concept de référence croisée — héritier lointain de la *mimèsis* aristotélicienne — ne peut être que dernier et doit reculer à l'horizon de toute mon entreprise. C'est pourquoi il ne sera traité de façon systématique que dans la quatrième partie.

1. *La cellule mélodique : le couple* mimèsis-muthos

Mon propos n'est pas de faire un commentaiire de la *Poétique*. Ma réflexion est au second degré et suppose une certaine familiarité avec les grands commentaires de Lucas, Else, Hardison et, *last but not least*, celui de Roselyne Dupont-Roc et Jean Lallot [1]. Ceux des lecteurs qui auront fait le même parcours laborieux que moi reconnaîtront aisément ce que ma méditation doit à l'un ou à l'autre.

Il n'est pas indifférent d'aborder le couple *mimèsis-muthos* par le terme qui à la fois lance et situe toute l'analyse : l'adjectif « poétique » (avec le substantif sous-entendu : « art »). A lui seul, il met la marque de la production, de la construction, du dynamisme sur toutes les analyses : et d'abord sur les deux termes *muthos* et *mimèsis* qui doivent être tenus pour des opérations et non pour des structures. Lorsque Aristote, substituant le définissant au défini, dira que le *muthos* est « l'agencement des faits en système » (*è tôn pragmatôn sustasis*) (50 a 5), il faudra entendre par *sustasis* (ou par le terme équivalent *sunthèsis*, 50 a 5), non le système (comme traduisent Dupont-Roc et Lallot, *op. cit.*, p. 55), mais l'agencement (si l'on veut, en système) des faits, afin de marquer le caractère opératoire de tous les concepts de la *Poétique*. C'est bien pourquoi, dès les premières lignes, le *muthos* est posé comme complément d'un verbe qui veut dire composer. La poétique est ainsi identifiée, sans autre forme de procès, à l'art de « composer les intrigues [2] » (1 447 a 2). La même marque doit être conservée dans la traduction de *mimèsis* : qu'on dise imitation ou représentation (avec les

1. G.F. Else, *Aristotle's Poetics : The Argument,* Harvard, 1957. Lucas, *Aristotle. Poetics,* introduction, commentaires et appendices, Oxford, 1968. L. Golden-O.B. Hardison, *Aristotle's Poetics. A Translation and Commentary for Students of Literature,* Englewood Cliffs, N.J., Prentice-Hall, 1968. *Aristote, Poétique,* texte établi et traduit par J. Hardy, Paris, « Les Belles Lettres », 1969. *Aristote, La Poétique,* texte traduction, notes par Roselyne Dupont-Roc et Jean Lallot, Paris, Éd. du Seuil, 1980. J'exprime également ma dette à l'égard de l'ouvrage de James M. Redfield, *Nature and Culture in the Iliad. The tragedy of Hector,* The University of Chicago Press, 1975.

2. J'adopte la traduction Dupont-Roc et Lallot que je corrige sur un seul point, en traduisant *muthos* par *intrigue,* sur le modèle du terme anglais *plot*. La traduction par *histoire* se justifie ; je ne l'ai néanmoins pas retenue en raison de l'importance de l'histoire, au sens d'historiographie, dans mon ouvrage. Le mot français *histoire* ne permet pas en effet de distinguer comme l'anglais entre *story* et *history*. En revanche le mot *intrigue* oriente aussitôt vers son équivalent : l'agencement des faits, ce que ne fait pas la traduction de J. Hardy par *fable*.

derniers traducteurs français), ce qu'il faut entendre, c'est l'activité mimétique, le processus actif d'imiter ou de représenter. Il faut donc entendre imitation ou représentation dans son sens dynamique de mise en représentation, de transposition dans des œuvres représentatives. Suivant la même exigence, quand Aristote énumérera et définira les six « parties » de la tragédie au chapitre VI, il faudra entendre non les « parties » du poème, mais celles de l'art de composer [1].

Si j'insiste tant sur cette marque dynamique, imposée par l'adjectif poétique sur toute l'analyse ultérieure, c'est bien à dessein. Quand, dans la deuxième et troisième partie de cet ouvrage, je plaiderai pour le primat de la compréhension narrative, soit par rapport à l'explication (sociologique ou autre) en historiographie, soit par rapport à l'explication (structuraliste ou autre) dans le récit de fiction, je plaiderai pour le primat de l'activité productrice d'intrigues par rapport à toute espèce de structures statiques, de paradigmes achroniques, d'invariants intemporels. Je n'en dis pas plus ici. La suite éclairera assez mon propos.

Mais voici le couple *mimèsis-muthos*.

La *Poétique* d'Aristote n'a qu'un concept englobant, celui de *mimèsis*. Ce concept n'est défini que contextuellement et dans un seul de ses emplois, celui qui nous intéresse ici, l'imitation ou la représentation de l'action. Plus précisément encore : l'imitation ou la représentation de l'action dans le médium du langage métrique, donc accompagné de rythmes (à quoi s'ajoutent, dans le cas de la tragédie, exemple *princeps*, le spectacle et le chant) [2]. Mais c'est l'imitation ou la représentation de l'action propre à la tragédie, à la comédie et à l'épopée qui est seule prise en compte. Encore n'est-elle pas définie en forme à son niveau propre de généralité. Seule est expressément définie l'imitation ou la représentation de l'action propre à la tragédie [3]. Nous ne nous attaquerons pas directement à ce massif puissant de la définition de la

1. G. Else, *ad* 47 a 8-18. Le commentateur suggère même de traduire le terme *mimèsis,* quand il paraît au pluriel (47 a 16), par *imitatings,* afin de manifester que le processus mimétique exprime l'activité poétique elle-même. La terminaison en *-sis* commune à *poièsis, sustasis, mimèsis* souligne le caractère de *procès* de chacun de ces termes.

2. Toutefois les « représentations en images » (47 a 19), évoquées au chapitre I — lequel est consacré au « comment de la représentation » et non à son « quoi » et à son « mode » (voir plus loin) — ne cessent de fournir des parallèles éclairants empruntés à la peinture.

3. « La tragédie est la représentation d'une action noble, menée jusqu'à son terme et ayant une certaine étendue, au moyen d'un langage relevé d'assaisonnements d'espèces variées, utilisés séparément selon les parties de l'œuvre ; la représentation est mise en œuvre par les personnages du drame et n'a pas recours à la narration (*apangelia*) ; et, en représentant la pitié et la frayeur, elle réalise une épuration de ce genre d'émotions » (chap. VI, 49 b 24-28).

tragédie, nous suivrons plutôt le fil qu'Aristote nous offre dans le même chapitre VI, lorsqu'il donne la clé de la construction de cette définition. Celle-ci ne se fait pas génériquement — par différence spécifique —, mais par articulation en « parties » : « Toute tragédie comporte nécessairement six parties, selon quoi elle se qualifie. Ce sont l'intrigue, les caractères, l'expression, la pensée, le spectacle et le chant » (50 a 7-9).

Ce que je retiens pour la suite de mon travail, c'est la quasi-identification entre les deux expressions : imitation ou représentation d'action, et agencement des faits. La deuxième expression est, comme on l'a dit, le définissant qu'Aristote substitue au défini *muthos*, intrigue. Cette quasi-identification est assurée par une première hiérarchisation entre les six parties, qui donne la priorité au « quoi » (objet) de la représentation — intrigue, caractères, pensée —, par rapport au « par quoi » (moyen) — l'expression et le chant —, et au « comment » (mode) — le spectacle ; puis, par une seconde hiérarchisation à l'intérieur du « quoi », qui met l'action au-dessus des caractères et de la pensée (« c'est qu'il s'agit avant tout d'une représentation d'action (*mimèsis praxeôs*) et, par là seulement, d'hommes qui agissent », 50 b 3). Au terme de cette double hiérarchisation, l'action apparaît comme la « partie principale », le « but visé », le « principe » et, si l'on peut dire, l'« âme » de la tragédie. Cette quasi-identification est assurée par la formule : « C'est l'intrigue qui est la représentation de l'action » (50 a 1).

C'est ce texte qui sera désormais notre guide. Il nous impose de penser ensemble et de définir l'une par l'autre l'imitation ou la représentation de l'action et l'agencement des faits. Est d'abord exclue par cette équivalence toute interprétation de la *mimèsis* d'Aristote en termes de copie, de réplique à l'identique. L'imitation ou la représentation est une activité mimétique en tant qu'elle produit quelque chose, à savoir précisément l'agencement des faits par la mise en intrigue. D'un seul coup nous sortons de l'usage platonicien de la *mimèsis*, aussi bien en son emploi métaphysique qu'en son sens technique dans *République III* qui oppose le récit « par *mimèsis* » au récit « simple ». Réservons ce deuxième point pour la discussion du rapport entre récit et drame. Retenons de Platon le sens métaphysique donné à la *mimèsis*, en liaison avec le concept de participation, en vertu duquel les choses imitent les idées, et les œuvres d'art imitent les choses. Alors que la *mimèsis* platonicienne éloigne l'œuvre d'art de deux degrés du modèle idéal qui en est le fondement ultime [1], la *mimèsis*

1. Aristote, ici, réplique à Platon qui réplique à Gorgias (Redfield, *op. cit.*, p. 45*sq.*). Celui-ci loue le peintre et l'artiste pour leur art de tromper (*Dissoi logoi*

d'Aristote n'a qu'un espace de déploiement : le faire humain, les arts de composition [1].

Si donc l'on garde à la *mimèsis* le caractère d'activité que lui confère la *poièsis* et si, en outre, on tient ferme le fil de la définition de la *mimèsis* par le *muthos*, alors il ne faut pas hésiter à comprendre l'action — complément d'objet dans l'expression : *mimèsis praxeôs* (50 b 3) — comme le corrélat de l'activité mimétique régie par l'agencement des faits (en système). Nous discuterons plus loin d'autres manières possibles de construire la relation de l'imitation à son « quoi » (intrigue, caractères et pensée). La stricte corrélation entre *mimèsis* et *muthos* suggère de donner au génitif *praxeôs* le sens dominant, quoique peut-être non exclusif, de corrélat noématique d'une noèse pratique [2]. L'action est le « construit » de la construction en quoi consiste l'activité mimétique. Je montrerai plus loin qu'il ne faut pas trop forcer cette corrélation qui tend à refermer le texte poétique sur lui-même, ce qui, nous le verrons, n'est aucunement impliqué par la *Poétique*. Aussi bien la seule instruction que nous donne Aristote est de construire le *muthos*, donc l'agencement des faits, comme le « quoi » de la *mimèsis*. La corrélation noématique est donc entre *mimèsis praxeôs*, pris comme un syntagme unique, et l'agencement des faits, comme un autre syntagme. Reporter la même relation de corrélation à l'intérieur du premier syntagme, entre *mimèsis* et *praxis*, est à la fois plausible, fécond et risqué.

et *Éloge d'Hélène*). Socrate en tire argument contre l'art et le pouvoir qu'il donne de manipuler l'opinion. Toute la discussion de la *mimèsis* au livre X de la *République* est dominée par cette méfiance. On connaît la fameuse définition de l'art comme « imitation de l'imitation, éloignée de deux degrés de ce qui est » (*République*, X, 596*a*-597*b*) et en outre condamnée à « imiter le *pathos* des autres » (604*e*). Le législateur ne peut donc voir dans la poésie que l'inverse de la philosophie. La *Poétique* est ainsi une réplique à *République* X : l'imitation, pour Aristote, est une activité et une activité qui *enseigne*.

1. Les « moyens » de la représentation, auxquels on a déjà fait allusion, bien que plus nombreux que ceux que la tragédie, la comédie et l'épopée mettent en œuvre, ne font jamais sortir des arts de composition.

2. Je préfère ce vocabulaire husserlien au vocabulaire plus saussurien choisi par les derniers traducteurs français, qui tiennent la *mimèsis* pour le signifiant, la *praxis* pour le signifié, à l'exclusion de tout référent extra-linguistique (Dupont-Roc et Lallot, *ad* 51 a 35, p. 219-220). D'abord le couple signifiant-signifié ne me paraît pas approprié, pour des raisons que j'explique dans *la Métaphore vive* et que j'emprunte à Benveniste, à l'ordre sémantique du discours-phrase et *a fortiori* à celui du texte, qui est une composition de phrases. En outre, la relation noético-noématique n'exclut pas un développement référentiel, représenté chez Husserl par la problématique du remplissement. Or, j'espère montrer plus loin que la *mimèsis* aristotélicienne ne s'épuise pas dans la stricte corrélation noético-noématique entre représentation et représenté, mais ouvre la voie à une investigation des référents de l'activité poétique visés par la mise en intrigue en amont et en aval de la *mimèsis-muthos*.

Ne quittons pas le couple *mimèsis-muthos* sans dire un mot des contraintes additionnelles qui visent à rendre compte des genres déjà constitués de la tragédie, de la comédie et de l'épopée et, en outre, à justifier la préférence d'Aristote pour la tragédie. Il faut être très attentif à ces contraintes additionnelles. Car ce sont elles qu'il faut d'une certaine façon lever, pour extraire de la *Poétique* d'Aristote le modèle de mise en intrigue que nous nous proposons d'étendre à toute composition que nous appelons narrative.

La première contrainte limitative est destinée à rendre compte de la distinction entre comédie, d'une part, tragédie et épopée, d'autre part. Elle n'est pas rapportée à l'action en tant que telle, mais aux caractères, qu'Aristote subordonne rigoureusement à l'action, comme on dira plus loin. Elle est pourtant introduite dès le chapitre II de la *Poétique* : la première fois, en effet, qu'Aristote doit donner un corrélat déterminé à l'activité de « ceux qui représentent », il définit celui-ci par l'expression « des agissants » : « ceux qui représentent des personnages en action » (48 a 1). S'il ne va pas directement à la formule, seule canonique pour la *Poétique,* de la *mimèsis* : « représentation d'action », c'est qu'il a besoin d'introduire très tôt dans le champ de la représentation articulée par le langage rythmée un critère *éthique* de noblesse ou de bassesse, lequel s'applique aux personnages en tant qu'ayant tel ou tel caractère. Sur la base de cette dichotomie on peut définir la tragédie comme représentant les hommes « en mieux », et la comédie « en pire [1] ».

La seconde contrainte limitative est celle qui sépare l'épopée, d'une part, de la tragédie et de la comédie, d'autre part, lesquelles se retrouvent cette fois du même côté de la ligne de partage. Cette contrainte mérite la plus grande attention, puisqu'elle va à l'encontre de notre dessein de considérer le récit comme le genre commun et l'épopée comme une espèce narrative. Le genre, ici, c'est l'imitation ou la représentation de l'action dont le récit et le drame sont des espèces coordonnées. Quelle contrainte exige de les opposer ? Il est d'abord remarquable que ce n'est pas une contrainte qui partage les objets, le « quoi » de la représentation, mais son « comment », son

1. Mieux ou pire que quoi ? Le texte le dit : mieux « que les hommes actuels » (48 a 18). Je discuterai plus loin ce renvoi de la *Poétique* à un trait de l'action éthique dans le monde « réel ». Je rattacherai ce renvoi à un usage du terme *mimèsis* moins strictement régi par la corrélation noématique au *muthos*. Il est à noter que cette référence à l'éthique s'applique en droit à tout le champ de l'activité mimétique, en particulier à la peinture. La distinction entre comédie et tragédie n'est en ce sens qu'une application du critère du « comment » aux arts du langage versifié (48 a 1-18).

mode [1]. Or, si les trois critères des moyens, du mode et de l'objet sont en principe de droit égal, tout le poids de l'analyse ultérieure est du côté du « quoi ». L'équivalence entre *mimèsis* et *muthos* est une équivalence par le « quoi ». De fait, dans l'ordre de l'intrigue, l'épopée suit les règles de la tragédie à une variante près, celle de la « longueur », qui peut être tirée de la composition elle-même et qui ne saurait affecter les règles fondamentales de l'agencement des faits. L'essentiel est que le poète — narrateur ou dramaturge — soit « compositeur d'intrigues » (51 b 27). Il est ensuite notable que la différence de mode, déjà relativisée en tant que simple mode, ne cesse de subir, à l'intérieur même de son champ d'application, une série d'atténuations au cours des analyses ultérieures de la *Poétique*.

Au début (chapitre III), la différence est nette et tranchée : c'est une chose, pour celui qui imite, donc pour l'auteur de l'activité mimétique, de quelque art que ce soit et à propos de caractères de quelque qualité que ce soit, de se comporter en « narrateur » (*apangelia*, *apangelionta*) ; c'en est une autre de faire des personnages « les auteurs de la représentation », « en tant qu'ils agissent et agissent effectivement » (48 a 23 [2]). Voilà donc une distinction prise de l'attitude du poète à l'égard de ses personnages (c'est en cela qu'elle constitue un « mode » de représentation) ; ou bien le poète parle directement : alors il raconte ce que ses personnages font ; ou bien il leur donne la parole et parle indirectement à travers eux : alors ce sont eux qui « font le drame » (48 a 29).

La distinction nous interdit-elle de réunir épopée et drame sous le titre de récit ? Nullement. D'abord, nous ne caractériserons pas le récit par le « mode », c'est-à-dire l'attitude de l'auteur, mais par l'« objet », puisque nous appelons récit très exactement ce qu'Aristote appelle *muthos*, c'est-à-dire l'agencement des faits. Nous ne différons donc pas d'Aristote sur le plan où il se place, celui du « mode ». Pour éviter toute confusion, nous distinguerons le récit au sens large, défini comme le « quoi » de l'activité mimétique, et le récit au sens étroit de la *diègèsis*

1. Dans son commentaire du chapitre III, consacré au *mode* de la *mimèsis*, Else note que les trois modes — narratif, mixte et dramatique — constituent une progression qui fait du mode dramatique l'imitation par excellence, en vertu du caractère direct de l'expression de la vérité humaine, les personnages faisant eux-mêmes l'action représentée ou imitée (*op. cit.*, p. 101).

2. Aristote emploie simultanément *apangelia* (chap. III) et *diègèsis* (chap. XXIII et XXVI) : « l'épopée qui est un récit (*en de tè epopoiia dia to diègèsin*) » (59 b 26). Le vocabulaire vient de Platon (*République* III, 392*c*-394*c*). Mais, alors que chez Platon le récit « par mimésis » était opposé au récit « simple », comme récit délégué à un personnage à récit direct, avec Aristote la *mimèsis* devient la grande catégorie englobante de la composition dramatique et de la composition diégétique.

aristotélicienne que nous appelerons désormais composition diégétique [1]. De plus, le transfert terminologique fait d'autant moins violence aux catégories d'Aristote que celui-ci ne cesse de minimiser la différence, soit qu'il la prenne du côté du drame, soit qu'il la prenne du côté de l'épopée. Du côté du drame, il est dit que tout ce que l'épopée a (intrigue, caractères, pensée, rythme), la tragédie l'a aussi. Or, ce qu'elle a en plus (le spectacle et la musique) ne lui est finalement pas essentiel. Le spectacle, en particulier, est bien une « partie » de la tragédie, mais « il est totalement étranger à l'art et n'a rien à voir avec la poétique, car la tragédie réalise sa finalité même sans concours et sans acteurs » (50 b 17-19). Plus loin dans la *Poétique*, au moment de se livrer à l'exercice classique de distribution des prix (chapitre XXVI), Aristote peut mettre au crédit de la tragédie qu'elle donne à voir ; mais c'est pour se rétracter aussitôt : « La tragédie, pour produire son effet propre, peut se passer de mouvement, comme l'épopée : la lecture révèle sa qualité [2] » (62 a 12). Du côté de l'épopée, maintenant, le rapport du poète à ses personnages dans l'acte de raconter n'est pas aussi direct que le veut la définition. Une première atténuation est même incorporée dès le début à celui-ci : Aristote ajoute une parenthèse à sa définition du poète comme narrateur : « Que l'on devienne autre chose (c'est ainsi qu'Homère compose) ou qu'on reste le même sans se transformer » (48 a 21-3). Précisément, Homère est loué plus loin (chapitre XXIII) pour son art de s'effacer lui-même derrière ses personnages doués de caractères, de les laisser agir, parler en leur nom propre, bref occuper la scène. Par là, l'épopée imite le drame. Aristote peut écrire, sans paradoxe, au début du chapitre consacré à « l'art de représenter par le récit en vers » (59 a 17) : « Il est bien clair que, comme dans la tragédie, les intrigues doivent être construites en forme de drame, etc. » (59 a 19). Ainsi, dans le couple drame-récit, c'est le premier qui qualifie

1. Dupont-Roc et Lallot, *op. cit.*, p. 370, n'hésitent pas, dans leur commentaire, au chap. XXIII, à parler de « récit diégétique » et de « récit narratif » pour désigner le récit rapporté par le narrateur (selon la définition du chap. III de la *Poétique*). On doit donc pouvoir parler aussi de récit dramatique et ainsi accorder au terme de récit un caractère générique par rapport à ses deux espèces dramatique et diégétique.

2. On peut atténuer de la manière suivante la contradiction des deux jugements sur le spectacle, et du même coup la légère mauvaise foi d'Aristote qui veut faire accepter sa préférence pour la tragédie sans transiger avec son modèle formel qui exclut la mise en scène effective. On peut dire d'une part, avec Dupont-Roc et Lallot (*op. cit.*, p. 407-408), que le livret de théâtre contient tous les traits constitutifs de l'activité mimétique, sans l'existence du spectacle, d'autre part que le type d'énonciation du texte dramatique contient l'exigence d'être donné à voir. Je dirai : le livret, sans le spectacle, est une prescription de spectacle. Le spectacle effectif n'est pas nécessaire pour que cette prescription existe. Ce statut est aussi celui de la partition d'orchestre.

latéralement le second au point de lui servir de modèle. De multiples façons, donc, Aristote atténue l'opposition « modale » entre imitation (ou représentation) diégétique et imitation (ou représentation) dramatique, opposition qui, de toute façon, n'affecte pas l'objet de l'imitation, à savoir la mise en intrigue.

Une dernière contrainte mérite d'être placée sous le titre du couple *mimèsis-muthos*, parce qu'elle donne l'occasion de préciser l'usage aristotélicien de la *mimèsis*. C'est celle qui subordonne la considération des caractères à celle de l'action elle-même. La contrainte paraît limitante, si l'on considère le développement moderne du roman et la thèse de Henry James [1] qui donne au développement du caractère un droit égal, sinon supérieur, à celui de l'intrigue. Comme le note Frank Kermode [2], pour développer un caractère, il faut raconter plus ; et, pour développer une intrigue, il faut enrichir un caractère. Aristote est plus exigeant : « La tragédie est représentation non d'hommes mais d'action, de vie et de bonheur (le malheur aussi réside dans l'action), et le but visé est une action, non une qualité... De plus, sans action il ne saurait y avoir tragédie, tandis qu'il pourrait y en avoir sans caractères » (50 a 16-24). On peut certes atténuer le rigueur des hiérarchies en observant qu'il s'agit seulement d'ordonner les « parties » de la tragédie. Aussi bien la différence entre la tragédie et la comédie est-elle prise des différences éthiques qui affectent les caractères. L'attribution du second rang aux caractères n'a donc rien qui disqualifie la catégorie du personnage. Nous rencontrerons d'ailleurs dans la sémiotique narrative contemporaine — issue de Propp — des tentatives comparables à celle d'Aristote pour reconstruire la logique narrative à partir non des personnages mais des « fonctions », c'est-à-dire des segments abstraits d'action.

Mais l'essentiel n'est pas là : en donnant ainsi le pas à l'action sur le personnage, Aristote établit le statut mimétique de l'action. C'est en éthique (cf. *Éth. Nic.* II, 1105 a 30*sq.*) que le sujet précède l'action dans l'ordre des qualités morales. En poétique, la composition de l'action par

1. Henry James, préface à *The Portrait of a Lady* (1906) in *The Art of the Novel*, New York, 1934, éd. R. P. Blackmuir, p. 42-48.

2. Franck Kermode, *The Genesis of Secrecy*, Harvard University Press, 1979, p. 81 *sq*. Dans le même sens, James Redfield observe que l'*Iliade* est construite autour de la colère d'Achille et aussi du destin tragique d'Hector. Mais, dans une épopée où les personnages n'ont pas d'intériorité affirmée, l'interaction des caractères seule importe. Dès lors, le caractère n'acquiert de signification qu'en engendrant une intrigue (*ibid.*, p. 22). Il n'y a plus de querelle de priorité si en outre on entend par intrigue *« that implicit conceptual unity which has given the work its actual form »* (*ibid.*, p. 23). C'est le parti que je prends de mon côté tout au long de cet ouvrage.

le poète régit la qualité éthique des caractères. La subordination du caractère à l'action n'est donc pas une contrainte de même nature que les deux précédentes, elle scelle l'équivalence entre les deux expressions : « représentation d'action » et « agencement des faits ». Si l'accent doit être mis sur l'agencement, alors l'imitation ou la représentation doit l'être d'action plutôt que d'hommes.

2. *L'intrigue : un modèle de concordance*

Mettons pour quelque temps entre parenthèses la question du statut de la *mimèsis*, pour autant qu'elle n'est pas uniquement définie par la mise en intrigue, et tournons-nous franchement vers la théorie du *muthos* pour y discerner le point de départ de notre propre théorie de la composition narrative.

Nous ne pouvons oublier que la théorie du *muthos* est abstraite de la définition de la tragédie qu'on lit au chapitre VI de la *Poétique* et qu'on a citée plus haut. Aristote fait donc seulement la théorie du *muthos* tragique.

La question qui ne nous abandonnera pas jusqu'à la fin de cet ouvrage est de savoir si le paradigme d'ordre, caractéristique de la tragédie, est susceptible d'extention et de transformation, au point de pouvoir s'appliquer à l'ensemble du champ narratif. Cette difficulté ne doit pourtant pas nous arrêter. La rigueur du modèle tragique a cette supériorité qu'elle place très haut l'exigence d'ordre au début de notre investigation de la compréhension narrative. Du premier coup, le contraste le plus extrême est instauré avec la *distentio animi* augustinienne. Ainsi, le *muthos* tragique s'élève comme la solution poétique du paradoxe spéculatif du temps, dans la mesure même où l'invention de l'ordre est mise en place à l'exclusion de toute caractéristique temporelle. Ce sera notre tâche et notre responsabilité de tirer les implications temporelles du modèle, en liaison avec le redéploiement de la théorie de la *mimèsis* que nous proposons plus loin. Mais l'entreprise de penser ensemble la *distentio animi* d'Augustin et le *muthos* tragique d'Aristote paraîtra au moins plausible, si l'on veut bien considérer que la théorie aristotélicienne ne met pas l'accent sur la seule concordance mais, de façon très subtile, sur le jeu de la discordance à l'intérieur de la concordance. C'est cette dialectique interne à la composition poétique qui fait du *muthos* tragique la figure inversée du paradoxe augustinien.

C'est d'abord la concordance que souligne la définition du *muthos* comme agencement des faits. Et cette concordance est caractérisée par trois traits : complétude, totalité, étendue appropriée [1].

La notion de « tout » (*holos*) est le pivot de l'analyse qui suit. Or celle-ci, loin de s'orienter vers une investigation du caractère temporel de l'agencement, s'attache exclusivement à son caractère logique [2]. Et c'est précisément au moment où la définition côtoie la notion de temps qu'elle s'en tient le plus éloignée : « Un tout, est-il dit, c'est ce qui a un commencement, un milieu et une fin » (50 b 26). Or, c'est en vertu seulement de la composition poétique que quelque chose vaut comme commencement, comme milieu ou comme fin : ce qui définit le commencement n'est pas l'absence d'antécédent, mais l'absence de nécessité dans la succession. Quant à la fin, elle est bien ce qui vient après autre chose, mais « en vertu soit de la nécessité, soit de la probabilité » (50 b 30). Seul le milieu paraît défini par la simple succession : « Il vient après autre chose et après lui vient autre chose » (50 b 31). Mais, dans le modèle tragique, il a sa logique propre, qui est celle du « renversement » (*métabolè*, *metaballein*, 51 a 14 ; *metabasis*, 52 a 16) de la fortune à l'infortune. La théorie de l'intrigue « complexe » fera une typologie des renversements à effet proprement tragique. L'accent, dans l'analyse de cette idée de « tout », est donc mis sur l'absence de hasard et sur la conformité aux exigences de nécessité ou de probabilité qui règlent la succession. Or, si la succession peut ainsi être

1. « Notre thèse est que la tragédie consiste en la représentation d'une action menée jusqu'à son terme (*téléias*), qui forme un tout (*holès*) et a une certaine étendue (*mégéthos*) » (50 b 23-25).

2. Else est particulièrement ferme sur cette disjonction du logique et du chronologique (cf. commentaire *ad* 50 b 21-34). Seule compte la nécessité interne qui fait du vraisemblable ou du nécessaire « *the grand law of poetry* » (*op. cit.*, p. 282). Le commentateur va jusqu'à voir dans ce schème temporel idéalement dense « *a kind of Parmenidian* " on " *in the realm of art* » (p. 294). Il tire argument de ce que, parlant de l'épopée au chap. XXIII, Aristote met en garde contre les sortes de « chroniques qui sont nécessairement l'exposé non d'une action une, mais d'une période unique (*hénos khronou*) » (59 a 22-23). A ce « *report of a single time* », Aristote opposerait ses universaux qui sont « *timeless* » (p. 574). Je ne crois pas qu'il faille pousser aussi loin cette opposition entre le logique et le chronologique, sous peine de renoncer à la parenté entre la *Poétique* et l'*Éthique*. J'essaierai pour ma part, dans le chapitre suivant, d'élaborer une notion non chronologique de la temporalité narrative. Else lui-même ne parle-t-il pas des événements contenus dans le drame comme d'« *events which are not in time at least in the usual sense* » (p. 574) ? Aussi le temps dramatique ne peut être complètement ignoré, dès lors qu'on accorde à l'épopée le privilège de pouvoir « raconter plusieurs parties de l'intrigue qui se réalisent simultanément (*hama*) » (59 b 27). La *perspective temporelle unique* qu'impose une action exécutée par les personnages eux-mêmes mérite bien qu'on réfléchisse sur le temps du récit dramatique en tant que distinct du récit diégétique et sur le temps de l'intrigue qui régit l'un et l'autre.

subordonnée à quelque connexion logique, c'est parce que les idées de commencement, de milieu et de fin ne sont pas prises de l'expérience : ce ne sont pas des traits de l'action effective, mais des effets de l'ordonnance du poème.

Il en va de même de l'étendue. Ce n'est que dans l'intrigue que l'action a un contour, une limite (*horos*, 51 a 6) et, en conséquence, une étendue. Nous reviendrons plus tard, à propos de l'esthétique de la réception, en germe chez Aristote, sur le rôle du regard ou de la mémoire dans la définition de ce critère de convenance. Quoi qu'il en soit de la capacité du spectateur d'embrasser l'œuvre d'une seule vue, ce critère externe entre en composition avec une exigence interne à l'œuvre qui seule importe ici : « L'étendue qui permet le renversement du malheur au bonheur ou du bonheur au malheur par une série d'événements enchaînés selon le vraisemblable ou le nécessaire fournit une délimitation (*horos*) satisfaisante de la longueur » (51 a 12-15). Certes, cette étendue ne peut être que temporelle : le renversement prend du temps. Mais c'est le temps de l'œuvre, non le temps des événements du monde : le caractère de nécessité s'applique à des événements que l'intrigue rend contigus (*éphéxés, ibid.*). Les temps vides sont exclus du compte. On ne demande pas ce que le héros a fait entre deux événements qui dans la vie seraient séparés : dans *Œdipe Roi*, note Else, le messager revient au moment précis où l'intrigue requiert sa présence : « Ni plus tôt, ni plus tard » (*no sooner and no later*, *op. cit.*, p. 293). C'est aussi pour des raisons internes à la composition que l'épopée admet une étendue plus grande : plus tolérante à l'égard des événements épisodiques, elle demande aussi plus d'ampleur, mais sans faillir à l'exigence de limite.

Non seulement le temps n'est pas considéré, mais il est exclu : ainsi, à propos de l'épopée (chapitre XXIII), soumise aux exigences de complétude et de totalité illustrées par la tragédie à l'excellence, Aristote oppose deux sortes d'unités : d'une part l'unité temporelle (*hénos khronou*) qui caractérise « une période *unique* avec tous les événements qui se sont produits dans son cours, affectant un seul ou plusieurs hommes et entretenant les uns avec les autres des relations contingentes » (59 a 23-24) ; d'autre part l'unité dramatique, qui caractérise « une action *une* » (59 a 22) (qui forme un tout et va jusqu'à son terme, avec un commencement, un milieu et une fin). De nombreuses actions survenant dans une unique période de temps ne font donc pas une action une. C'est pourquoi Homère est loué pour avoir choisi dans l'histoire de la guerre de Troie — bien que celle-ci ait un commencement et une fin — « une partie unique » dont seul son art a déterminé le commencement et la fin. Ces notations confirment qu'Aristote ne marque aucun intérêt pour la construction du temps susceptible d'être impliquée dans la construction de l'intrigue.

Si donc le lien interne de l'intrigue est logique plus que chronologique, de quelle logique s'agit-il ? A vrai dire, le mot logique n'est pas prononcé, sauf que nécessité et probabilité sont des catégories familières de l'*Organon*. Si le terme logique n'est pas prononcé, c'est bien parce qu'il s'agit d'une intelligibilité appropriée au champ de la *praxis* et non de la *théoria*, voisine donc de la *phronèsis*, qui est l'intelligence de l'action. La poésie en effet est un « faire », et un « faire » sur un « faire » — les « agissants » du chapitre II. Seulement, ce n'est pas un faire effectif, éthique, mais précisément inventé, poétique. C'est pourquoi il faut bien discerner les traits spécifiques de cette intelligence mimétique et mythique — au sens aristotélicien de ces deux termes.

Qu'il s'agisse bien d'intelligence, Aristote en avertit dès le chapitre IV où il établit par la voie génétique ses concepts directeurs. Pourquoi, demande-t-il, avons-nous plaisir à regarder les images de choses en elles-mêmes répugnantes — animaux ignobles ou cadavres ? « La raison en est qu'apprendre est un plaisir non seulement pour les philosophes, mais également pour les autres hommes (...) ; en effet si l'on aime à voir des images, c'est qu'en les regardant on apprend à connaître et on conclut ce qu'est chaque chose comme lorsque l'on dit : celui-là, c'est lui » (48 b 12-17). Apprendre, conclure, reconnaître la forme : voilà le squelette intelligible du plaisir de l'imitation (ou de la représentation) [1]. Mais s'il ne s'agit pas des universaux des philosophes, que peuvent être ces universaux « poétiques » ? Que ce soient des universaux, cela n'est pas douteux, puisqu'on peut les caractériser par la double opposition du possible à l'effectif et du général au particulier. Le premier couple est illustré comme on sait par la fameuse opposition entre la poésie et

1. Sur la « réponse intellectuelle » aux imitations de l'artiste, cf. G. Else (commentaire *ad* 48 b 4-24). James Redfield insiste également avec force sur cette fonction *enseignante* de l'imitation (*op. cit.*, p. 52-55) : le probable est universel à sa façon (p.55-60) ; l'intrigue donne à connaître (p. 60-67). Par là la *Poétique* garde un lien étroit avec la rhétorique du Ve siècle et sa culture de l'argumentation. Mais, alors qu'au tribunal l'argument s'ajoute au récit, lui-même livré au contingent, le drame inclut l'argument dans le récit et construit les conditions de l'événement à partir de l'intrigue : « *We can then define fiction as the outcome of a hypothetical inquiry into the intermediate causes of action, an inquiry which has led the poet to the discovery and communication in a story of some universal pattern of human probability and necessity* » (p. 59-60). Ainsi « *fiction is the outcome of a kind of inquiry* » (p.79) : Comment cela a-t-il bien pu arriver ? Qui agirait ainsi ? Dans le même sens, Golden : « *Through imitation, events are reduced to form and thus, however impure in themselves, the events portrayed are purified — clarified — into intelligibility* » (*op. cit.*, p. 236).

l'histoire à la façon d'Hérodote[1] : « Car la différence entre le chroniqueur et le poète ne vient pas de ce que l'un s'exprime en vers et l'autre en prose (on pourrait mettre en vers l'œuvre d'Hérodote, ce ne serait pas moins une chronique en vers qu'en prose) ; mais la différence est que l'un dit ce qui a eu lieu, l'autre ce qui pourrait avoir lieu ; c'est pour cette raison que la poésie est plus philosophique et plus noble que la chronique : la poésie traite plutôt du général, la chronique du particulier » (51 b 4 - 51 b 7).

L'affaire n'est pourtant pas entièrement élucidée : car Aristote prend bien soin d'opposer à « ce qui a lieu réellement (...) ce qui pourrait avoir lieu dans l'ordre du vraisemblable et du nécessaire » (51 a 37-38). Et plus loin : « Le général, c'est ce qu'un certain type d'hommes fait ou dit vraisemblablement ou nécessairement » (51 b 9). Autrement dit : le possible, le général ne sont pas à chercher ailleurs que dans l'agencement des faits, puisque c'est cet enchaînement qui doit être nécessaire ou vraisemblable. Bref, c'est l'intrigue qui doit être typique. On comprend à nouveau pourquoi l'action prime les personnages : c'est l'universalisation de l'intrigue qui universalise les personnages, même quand ils gardent un nom propre. D'où le précepte : d'abord concevoir l'intrigue, ensuite donner des noms.

On peut alors objecter que l'argument est circulaire : le possible et le général caractérisent le nécessaire ou le vraisemblable ; mais c'est le nécessaire et le vraisemblable qui conditionnent le possible et le général. Faut-il alors supposer que l'agencement en tant que tel, c'est-à-dire un lien apparenté à la causalité, rend typique les faits agencés ? Je tenterais pour ma part, à la suite de théoriciens narrativistes de l'histoire comme Louis O. Mink[2], de faire porter tout le poids de l'intelligibilité sur la connexion en tant que telle établie entre des événements, bref sur l'acte judicatoire de « prendre ensemble ». Penser un lien de causalité, même entre des événements singuliers, c'est déjà universaliser.

Qu'il en soit bien ainsi, l'opposition entre intrigue une et intrigue à épisodes le confirme (51 b 33-35). Ce ne sont pas les épisodes qu'Aristote réprouve : la tragédie ne peut en faire l'économie sous peine d'être monotone, et l'épopée en tire le meilleur parti. Ce qui est condamné, c'est le décousu des épisodes : « J'appelle intrigue à épisodes celle où les épisodes se suivent (*met' allèla*) [et non s'enchaînent] sans vraisemblance ni nécessité » (*ibid.*). Là réside l'opposition clé : « L'une

1. Les derniers traducteurs français disent : la chronique, puisqu'ils ont réservé le terme d'histoire pour traduire *muthos*. Ce choix a par ailleurs l'avantage de laisser la place à un jugement moins négatif sur l'historiographie.

2. Cf. ci-dessous, deuxième partie, chap. II, p. 219 *sq*.

après l'autre »/« l'une à cause de l'autre » (*di'allèla,* 52 a 4). L'une après l'autre, c'est la suite épisodique et donc l'invraisemblable ; l'une à cause de l'autre, c'est l'enchaînement causal et donc le vraisemblable. Le doute n'est plus permis : la sorte d'universalité que comporte l'intrigue dérive de son ordonnance, laquelle fait sa complétude et sa totalité. Les universaux que l'intrigue engendre ne sont pas des idées platoniciennes. Ce sont des universaux parents de la sagesse pratique, donc de l'éthique et de la politique. L'intrigue engendre de tels universaux, lorsque la structure de l'action repose sur le lien interne à l'action et non sur des accidents externes. La connexion interne en tant que telle est l'amorce de l'universalisation. Ce serait un trait de la *mimèsis* de viser dans le *muthos* non son caractère de fable, mais son caractère de cohérence. Son « faire » serait d'emblée un « faire » universalisant. Tout le problème du *Verstehen* narratif est ici contenu en germe. Composer l'intrigue, c'est déjà faire surgir l'intelligible de l'accidentel, l'universel du singulier, le nécessaire ou le vraisemblable de l'épisodique. N'est-ce pas finalement ce que dit Aristote en 51 b 29-32 : « Il ressort clairement de tout cela que le poète doit être poète d'histoires plutôt que de mètres, puisque c'est en raison de la représentation qu'il est poète, et que, ce qu'il représente, ce sont des actions ; à supposer même qu'il compose un poème sur des événements réellement arrivés, il n'en est pas moins poète ; car rien n'empêche que certains événements réels soient de ceux qui pourraient arriver dans l'ordre du vraisemblable et du possible, moyennant quoi il en est le poète[1] » (51 b 27-32) ? Les deux côtés de l'équation s'équilibrent : faiseur d'intrigue/imitateur d'action : voilà le poète.

La difficulté n'est pourtant que partiellement résolue : on peut vérifier un enchaînement causal dans la réalité, mais qu'en est-il de la composition poétique ? Question embarrassante : si l'activité mimétique « compose » l'action, c'est elle qui instaure le nécessaire en composant. Elle ne voit pas l'universel, elle le fait surgir. Quels sont alors ses critères ? Nous avons une réponse partielle dans l'expression évoquée plus haut : « en regardant les images on apprend à connaître et on conclut ce qu'est chaque chose comme lorsqu'on dit : celui-là, c'est lui » (48 b 16-17). Ce plaisir de la reconnaissance, comme disent les derniers commentateurs français, présuppose, selon moi, un concept prospectif de vérité, selon lequel inventer, c'est retrouver. Mais ce concept prospectif de vérité n'a pas de place dans une théorie plus

1. Else s'exclame : « *The maker of what happened ! Not the maker of the actuality of events but of their logical structure, of their meaning : their having happened is accidental to their being composed* » (*op. cit.*, p. 321).

formelle de la structure d'intrigue et suppose une théorie plus développée de la *mimèsis* que celle qui l'égale simplement au *muthos*. J'y reviendrai à la fin de cette étude.

3. *La discordance incluse*

Le modèle tragique n'est pas purement un modèle de concordance, mais de concordance discordante. C'est par là qu'il offre un vis-à-vis à la *distentio animi*. La discordance est présente à chaque stade de l'analyse aristotélicienne, quoiqu'elle ne soit traitée thématiquement que sous le titre de l'intrigue « complexe » (*vs.* « simple »). Elle s'annonce dès la définition canonique de la tragédie : celle-ci doit être la représentation d'une action noble « menée jusqu'à son terme [1]... » (*téléios*) (49 a 25). Or la complétude n'est pas un trait négligeable, dans la mesure où le terme de l'action, c'est bonheur ou malheur, et où la qualité éthique des caractères fonde la plausibilité de l'une ou de l'autre issue. L'action n'est donc menée à son terme que lorsqu'elle produit l'un ou l'autre. Ainsi est marquée la place en creux des « épisodes » qui mènent l'action à son terme. Aristote ne dit rien contre les épisodes. Ce qu'il proscrit, ce sont, non les épisodes, mais la texture épisodique, l'intrigue où les épisodes se suivent au hasard. Les épisodes, contrôlés par l'intrigue, sont ce qui donne de l'ampleur à l'œuvre et par là même une « étendue ».

Mais la définition de la tragédie contient une seconde indication : « ... en représentant la pitié et la frayeur, elle réalise une épuration (*katharsis*) de ce genre d'action » (49 b 26-27). Laissons pour l'instant la question épineuse de la *catharsis* et concentrons-nous sur le moyen (*dia*) de la *catharsis*. Else et Dupont-Roc-Lallot ont à mon sens bien compris l'intention d'Aristote, reflétée par la construction de la phrase : la réponse émotionnelle du spectateur est construite dans le drame, dans la qualité des incidents destructeurs et douloureux pour les personnages eux-mêmes. Le traitement ultérieur du terme *pathos*, comme troisième composante de l'intrigue complexe, le confirmera. Par là, la *catharsis*, quoi que ce terme signifie, est opérée par l'intrigue elle-même. La discordance première, dès lors, ce sont les incidents effrayants et pitoyables. Ils constituent la menace majeure pour la cohérence de l'intrigue. C'est pourquoi Aristote en parle à nouveau en liaison avec le

1. Nous avons cité plus haut : « une action menée jusqu'à son terme, qui forme un tout et a une certaine étendue » (50 b 24-25). Dans le contexte proche, Aristote ne commente que « tout » et « étendue ».

nécessaire et le vraisemblable et dans le même contexte que la critique de la pièce à épisodes (chapitre IX). Il ne note plus alors les substantifs pitié et frayeur, mais les adjectifs « pitoyables » et « effrayants » (52 a 2), qui qualifient les incidents représentés par le poète par le moyen de l'intrigue.

La concordance discordante est visée plus directement encore par l'analyse de l'effet de surprise. Aristote caractérise celui-ci par une extraordinaire expression en forme d'anacoluthe : « Contre toute attente/à cause l'un de l'autre » (*para tèn doxan di'allèla*) (52 a 4). Le « surprenant » (*to thaumaston*) (*ibid.*) — comble du discordant — , ce sont alors les coups du hasard qui semblent arriver à dessein.

Mais nous atteignons le cœur de la concordance discordante, encore commune aux intrigues simples et complexes, avec le phénomène central de l'action tragique qu'Aristote dénomme « renversement » (*metabolè*) (chapitre XI). Dans la tragédie, le renversement se fait de la fortune à l'infortune, mais sa direction peut être inverse : la tragédie n'exploite pas cette ressource en raison sans doute du rôle des incidents effrayants ou pitoyables. C'est ce renversement qui prend du temps et règle l'étendue de l'ouvrage. L'art de composer consiste à faire paraître concordante cette discordance : le « l'un à cause (*dia*) de l'autre » l'emporte alors sur le « l'un après (*meta*) l'autre [1] » (52 a 18-22). C'est dans la vie que le discordant ruine la concordance, non dans l'art tragique.

Les renversements caractéristiques de l'intrigue complexe sont, comme il est bien connu, le *coup de théâtre* (*péripétéia*) (selon l'heureuse trouvaille des derniers traducteurs français) et la *reconnaissance* (*anagnôrisis*), à quoi il faut ajouter l'*effet violent* (*pathos*). On lit les définitions de ces modalités de renversement au chapitre XI et les commentaires sont ici bien connus [2]. L'important pour nous est qu'Aristote multiplie ici les contraintes de l'intrigue tragique et rend ainsi son modèle à la fois plus fort et plus limité. Plus limité, dans la mesure où la théorie du *muthos* tend à s'identifier avec celle de l'intrigue tragique :

1. Redfield traduit 52 a 1-4 : « *The imitation is not only of a complete action but of things pitiable and fearful ; such things most happen when they happen contrary to expectation because of one another* (di'allèla). » Else traduit : « *contrary to experience but because of one another* ». Léon Golden : « *unexpectedly, yet because of one another* ».

2. La tragédie d'Œdipe garde-t-elle encore pour nous, qui en connaissons la trame et l'issue, son caractère de *péripétéia* ? Oui, si l'on ne définit pas la surprise par quelque connaissance extérieure, mais par le rapport à l'*attente* créée par le cours interne de l'intrigue : le renversement est dans *notre* attente, mais créé *par* l'intrigue (cf. plus loin la discussion du rapport entre la structure interne et les dispositions de l'auditoire).

la question sera alors de savoir si ce que nous appelons le narratif peut tirer l'effet de surprise d'autres procédés que ceux qu'énumère Aristote et donc engendrer d'autres contraintes que celles du tragique. Mais le modèle devient aussi plus fort, dans la mesure où coup de théâtre, reconnaissance et effet violent — surtout lorsqu'ils sont réunis dans la même œuvre, comme dans l'*Œdipe* de Sophocle — portent à leur plus haut degré de tension la fusion du « paradoxal » et de l'enchaînement « causal », de la surprise et de la nécessité [1]. Mais c'est cette force du modèle que toute théorie de la narrativité s'emploie à préserver par d'autres moyens que ceux du genre tragique. A cet égard, on peut se demander si l'on ne sortirait pas du narratif si l'on abandonnait la contrainte majeure que constitue le renversement, pris dans sa définition la plus large, celui qui « inverse l'effet des actions » (52 a 22). Nous retrouverons cette question lorsque nous nous demanderons plus tard « ce qui extrait une histoire (ou des histoires) de l'action », selon le titre de l'essai de H. Lübbe [2]. Le rôle des effets non voulus, et plus encore celui des effets « pervers » dans la théorie de l'historiographie, nous posera une question analogue. Les implications de cette question sont nombreuses : si le renversement est si essentiel à toute histoire où l'insensé menace le sensé, la conjonction du renversement et de la reconnaissance ne garde-t-elle pas une universalité qui dépasse le cas de la tragédie ? Les historiens ne cherchent-ils pas aussi à mettre de la lucidité là où il y a de la perplexité ? Et la perplexité n'est-elle pas la plus grande là où les renversements de fortune sont les plus inattendus ? Autre implication plus contraignante encore : ne faudra-t-il pas du même coup garder avec le renversement la référence au bonheur et au malheur ? Toute histoire racontée n'a-t-elle pas finalement affaire à des revers de fortune, en mieux comme en pire [3] ? Il ne faudrait pas faire à

1. C'est le rôle de la *reconnaissance,* en tant que changement de l'ignorance en connaissance, dans les limites qu'on dira plus loin (note suivante), de *compenser* l'effet de surprise contenu dans la *péripétéia* par la lucidité qu'elle instaure. En échappant à l'auto-déception, le héros entre dans sa vérité et le spectateur dans la *connaissance* de cette vérité. En ce sens, Else a peut-être raison de rapprocher le problème de la faute tragique de celui de la reconnaissance. La faute, en tant du moins qu'elle comporte ignorance et erreur, est vraiment l'envers de la reconnaissance. Ce sera un problème important, dans la quatrième partie de cet ouvrage, de jeter un pont entre la reconnaissance au sens d'Aristote, la reconnaissance au sens de Hegel et la répétition au sens de Heidegger.

2. Hermann Lübbe, « Was aus Handlungen Geschichten macht » in *Vernünftiges Denken*, éd. par Jürgen Mittelstrass et Manfred Riedel, Berlin, New York, Walter de Gruyter, 1978, p. 237-250.

3. Les limites du modèle sont peut-être plus apparentes dans le cas de la reconnaissance, où les passages de l'ignorance à la connaissance se font au sein de rapports « d'alliance ou d'hostilité entre ceux qui sont désignés pour le bonheur » (52

l'*effet violent* (*pathos*) la portion congrue dans cette revue des modalités de renversement : Aristote en donne, il est vrai, une définition assez limitative à la fin du chapitre XI. L'effet violent est à rattacher à ces « incidents effrayants et pitoyables » inhérents à l'intrigue tragique et générateurs par excellence de discordance. « L'effet violent » — « *the thing suffered* », interprète Else — met seulement le comble à l'effroyable et au pitoyable dans l'intrigue complexe.

Cette considération de la qualité émotionnelle des incidents n'est pas étrangère à notre enquête, comme si le souci de l'intelligibilité propre à la recherche de complétude et de totalité devait impliquer un « intellectualisme » qu'il faudrait opposer à quelque « émotionnalisme ». Le pitoyable et l'effroyable sont des qualités étroitement liées aux changements de fortune les plus inattendus et orientés vers le malheur. Ce sont ces incidents discordants que l'intrigue tend à rendre nécessaires et vraisemblables. Et c'est ainsi qu'elle les purifie, ou mieux les épure. Nous reviendrons plus loin sur ce point. C'est en incluant le discordant dans le concordant que l'intrigue inclut l'émouvant dans l'intelligible. Aristote arrive ainsi à dire que le *pathos* est un ingrédient de l'imitation ou de la représentation de la *praxis*. Ces termes que l'éthique oppose, la poésie les conjoint [1].

Il faut aller plus loin : si le pitoyable et l'effrayant se laissent ainsi incorporer au tragique, c'est que ces émotions ont, comme dit Else (*op. cit.*, p. 375), leur *rationale,* lequel, en retour, sert de critère pour la qualité tragique de chaque changement de fortune. Deux chapitres (XIII et XIV) sont consacrés à cet effet de criblage que la pitié et la frayeur exercent à l'égard de la structure même de l'intrigue. Dans la mesure, en effet, où ces émotions sont incompatibles avec le répugnant et le monstrueux, comme avec l'inhumain (le manque de cette « philanthropie » qui nous fait reconnaître des « semblables » dans les personnages), elles jouent le rôle principal dans la typologie des intrigues. Celle-ci est construite sur deux axes : noblesse ou bassesse dans les caractères, fin heureuse ou malheureuse. Ce sont les deux émotions tragiques qui règlent la hiérarchie des combinaisons possibles : « car l'une — la pitié

---

a 31). Certes l'alliance s'étend plus loin que les liens au sang, mais elle constitue une contrainte très étroite. On peut se demander toutefois si le roman moderne, du moins dans la forme qu'il a prise avec la *Pamela* de Richardson, en faisant de l'amour le seul ressort de l'action, ne reconstitue pas l'équivalent de la contrainte de l'alliance ou de l'hostilité à la faveur d'un travail de lucidité lui-même équivalent à la reconnaissance aristotélicienne (cf. ci-dessous, troisième partie, chap. I).

1. J. Redfield : « Pathè *and learning together constitute the characteristic value to us of a well-made narrative. I suspect that Aristotle meant by katharsis exactly this combination of emotion and learning* » (*op. cit.*, p. 67).

— s'adresse à l'homme qui n'a pas mérité son malheur, l'autre — la frayeur — au malheur d'un semblable » (53 a 3-5).

Finalement, ce sont encore les émotions tragiques qui exigent que le héros soit empêché d'atteindre à l'excellence dans l'ordre de la vertu et de la justice par quelque « faute », sans pourtant que ce soit le vice ou la méchanceté qui le fasse tomber dans le malheur : « Reste donc le cas intermédiaire. C'est celui d'un homme qui, sans atteindre à l'excellence dans l'ordre de la vertu et de la justice, doit non au vice et à la méchanceté, mais à quelque faute (*hamartia*), de tomber dans le malheur [1]... » (53 a 7*sq.*). Ainsi, même le discernement de la faute tragique est exercé par la qualité émotionnelle de la pitié, de la frayeur et du sens de l'humain [2]. Le rapport est donc circulaire. C'est la composition de l'intrigue qui épure les émotions, en portant les incidents pitoyables et effrayants à la représentation, et ce sont des émotions épurées qui règlent le discernement du tragique. On ne saurait guère pousser plus loin l'inclusion de l'effrayant et du pitoyable dans la texture dramatique. Aristote peut conclure ce thème en ces termes : « Comme le plaisir que doit produire le poète vient de (*apo*) la pitié et de la frayeur éveillées par (*dia*) l'activité représentative, il est évident que c'est dans (*en*) les faits qu'il doit inscrire cela en composant (*empoiètéon*) [3] » (53 b 12-13).

Telles sont les contraintes croissantes auxquelles Aristote soumet son modèle tragique. On peut alors se demander si, en augmentant les contraintes de l'intrigue tragique, il n'a pas rendu son modèle à la fois plus fort et plus limité [4].

1. L'*hamartia* n'est pas seulement un cas extrême de discordance ; elle contribue au plus haut point au caractère d'*investigation* de l'œuvre tragique. Elle *problématise* l'infortune imméritée. Interpréter l'erreur tragique est la tâche de la tragédie, en tant qu'« *inquiry in the strengths and weaknesses of culture* » (Redfield, *op. cit.*, p. 89). On reviendra plus loin sur ce rôle de l'œuvre poétique en tant que révélateur des « dysfonctions » d'une culture (*ibid.*, p. 111, n. 1).

2. Else note avec raison que ce discernement fait de nous des juges : mais c'est en compagnons d'humanité également faillibles (*as a court of fellow human beings*), non en ministres de la loi, que nous portons jugement. L'épuration de la pitié et de la crainte tient alors lieu de condamnation et d'exécration. Ce n'est pas même nous qui opérons la purification, mais l'intrigue (*op. cit.*, p. 437). Nous retrouvons le lien suggéré plus haut entre la faute tragique et la reconnaissance. La *catharsis* est le processus entier régi par la structure et culminant dans la reconnaissance.

3. Golden traduit : « *Since the poet should produce pleasure from* (apo) *pity and fear through* (dia) *imitation, it is apparent that this function must be worked into* (en tois pragmasin empoièteon) *the incidents* » (*op. cit.*, p. 23). Else commente : « through *the shaping of the work* out of *the emotions* ».

4. On aura remarqué que je n'ai pas commenté la distinction entre « nouement » (*désis*) et « dénouement » (*lusis*) du chap. XVIII. Le seul fait qu'Aristote inclut dans la phase de nouement des événements « extérieurs » à l'intrigue donne à penser qu'il ne

4. *L'amont et l'aval de la configuration poétique*

Je voudrais revenir, pour finir, sur la question de la *mimèsis*, second centre de mon intérêt dans la lecture de la *Poétique*. Elle ne me paraît pas réglée par la mise en équivalence des expressions : « imitation (ou représentation) d'action » et « agencement des faits ». Ce n'est pas qu'il y ait quoi que ce soit à retrancher à cette équation. Il n'est pas douteux que le sens prévalent de la *mimèsis* est celui-là même qui est institué par son rapprochement avec le *muthos* : si nous continuons de traduire *mimèsis* par imitation, il faut entendre tout le contraire du décalque d'un réel préexistant et parler d'imitation créatrice. Et si nous traduisons *mimèsis* par représentation, il ne faut pas entendre par ce mot quelque redoublement de présence, comme on pourrait encore l'entendre de la *mimèsis* platonicienne, mais la coupure qui ouvre l'espace de fiction. L'artisan de mots ne produit pas des choses, mais seulement des quasi-choses, il invente du comme-si. En ce sens, le terme aristotélicien de *mimèsis* est l'emblème de ce décrochage qui, pour employer un vocabulaire qui est aujourd'hui le nôtre, instaure la littérarité de l'œuvre littéraire.

Et pourtant l'équation entre *mimèsis* et *muthos* ne sature pas le sens de l'expression *mimèsis praxeôs*. On peut certes construire — comme nous l'avons fait d'ailleurs — le génitif d'objet comme le corrélat noématique de l'imitation (ou de la représentation) et égaler ce corrélat à l'expression complète : « agencement des faits », dont Aristote fait le « quoi » — l'objet — de la *mimèsis*. Mais l'appartenance du terme *praxis* à la fois au domaine réel, pris en charge par l'*éthique*, et au domaine imaginaire, pris en charge par la *poétique*, suggère que la *mimèsis* n'a pas seulement une fonction de coupure, mais de liaison, qui établit précisément le statut de transposition « métaphorique » du champ pratique par le *muthos*. S'il en est bien ainsi, il faut préserver dans la signification même du terme *mimèsis* une référence à l'amont de la composition poétique. J'appelle cette référence *mimèsis* I, pour la distinguer de *mimèsis* II — la *mimèsis*-création — qui reste la fonction-

---

faut pas placer cette distinction sur le même plan que les autres traits de l'intrigue complexe, ni même la tenir pour un trait pertinent de l'intrigue, dont tous les critères sont « internes ». C'est pourquoi une critique du concept de clôture narrative qui tirerait argument des apories de cette analyse (cf. troisième partie) n'atteint qu'une catégorie périphérique, hétérogène et peut-être tardivement ajoutée par Aristote (Else, *op. cit.*, p. 520), non le noyau de son concept d'intrigue.

pivot. J'espère montrer dans le texte même d'Aristote, les indices épars de cette référence à l'amont de la composition poétique. Ce n'est pas tout : la *mimèsis* qui est, il nous en souvient, une activité, l'activité mimétique, ne trouve pas le terme visé par son dynamisme dans le seul texte poétique, mais aussi dans le spectateur ou le lecteur. Il y a ainsi un aval de la composition poétique, que j'appelle *mimèsis* III, dont je chercherai aussi les marques dans le texte de la *Poétique*. En encadrant ainsi le saut de l'imaginaire par les deux opérations qui constituent l'amont et l'aval de la *mimèsis*-invention, je ne pense pas affaiblir, mais bien enrichir, le sens même de l'activité mimétique investie dans le *muthos*. J'espère montrer qu'elle tire son intelligibilité de sa fonction de médiation, qui est de conduire de l'amont du texte à l'aval du texte par son pouvoir de refiguration.

Les références ne manquent pas, dans la *Poétique*, à la compréhension de l'action — et aussi des passions — que l'*Éthique* articule. Ces références sont tacites, alors que la *Rhétorique* insère dans son propre texte un véritable « Traité des passions ». La différence se comprend : la rhétorique exploite ces passions, tandis que la poétique transpose en poème l'agir et le pâtir humains.

Le chapitre suivant donnera une idée plus complète de la compréhension de l'ordre de l'action impliquée par l'activité narrative. Le modèle tragique, en tant même que modèle limité de narrativité, fait des emprunts eux-mêmes limités à cette pré-compréhension. Le *muthos* tragique tournant autour des renversements de fortune, et exclusivement du bonheur vers le malheur, est une exploration des voies par lesquelles l'action jette les hommes de valeur, contre toute attente, dans le malheur. Il sert de contrepoint à l'éthique qui enseigne comment l'action, par l'exercice des vertus, conduit au bonheur. Du même coup il n'emprunte au pré-savoir de l'action que ses traits éthiques [1].

D'abord le poète a toujours su que les personnages qu'il représente sont des « agissants » (48 a 1) ; il a toujours su que « les caractères sont ce qui permet de qualifier les personnages en action » (50

1. J. Redfield insiste avec force sur ce lien entre éthique et poétique ; ce lien est assuré de façon visible par les termes communs aux deux disciplines de *praxis*, « action », et d'*èthos*, « caractères ». Il concerne, plus profondément, la réalisation du bonheur. L'éthique, en effet, ne traite du bonheur que sous forme potentielle : elle en considère les conditions, à savoir les vertus ; mais le lien reste aléatoire entre les vertus et les circonstances du bonheur. En construisant ses intrigues, le poète donne une intelligibilité à ce lien contingent. D'où le paradoxe apparent : « *Fiction is about unreal happiness and unhappiness, but these in their actuality* » (*op. cit.*, p. 63). C'est à ce prix que raconter « enseigne » concernant le bonheur *et la vie*, nommée dans la définition de la tragédie : « représentation non d'hommes mais d'action, de vie et de bonheur (le malheur aussi réside dans l'action) » (50 a 17-18).

a 4) ; il a toujours su que « nécessairement ces personnages sont nobles ou bas » (48 a 2). La parenthèse qui suit cette phrase est une parenthèse éthique : « Les caractères relèvent presque toujours de ces deux seuls types puisque, en matière de caractère, c'est la bassesse et la noblesse qui pour tout le monde fondent les différences » (48 a 2-4). L'expression « tout le monde » (*pantes*) est la marque de *mimèsis* I dans le texte de la *Poétique*. Dans le chapitre consacré aux caractères (chapitre XV), « celui qui fait l'objet de la représentation » (54 a 27), c'est l'homme selon l'éthique. Les qualifications éthiques viennent du réel. Ce qui relève de l'imitation ou de la représentation, c'est l'exigence logique de cohérence. Dans la même veine, il est dit que la tragédie et la comédie diffèrent en ce que « l'une veut représenter des personnages pires, l'autre des personnages meilleurs que les hommes actuels (*tôn nun*) » (48 a 16-18) : seconde marque de *mimèsis* I. Que donc les caractères puissent être améliorés ou détériorés par l'action, le poète le sait et le présuppose : « Les caractères sont ce qui permet de qualifier les personnages en action » (50 a 6) [1].

Bref, pour que l'on puisse parler de « déplacement mimétique », de « transposition » quasi métaphorique de l'éthique à la poétique, il faut concevoir l'activité mimétique comme lien et non pas seulement comme coupure. Elle est le mouvement même de *mimèsis* I à *mimèsis* II. S'il n'est pas douteux que le terme *muthos* marque la discontinuité, le mot même de *praxis,* par sa double allégeance, assure la continuité entre les deux régimes, éthique et poétique, de l'action [2].

Un rapport semblable d'identité et de différence pourrait sans doute

1. On verra plus tard (troisième partie, chap. II) l'usage que Claude Brémond fait de ces notions d'amélioration et de détérioration dans sa « logique des possibles narratifs ». On peut suivre Dupont-Roc et Lallot quand ils affirment que la *Poétique* inverse le rapport de priorité que l'éthique établit entre l'action et les caractères ; en éthique, disent-ils, les caractères sont premiers, en poétique ils passent au second rang ; « l'inversion du rapport de priorité entre agent et action résulte directement de la définition de la poésie dramatique comme représentation *d'action* » (p. 196 ; de même, p. 202-204). On peut toutefois remarquer avec Else (*ad* 48 a 1-4) que, pour l'éthique aussi, c'est l'action qui confère leur qualité morale aux caractères. De toute façon, comment ce renversement allégué serait-il perçu si l'ordre de préséance que la *Poétique* inverse n'était préservé par le renversement ? Nos auteurs l'accorderaient sans doute : selon eux, l'objet de l'activité mimétique garde, non seulement dans ce chapitre, mais peut-être jusqu'à la fin, le sens ambigu d'objet-modèle (l'objet naturel que l'on imite) et d'objet-copie (l'artefact que l'on crée). Ils notent, *ad* 48 a 9 : « L'activité mimétique (*ceux qui représentent*) établit entre les deux objets, modèle et copie, une relation complexe ; elle implique à la fois ressemblance et différence, identification et transformation, d'un seul et même mouvement » (p. 157).

2. 51 a 16-20 est à cet égard frappant, parlant *des* actions survenant dans la vie d'un individu unique, qui ne forment en rien une action *une*.

être reconnu entre les *pathè* dont *Rhétorique* II donne une ample description et le *pathos* — « effet violent » — dont l'art tragique fait une « partie » de l'intrigue (52 b 9*sq.*).

Il faut peut-être pousser plus loin la reprise ou la relève de l'éthique dans la poétique. Le poète ne trouve pas seulement dans son fonds culturel une catégorisation implicite du champ pratique, mais une première mise en forme narrative de ce champ. Si les poètes tragiques, à la différence des auteurs de comédie qui se permettent de donner pour support à leurs intrigues des noms pris au hasard, « s'en tiennent au nom des hommes réellement attestés (*génoménôn*) » (51 b 15), c'est-à-dire reçus de la tradition, c'est que le vraisemblable — trait objectif — doit être en outre *persuasif* (*pithanon*) (51 b 16) — trait subjectif. La connexion logique du vraisemblable ne saurait donc être détachée des contraintes culturelles de l'acceptable. Certes, l'art, ici encore, marque une rupture : « A supposer même que [le poète] compose un poème sur des événements réellement arrivés (*génoména*), il n'en est pas moins poète » (51 b 29-30). Mais, sans mythes transmis, il n'y aurait non plus rien à transposer poétiquement. Qui dira l'inépuisable source de violence reçue des mythes, que le poète transpose en effet tragique ? Et où ce tragique potentiel est-il le plus dense, sinon dans les histoires reçues concernant quelques grandes maisons célèbres : les Atrides, Œdipe et les siens... ? Ce n'est donc pas par hasard si Aristote, par ailleurs si soucieux de l'autonomie de l'acte poétique, conseille au poète de continuer de puiser dans ce trésor la matière même de l'effrayant et du pitoyable [1].

Quant au critère du vraisemblable, par lequel le poète distingue ses intrigues des histoires reçues — qu'elles soient réellement arrivées ou qu'elles n'existent que dans le trésor de la tradition —, on peut douter qu'il se laisse cerner dans une pure « logique » poétique. L'allusion qu'on vient de faire à son lien avec le « persuasif » laisse entendre que ce dernier aussi est d'une certaine façon reçu. Mais ce problème relève plutôt de la problématique de *mimèsis* III vers laquelle je me tourne maintenant.

A première vue, il y a peu à attendre de la *Poétique* concernant l'aval de la composition poétique. A la différence de la *Rhétorique* qui

1. J. Redfield observe (*op. cit.*, p. 31-35) que les histoires de héros, reçues de la tradition, sont, à la différence des histoires des dieux, des histoires de désastres et de souffrances, parfois surmontées, le plus souvent endurées. Elles ne parlent pas de la fondation des cités, mais de leur destruction. Le poète épique en recueille la « renommée », le *kléos*, et en rédige le mémorial. C'est à ce fonds que le poète tragique, à son tour, puise ; avec cette réserve que « *stories can be borrowed, plots cannot* » (p. 58).

subordonne l'ordre du discours à ses effets sur l'auditoire, la *Poétique* ne marque aucun intérêt explicite pour la communication de l'œuvre au public. Elle laisse même percer de place en place une réelle impatience à l'égard des contraintes liées à l'institution des concours (51 a 7) et plus encore à l'égard du mauvais goût du public ordinaire (chapitre XXV). La réception de l'œuvre n'est donc pas une catégorie majeure de la *Poétique*. Celle-ci est un traité relatif à la composition, sans presque aucun égard pour celui qui la reçoit.

Les notations que je rassemble maintenant sous le titre de *mimèsis* III sont d'autant plus précieuses qu'elles sont plus rares. Elles témoignent de l'impossibilité, pour une poétique qui a mis l'accent principal sur les structures internes du texte, de s'enfermer dans la clôture du texte.

La ligne que je veux suivre est celle-ci : la *Poétique* ne parle pas de structure, mais de structuration ; or, la structuration est une activité orientée qui ne s'achève que dans le spectateur ou le lecteur.

Dès le début, le terme *poièsis* met l'empreinte de son dynamisme sur tous les concepts de la *Poétique* et en fait des concepts d'opération : la *mimèsis* est une *activité* représentative, la *sustasis* (ou *sunthèsis*) est l'opération d'arranger les faits en système et non le système lui-même. En outre, le dynamisme (*dunamis*) de la *poièsis* est visé dès les premières lignes de la *Poétique* comme exigence d'achèvement (47 a 8-10) ; c'est lui qui demande, au chapitre VI, que l'action soit menée jusqu'à son terme (*téléios*). Certes, cet achèvement est celui de l'œuvre, de son *muthos* ; mais il n'est attesté que par « le plaisir propre » (53 b 11) à la tragédie, qu'Aristote nomme son *ergon* (52 b 30), son « effet propre » (Golden, *op. cit.*, p. 21, traduit : *the proper function*). Dès lors, toutes les amorces de *mimèsis* III dans le texte d'Aristote sont relatives à ce « plaisir propre » et aux conditions de sa production. Je voudrais montrer de quelle manière ce plaisir est à la fois construit dans l'œuvre et effectué hors de l'œuvre. Il joint l'intérieur à l'extérieur et exige de traiter de façon dialectique ce rapport de l'extérieur à l'intérieur que la poétique moderne réduit trop vite à une simple disjonction, au nom d'un prétendu interdit jeté par la sémiotique sur tout ce qui est tenu pour extra-linguistique [1]. Comme si le langage n'était pas dès toujours jeté hors de lui-même par sa véhémence ontologique ! Nous avons dans l'*Éthique* un bon guide pour articuler correctement l'intérieur et l'extérieur de l'œuvre. C'est la théorie même du plaisir. Si on applique à

1. Ma position, que j'argumenterai dans le prochain chapitre, est proche de celle de H.R. Jauss, dans *Pour une esthétique de la réception*, Paris, Gallimard, 1978, p. 21-80. Concernant la « jouissance », on lira du même auteur, *Aesthetische Erfahrung und Literarische Hermeneutik*, Munich, Wilhelm Fink Verlag, 1977, p. 24-211.

l'œuvre littéraire ce qu'Aristote dit du plaisir au livre VII et au livre X de l'*Éthique à Nicomaque*, à savoir qu'il procède d'une action non empêchée et s'ajoute à l'action accomplie comme un supplément qui la couronne, il faut articuler de la même façon la finalité interne de la composition et la finalité externe de sa réception [1].

Le plaisir d'apprendre est en effet la première composante du plaisir du texte. Aristote le tient pour un corollaire du plaisir que nous prenons aux imitations ou représentations, lequel est une des causes naturelles de l'art poétique, selon l'analyse génétique du chapitre IV. Or Aristote associe à l'acte d'apprendre celui de « conclure ce qu'est chaque chose, comme lorsqu'on dit : celui-là, c'est lui » (48 b 17). Le plaisir d'apprendre est donc celui de reconnaître. C'est ce que fait le spectateur quand il reconnaît dans l'Œdipe l'universel que l'intrigue engendre par sa seule composition. Le plaisir de la reconnaissance est donc à la fois construit dans l'œuvre et éprouvé par le spectateur.

Ce plaisir de la reconnaissance, à son tour, est le fruit du plaisir que le spectateur prend à la composition selon le nécessaire et le vraisemblable. Or ces critères « logiques » sont eux-mêmes à la fois construits dans la pièce et exercés par le spectateur. Nous avons déjà fait une allusion, à l'occasion des cas extrêmes de consonance dissonante, au lien qu'Aristote établit entre le vraisemblable et l'acceptable — le « persuasif » —, catégorie majeure de la *Rhétorique*. C'est le cas dès que le para-doxal doit être inclus dans la chaîne causale du « l'un par le moyen de l'autre ». C'est plus encore le cas lorsque l'épopée accueille l'*alogon*, l'irrationnel, que la tragédie doit éviter. Le vraisemblable, sous la pression de l'invraisemblable, est alors étiré jusqu'au point de rupture. On n'a pas oublié l'étonnant précepte : « Il faut préférer ce qui est impossible mais vraisemblable à ce qui est possible mais non persuasif » (60 a 26-27). Et quand, au chapitre suivant (XXV), Aristote détermine les normes qui doivent guider le critique dans la résolution des « problèmes », il classe les choses représentables sous trois rubriques : « ou bien, telles qu'elles étaient ou qu'elles sont, ou bien telles qu'on les dit ou qu'elles semblent être, ou bien telles qu'elles doivent être » (60 b 10-11). Or que désignent

1. Le statut mixte du plaisir, à la flexion de l'œuvre et du public, explique sans doute pourquoi le spectacle a une place si fluctuante au cours de la *Poétique*. D'un côté, on le dit « totalement étranger à l'art » : « car la tragédie réalise sa finalité même sans concours et sans acteurs » (50 b 16) ; d'un autre côté, il est une des « parties » de la tragédie ; inessentiel, il ne peut en effet être exclu, car le texte donne à voir, et quand il ne donne pas à voir il donne à lire. La lecture, dont Aristote ne fait pas la théorie, n'est jamais que le substitut du spectacle. Car qui donc, sinon le spectateur ou son substitut, le lecteur, peut apprécier la « bonne longueur » d'une œuvre, si l'on définit celle-ci comme « ce qu'on doit pouvoir embrasser d'un seul regard du début à la fin » (59 b 19) ? C'est à travers le « regard » que passe le plaisir d'apprendre.

la réalité présente (et passée), l'opinion et le devoir-être, sinon l'empire même du croyable disponible ? Nous touchons ici à l'un des ressorts les plus dissimulés du plaisir de reconnaître, à savoir le critère du « persuasif », dont les contours sont ceux mêmes de l'imaginaire social (les derniers commentateurs français disent très bien : « Le persuasif n'est que le vraisemblable considéré dans son effet sur le spectateur, et, partant, l'ultime critère de la *mimèsis* », p. 382). Il est vrai qu'Aristote fait explicitement du persuasif un attribut du vraisemblable, qui est lui-même la mesure du possible en poésie (« le possible est persuasif », 51 b 16). Mais lorsque l'impossible — figure extrême du discordant — menace la structure, n'est-ce pas le persuasif qui devient la mesure de l'impossible acceptable ? « Du point de vue de la poésie, un impossible persuasif est préférable au non-persuasif, fût-il possible » (61 b 10-11). L'« opinion » (*ibid.*) est ici le seul guide : « C'est à ce qu'on dit qu'il faut référer les cas d'irrationnel » (61 b 14).

Ainsi, par sa nature même, l'intelligibilité caractéristique de la consonance dissonante, celle même qu'Aristote place sous le titre du vraisemblable, est le produit commun de l'œuvre et du public. Le « persuasif » naît à leur intersection.

C'est encore dans le spectateur que les émotions proprement tragiques s'épanouissent. Aussi bien le plaisir propre à la tragédie est-il le plaisir qu'engendrent frayeur et pitié. Nulle part mieux qu'ici on ne surprend la flexion de l'œuvre au spectateur. D'une part, en effet, le pitoyable et l'effrayant — comme adjectifs — caractérisent les « faits » eux-mêmes que le *muthos* compose ensemble. En ce sens, le *muthos* imite ou représente le pitoyable et l'effrayant. Et comment les porte-t-il à la représentation ? Précisément en les faisant sortir de (*ex*) l'agencement des faits. Voilà donc la frayeur et la pitié inscrites *dans* les faits *par* la composition, dans la mesure où elle passe *par* le crible de l'activité représentative (53 b 13). Ce qui est éprouvé par le spectateur doit d'abord être construit dans l'œuvre. En ce sens, on pourrait dire que le spectateur idéal d'Aristote est un « *implied spectator* » au sens où Wolfgang Iser parle d'un « *implied reader* [1] » — mais un spectateur de chair capable de jouissance.

A cet égard, je suis d'accord avec les interprétations convergentes de la *catharsis* chez Else, Golden, James Redfield, Dupont-Roc et Jean Lallot [2]. La *catharsis* est une purification — ou mieux, comme le

1. Wolfgang Iser, *The Implied Reader*, Baltimore et Londres, The Johns Hopkins University Press, 1974, p. 274-294.

2. G. Else : ce qui opère la purification, c'est le procès même de l'imitation. Et comme l'intrigue *est* l'imitation, la purification est opérée par l'intrigue. L'allusion à la

proposent ces derniers, une épuration — qui a son siège dans le spectateur. Elle consiste précisément en ceci que le « plaisir propre » de la tragédie procède de la pitié et de la frayeur. Elle consiste donc dans la transformation en plaisir de la peine inhérente à ces émotions. Mais cette alchimie subjective est aussi construite *dans* l'œuvre *par* l'activité mimétique. Elle résulte de ce que les incidents pitoyables et effrayants sont, comme nous venons de le dire, eux-mêmes portés à la représentation. Or, cette représentation poétique des émotions résulte à son tour de la composition elle-même. En ce sens il n'est pas excessif de dire, avec les derniers commentateurs, que l'épuration consiste d'abord dans la construction poétique. J'ai moi-même suggéré ailleurs de traiter la *catharsis* comme partie intégrante du processus de métaphorisation qui joint cognition, imagination et sentiment [1]. En ce sens, la dialectique du dedans et du dehors atteint son point culminant dans la *catharsis* : éprouvée par le spectateur, elle est construite dans l'œuvre ; c'est pourquoi Aristote peut l'inclure dans sa définition de la tragédie, sans lui consacrer une analyse distincte : « En (*dia*) représentant la pitié et la frayeur, elle réalise une épuration de ce genre d'émotions » (49 b 28).

J'avoue volontiers que les allusions que la *Poétique* fait au plaisir pris à comprendre et au plaisir pris à éprouver frayeur et pitié — lesquels, dans la *Poétique*, forment une seule jouissance — constituent seulement l'amorce d'une théorie de *mimèsis* III. Celle-ci ne prend son envergure entière que quand l'œuvre déploie *un monde* que le lecteur s'approprie. Ce monde est un monde culturel. L'axe principal d'une théorie de la référence en aval de l'œuvre passe donc par le rapport entre poésie et culture. Comme le dit fortement James Redfield dans son ouvrage *Nature and Culture in the Iliad*, les deux relations inverses l'une de l'autre, qu'on peut établir entre ces deux termes, « *must be*

---

catharsis au chap. VI ne constitue donc pas une addition, mais présuppose la théorie entière de l'intrigue. Dans le même sens, cf. Leon Golden, art. « *Catharsis* » in *Transactions of the Am. Philological Assoc.* XLIII (1962) 51-60. De son côté James Redfield écrit : « *Art..., in so far as it achieves form, is a purification... As the work reaches closure, we come to see that every thing is as it should be, that nothing could be added or taken away. Thus the work takes us through impurity to purity ; impurity has been met and overcome by the power of formal art* » (p. 161). La purification est bien une épuration, dans la mesure où l'artiste donne forme par « réduction », selon une expression empruntée à Lévi-Strauss : « *The mark of this reduction is artistic closure* » (p. 165). C'est parce que le monde de l'œuvre littéraire est « *self-contained* » (*ibid.*), que « *art in imitating life can make intelligible (at the price of reduction) situations unintelligible in life* » (p. 166). Dupont-Roc et Lallot sont donc pleinement justifiés à traduire *catharsis* par « épuration » (cf. leur commentaire, p. 188-193).

1. « The Metaphorical Process as Cognition, Imagination, and Feeling », *Critical Inquiry*, The University of Chicago, vol. 5, n° 1 (1978), p. 143-159.

interpreted... in the light of a third relation : the poet as a maker of culture » (Préface, p. XI) [1]. La *Poétique* d'Aristote ne fait aucune incursion dans ce domaine. Mais elle met en place le spectateur idéal, et mieux encore le lecteur idéal : son intelligence, ses émotions « épurées », son plaisir, à la jonction de l'œuvre et de la culture que celle-ci crée. C'est par là que la *Poétique* d'Aristote, en dépit de son intérêt presque exclusif pour la *mimèsis*-invention, offre l'amorce d'une investigation de l'activité mimétique dans son envergure entière.

1. L'ouvrage entier de James Redfield est orienté par ce thème de l'incidence de l'intelligence poétique sur la culture. Celle-ci est définie en ces termes : « *Those things which can be made otherwise by choice, effort, and the application of knowledge constitute the sphere of culture* » (*op. cit.*, p. 70). L'opposition entre nature et culture consiste essentiellement dans l'opposition entre contrainte et contingence : « *Values and norms are... not constraints on action but (teleologically) the sources of action* » (p. 70). « *Constraints constitute the sphere of nature ; they are things which cannot be made otherwise* » (p. 71). Il en résulte que le sens d'une œuvre d'art ne s'achève que dans son effet sur la culture. Pour J. Redfield, cette incidence est principalement critique : le drame naît des ambiguïtés des valeurs et des normes culturelles : c'est les yeux fixés sur la norme que le poète présente à son auditoire une histoire qui est problématique avec un caractère qui est déviant (p. 81) : « *The tragic poet thus tests the limits of culture... In tragedy culture itself becomes problematic* » (p. 84). L'épopée, avant elle, a déjà exercé cette fonction grâce à la « distance épique » : « *Epic describes the heroic world to an audience which itself inhabits another, ordinary world* » (p. 36). Le poète exerce son magistère en commençant par *désorienter* son auditoire, puis en lui offrant une représentation *ordonnée* des thèmes de ruine et de désordre de ses chants héroïques. Mais il ne résout pas les dilemmes de la vie. Ainsi, dans l'*Iliade,* la cérémonie funèbre de réconciliation ne révèle aucun sens, mais rend manifeste l'absence de sens de toute entreprise guerrière : « *Dramatic art rises from the dilemmas and contradictions of life, but it makes no promise to resolve dilemmas ; on the contrary, tragic art may well reach its highest formal perfection at the moment when it reveals to us these dilemmas as universal, pervasive and necessary* » (p. 219). « *Poetry offers* [*man*] *not gratification but intelligibility* » (p. 220). C'est le cas, par excellence, avec la souffrance non méritée, aggravée par la faute tragique : « *Through the undeserved suffering of the characters of tragedy, the problem of culture is brought home to us* » (p. 87). L'*hamartia,* point aveugle de la *discordance*, est aussi le point aveugle de l'« enseignement tragique ». C'est en ce sens que l'on peut se risquer à appeler l'art « la négation de la culture » (p. 218-223). Nous reviendrons dans la quatrième partie, avec l'aide de Hans Robert Jauss, sur cette fonction de l'œuvre littéraire de problématiser le vécu d'une culture.

3
Temps et récit

La triple *mimèsis*

Le moment est venu de relier les deux études indépendantes qui précèdent et de mettre à l'épreuve mon hypothèse de base, à savoir qu'il existe entre l'activité de raconter une histoire et le caractère temporel de l'expérience humaine une corrélation qui n'est pas purement accidentelle, mais présente une forme de nécessité transculturelle. Ou, pour le dire autrement : *que le temps devient temps humain dans la mesure où il est articulé sur un mode narratif, et que le récit atteint sa signification plénière quand il devient une condition de l'existence temporelle.*

L'abîme culturel qui sépare l'analyse augustinienne du temps dans les *Confessions* et l'analyse aristotélicienne de l'intrigue dans la *Poétique* me contraint à construire à mes propres risques les chaînons intermédiaires qui articulent la corrélation. En effet, on l'a dit, les paradoxes de l'expérience du temps selon Augustin ne doivent rien à l'activité de raconter une histoire. L'exemple privilégié de la récitation d'un vers ou d'un poème sert à aiguiser le paradoxe plutôt qu'à le résoudre. De son côté, l'analyse de l'intrigue que fait Aristote ne doit rien à sa théorie du temps, laquelle relève exclusivement de la physique ; bien plus, dans la *Poétique*, la « logique » de la mise en intrigue décourage toute considération sur le temps, lors même qu'elle implique des concepts tels que commencement, milieu et fin, ou qu'elle s'engage dans un discours sur l'étendue ou la longueur de l'intrigue.

La construction que je vais proposer de la *médiation* porte à dessein le même titre que l'ensemble de l'ouvrage : *Temps et Récit*. Il ne peut s'agir pourtant, à ce stade de l'investigation, que d'une esquisse qui requiert encore expansion, critique et révision. En effet, la présente étude ne prend pas en charge la bifurcation fondamentale entre récit historique et récit de fiction, qui donnera naissance aux études plus techniques de la deuxième et de la troisième partie de cet ouvrage. Or, c'est de l'investigation séparée de ces deux champs que procéderont les plus sérieuses mises en question de toute mon entreprise, tant sur le plan de la prétention à la vérité que sur celui de la structure interne du discours. Ce qui est esquissé ici n'est donc qu'une sorte de modèle réduit de la thèse que le reste de l'ouvrage devra mettre à l'épreuve.

Je prends pour fil conducteur de cette exploration de la *médiation entre temps et récit* l'articulation évoquée plus haut, et déjà partiellement illustrée par l'interprétation de la *Poétique* d'Aristote, entre les trois moments de la *mimèsis* que, par jeu sérieux, j'ai dénommés *mimèsis* I, *mimèsis* II, *mimèsis* III. Je tiens pour acquis que *mimèsis* II constitue le pivot de l'analyse ; par sa fonction de coupure, elle ouvre le monde de la composition poétique et institue, comme je l'ai déjà suggéré, la littérarité de l'œuvre littéraire. Mais ma thèse est que le sens même de l'opération de configuration constitutive de la mise en intrigue résulte de sa position intermédiaire entre les deux opérations que j'appelle *mimèsis* I et *mimèsis* III et qui constituent l'amont et l'aval de *mimèsis* II. Ce faisant, je me propose de montrer que *mimèsis* II tire son intelligibilité de sa faculté de médiation, qui est de conduire de l'amont à l'aval du texte, de transfigurer l'amont en aval par son pouvoir de configuration. Je réserve pour la partie de cet ouvrage consacrée au récit de fiction la confrontation entre cette thèse et celle que je tiens pour caractéristique de la sémiotique du texte : à savoir qu'une science du texte peut s'établir sur la seule abstraction de *mimèsis* II et peut ne considérer que les lois internes de l'œuvre littéraire, sans égard pour l'amont et l'aval du texte. C'est, en revanche, la tâche de l'herméneutique de reconstruire l'ensemble des opérations par lesquelles une œuvre s'enlève sur le fond opaque du vivre, de l'agir et du souffrir, pour être donnée par un auteur à un lecteur qui la reçoit et ainsi change son agir. Pour une sémiotique, le seul concept opératoire reste celui du texte littéraire. Une herméneutique, en revanche, est soucieuse de reconstruire l'arc entier des opérations par lesquelles l'expérience pratique se donne des œuvres, des auteurs et des lecteurs. Elle ne se borne pas à placer *mimèsis* II entre *mimèsis* I et *mimèsis* III. Elle veut caractériser *mimèsis* II par sa fonction de médiation. L'enjeu est donc le procès concret par lequel la configuration textuelle fait médiation entre la préfiguration du champ pratique et sa refiguration par la réception de l'œuvre. Il apparaîtra corollairement, au terme de l'analyse, que le lecteur est l'opérateur par excellence qui assume par son faire — l'action de lire — l'unité du parcours de *mimèsis* I à *mimèsis* III à travers *mimèsis* II.

Cette mise en perspective de la dynamique de la mise en intrigue est à mes yeux la clé du problème du rapport entre temps et récit. Loin que je substitue un problème à un autre, en passant de la question initiale de la *médiation* entre temps et récit à la question nouvelle de l'enchaînement des trois stades de la *mimèsis*, je base la stratégie entière de mon ouvrage sur la subordination du second problème au premier. C'est en construisant le rapport entre les trois modes mimétiques que je constitue la médiation entre temps et récit. C'est cette médiation même qui passe par les trois phases de la *mimèsis*. Ou, pour le dire autrement, pour résoudre le problème du rapport entre temps et récit, je dois établir le rôle médiateur de la mise en intrigue entre un stade de l'expérience pratique qui la précède et un stade qui lui succède. En ce sens l'argument du livre consiste à construire la médiation entre temps et récit en démontrant le rôle médiateur de la mise en intrigue dans le procès mimétique. Aristote, nous l'avons vu, a ignoré les aspects temporels de la mise en intrigue. Je me propose de les désimpliquer de l'acte de configuration textuelle et de montrer le rôle médiateur de ce temps de la mise en intrigue entre les aspects temporels préfigurés dans le champ pratique et la refiguration de notre expérience temporelle par ce temps construit. *Nous suivons donc le destin d'un temps préfiguré à un temps refiguré par la médiation d'un temps configuré.*

A l'horizon de l'investigation se pose l'objection de cercle vicieux entre l'acte de raconter et l'être temporel. Ce cercle condamne-t-il toute l'entreprise à n'être qu'une vaste tautologie ? Nous avons paru éluder l'objection en choisissant deux points de départ aussi éloignés que possible l'un de l'autre : le temps chez Augustin, la mise en intrigue chez Aristote. Mais, en recherchant un moyen terme pour ces deux extrêmes et en assignant un rôle médiateur à la mise en intrigue et au temps qu'elle structure, ne redonnons-nous pas force à l'objection ? Je n'entends pas nier le caractère circulaire de la thèse selon laquelle la temporalité est portée au langage dans la mesure où celui-ci configure et refigure l'expérience temporelle. Mais j'espère montrer, vers la fin du chapitre, que le cercle peut être autre chose qu'une tautologie morte.

I MIMÈSIS I

Quelle que puisse être la force d'innovation de la composition poétique dans le champ de notre expérience temporelle, la composition de l'intrigue est enracinée dans une pré-compréhension du monde de l'action : de ses structures intelligibles, de ses ressources symboliques et de son caractère temporel. Ces traits sont plutôt décrits que déduits. En ce sens, rien n'exige que leur liste soit close. Toutefois, leur énumération suit une progression aisée à établir. D'abord, s'il est vrai que l'intrigue est une imitation d'action, une compétence préalable est requise : la capacité d'identifier l'action *en général* par ses traits structurels ; une sémantique de l'action explicite cette première compétence. En outre, si imiter, c'est élaborer une signification *articulée* de l'action, une compétence supplémentaire est requise : l'aptitude à identifier ce que j'appelle les *médiations symboliques* de l'action, en un sens du mot symbole que Cassirer a rendu classique et que l'anthropologie culturelle à laquelle j'emprunterai quelques exemples a adopté. Enfin, ces articulations symboliques de l'action sont porteuses de caractères plus précisément *temporels,* d'où procèdent plus directement la capacité même de l'action à être racontée et peut-être le besoin de la raconter. Un premier emprunt à la phénoménologie herméneutique de Heidegger accompagnera la description de ce troisième trait.

Considérons successivement ces trois traits : structurels, symboliques, temporels.

L'intelligibilité engendrée par la mise en intrigue trouve un premier ancrage dans notre compétence à utiliser de manière significative le *réseau conceptuel* qui distingue structurellement le domaine de l'*action* de celui du mouvement physique [1]. Je dis le réseau conceptuel plutôt que le concept d'action, afin de souligner le fait que le terme même d'action, pris au sens étroit de *ce que* quelqu'un fait, tire sa signification distincte de sa capacité à être utilisé en conjonction avec l'un quelconque des autres termes du réseau entier. Les actions impliquent des *buts* dont l'anticipation ne se confond pas avec quelque résultat prévu ou prédit, mais engage celui dont l'action dépend. Les actions, en outre, renvoient à des *motifs* qui expliquent pourquoi quelqu'un fait ou a fait quelque chose, d'une manière que nous distinguons clairement de celle dont un événement physique conduit à un autre événement physique. Les actions ont encore des *agents* qui font et peuvent faire des choses qui sont tenues pour *leur* œuvre, ou, comme on dit en français, pour *leur* fait : en conséquence, ces agents peuvent être tenus pour responsables de certaines conséquences de leurs actions. Dans le réseau, la régression infinie ouverte par la question « pourquoi ? » n'est pas incompatible avec la régression finie ouverte par la question « qui ? ». Identifier un agent et lui reconnaître des motifs sont des opérations complémentaires. Nous comprenons aussi que ces agents agissent et souffrent dans des *circonstances* qu'ils n'ont pas produites et qui néanmoins appartiennent au champ pratique, en tant précisément qu'elles circonscrivent leur intervention d'agents historiques dans le cours des événements physi-

1. Cf. ma contribution à *la Sémantique de l'Action,* Paris, Éd. du CNRS, 1977, p. 21-63.

ques et qu'elles offrent à leur action des occasions favorables ou défavorables. Cette intervention, à son tour, implique qu'agir, c'est faire coïncider ce qu'un agent peut faire — à titre d'« action de base » — et ce qu'il sait, sans observation, qu'il est capable de faire, avec le stade initial d'un système physique fermé [1]. En outre, agir, c'est toujours agir « avec » d'autres : l'*interaction* peut prendre la forme de la coopération, de la compétition ou de la lutte. Les contingences de l'interaction rejoignent alors celles des circonstances, par leur caractère d'aide ou d'adversité. Enfin l'*issue* de l'action peut être un changement de fortune vers le bonheur ou l'infortune.

Bref, ces termes ou d'autres apparentés surviennent dans des réponses à des questions qui peuvent être classées en questions sur le « quoi », le « pourquoi », le « qui », le « comment », le « avec » ou le « contre qui » de l'action. Mais le fait décisif est que, employer de façon signifiante l'un ou l'autre de ces termes, dans une situation de question et de réponse, c'est être capable de le relier à n'importe quel autre membre du même ensemble. En ce sens, tous les membres de l'ensemble sont dans une relation d'intersignification. Maîtriser le réseau conceptuel dans son ensemble, et chaque terme à titre de membre de l'ensemble, c'est avoir la compétence qu'on peut appeler *compréhension pratique*.

Quel est alors le rapport de la *compréhension narrative* à la compréhension pratique telle qu'on vient de l'organiser ? La réponse à cette question commande le rapport qui peut être établi entre théorie narrative et théorie de l'action, au sens donné à ce terme dans la philosophie analytique de langue anglaise. Ce rapport, à mon sens, est double. C'est à la fois un rapport de *présupposition* et un rapport de *transformation*.

D'un côté, tout récit présuppose de la part du narrateur et de son auditoire une familiarité avec des termes tels qu'agent, but, moyen, circonstance, secours, hostilité, coopération, conflit, succès, échec, etc. En ce sens, la phrase narrative minimale est une phrase d'action de la forme X fait A dans telles ou telles circonstances et en tenant compte du fait que Y fait B dans des circonstances identiques ou différentes. Les récits ont finalement pour thème agir et souffrir. On l'a vu et dit avec Aristote. On verra plus loin à quel point, de Propp à Greimas, l'analyse structurale du récit en termes de fonctions et d'actants vérifie cette

1. Pour le concept d'action de base, cf. A. Danto, « Basic Actions », *Am. Phil. Quarterly 2,* 1965. Concernant le savoir sans observation, cf. E. Anscombe, *Intention,* Oxford, Blackwell, 1957. Enfin, concernant le concept d'intervention dans son rapport avec la notion de système physique fermé, cf. H. von Wright, *Explanation and Understanding,* Londres, Routledge and Kegan Paul, 1971.

relation de présupposition qui établit le discours narratif sur la base de la phrase d'action. En ce sens, il n'est pas d'analyse structurale du récit qui n'emprunte à une phénoménologie implicite ou explicite du « faire [1] ».

D'un autre côté, le récit ne se borne pas à faire usage de notre familiarité avec le réseau conceptuel de l'action. Il y ajoute les traits *discursifs* qui le distinguent d'une simple suite de phrases d'action. Ces traits n'appartiennent plus au réseau conceptuel de la sémantique de l'action. Ce sont des traits syntaxiques, dont la fonction est d'engendrer la composition des modalités de discours dignes d'êtres appelés narratifs, qu'il s'agisse de récit historique ou de récit de fiction. On peut rendre compte de la relation entre le réseau conceptuel de l'action et les règles de composition narrative en recourant à la distinction, familière en sémiotique, entre ordre paradigmatique et ordre syntagmatique. En tant que relevant de l'ordre paradigmatique, tous les termes relatifs à l'action sont synchroniques, en ce sens que les relations d'intersignification qui existent entre fins, moyens, agents, circonstances et le reste, sont parfaitement réversibles. En revanche, l'ordre syntagmatique du discours implique le caractère irréductiblement diachronique de toute histoire racontée. Même si cette diachronie n'empêche pas la lecture à rebours du récit, caractéristique comme nous le verrons de l'acte de re-raconter, cette lecture remontant de la fin vers le commencement de l'histoire n'abolit pas la diachronie fondamentale du récit. Nous en tirerons plus tard les conséquences, quand nous discuterons les tentatives structuralistes de dériver la logique du récit de modèles foncièrement a-chroniques. Bornons-nous pour l'instant à dire que, comprendre ce qu'est un récit, c'est maîtriser les règles qui gouvernent son ordre syntagmatique. En conséquence, l'intelligence narrative ne se borne pas à présupposer une familiarité avec le réseau conceptuel constitutif de la sémantique de l'action. Elle requiert en outre une familiarité avec les règles de composition qui gouvernent l'ordre diachronique de l'histoire. L'intrigue, entendue au sens large qui a été le nôtre dans le chapitre précédent, à savoir l'agencement des faits (et donc l'enchaînement des phrases d'action) dans l'action totale constitutive de l'histoire racontée, est l'équivalent littéraire de l'ordre syntagmatique que le récit introduit dans le champ pratique.

On peut résumer de la manière suivante la relation double entre intelligence narrative et intelligence pratique. En passant de l'ordre paradigmatique de l'action à l'ordre syntagmatique du récit, les termes

1. Je discute le rapport entre phénoménologie et analyse linguistique dans *la Sémantique de l'action, op. cit.*, p. 113-132.

de la sémantique de l'action acquièrent intégration et actualité. Actualité : des termes qui n'avaient qu'une signification virtuelle dans l'ordre paradigmatique, c'est-à-dire une pure capacité d'emploi, reçoivent une signification effective grâce à l'enchaînement séquentiel que l'intrigue confère aux agents, à leur faire et à leur souffrir. Intégration : des termes aussi hétérogènes qu'agents, motifs et circonstances, sont rendus compatibles et opèrent conjointement dans des totalités temporelles effectives. C'est en ce sens que la relation double entre règles de mise en intrigue et termes d'action constitue à la fois une relation de présupposition et une relation de transformation. Comprendre une histoire, c'est comprendre à la fois le langage du « faire » et la tradition culturelle de laquelle procède la typologie des intrigues.

Le second ancrage que la composition narrative trouve dans la compréhension pratique, réside dans les ressources *symboliques* du champ pratique. Trait qui va commander *quels aspects* du faire, du pouvoir-faire et du savoir-pouvoir-faire relèvent de la transposition poétique.

Si, en effet, l'action peut être racontée, c'est qu'elle est déjà articulée dans des signes, des règles, des normes : elle est dès toujours *symboliquement médiatisée*. Comme il a été dit plus haut, je prends appui ici sur les travaux d'anthropologues se réclamant à des titres divers de la sociologie compréhensive, parmi lesquels Clifford Geertz, l'auteur de *The Interpretation of Cultures* [1]. Le mot symbole y est pris dans une acception qu'on peut dire moyenne, à mi-chemin de son identification à une simple notation (j'ai à l'esprit l'opposition leibnizienne entre la connaissance intuitive par vue directe et la connaissance symbolique par signes abrégés, substitués à une longue chaîne d'opérations logiques) et de son identification aux expressions à double sens selon le modèle de la métaphore, voire à des significations cachées, accessibles seulement à un savoir ésotérique. Entre une acception trop pauvre et une acception trop riche, j'ai opté pour un usage voisin de celui de Cassirer, dans la *Philosophie des formes symboliques,* dans la mesure où, pour celui-ci, les formes symboliques sont des processus culturels qui articulent l'expérience entière. Si je parle plus précisément de *médiation symbolique,* c'est afin de distinguer, parmi les symboles de nature culturelle, ceux qui sous-tendent l'action au point d'en constituer la signifiance première, avant que se détachent du plan pratique des ensembles symboliques autonomes relevant de la parole ou de l'écriture. En ce

1. Clifford Geertz, *The Interpretation of Cultures,* New York, Basic Books, 1973.

sens, on pourrait parler d'un symbolisme implicite ou immanent, par opposition à un symbolisme explicite ou autonome [1].

Pour l'anthropologue et le sociologue, le terme symbole met d'emblée l'accent sur le caractère *public* de l'articulation signifiante. Selon le mot de Clifford Geertz, « la culture est publique parce que la signification l'est ». J'adopte volontiers cette première caractérisation qui marque bien que le symbolisme n'est pas dans l'esprit, n'est pas une opération psychologique destinée à guider l'action, mais une signification incorporée à l'action et déchiffrable sur elle par les autres acteurs du jeu social.

En outre, le terme symbole — ou mieux médiation symbolique — signale le caractère *structuré* d'un ensemble symbolique. Clifford Geertz parle en ce sens d'un « système de symboles en interaction », de « modèles de significations synergiques ». Avant d'être texte, la médiation symbolique a une texture. Comprendre un rite, c'est le mettre en place dans un rituel, celui-ci dans un culte et, de proche en proche, dans l'ensemble des conventions, des croyances et des institutions qui forment le réseau symbolique de la culture.

Un système symbolique fournit ainsi un *contexte de description* pour des actions particulières. Autrement dit, c'est « en fonction de... » telle convention symbolique que nous pouvons interpréter tel geste *comme* signifiant ceci ou cela : le même geste de lever le bras peut, selon le contexte, être compris *comme* manière de saluer, de héler un taxi, ou de voter. Avant d'être soumis à l'interprétation, les symboles sont des interprétants internes à l'action [2].

1. Dans l'essai d'où j'extrais la plupart des notations consacrées à la médiation symbolique de l'action, je distinguais entre un symbolisme *constituant* et un symbolisme *représentatif* (« La structure symbolique de l'action », in *Symbolisme,* Conférence internationale de sociologie religieuse, CISR, Strasbourg, 1977, p. 29-50). Ce vocabulaire me paraît aujourd'hui inadéquat. Je renvoie en outre, pour une analyse complémentaire, à mon essai : « L'Imagination dans le discours et dans l'action », *Savoir, faire, espérer : les limites de la raison,* Bruxelles, Publications des facultés universitaires Saint-Louis, 5, 1976. p. 207-228.

2. C'est en ce point que le sens du mot symbole que j'ai privilégié côtoie les deux sens que j'ai écartés. En tant qu'interprétant de conduite, un symbolisme est aussi un système de *notation* qui abrège, à la façon d'un symbolisme mathématique, un grand nombre d'actions de détail, et qui prescrit, à la façon d'un symbolisme musical, la suite des exécutions ou des performances susceptibles de l'effectuer. Mais c'est encore en tant qu'interprétant réglant ce que Clifford Geertz appelle une « *thick description* » que le symbole introduit une relation de double sens dans le geste, dans la conduite dont il règle l'interprétation. On peut tenir la configuration empirique du geste pour le sens littéral porteur d'un sens figuré. A la limite, ce sens peut apparaître, dans certaines conditions voisinant au secret, comme sens caché à décrypter. Pour un étranger, c'est ainsi que tout rituel social apparaît, sans qu'il soit besoin de tirer l'interprétation vers l'ésotérisme et l'hermétisme.

De cette façon, le symbolisme confère à l'action une première *lisibilité.* Ce disant, on ne saurait confondre la texture de l'action avec le texte qu'*écrit* l'ethnologue — avec le texte ethno-*graphique*, lequel est écrit dans des catégories, avec des concepts, sous des principes nomologiques qui sont l'apport propre de la science elle-même et qui, par conséquent, ne peuvent être confondus avec les catégories sous lesquelles une culture se comprend elle-même. Si l'on peut parler néanmoins de l'action comme d'un quasi-texte, c'est dans la mesure où les symboles, compris comme des interprétants, fournissent les règles de signification en fonction desquelles telle conduite peut être interprétée [1].

Le terme symbole introduit en outre l'idée de *règle,* non seulement au sens qu'on vient de dire de règles de description et d'interprétation pour des actions singulières, mais au sens de *norme.* Certains auteurs comme Peter Winch [2] privilégient même ce trait, en caractérisant l'action signifiante comme *rule-governed behaviour.* On peut éclairer cette fonction de régulation sociale en comparant les codes culturels aux codes génétiques. Comme ces derniers, les premiers sont des « programmes » de comportement ; comme eux, ils donnent forme, ordre et direction à la vie. Mais, à la différence des codes génétiques, les codes culturels se sont édifiés sur les zones effondrées du réglage génétique et ne prolongent leur efficacité qu'au prix d'un réaménagement complet du système de codage. Les coutumes, les mœurs et tout ce que Hegel plaçait sous le titre de la substance éthique, de la *Sittlichkeit,* préalable à toute *Moralität* d'ordre réfléchi, prennent ainsi le relais des codes génétiques.

On passe ainsi sans difficulté, sous le titre commun de médiation symbolique, de l'idée de signification immanente à celle de règle, prise au sens de règle de description, puis à celle de norme, qui équivaut à l'idée de règle prise au sens prescriptif du terme.

En fonction des normes immanentes à une culture, les actions peuvent être estimées ou appréciées, c'est-à-dire jugées selon une échelle de préférence morale. Elles reçoivent ainsi une *valeur* relative, qui fait dire que telle action *vaut mieux* que telle autre. Ces degrés de valeur, attribués d'abord aux actions, peuvent être étendus aux agents eux-mêmes, qui sont tenus pour bons, mauvais, meilleurs ou pires.

Nous rejoignons ainsi, par le biais de l'anthropologie culturelle,

1. Cf. mon article : « The Model of the Text. Meaningful Action Considered as a Text », in *Social Research,* 38 (1971), 3, p. 529-562, repris in *New Literary History,* 5 (1973), 1, p. 91-117.
2. Peter Winch, *The Idea of a Social Science,* Londres, Routledge and Kegan Paul, 1958, p. 40-65.

quelques-unes des présuppositions « éthiques » de la *Poétique* d'Aristote, que je puis ainsi rattacher au niveau de *mimèsis* I. La *Poétique* ne suppose pas seulement des « agissants », mais des caractères dotés de qualités éthiques qui les font nobles ou vils. Si la tragédie peut les représenter « meilleurs » et la comédie « pires » que les hommes actuels, c'est que la compréhension pratique que les auteurs partagent avec leur auditoire comporte nécessairement une évaluation des caractères et de leur action en termes de bien et de mal. Il n'est pas d'action qui ne suscite, si peu que ce soit, approbation ou réprobation, en fonction d'une hiérarchie de valeurs dont la bonté et la méchanceté sont les pôles. Nous discuterons, le moment venu, la question de savoir si une modalité de lecture est possible qui suspende entièrement toute évaluation de caractère éthique. Que resterait-il en particulier de la pitié qu'Aristote nous a enseigné à relier au malheur immérité, si le plaisir esthétique venait à se dissocier de toute sympathie et de toute antipathie pour la qualité éthique des caractères ? Il faut savoir en tout cas que cette éventuelle neutralité éthique serait à conquérir de haute lutte à l'encontre d'un trait originairement inhérent à l'action : à savoir précisément de ne pouvoir jamais être éthiquement neutre. Une raison de penser que cette neutralité n'est ni possible ni souhaitable est que l'ordre effectif de l'action n'offre pas seulement à l'artiste des conventions et des convictions à dissoudre, mais des ambiguïtés, des perplexités à résoudre sur le mode hypothétique. Maints critiques contemporains, réfléchissant sur le rapport entre l'art et la culture, ont souligné le caractère conflictuel des normes que la culture offre à l'activité mimétique des poètes [1]. Ils ont été précédés sur ce point par Hegel dans sa fameuse méditation sur l'*Antigone* de Sophocle. Du même coup, la neutralité éthique de l'artiste ne supprimerait-elle pas une des fonctions les plus anciennes de l'art, celle de constituer un laboratoire où l'artiste poursuit sur le mode de la fiction une expérimentation avec les valeurs ? Quoi qu'il en soit de la réponse à ces questions, la poétique ne cesse d'emprunter à l'éthique, lors même qu'elle prône la suspension de tout jugement moral ou son inversion ironique. Le projet même de neutralité présuppose la qualité originairement éthique de l'action à l'amont de la fiction. Cette qualité éthique n'est elle-même qu'un corollaire du caractère majeur de l'action, d'être dès toujours symboliquement médiatisée.

1. Nous en avons donné un exemple avec le traitement par James Redfield du rapport entre l'art et la culture dans *Nature and Culture in the Iliad, op. cit.* Cf. ci-dessus, p. 84.

Le troisième trait de la précompréhension de l'action que l'activité mimétique de niveau II présuppose est l'enjeu même de notre enquête. Il concerne les caractères *temporels* sur lesquels le temps narratif vient greffer ses configurations. La compréhension de l'action ne se borne pas en effet à une familiarité avec le réseau conceptuel de l'action, et avec ses médiations symboliques ; elle va même jusqu'à reconnaître dans l'action des structures temporelles qui appellent la narration. A ce niveau, l'équation entre narratif et temps reste implicite. Je ne pousserai pas toutefois l'analyse de ces caractères temporels de l'action jusqu'au point où l'on serait en droit de parler d'une structure narrative, ou du moins d'une structure pré-narrative de l'expérience temporelle, comme le suggèrent notre manière familière de parler d'histoires qui nous arrivent ou d'histoires dans lesquelles nous sommes pris, ou tout simplement de l'histoire d'une vie. Je réserve pour la fin du chapitre l'examen de la notion de structure pré-narrative de l'expérience ; elle offre en effet une excellente occasion de faire face à l'objection de cercle vicieux qui hante toute l'analyse. Je me borne ici à l'examen des traits temporels restés implicites aux médiations symboliques de l'action et qu'on peut tenir pour des inducteurs de récit.

Je ne m'attarderai pas à la *corrélation* trop évidente qu'on peut établir, en quelque sorte terme à terme, entre tel membre du réseau conceptuel de l'action et telle dimension temporelle considérée isolément. Il est facile de noter que le projet à affaire avec le futur, d'une façon il est vrai spécifique, qui le distingue du futur de la prévision ou de la prédiction. L'étroite parenté entre la motivation et l'aptitude à mobiliser dans le présent l'expérience héritée du passé n'est pas moins évidente. Enfin le « je peux », le « je fais », le « je souffre » contribuent manifestement au sens que nous donnons spontanément au présent.

Plus importante que cette corrélation lâche entre certaines catégories de l'action et les dimensions temporelles prises une à une, est l'*échange* que l'action effective fait apparaître entre les dimensions temporelles. La structure discordante-concordante du temps selon Augustin développe au plan de la pensée réflexive quelques traits paradoxaux dont une phénoménologie de l'action peut effectivement esquisser la première ébauche. En disant qu'il n'y a pas un temps futur, un temps passé et un temps présent, mais un triple présent, un présent des choses futures, un présent des choses passées et un présent des choses présentes, Augustin nous a mis sur la voie d'une investigation de la structure temporelle la plus primitive de l'action. Il est aisé de récrire chacune des trois structures temporelles de l'action dans les termes du triple présent. Présent du futur ? *Désormais*, c'est-à-dire à partir de maintenant, je m'engage à faire ceci *demain*. Présent du passé ? J'ai *maintenant* l'intention de faire ceci parce que je viens *juste* de penser que... Présent du présent ? *Maintenant* je fais ceci, parce que *maintenant* je peux le faire : le présent effectif du faire atteste le présent potentiel de la capacité de faire et se constitue en présent du présent.

Mais la phénoménologie de l'action peut s'avancer plus loin que cette corrélation terme à terme sur la voie ouverte par la méditation d'Augustin sur la *distentio animi*. Ce qui importe, c'est la manière dont la praxis quotidienne *ordonne* l'un par rapport à l'autre le présent du futur, le présent du passé, le présent du présent. Car c'est cette articulation pratique qui constitue le plus élémentaire inducteur de récit.

Ici le relais de l'analyse existentiale de Heidegger peut jouer un rôle décisif, mais sous certaines conditions qui doivent être clairement établies. Je n'ignore pas qu'une lecture de l'*Être et le Temps* dans un sens purement anthropologique risque de ruiner le sens de l'œuvre entière dans la mesure où sa visée ontologique serait méconnue : le *Dasein* est le « lieu » où l'être que nous sommes est constitué par sa capacité de poser la question de l'être et du sens de l'être. Isoler l'anthropologie philosophique de *l'Être et le Temps,* c'est donc oublier cette signification majeure de sa catégorie existentiale centrale. Il reste que, dans *l'Être et le Temps,* la question de l'être est précisément ouverte par une analyse qui doit d'abord avoir une certaine consistance au plan d'une anthropologie philosophique, pour exercer la fonction de percée ontologique qui lui est assignée. Bien plus, cette anthropologie philosophique s'organise sur la base d'une thématique, celle du Souci (*Sorge*), qui, sans jamais s'épuiser dans une praxéologie, puise néanmoins dans des descriptions empruntées à l'ordre pratique la force subversive qui lui permet d'ébranler le primat de la connaissance par objet, et de dévoiler la structure de l'être-au-monde plus fondamentale que toute relation de sujet à objet. C'est de cette manière que le recours à la pratique a, dans *l'Être et le Temps,* une portée indirectement ontologique. On connaît à cet égard les analyses de l'outil, du en vue-de-quoi, qui fournissent la première trame de la relation de signifiance (ou de « significabilité »), avant tout procès cognitif explicite et toute expression propositionnelle développée.

C'est la même puissance de rupture que je trouve dans les analyses qui concluent l'étude de la temporalité dans la deuxième section de *l'Être et le Temps*. Ces analyses sont centrées sur notre rapport au temps comme ce « dans » quoi nous agissons quotidiennement. Or, c'est cette structure de l'intra-temporalité (*Innerzeitigkeit*) qui me paraît le mieux caractériser la temporalité de l'action, au niveau où se tient la présente analyse, qui est aussi celui qui convient à une phénoménologie du volontaire et de l'involontaire et à une sémantique de l'action.

On peut objecter qu'il est fort périlleux d'entrer dans *l'Être et le Temps* par son chapitre terminal. Mais il faut comprendre pour quelles raisons il est le dernier dans l'économie de l'ouvrage. Pour deux raisons. D'abord, la méditation sur le temps, qui occupe la deuxième section, est elle-même placée dans une position qu'on peut caractériser comme une position de délai. La première section y est en effet récapitulée sous le signe d'une question qui s'énonce ainsi : qu'est-ce qui fait du *Dasein* un tout ? La méditation sur le temps est censée répondre à cette problématique pour des raisons sur lesquelles je reviendrai dans la quatrième partie. A son tour, l'étude de l'intra-temporalité, la seule qui m'intéresse au stade présent de ma propre analyse, est elle-même retardée par l'organisation hiérarchique que Heidegger imprime à sa méditation sur le temps. Cette organisation hiérarchique suit un ordre à la fois de dérivation et d'authenticité décroissantes. Comme on sait, Heidegger réserve le terme de *temporalité* (*Zeitligkeit*) à la forme la plus originaire et la plus authentique de l'expérience du temps, à savoir la dialectique entre être-à-venir, ayant-été et rendre-présent. Dans cette dialectique, le temps est entièrement désubstantialisé. Les mots futur, passé, présent disparaissent, et le temps lui-même figure comme unité éclatée de ces trois extases temporelles. Cette dialectique est la constitution temporelle du Souci. Comme on sait aussi, c'est l'être-pour-la-mort qui impose, à l'encontre d'Augustin, le primat du futur sur le présent et la clôture de ce futur par une limite interne à toute attente et à tout projet. Heidegger réserve ensuite le terme d'*historialité* (*Geschichtlichkeit*) pour le niveau immédiatement contigu de dérivation. Deux traits sont alors soulignés : l'extension du temps entre naissance et mort, et le déplacement de l'accent du futur sur le passé. C'est à ce niveau que Heidegger tente de rattacher l'ensemble des disciplines historiques, à la faveur d'un troisième trait — la répétition —, qui marque la dérivation de cette historialité à l'égard de la temporalité profonde [1].

Ce n'est donc qu'en troisième rang que vient l'*intra-temporalité* sur laquelle je veux maintenant m'arrêter [2]. Cette structure temporelle est placée en dernière position, parce qu'elle est la plus apte à être nivelée

1. Je reviendrai longuement sur le rôle de la « répétition » dans la discussion d'ensemble que je consacrerai à la phénoménologie du temps dans la quatrième partie.

2. Heidegger, *Sein und Zeit*, Tübingen, Max Niemeyer, 10e éd., 1963, § 78-83, p. 404-437. Je traduis *Innerzeitigkeit* par *Intra-temporalité* ou *être-« dans »-le temps*. John Macquarrie et Edward Robinson traduisent par *Within-time-ness*. (*Being and Time*, New York, Harper and Row, 1962, p. 456-488.)

par la représentation linéaire du temps comme simple succession de maintenants abstraits. Si je m'y intéresse ici, c'est précisément en raison des traits par lesquels cette structure se distingue de la représentation linéaire du temps et résiste au nivellement qui la réduirait à cette représentation que Heidegger appelle la conception « vulgaire » du temps.

L'intra-temporalité est définie par une caractéristique de base du Souci : la condition d'être jeté parmi les choses tend à rendre la description de notre temporalité dépendante de la description des choses de notre Souci. Ce trait réduit le Souci aux dimensions de la préoccupation (*Besorgen*) (*op. cit.*, p. 121 ; trad. fr., p. 153 ; trad. angl., p. 157). Mais, pour inauthentique que soit cette relation, elle présente encore des traits qui l'arrachent au domaine externe des objets de notre Souci, et la rattachent souterrainement au Souci lui-même dans sa constitution fondamentale. Il est remarquable que, pour discerner ces caractères proprement existentiaux, Heidegger s'adresse volontiers à ce que nous disons et faisons à l'égard du temps. Ce procédé est très proche de celui que l'on rencontre dans la philosophie du langage ordinaire. Ce n'est pas étonnant : le plan sur lequel nous nous tenons, à ce stade initial de notre parcours, est précisément celui où le langage ordinaire est véritablement ce que J.-L. Austin et d'autres ont dit qu'il est, à savoir le trésor des expressions les plus appropriées à ce qui est proprement humain dans l'expérience. C'est donc le langage, avec sa réserve de significations usuelles, qui empêche la description du Souci, sous la modalité de la préoccupation, de devenir la proie de la description des choses de notre Souci.

C'est de cette façon que l'intra-temporalité, ou être-« dans »-le-temps, déploie des traits irréductibles à la représentation du temps linéaire. Être-« dans »-le-temps, c'est déjà autre chose que mesurer des intervalles entre des instants-limites. Être-« dans »-le-temps, c'est avant tout compter avec le temps et en conséquence calculer. Mais c'est parce que nous comptons avec le temps et faisons des calculs que nous devons recourir à la mesure ; non l'inverse. Il doit donc être possible de donner une description existentiale de ce « compter avec », avant la mesure qu'il appelle. Ici des expressions telles que « avoir le temps de... », « prendre le temps de... », « perdre son temps », etc., sont hautement révélatrices. Il en est de même du réseau grammatical des temps du verbe et du réseau très ramifié des adverbes de temps : alors, après, plus tard, plus tôt, depuis, jusqu'à ce que, tandis que, pendant que, toutes les fois que, maintenant que, etc. Toutes ces expressions, d'une subtilité extrême et d'une différenciation fine, orientent vers le caractère datable et public du temps de la préoccupation. Mais c'est toujours la préoccupation qui détermine le sens du temps, non les choses de notre Souci. Si toutefois l'être-« dans »-le-temps est si facilement interprété en fonction de la représentation ordinaire du temps, c'est parce que les premières mesures en sont empruntées à l'environnement naturel et d'abord au jeu de la lumière et des saisons. A cet égard, le jour est la plus naturelle des mesures [1]. Mais le jour n'est pas une mesure abstraite, c'est une grandeur qui correspond à notre Souci et au monde dans lequel il est « temps de » faire quelque chose, où « maintenant » signifie « maintenant que... ». C'est le temps des travaux et des jours.

Il importe donc de voir la différence de signification qui distingue le « maintenant », propre à ce temps de la préoccupation, du « maintenant » au sens de l'instant abstrait. Le maintenant existential est déterminé par le présent de la préoccupation, qui est un « rendre-présent », inséparable d'« attendre » et de « retenir » (*op. cit.*, p. 416). C'est seulement parce que, dans la préoccupation, le Souci tend à se contracter dans le rendre-présent, et à oblitérer sa différence à l'égard de l'attente et de la rétention, que le « maintenant », ainsi isolé, peut devenir la proie de sa représentation comme un moment abstrait.

Afin de mettre la signification du « maintenant » à l'abri de cette réduction à une abstraction, il importe de remarquer dans quelles occasions nous « disons-maintenant » dans l'action et la souffrance quotidiennes : « Dire-maintenant, écrit Heidegger, est l'articulation dans le discours d'un *rendre-présent* qui se temporalise en union avec une attente qui retient [2]. » Et encore : « Le rendre-présent qui s'interprète lui-même — autrement dit, ce qui est interprété et considéré dans le « maintenant » — est ce que nous appelons " temps " [3]. » On

1. « Le *Dasein,* du fait qu'il interprète le temps en le datant... s'historialise *de jour en jour* » (*Sein Geschehen ist auf Grund der... datierenden Zeitauslegung ein Tagtägliches, op. cit.*, p. 413) (trad. angl. : Dasein *historizes* from day to day *by reason of its way of interpreting time by dating it..., op. cit.* p. 466). On se rappelle les réflexions d'Augustin sur le « jour », qu'il ne consent pas à réduire purement et simplement à une révolution du soleil. Heidegger ne le suit pas sur cette voie : il place la différence entre la mesure « la plus naturelle » du temps (*ibid.*) et toutes les mesures instrumentales et artificielles. Le temps « dans » lequel nous sommes est *Weltzeit* (*op. cit.*, p. 419) : « plus objectif » que tout objet possible, il est aussi « plus subjectif » que tout sujet possible. Il n'est ainsi ni dehors ni dedans.

2. *« Das Jetzt-sagen aber ist die redende Artikulation eines* Gegenwärtigens, *das in der Einheit mit einem behaltenden Gewärtigen sich zeitigt »* (*op. cit.*, p. 416) (trad. angl. : *Saying « now »... is the discursive Articulation of a* making-present *which temporalizes itself in a unity with a retentive awaiting, op. cit.*, p. 469).

3. *« Das sich auslegende Gegenwärtigen, das heisst das im " jetzt " angesprochene Ausgelegte nennen wir " Zeit " »* (*op. cit.*, p. 408) (trad. angl. : *The making-present which interprets itself... — in other words, that which has been interpreted and is addressed in the « now » — is what we call « time », op. cit.*, p. 460).

comprend comment, dans certaines circonstances pratiques, cette interprétation peut dériver dans la direction de la représentation du temps linéaire : dire-maintenant devient pour nous synonyme de lire l'heure à l'horloge. Mais tant que l'heure et l'horloge restent perçues comme des dérivations du jour, qui lui-même relie le Souci à la lumière du monde, dire-maintenant retient sa signification existentiale ; c'est quand les machines qui servent à mesurer le temps sont dépouillées de cette référence primaire aux mesures naturelles, que dire-maintenant retourne à la représentation abstraite du temps.

Le rapport entre cette analyse de l'intra-temporalité et le récit paraît, à première vue, fort lointain ; le texte de Heidegger, comme on le vérifiera dans la quatrième partie, semble même ne lui laisser aucune place, dans la mesure où le lien entre l'historiographie et le temps se fait, dans *l'Être et le Temps,* au niveau de l'historialité et non de l'intra-temporalité. Le bénéfice de l'analyse de l'intra-temporalité est ailleurs : il réside dans la rupture que cette analyse opère avec la représentation linéaire du temps, entendue comme simple succession de maintenants. Un premier seuil de temporalité est ainsi franchi avec le primat donné au Souci. Reconnaître ce *seuil,* c'est jeter pour la première fois un pont entre l'ordre du récit et le Souci. C'est sur le socle de l'intra-temporalité que s'édifieront conjointement les configurations narratives et les formes plus élaborées de temporalité qui leur correspondent.

On voit quel est dans sa richesse le sens de *mimèsis* I : imiter ou représenter l'action, c'est d'abord pré-comprendre ce qu'il en est de l'agir humain : de sa sémantique, de sa symbolique, de sa temporalité. C'est sur cette pré-compréhension, commune au poète et à son lecteur, que s'enlève la mise en intrigue et, avec elle, la mimétique textuelle et littéraire.

Il est vrai que, sous le régime de l'œuvre littéraire, cette précompréhension du monde de l'action recule au rang de « répertoire », pour parler comme Wolfgang Iser, dans *Der Akt des Lesens* [1], ou au rang de « mention », pour employer une autre terminologie plus familière à la philosophie analytique. Il reste qu'en dépit de la coupure qu'elle institue, la littérature serait à jamais incompréhensible si elle ne venait configurer ce qui, dans l'action humaine, fait déjà figure.

1. Wolfgang Iser, *Der Akt des Lesens,* Munich, Wilhelm Fink, 1976, IIe partie, chap. III.

II MIMÈSIS II

Avec *mimèsis* II s'ouvre le royaume du *comme si.* J'aurais pu dire le royaume de la *fiction,* en accord avec un usage courant en critique littéraire. Je me prive néanmoins des avantages de cette expression tout à fait appropriée à l'analyse de *mimèsis* II, afin d'éviter l'équivoque que créerait l'emploi du même terme dans deux acceptions différentes : une première fois, comme synonyme des configurations narratives, une deuxième fois, comme antonyme de la prétention du récit historique à constituer un récit « vrai ». La critique littéraire ne connaît pas cette difficulté, dans la mesure où elle ne prend pas en compte la scission qui partage le discours narratif en deux grandes classes. Elle peut alors ignorer une différence qui affecte la dimension *référentielle* du récit et se borner aux caractères *structurels communs* au récit de fiction et au récit historique. Le mot fiction est alors vacant pour désigner la configuration du récit dont la mise en intrigue est le paradigme, sans égard pour les différences qui ne concernent que la prétention à la vérité des deux classes de récit. Quelle que soit l'ampleur des révisions auxquelles il faudra soumettre la distinction entre fictif ou « imaginaire » et « réel », une différence demeurera entre récit de fiction et récit historique qu'il s'agira précisément de reformuler dans la quatrième partie. En attendant cette clarification, je choisis de réserver le terme de fiction dans la seconde des acceptions considérées plus haut et d'opposer récit de fiction à récit historique. Je parlerai de composition ou de configuration dans la première des acceptions, qui ne met pas en jeu les problèmes de référence et de vérité. C'est le sens du *muthos* aristotélicien que la *Poétique,* on l'a vu, définit comme « agencement des faits ».

Je me propose maintenant de dégager cette activité de configuration des contraintes limitatives que le paradigme de la tragédie impose au concept de mise en intrigue chez Aristote. En outre, je voudrais compléter le modèle par une analyse de ses structures temporelles. Cette analyse, on l'a vu, n'a trouvé aucune place dans la *Poétique.* J'espère démontrer par la suite (deuxième et troisième parties) que, sous la condition d'un plus grand degré d'abstraction et avec l'addition de traits temporels appropriés, le modèle aristotélicien ne sera pas radicalement altéré par les amplifications et les corrections que la théorie de l'histoire et la théorie du récit de fiction lui apporteront.

Le modèle de mise en intrigue qui sera mis à l'épreuve dans le reste de cet ouvrage répond à une exigence fondamentale qui a déjà été évoquée au chapitre précédent. En plaçant *mimèsis* II entre un stade antérieur et un stade ultérieur de la *mimèsis,* je ne cherche pas seulement à la localiser et à l'encadrer. Je veux mieux comprendre sa fonction de médiation entre l'amont et l'aval de la configuration. *Mimèsis* II n'a une position intermédiaire que parce qu'elle a une fonction de médiation.

Or, cette fonction de médiation dérive du caractère dynamique de l'*opération de configuration* qui nous a fait préférer le terme de mise en intrigue à celui d'intrigue et celui d'agencement à celui de système. Tous les concepts relatifs à ce niveau désignent en effet des opérations. Ce dynamisme consiste en ce que l'intrigue exerce déjà, dans son propre champ textuel, une fonction d'intégration et, en ce sens, de médiation, qui lui permet d'opérer, hors de ce champ même, une médiation de plus grande amplitude entre la pré-compréhension et, si j'ose dire, la post-compréhension de l'ordre de l'action et de ses traits temporels.

L'intrigue est médiatrice à trois titres au moins :

D'abord, elle fait médiation entre des *événements* ou des incidents individuels, et une *histoire* prise comme un tout. A cet égard, on peut dire équivalemment qu'elle tire une histoire sensée *de* — un divers d'événements ou d'incidents (les *pragmata* d'Aristote) ; ou qu'elle transforme les événements ou incidents *en* — une histoire. Les deux relations réciproquables exprimées par le *de* et par le *en* caractérisent l'intrigue comme médiation entre événements et histoire racontée. En conséquence, un événement doit être plus qu'une occurrence singulière. Il reçoit sa définition de sa contribution au développement de l'intrigue. Une histoire, d'autre part, doit être plus qu'une énumération d'événements dans un ordre sériel, elle doit les organiser dans une totalité intelligible, de telle sorte qu'on puisse toujours demander ce qu'est le « thème » de l'histoire. Bref, la mise en intrigue est l'opération qui tire d'une simple succession une configuration.

En outre, la mise en intrigue *compose ensemble des facteurs* aussi *hétérogènes* que des agents, des buts, des moyens, des interactions, des circonstances, des résultats inattendus, etc. Aristote anticipe ce caractère médiateur de plusieurs façons : d'abord il fait un sous-ensemble de trois « parties » de la tragédie — intrigue, caractères et pensée — sous le titre du « quoi » (de l'imitation). Rien donc n'interdit d'étendre le concept d'intrigue à la triade tout entière. Cette première extension donne au concept d'intrigue la portée initiale qui va lui permettre de recevoir des enrichissements ultérieurs.

Car le concept d'intrigue admet une plus vaste extension : en incluant dans l'intrigue complexe les incidents pitoyables et effrayants, les coups de théâtre, les reconnaissances et les effets violents, Aristote *égale l'intrigue à la configuration* que nous avons caractérisée comme *concordance-discordance.* C'est ce trait qui, à titre ultime, constitue la fonction médiatrice de l'intrigue. Nous l'avons anticipé dans la section antérieure, en disant que le récit fait paraître en un ordre syntagmatique toutes les composantes susceptibles de figurer dans le tableau paradigmatique établi par la sémantique de l'action. Ce passage du paradigmatique au syntagmatique constitue la transition même de *mimèsis* I à *mimèsis* II. Il est l'œuvre de l'activité de configuration.

L'intrigue est médiatrice à un troisième titre, celui de ses *caractères temporels* propres. Ils nous autorisent à appeler, par généralisation, l'intrigue une *synthèse de l'hétérogène* [1].

Ces *caractères temporels,* Aristote ne les a pas considérés. Ils sont pourtant directement impliqués dans le dynamisme constitutif de la configuration narrative. Ce faisant, ils donnent son sens plein au concept de concordance-discordance du chapitre précédent. A cet égard, on peut dire de l'opération de mise en intrigue, à la fois qu'elle reflète le paradoxe augustinien du temps, et qu'elle le résout, non sur le mode spéculatif, mais sur le mode poétique.

Elle le reflète, dans la mesure où l'acte de mise en intrigue combine dans des proportions variables deux dimensions temporelles, l'une chronologique, l'autre non chronologique. La première constitue la dimension épisodique du récit : elle caractérise l'histoire en tant que faite d'événements. La seconde est la dimension configurante proprement dite, grâce à laquelle l'intrigue transforme les événements *en* histoire. Cet acte configurant [2] consiste à « prendre-ensemble » les actions de détail ou ce que nous avons appelé les incidents de l'histoire ; de ce divers d'événements, il tire l'unité d'une totalité temporelle. On ne saurait trop fortement souligner la parenté entre ce « prendre ensem-

1. C'est au prix de cette généralisation qu'un historien comme Paul Veyne pourra définir l'intrigue comme une combinaison en proportion variable de buts, de causes et de hasards et en faire le fil directeur de son historiographie dans *Comment on écrit l'histoire* (cf. ci-dessous, deuxième partie, chap. II, p. 239 *sq.*).

D'une autre manière, complémentaire mais non contradictoire, H. von Wright voit dans le raisonnement historique une combinaison de syllogismes pratiques et d'enchaînements de causalité régis par des contraintes systémiques (cf. également ci-dessous, deuxième partie, chap. II, p. 187). De multiples manières, par conséquent, l'intrigue compose des séries hétérogènes.

2. J'emprunte à Louis O. Mink la notion de *configurational act* — acte configurant — qu'il applique à la compréhension historique et que j'étends à tout le champ de l'intelligence narrative (Louis O. Mink, « The Autonomy of Historical Understanding », in *History and Theory,* vol. V, n° 1, 1965, p. 24-47). Cf. ci-dessous, deuxième partie, chap. II, p. 219 *sq.*

ble », propre à l'acte configurant, et l'opération du jugement selon Kant. On se souvient que pour Kant le sens transcendantal du jugement consiste moins à joindre un sujet et un prédicat qu'à placer un divers intuitif sous la règle d'un concept. La parenté est plus grande encore avec le jugement réfléchissant que Kant oppose au jugement déterminant, en ce sens qu'il réfléchit sur le travail de pensée à l'œuvre dans le jugement esthétique de goût et dans le jugement téléologique appliqué à des totalités organiques. L'acte de l'intrigue a une fonction similaire, en tant qu'il extrait une configuration d'une succession [1].

Mais la *poièsis* fait plus que refléter le paradoxe de la temporalité. En médiatisant les deux pôles de l'événement et de l'histoire, la mise en intrigue apporte au paradoxe une solution qui est l'acte poétique lui-même. Cet acte, dont nous venons de dire qu'il extrait une figure d'une succession, se révèle à l'auditeur ou au lecteur dans l'aptitude de l'histoire à être suivie [2].

Suivre une histoire, c'est avancer au milieu de contingences et de péripéties sous la conduite d'une attente qui trouve son accomplissement dans la *conclusion*. Cette conclusion n'est pas logiquement impliquée par quelques prémisses antérieures. Elle donne à l'histoire un « point final », lequel, à son tour, fournit le point de vue d'où l'histoire peut être aperçue comme formant un tout. Comprendre l'histoire, c'est comprendre comment et pourquoi les épisodes successifs ont conduit à cette conclusion, laquelle, loin d'être prévisible, doit être finalement acceptable, comme congruante avec les épisodes rassemblés.

C'est cette capacité de l'histoire à être suivie qui constitue la solution poétique du paradoxe de distension-intention. Que l'histoire se laisse suivre convertit le paradoxe en dialectique vivante.

D'un côté, la dimension épisodique du récit tire le temps narratif du côté de la représentation linéaire. De plusieurs manières. D'abord, le « alors-et-alors », par quoi nous répondons à la question : « et puis ? » suggère que les phases de l'action sont dans une relation d'extériorité. En outre, les épisodes constituent une série ouverte d'événements, qui permet d'ajouter au « alors-et-alors » un « et ainsi de suite ». Finalement, les épisodes se suivent l'un l'autre en accord avec l'ordre irréversible du temps commun aux événements physiques et humains.

La dimension configurante, en retour, présente des traits temporels

1. On considérera plus tard d'autres implications du caractère réflexif du jugement en histoire. Cf. deuxième partie, chap. III.

2. J'emprunte le concept de « followability » à W.B. Gallie, *Philosophy and the Historical Understanding,* New York, Schoken Books, 1964. Je réserve pour la deuxième partie la discussion de la thèse centrale de l'ouvrage de Gallie, à savoir que l'historiographie (*history*) est une espèce du genre histoire racontée (*story*).

inverses de ceux de la dimension épisodique. Et cela aussi de plusieurs manières.

D'abord, l'arrangement configurant transforme la succession des événements en une totalité signifiante qui est le corrélat de l'acte d'assembler les événements et fait que l'histoire se laisse suivre. Grâce à cet acte réflexif, l'intrigue entière peut être traduite en une « pensée », qui n'est autre que sa « pointe » ou son « thème ». Mais on se méprendrait entièrement si l'on tenait une telle pensée pour a-temporelle. Le temps de la « fable-et-du-thème », pour employer une expression de Northrop Frye, est le temps narratif qui fait médiation entre l'aspect épisodique et l'aspect configurant.

Deuxièmement, la configuration de l'intrigue impose à la suite indéfinie des incidents « le sens du point final » (pour traduire le titre de l'ouvrage de Kermode, *The Sense of an Ending*). Nous avons parlé tout à l'heure du « point final » comme celui d'où l'histoire peut être vue comme une totalité. Nous pouvons maintenant ajouter que c'est dans l'acte de re-raconter, plutôt que dans celui de raconter, que cette fonction structurelle de la clôture peut être discernée. Dès qu'une histoire est bien connue — et c'est le cas de la plupart des récits traditionnels ou populaires, aussi bien que celui des chroniques nationales rapportant les événements fondateurs d'une communauté —, suivre l'histoire, c'est moins enfermer les surprises ou les découvertes dans la reconnaissance du sens attaché à l'histoire prise comme un tout qu'appréhender les épisodes eux-mêmes bien connus comme conduisant à cette fin. Une nouvelle qualité du temps émerge de cette compréhension.

Finalement, la reprise de l'histoire racontée, gouvernée en tant que totalité par sa manière de finir, constitue une alternative à la représentation du temps comme s'écoulant du passé vers le futur, selon la métaphore bien connue de la « flèche du temps ». C'est comme si la récollection inversait l'ordre dit « naturel » du temps. En lisant la fin dans le commencement et le commencement dans la fin, nous apprenons aussi à lire le temps lui-même à rebours, comme la récapitulation des conditions initiales d'un cours d'action dans ses conséquences terminales.

Bref l'acte de raconter, réfléchi dans l'acte de suivre une histoire, rend productifs les paradoxes qui ont inquiété Augustin au point de le reconduire au silence.

Il me reste à ajouter à l'analyse de l'acte configurant deux traits complémentaires qui assurent la continuité du procès qui joint *mimèsis* III à *mimèsis* II. Plus visiblement que les précédents, ces deux traits requièrent, comme on le verra plus loin, le support de la lecture pour être réactivés. Il s'agit de la *schématisation* et de la *traditionalité* caractéristiques de l'acte configurant, qui l'une et l'autre ont un rapport spécifique avec le temps.

On se souvient que l'on a constamment rapproché le « prendre ensemble », caractéristique de l'acte configurant, du jugement selon Kant. Dans une veine encore kantienne, il ne faut pas hésiter à rapprocher la production de l'acte configurant du travail de l'imagination productrice. Par celle-ci, il faut entendre une faculté non pas psychologisante mais bien transcendantale. L'imagination productrice, non seulement n'est pas sans règle, mais constitue la matrice génératrice des règles. Dans la première *Critique,* les catégories de l'entendement sont d'abord schématisées par l'imagination productrice. Le schématisme a ce pouvoir, parce que l'imagination productrice a fondamentalement une fonction synthétique. Elle relie l'entendement et l'intuition en engendrant des synthèses à la fois intellectuelles et intuitives. La mise en intrigue, également, engendre une intelligibilité mixte entre ce qu'on a déjà appelé la pointe, le thème, la « pensée » de l'histoire racontée, et la présentation intuitive des circonstances, des caractères, des épisodes et des changements de fortune qui font le dénouement. C'est ainsi qu'on peut parler d'un *schématisme* de la fonction narrative. Comme tout schématisme, celui-ci se prête à une typologie du genre de celle que, par exemple, Northrop Frye élabore dans son *Anatomie de la Critique* [1].

Ce schématisme, à son tour, se constitue dans une histoire qui a tous les caractères d'une *tradition.* Entendons par là, non la transmission inerte d'un dépôt déjà mort, mais la transmission vivante d'une innovation toujours susceptible d'être réactivée par un retour aux moments les plus créateurs du faire poétique. Ainsi comprise, la *traditionnalité* enrichit le rapport de l'intrigue au temps d'un trait nouveau.

La constitution d'une tradition, en effet, repose sur le jeu de l'innovation et de la sédimentation. C'est à la sédimentation, pour

1. Mais cette typologie n'abolit pas le caractère éminemment temporel du schématisme. On n'a pas oublié la manière dont Kant rapporte la constitution du schématisme à ce qu'il appelle des déterminations de temps à priori : « Les schèmes ne sont donc autre chose que des déterminations de temps à priori, faites suivant des règles, et ces déterminations, suivant l'ordre des catégories, concernent la *série du temps,* le *contenu du temps, l'ordre du temps,* enfin *l'ensemble du temps,* par rapport à tous les objets possibles » (*Critique de la Raison pure,* A 145, B 184). Kant ne reconnaît que les déterminations du temps qui concourent à la constitution objective du monde physique. Le schématisme de la fonction narrative implique des déterminations d'un genre nouveau qui sont précisément celles que l'on vient de désigner par dialectique des caractères épisodiques et configurant de la mise en intrigue.

commencer par elle, que doivent être rapportés les paradigmes qui constituent la typologie de la mise en intrigue. Ces paradigmes sont issus d'une histoire sédimentée dont la genèse a été oblitérée.

Or, cette *sédimentation* se produit à des niveaux multiples, qui exigent de nous un grand discernement dans l'emploi du terme paradigmatique. Ainsi Aristote nous paraît-il aujourd'hui avoir fait deux choses à la fois, sinon trois. D'un côté, il établit le concept d'intrigue dans ses traits les plus *formels,* ceux que nous avons identifiés à la concordance discordante. De l'autre, il décrit le *genre* de la tragédie grecque (et accessoirement celui de l'épopée, mais mesuré aux critères du modèle tragique) ; ce genre satisfait à la fois aux conditions formelles qui en font un *muthos* et à des conditions restrictives qui en font un *muthos* tragique : renversement dans le sens de la fortune à l'infortune, incidents pitoyables et effrayants, infortune imméritée, faute tragique d'un caractère pourtant marqué par l'excellence et exempt de vice ou de méchanceté, etc. Ce genre a dominé dans une large mesure le développement ultérieur de la littérature dramatique en Occident. Il n'en est pas moins vrai que notre culture est l'héritière de plusieurs traditions narratives : hébraïque et chrétienne, mais aussi celtique, germanique, islandaise, slave [1].

Ce n'est pas tout : ce qui fait paradigme, ce n'est pas seulement la *forme* de la concordance discordante, ou le modèle que la tradition ultérieure a identifié comme un *genre* littéraire stable ; ce sont aussi les œuvres singulières : *l'Iliade, Œdipe Roi,* dans la *Poétique* d'Aristote. Dans la mesure en effet où dans l'agencement des faits le lien causal (l'un à cause de l'autre) prévaut sur la pure succession (l'un après l'autre), un universel émerge qui est, comme nous l'avons interprété, l'agencement lui-même érigé en *type.* C'est ainsi que la tradition narrative a été marquée non seulement par la sédimentation de la *forme* de concordance discordante et par celle du *genre* tragique (et des autres modèles du même niveau), mais aussi par celle des *types* engendrés au plus près des œuvres singulières. Si l'on englobe *forme, genre* et *type* sous le titre de *paradigme,* on dira que les paradigmes naissent du travail de l'imagination productrice à ces divers niveaux.

Or ces paradigmes, issus eux-mêmes d'une innovation antérieure, fournissent des règles pour une expérimentation ultérieure dans le

1. Scholes et Kellogg, dans *The Nature of Narrative,* Oxford University Press, 1968 ont eu raison de faire précéder leur analyse des catégories narratives par une revue de l'histoire de l'art de raconter en Occident. Ce que j'appelle schématisation de la mise en intrigue n'existe que dans ce développement historique. C'est pourquoi aussi Éric Auerbach, dans son magnifique ouvrage *Mimèsis,* choisit de greffer son analyse et son appréciation de la représentation de la réalité dans la culture occidentale sur des échantillons de textes nombreux, mais strictement délimités.

champ narratif. Ces règles changent sous la pression de nouvelles inventions, mais elles changent lentement et même résistent au changement, en vertu même du processus de sédimentation.

Quant à l'autre pôle de la tradition, l'*innovation,* son statut est corrélatif de celui de la sédimentation. Il y a toujours place pour l'innovation dans la mesure où ce qui, à titre ultime, est produit, dans la *poièsis* du poème, c'est toujours une œuvre singulière, cette œuvre-ci. C'est pourquoi les paradigmes constituent seulement la grammaire qui règle la composition d'œuvres nouvelles — nouvelles avant de devenir typiques. De la même manière que la grammaire d'une langue règle la production de phrases bien formées, dont le nombre et le contenu sont imprévisibles, une œuvre d'art — poème, drame, roman — est une production originale, une existence nouvelle dans le royaume langagier [1]. Mais l'inverse n'est pas moins vrai : l'innovation reste une conduite gouvernée par des règles : le travail de l'imagination ne naît pas de rien. Il se relie d'une manière ou d'une autre aux paradigmes de la tradition. Mais il peut entretenir un rapport variable à ces paradigmes. L'éventail des solutions est vaste ; il se déploie entre les deux pôles de l'application servile et de la déviance calculée, en passant par tous les degrés de la « déformation réglée ». Le conte, le mythe et en général le récit traditionnel se tiennent au plus près du premier pôle. Mais à mesure que l'on s'éloigne du récit traditionnel, la déviance, l'écart deviennent la règle. Ainsi le roman contemporain, pour une large part, se laisse définir comme anti-roman, dans la mesure où la contestation l'emporte sur le goût de varier simplement l'application.

De plus, l'écart peut jouer à tous les niveaux : par rapport aux types, par rapport aux genres, par rapport au principe formel même de la concordance-discordance. Le premier type d'écart, semble-t-il, est constitutif de toute œuvre singulière : chaque œuvre est en écart par rapport à chaque œuvre. Moins fréquent est le changement de genre : il équivaut à la création d'un nouveau genre, le roman, par exemple, par rapport au drame ou au récit merveilleux, ou encore l'historiographie par rapport à la chronique. Mais plus radicale est la contestation du principe formel de la concordance-discordance. On s'interrogera ultérieurement sur l'ampleur de l'espace de variation permis par le paradigme formel. On se demandera si cette contestation, érigée en schisme, ne signifie pas la mort de la forme narrative elle-même. Il reste que la possibilité de l'écart est inscrite dans la relation entre paradigmes

1. Aristote observe que nous *connaissons* seulement des universaux : le singulier est ineffable. Mais nous *faisons* des choses singulières. Cf. G.-G. Granger, *Essai d'une philosophie du style,* Paris, Armand Colin, 1968, p. 5-16.

sédimentés et œuvres effectives. Elle est seulement, sous la forme extrême du schisme, l'opposé de l'application servile. La déformation réglée constitue l'axe moyen autour duquel se répartissent les modalités de changement des paradigmes par application. C'est cette variété dans l'application qui confère une histoire à l'imagination productrice et qui, faisant contrepoint avec la sédimentation, rend possible une tradition narrative. Tel est le dernier enrichissement dont le rapport du récit au temps s'accroît au niveau de *mimèsis* II.

III MIMÈSIS III

Je voudrais maintenant montrer comment *mimèsis* II, ramenée à son intelligibilité première, requiert pour complément un troisième stade représentatif qui mérite rencore d'être appelé *mimèsis*.

Qu'on me permette de rappeler une fois encore que l'intérêt porté ici au déploiement de la *mimèsis* n'a pas en lui-même sa fin. L'explicitation de la *mimèsis* reste jusqu'au bout subordonnée à l'investigation de la médiation entre temps et récit. C'est seulement au terme du parcours de la *mimèsis* que la thèse énoncée au début de ce chapitre reçoit un contenu concret : le récit a son sens plein quand il est restitué au temps de l'agir et du pâtir dans *mimèsis* III.

Ce stade correspond à ce que H.-G. Gadamer, dans son herméneutique philosophique, appelle « application ». Aristote lui-même suggère ce dernier sens de la *mimèsis praxeôs* en divers passages de sa *Poétique,* bien qu'il se soucie moins de l'auditoire dans sa *Poétique* que dans sa *Rhétorique,* où la théorie de la persuasion est entièrement réglée sur la capacité de réception de l'auditoire. Mais quand il dit que la poésie « enseigne » l'universel, que la tragédie, « en représentant la pitié et la frayeur, ... réalise une épuration de ce genre d'émotions », ou encore lorsqu'il évoque le plaisir que nous prenons à voir les incidents effrayants ou pitoyables concourir au renversement de fortune qui fait la tragédie — il signifie que c'est bien dans l'auditeur ou dans le lecteur que s'achève le parcours de la *mimèsis*.

Généralisant au-delà d'Aristote, je dirai que *mimèsis* III marque l'intersection du monde du texte et du monde de l'auditeur ou du lecteur. L'intersection, donc, du monde configuré par le poème et du monde dans lequel l'action effective se déploie et déploie sa temporalité spécifique.

Je procéderai en quatre étapes :

1. S'il est vrai que c'est en enchaînant les trois stades de la *mimèsis* que l'on institue la médiation entre temps et récit, une question préalable se pose, celle de savoir si cet enchaînement marque véritablement une progression. On répondra ici à l'objection de *circularité* élevée dès le début de ce chapitre.

2. S'il est vrai que l'acte de lecture est le vecteur de l'aptitude de l'intrigue à modéliser l'expérience, il faut montrer comment cet acte s'articule sur le dynamisme propre à l'acte configurant, le prolonge et le conduit à son terme.

3. Abordant ensuite de front la thèse de la re-figuration de l'expérience temporelle par la mise en intrigue, on montrera comment l'entrée, par la lecture, de l'œuvre dans le champ de la *communication* marque en même temps son entrée dans le champ de la *référence*. Reprenant le problème où je l'ai laissé dans *la Métaphore vive*, je voudrais esquisser les difficultés particulières qui s'attachent à la notion de référence dans l'ordre narratif.

4. Dans la mesure enfin où le monde que le récit re-figure est un monde *temporel*, la question se pose de savoir quel secours une herméneutique du temps raconté peut attendre de la *phénoménologie du Temps*. La réponse à cette question fera apparaître une circularité beaucoup plus radicale que celle qu'engendre le rapport de *mimèsis* III à *mimèsis* I à travers *mimèsis* II. L'étude de la théorie augustinienne du temps par laquelle nous avons commencé cet ouvrage nous a déjà donné l'occasion de l'anticiper. Elle concerne le rapport entre une phénoménologie qui ne cesse d'engendrer des apories et ce que nous avons appelé plus haut la « solution » *poétique* de ces apories. C'est dans cette dialectique entre une aporétique et une poétique de la temporalité que culmine la question du rapport entre temps et récit.

1. *Le cercle de la* mimèsis

Avant de m'engager dans la problématique centrale de *mimèsis* III, je voudrais affronter le soupçon de circularité vicieuse que ne manque pas de susciter la traversée de *mimèsis* I à *mimèsis* III à travers *mimèsis* II. Que l'on considère la structure sémantique de l'action, ses ressources de symbolisation ou son caractère temporel, le point d'arrivée semble ramener au point de départ, ou, pire, le point d'arrivée semble anticipé dans le point de départ. Si tel était le cas, le cercle herméneutique de la narrativité et de la temporalité se résoudrait dans le cercle vicieux de la *mimèsis*.

Que l'analyse soit circulaire n'est pas contestable. Mais que le cercle soit vicieux peut être réfuté. A cet égard, j'aimerais parler plutôt d'une spirale sans fin qui fait passer la méditation plusieurs fois par le même point, mais à une altitude différente. L'accusation de cercle vicieux procède de la séduction par l'une ou l'autre de deux versions de la circularité. La première souligne la *violence* de l'interprétation, la seconde sa *redondance*.

1) D'un côté, nous pouvons être tenté de dire que le récit met la consonance là où il y a seulement dissonance. De cette façon, le récit donne forme à ce qui est informe. Mais alors la mise en forme par le récit peut être soupçonnée de tricherie. Au mieux, elle fournit le « comme si » propre à toute fiction que nous savons n'être que fiction, artifice littéraire. C'est ainsi qu'elle console face à la mort. Mais, dès que nous ne nous trompons plus nous-mêmes en recourant à la consolation offerte par les paradigmes, nous prenons conscience de la violence et du mensonge ; nous sommes alors sur le point de succomber à la fascination par l'informe absolu et par le plaidoyer pour cette radicale honnêteté intellectuelle que Nietzsche appelait *Redlichkeit*. Ce n'est que par une quelconque nostalgie de l'ordre que nous résistons à cette fascination et que nous adhérons désespérément à l'idée que l'ordre est notre patrie *en dépit de tout*. Dès lors la consonance narrative imposée à la dissonance temporelle reste l'œuvre de ce qu'il convient d'appeler une violence de l'interprétation. La solution narrative du paradoxe n'est plus que le surgeon de cette violence.

Je ne nie point que pareille dramatisation de la dialectique entre narrativité et temporalité révèle de façon tout à fait appropriée le caractère de concordance discordante qui s'attache à la relation entre récit et temps. Mais, aussi longtemps que nous mettons de façon unilatérale la consonance du côté du seul récit et la dissonance du côté de la seule temporalité, comme l'argument le suggère, nous manquons le caractère proprement dialectique de la relation.

Premièrement, l'expérience de la temporalité ne se réduit pas à la simple discordance. Comme nous l'avons vu avec saint Augustin, *distentio* et *intentio* s'affrontent mutuellement au sein de l'expérience la plus authentique. Il faut préserver le paradoxe du temps du nivellement qu'opère sa réduction à la simple discordance. Il faudrait plutôt se demander si le plaidoyer pour une expérience temporelle radicalement informe n'est pas lui-même le produit de la fascination par l'informe qui est un des traits de la modernité. Bref, quand penseurs ou critiques littéraires paraissent céder à la simple nostalgie de l'ordre ou, pire, à l'effroi du chaos, ce qui les meut, à titre ultime, c'est la reconnaissance authentique des paradoxes du temps, par-delà la *perte* de signifiance caractéristique d'une culture particulière — la nôtre.

Deuxièmement, le caractère de consonance du récit, que nous sommes tentés d'opposer de façon non dialectique à la dissonance de notre expérience temporelle, doit lui aussi être tempéré. La mise en intrigue n'est jamais le simple triomphe de l'« ordre ». Même le paradigme de la tragédie grecque fait place au rôle perturbant de la *péripétéia*, des contingences et des revers de fortune qui suscitent frayeur et pitié. Les intrigues elles-mêmes coordonnent distention et intention. Il faudrait en dire autant de l'autre paradigme qui, selon Frank Kermode, a régné sur le « sens du point final » dans notre tradition occidentale ; je pense au modèle apocalyptique qui souligne si magnifiquement la correspondance entre le commencement — la *Genèse* — et la fin — l'*Apocalypse* ; et Kermode lui-même ne manque pas de souligner les tensions innombrables engendrées par ce modèle pour tout ce qui touche aux événements qui adviennent « entre les temps » et surtout dans les « derniers temps ». Le renversement est magnifié par le modèle apocalyptique dans la mesure où la fin est la catastrophe qui abolit le temps et que préfigurent les « terreurs des derniers jours ». Mais le modèle apocalyptique, en dépit de sa persistance qu'attestent ses résurgences modernes sous forme d'utopies, ou mieux d'uchronies, n'est qu'*un* paradigme parmi d'autres, qui n'épuise nullement la dynamique narrative.

D'autres paradigmes que ceux de la tragédie grecque ou de l'Apocalypse ne cessent d'être engendrés par le processus même de la formation de traditions que nous avons rattachée plus haut à la puissance de schématisation propre à l'imagination productrice. On montrera dans la troisième partie que cette renaissance des paradigmes n'abolit pas la dialectique fondamentale de la concordance discordante. Même le rejet de tout paradigme, illustré par l'anti-roman d'aujourd'hui, relève de l'histoire paradoxale de la « concordance ». A la faveur des frustrations engendrées par leur mépris ironique pour tout paradigme, et grâce au plaisir plus ou moins pervers que le lecteur prend à être excité et floué, ces œuvres satisfont à la fois à la tradition qu'elles mettent en défaut et aux expériences désordonnées que finalement elles imitent à force de ne pas imiter les paradigmes reçus.

Le soupçon de violence interprétative n'est pas moins légitime dans ce cas extrême. Ce n'est plus la « concordance » qui est imposée de force à la « discordance » de notre expérience du temps. C'est maintenant la « discordance » engendrée dans le discours par la distance ironique à l'égard de tout paradigme qui vient miner de l'intérieur le vœu de « concordance » qui sous-tend notre expérience temporelle et ruiner l'*intentio* sans laquelle il n'y aurait pas de *distentio animi*. On peut alors légitimement suspecter la prétendue discordance de notre expérience temporelle de n'être qu'un artifice littéraire.

La réflexion sur les limites de la concordance ne perd ainsi jamais ses droits. Elle s'applique à tous les « cas de figure » de concordance discordante et de discordance concordante au niveau du récit comme au niveau du temps. Dans tous les cas, le cercle est inévitable sans être vicieux.

2) L'objection de cercle vicieux peut revêtir une autre forme. Après avoir affronté la violence de l'interprétation, il nous faut faire face à la possibilité inverse, celle d'une *redondance* de l'interprétation. Ce serait le cas si *mimèsis* I était elle-même dès toujours un effet de sens de *mimèsis* III. *Mimèsis* II ne ferait alors que restituer à *mimèsis* III ce qu'elle aurait pris à *mimèsis* I, puisque *mimèsis* I serait déjà l'œuvre de *mimèsis* III.

L'objection de redondance paraît suggérée par l'analyse même de *mimèsis* I. S'il n'est pas d'expérience humaine qui ne soit déjà médiatisée par des systèmes symboliques et, parmi eux, par des récits, il paraît vain de dire, comme nous l'avons fait, que l'action est en quête de récit. Comment, en effet, pourrions-nous parler d'une vie humaine comme d'une histoire à l'état naissant, puisque nous n'avons pas d'accès aux drames temporels de l'existence en dehors des histoires racontées à leur sujet par d'autres ou par nous-mêmes ?

A cette objection, j'opposerai une série de situations qui, à mon avis, nous contraignent à accorder déjà à l'expérience en tant que telle une narrativité inchoative qui ne procède pas de la projection, comme on dit, de la littérature sur la vie, mais qui constitue une authentique demande de récit. Pour caractériser ces situations je n'hésiterai pas à parler d'une structure pré-narrative de l'expérience.

L'analyse des traits temporels de l'action au niveau de *mimèsis* I a conduit au seuil de ce concept. Si je ne l'ai pas franchi à ce moment, c'est dans la pensée que l'objection de cercle vicieux par redondance offrirait une occasion plus propice de marquer l'importance stratégique des situations qu'on va dire dans le cercle de la *mimèsis*.

Sans quitter l'expérience quotidienne, ne sommes-nous pas inclinés à voir dans tel enchaînement d'épisodes de notre vie des histoires « non (encore) racontées », des histoires qui demandent à être racontées, des histoires qui offrent des points d'ancrage au récit ? Je n'ignore pas combien est incongrue l'expression « histoire non (encore) racontée ». Les histoires ne sont-elles pas racontées par définition ? Cela n'est pas discutable si nous parlons d'histoires effectives. Mais la notion d'histoire potentielle est-elle inacceptable ?

J'aimerais m'arrêter à deux situations moins quotidiennes dans lesquelles l'expression d'histoire non (encore) racontée s'impose avec une force surprenante. Le patient qui s'adresse au psychanalyste lui apporte des bribes d'histoires vécues, des rêves, des « scènes primitives », des épisodes conflictuels ; on peut dire à bon droit des séances d'analyse qu'elles ont pour but et pour effet que l'analysant tire de ces bribes d'histoire un récit qui serait à la fois plus insupportable et plus intelligible. Roy Schafer [1] nous a même appris à considérer l'ensemble des théories métapsychologiques de Freud comme un système de règles pour re-raconter les histoires de vie et les élever au rang d'histoires de cas. Cette interprétation narrative de la théorie psychanalytique implique que l'histoire d'une vie procède d'histoires non racontées et refoulées, en direction d'histoires effectives que le sujet pourrait prendre en charge et tenir pour constitutives de son identité personnelle. C'est la quête de cette identité personnelle qui assure la continuité entre l'histoire potentielle ou inchoative et l'histoire expresse dont nous assumons la responsabilité.

Il y a une autre situation à laquelle la notion d'histoire non racontée semble convenir. Wilhelm Schapp dans *In Geschichten verstrickt* (1976) [2] — *Enchevêtré dans des histoires* — décrit le cas où un juge s'emploie à comprendre un cours d'action, un caractère, en démêlant l'écheveau d'intrigues dans lequel le suspect est pris. L'accent est ici sur l'« être-enchevêtré » (*verstricktsein*) (p. 85), verbe dont la voix passive souligne que l'histoire « arrive » à quelqu'un avant que quiconque la raconte. L'enchevêtrement apparaît plutôt comme la « préhistoire » de l'histoire racontée, dont le commencement reste choisi par le narrateur. Cette « préhistoire » de l'histoire est ce qui relie celle-ci à un tout plus vaste et lui donne un « arrière-plan ». Cet arrière-plan est fait de l'« imbrication vivante » de toutes les histoires vécues les unes dans les autres. Il faut donc que les histoires racontées « émergent » (*auftauchen*) de cet arrière-plan. Avec cette émergence, le sujet impliqué émerge aussi. On peut alors dire : « L'histoire répond de l'homme » (*die Geschichte steht für den Mann*) (p. 100). La conséquence principale de cette analyse existentielle de l'homme comme « être enchevêtré dans des histoires » est que raconter est un processus secondaire, celui du

1. Roy Schafer, *A New Language for Psychoanalysis*, New Haven, Yale U.P., 1976.
2. Wilhelm Schapp, *In Geschichten verstrickt*, Wiesbaden, B. Heymann, 1976.

« devenir-connu de l'histoire » (*das Bekanntwerden der Geschichte*) (p. 101). Raconter, suivre, comprendre des histoires n'est que la « continuation » de ces histoires non dites.

Le critique littéraire formé dans la tradition aristotélicienne selon laquelle l'histoire est un artifice créé par l'écrivain ne sera guère satisfait de cette notion d'une histoire racontée qui serait en « continuité » avec l'enchevêtrement passif des sujets dans des histoires qui se perdent en un horizon brumeux. Néanmoins, la priorité donnée à l'histoire non encore racontée peut servir d'instance critique à l'encontre de toute emphase sur le caractère artificiel de l'art de raconter. Nous racontons des histoires parce que finalement les vies humaines ont besoin et méritent d'être racontées. Cette remarque prend toute sa force quand nous évoquons la nécessité de sauver l'histoire des vaincus et des perdants. Toute l'histoire de la souffrance crie vengeance et appelle récit.

Mais la critique littéraire éprouvera moins de répugnance à accueillir la notion d'histoire comme ce dans quoi nous sommes enchevêtrés, si elle prête attention à une suggestion relevant de son propre domaine de compétence. Dans *The Genesis of Secrecy* [1], Frank Kermode introduit l'idée que certains récits peuvent viser non à éclaircir mais à obscurcir et à dissimuler. Ce serait le cas, entre autres, des Paraboles de Jésus qui, selon l'interprétation de l'évangéliste Marc, sont dites en vue de ne pas être comprises par « ceux du dehors » et qui, selon F. Kermode, expulsent aussi sévèrement de leur position privilégiée « ceux du dedans ». Mais il est bien d'autres récits qui ont ce pouvoir énigmatique de « bannir les interprètes de leurs places secrètes ». Certes, ces places secrètes sont des places dans le texte. Elles en marquent en creux l'inexhaustibilité. Mais ne peut-on pas dire que le « potentiel herméneutique » (*ibid.*, p. 40) des récits de cette sorte trouve, sinon une consonance, du moins une résonance dans les histoires non dites de nos vies ? N'y a-t-il pas une complicité cachée entre le *secrecy* engendré par le récit lui-même — ou du moins par des récits proches de ceux de Marc ou de Kafka — et les histoires non encore dites de nos vies qui constituent la préhistoire, l'arrière-plan, l'imbrication vivante, dont l'histoire racontée émerge ? En d'autres termes, n'y a-t-il pas une affinité cachée entre le secret *d'où* l'histoire émerge et le secret auquel l'histoire retourne ?

Quelle que puisse être la force contraignante de cette dernière suggestion, on peut y trouver un renfort pour notre argument principal,

1. Frank Kermode, *The Genesis of Secrecy — On the Interpretation of Narrative*, Harvard University Press, 1979.

selon lequel la circularité manifeste de toute analyse du récit, qui ne cesse d'interpréter l'une par l'autre la forme temporelle inhérente à l'expérience et la structure narrative, n'est pas une tautologie morte. Il faut plutôt y voir un « cercle bien portant » dans lequel les arguments avancés sur les deux versants du problème se portent mutuellement secours.

2. *Configuration, refiguration et lecture*

Le cercle herméneutique du récit et du temps ne cesse ainsi de renaître du cercle que forment les stades de la *mimèsis*. Le moment est venu de concentrer la réflexion sur la transition entre —*mimèsis* II et *mimèsis* III opérée par l'acte de lecture.

Si cet acte peut être tenu, comme il a été dit plus haut, pour le *vecteur* de l'aptitude de l'intrigue à modéliser l'expérience, c'est parce qu'il ressaisit et achève l'acte configurant, dont on a souligné aussi la parenté avec le jugement qui comprend — qui « prend ensemble » — le divers de l'action dans l'unité de l'intrigue.

Rien ne l'atteste mieux que les deux traits par lesquels nous avons achevé de caractériser l'intrigue au stade de *mimèsis* II, à savoir la schématisation et la traditionalité. Ces traits contribuent particulièrement à briser le préjugé qui oppose un « dedans » et un « dehors » du texte. Cette opposition est étroitement solidaire, en effet, d'une conception statique et close de la structure du seul texte. La notion d'une activité structurante, visible dans l'opération de mise en intrigue, transcende cette opposition. Schématisation et traditionalité sont d'emblée des catégories de l'interaction entre l'opérativité de l'écriture et celle de la lecture.

D'un côté, les paradigmes reçus structurent les *attentes* du lecteur et l'aident à reconnaître la règle formelle, le genre ou le type exemplifiés par l'histoire racontée. Ils fournissent des lignes directrices pour la rencontre entre le texte et son lecteur. Bref, ce sont eux qui règlent la capacité de l'histoire à se laisser suivre. D'un autre côté, c'est l'acte de lire qui accompagne la configuration du récit et actualise sa capacité à être suivie. Suivre une histoire, c'est l'actualiser en lecture.

Si la mise en intrigue peut être décrite comme un acte du jugement et de l'imagination productrice, c'est dans la mesure où cet acte est l'œuvre conjointe du texte et de son lecteur, comme Aristote disait que la sensation est l'œuvre commune du senti et du sentant.

C'est encore l'acte de lire qui accompagne le jeu de l'innovation et de la sédimentation des paradigmes qui schématisent la mise en intrigue. C'est dans l'acte de lire que le destinataire joue avec les contraintes narratives, effectue les écarts, prend part au combat du roman et de l'anti-roman, et y prend le plaisir que Roland Barthes appelait le plaisir du texte.

C'est enfin le lecteur qui achève l'œuvre dans la mesure où, selon Roman Ingarden dans *la Structure de l'œuvre littéraire* et Wolfgang Iser dans *Der Akt des Lesens*, l'œuvre écrite est une esquisse pour la lecture ; le texte, en effet, comporte des trous, des lacunes, des zones d'indétermination, voire, comme l'*Ulysse* de Joyce, met au défi la capacité du lecteur de configurer lui-même l'œuvre que l'auteur semble prendre un malin plaisir à défigurer. Dans ce cas extrême, c'est le lecteur, quasiment abandonné par l'œuvre, qui porte seul sur ses épaules le poids de la mise en intrigue.

L'acte de lecture est ainsi l'opérateur qui conjoint *mimèsis* III à *mimèsis* II. Il est l'ultime vecteur de la refiguration du monde de l'action sous le signe de l'intrigue. Un des problèmes critiques qui nous occupera dans la quatrième partie sera de coordonner à partir de là les rapports d'une théorie de la lecture à la manière de Wolfgang Iser et d'une théorie de la réception à la manière de Robert Jauss. Bornons-nous pour l'instant à dire qu'elles ont en commun de voir dans l'effet produit par le texte sur son récepteur, individuel ou collectif, une composante intrinsèque de la signification actuelle ou effective du texte. Pour toutes deux le texte est un ensemble d'*instructions* que le lecteur individuel ou le public *exécutent* de façon passive ou créatrice. Le texte ne devient œuvre que dans l'interaction entre texte et récepteur. C'est sur ce fond commun que se détachent les deux approches différentes, celle de l'*Acte de lecture* et celle de l'*Esthétique de la réception*.

3. *Narrativité et référence*

Compléter une théorie de l'écriture par une théorie de la lecture ne constitue que le premier pas sur la voie de *mimèsis* III. Une esthétique de la réception ne peut engager le problème de la *communication* sans engager aussi celui de la *référence*. Ce qui est communiqué, en dernière instance, c'est, par-delà le sens d'une œuvre, le monde qu'elle projette et qui en constitue l'horizon. En ce sens, l'auditeur ou le lecteur le reçoivent selon leur propre capacité d'accueil qui, elle aussi, se définit par une situation à la fois limitée et ouverte sur un horizon de monde. Le terme d'horizon et celui, corrélatif, de monde paraissent ainsi deux fois dans la définition suggérée plus haut de *mimèsis* III : intersection entre le monde du texte et le monde de l'auditeur ou du lecteur. Cette définition, proche de la notion de « fusion d'horizons » chez H.-G. Gadamer, repose sur trois présuppositions qui sous-tendent respectivement les actes de discours en général, les œuvres littéraires parmi les actes de discours, enfin les œuvres narratives parmi les œuvres littéraires. L'ordre qui enchaîne ces trois présuppositions est ainsi celui d'une *spécification* croissante.

Concernant le premier point, je me borne à répéter la thèse longuement argumentée dans *la Métaphore vive* touchant le rapport entre sens et référence en tout discours. Selon cette thèse, si, en suivant Benveniste plutôt que de Saussure, on prend la phrase pour unité de discours, l'*intenté* du discours cesse de se confondre avec le signifié corrélatif de chaque signifiant dans l'immanence d'un système de signes. Avec la phrase, le langage est orienté au-delà de lui-même : il dit quelque chose *sur* quelque chose. Cette visée d'un référent du discours est rigoureusement contemporaine de son caractère d'événement et de son fonctionnement dialogal. Elle est l'autre versant de l'instance de discours. L'événement complet, c'est non seulement que quelqu'un prenne la parole et s'adresse à un interlocuteur, c'est aussi qu'il ambitionne de porter au langage et de partager avec autrui une *expérience* nouvelle. C'est cette expérience qui, à son tour, a le monde pour horizon. Référence et horizon sont corrélatifs comme le sont la forme et le fond. Toute expérience à la fois possède un contour qui la cerne et la discerne, et s'enlève sur un horizon de potentialités qui en constituent l'horizon interne et externe : interne, en ce sens qu'il est toujours possible de détailler et de préciser la chose considérée à l'intérieur d'un contour stable ; externe, en ce sens que la chose visée entretient des rapports potentiels avec toute autre chose sous l'horizon d'un monde total, lequel ne figure jamais comme objet de discours. C'est dans ce double sens du mot horizon que situation et horizon restent des notions corrélatives. Cette présupposition très générale implique que le langage ne constitue pas un monde pour lui-même. Il n'est même pas du tout un monde. Parce que nous sommes dans le monde et affectés par des situations, nous tentons de nous y orienter sur le mode de la compréhension et nous avons quelque chose à dire, une expérience à porter au langage et à partager.

Telle est la présupposition ontologique de la référence, présupposition réfléchie à l'intérieur du langage lui-même comme un postulat dénué de justification immanente. Le langage est pour lui-même de l'ordre du Même ; le monde est son Autre. L'attestation de cette altérité relève de la réflexivité du langage sur lui-même, qui, ainsi, se sait *dans* l'être afin de porter *sur* l'être.

Cette présupposition ne relève ni de la linguistique, ni de la sémiotique ; au contraire, ces sciences rejettent par postulat de méthode l'idée d'une visée intentionnelle orientée vers l'extra-linguistique. Ce que je viens d'appeler l'attestation ontologique doit leur apparaître, une fois posé leur postulat de méthode, comme un saut injustifiable et inadmissible. De fait, cette attestation ontologique resterait un saut irrationnel si l'extériorisation qu'elle exige n'était pas la contrepartie d'une motion préalable et plus originaire, partant de l'expérience d'être dans le monde et dans le temps, et procédant de cette condition ontologique vers son expression dans le langage.

Cette première présupposition est à coordonner avec les réflexions qui précèdent sur la réception du texte : aptitude à communiquer et capacité de référence doivent être posées simultanément. Toute référence est co-référence, référence dialogique ou dialogale. Il n'y a donc pas à choisir entre une esthétique de la réception et une ontologie de l'œuvre d'art. Ce que reçoit un lecteur, c'est non seulement le sens de l'œuvre mais, à travers son sens, sa référence, c'est-à-dire l'expérience qu'elle porte au langage et, à titre ultime, le monde et sa temporalité qu'elle déploie en face d'elle.

La considération des « œuvres d'art », parmi tous les actes de discours, appelle une *seconde présupposition* qui n'abolit pas la première, mais la complique. Selon la thèse que j'ai soutenue dans *la Métaphore vive* et que je me borne ici à rappeler, les œuvres *littéraires* portent elles aussi au langage une expérience et ainsi viennent au monde comme tout discours. Cette deuxième présupposition heurte de front la théorie dominante de la poétique contemporaine, qui récuse toute prise en compte de la référence à ce qu'elle tient pour extra-linguistique, au nom de la stricte immanence du langage littéraire à lui-même. Quand les textes littéraires contiennent des allégations concernant le vrai et le faux, le mensonge et le secret, lesquelles ramènent inéluctablement la dialectique de l'être et du paraître [1], cette poétique s'emploie à tenir pour un simple effet de sens ce qu'elle décide, par décret méthodologique, d'appeler illusion référentielle. Mais le problème du rapport de la littérature au monde du lecteur n'est pas pour autant aboli. Il est sim-

1. Le concept de *véridiction* chez Greimas nous fournira un exemple remarquable du retour de cette dialectique, à l'intérieur même d'une théorie qui exclut sans concession tout recours à un référent externe. Cf. A.-J. Greimas et J. Courtés, art. « Véridiction », in *Sémiotique, dictionnaire raisonné de la théorie du langage*, p. 417.

plement ajourné. Les « illusions référentielles » ne sont pas n'importe quel effet de sens du texte : elles requièrent une théorie détaillée des modalités de véridiction. Or, ces modalités, à leur tour, se découpent sur le fond d'un horizon de monde qui constitue le monde du texte. On peut certes inclure la notion même d'horizon dans l'immanence du texte et tenir le concept du monde du texte pour une excroissance de l'illusion référentielle. Mais la lecture pose à nouveau le problème de la fusion de deux horizons, celui du texte et celui du lecteur, et donc l'intersection du monde du texte avec le monde du lecteur.

On peut tenter de refuser le problème lui-même, et tenir pour non pertinente la question de l'impact de la littérature sur l'expérience quotidienne. Mais alors, d'une part, on ratifie paradoxalement le positivisme que généralement on combat, à savoir le préjugé que seul est réel le donné tel qu'il peut être empiriquement observé et scientifiquement décrit. D'autre part, on enferme la littérature dans un monde en soi et on casse la pointe subversive qu'elle tourne contre l'ordre moral et l'ordre social. On oublie que la fiction est très précisément ce qui fait du langage ce suprême danger dont Walter Benjamin, après Hölderlin, parle avec effroi et admiration.

Tout un éventail de cas est ouvert par ce phénomène d'interaction : depuis la confirmation idéologique de l'ordre établi, comme dans l'art officiel ou la chronique du pouvoir, jusqu'à la critique sociale et même la dérision de tout « réel ». Même l'extrême aliénation par rapport au réel est encore un cas d'intersection. Cette fusion conflictuelle des horizons n'est pas sans rapport avec la dynamique du texte, en particulier avec la dialectique de la sédimentation et de l'innovation. Le choc du possible, qui n'est pas moindre que le choc du réel, est amplifié par le jeu interne, dans les œuvres elles-mêmes, entre les paradigmes reçus et la production d'écarts par la déviance des œuvres singulières. Ainsi la littérature narrative, parmi toutes les œuvres poétiques, modélise l'effectivité praxique aussi bien par ses écarts que par ses paradigmes.

Si donc on ne récuse pas le problème de la fusion des horizons du texte et du lecteur, ou de l'intersection entre le monde du texte et celui du lecteur, il faut trouver dans le fonctionnement même du langage poétique le moyen de franchir l'abîme creusé entre les deux mondes par la méthode même d'immanence de la poétique anti-référentielle. J'ai essayé de montrer dans *la Métaphore vive* que la capacité de référence du langage n'était pas épuisée par le discours descriptif et que les œuvres poétiques se rapportaient au monde selon un régime référentiel propre, celui de la référence métaphorique [1]. Cette thèse couvre tous les usages

1. *La Métaphore vive,* septième étude.

non descriptifs du langage, donc tous les textes poétiques, qu'ils soient lyriques ou narratifs. Elle implique que les textes poétiques eux aussi parlent *du* monde, bien qu'ils ne le fassent pas de façon descriptive. La référence métaphorique, je le rappelle, consiste en ceci que l'effacement de la référence descriptive — effacement qui, en première approximation, renvoie le langage à lui-même — se révèle être, en seconde approximation, la condition négative pour que soit libéré un pouvoir plus radical de référence à des aspects de notre être-au-monde qui ne peuvent être dits de manière directe. Ces aspects sont visés, de façon indirecte, mais positivement assertive, à la faveur de la nouvelle pertinence que l'énoncé métaphorique établit au niveau du sens, sur les ruines du sens littéral aboli par sa propre impertinence. Cette articulation d'une référence métaphorique sur le sens métaphorique ne revêt une portée ontologique plénière que si l'on va jusqu'à métaphoriser le verbe être lui-même et apercevoir dans l'« être-comme... » le corrélat du « voir-comme... », dans lequel se résume le travail de la métaphore. Cet « être-comme... » porte la deuxième présupposition au niveau ontologique de la première. En même temps, elle l'enrichit. Le concept d'horizon et de monde ne concerne pas seulement les références descriptives, mais aussi les références non descriptives, celles de la diction poétique. Reprenant une déclaration antérieure [1], je dirai que, pour moi, le monde est l'ensemble des références ouvertes par toutes les sortes de textes descriptifs ou poétiques que j'ai lus, interprétés et aimés. Comprendre ces textes, c'est interpoler parmi les prédicats de notre situation toutes les significations qui, d'un simple environnement (*Umwelt*), font un monde (*Welt*). C'est en effet aux œuvres de fiction que nous devons pour une grande part l'élargissement de notre horizon d'existence. Loin que celles-ci ne produisent que des images affaiblies de la réalité, des « ombres » comme le veut le traitement platonicien de l'*eikôn* dans l'ordre de la peinture ou de l'écriture (*Phèdre*, 274*e*-277*e*), les œuvres littéraires ne dépeignent la réalité qu'en l'*augmentant* de toutes les significations qu'elles-mêmes doivent à leurs vertus d'abréviation, de saturation et de culmination, étonnamment illustrées par la mise en intrigue. Dans *Écriture et Iconographie*, François Dagognet, ripostant à l'argument de Platon dirigé contre l'écriture et contre toute *eikôn*, caractérise comme *augmentation iconique* la stratégie du peintre qui reconstruit la réalité sur la base d'un alphabet optique à la fois limité et dense. Ce concept mérite d'être étendu à toutes les modalités

1. Sur tout ceci, cf., outre la septième étude de *la Métaphore vive,* le résumé de mes thèses dans *Interpretation Theory*, Fort Worth, The Texas Christian University Press, 1976, p. 36-37, 40-44, 80, 88.

d'iconicité, c'est-à-dire à ce que nous appelons ici fiction. Dans un sens voisin, Eugen Fink compare le *Bild*, qu'il distingue des simples présentifications de réalités entièrement perçues, à une « fenêtre » dont l'étroite ouverture débouche sur l'immensité d'un paysage. De son côté, H.-G. Gadamer reconnaît au *Bild* le pouvoir d'accorder un surcroît d'être à notre vision du monde appauvri par l'usage quotidien [1].

Le postulat sous-jacent à cette reconnaissance de la fonction de refiguration de l'œuvre poétique en général est celui d'une herméneutique qui vise moins à restituer l'intention de l'auteur en arrière du texte qu'à expliciter le mouvement par lequel un texte déploie un monde en quelque sorte en avant de lui-même. Je me suis longuement expliqué ailleurs [2] sur ce changement de front de l'herméneutique post-heideggerienne par rapport à l'herméneutique romantique. Je n'ai cessé, ces dernières années, de soutenir que, ce qui est interprété dans un texte, c'est la proposition d'un monde que je pourrais habiter et dans lequel je pourrais projeter mes pouvoirs les plus propres. Dans *la Métaphore vive*, j'ai soutenu que la poésie, par son *muthos*, re-décrit le monde. De la même manière, je dirai dans cet ouvrage que le faire narratif re-signifie le monde dans sa dimension temporelle, dans la mesure où raconter, réciter, c'est refaire l'action selon l'invite du poème [3].

Une *troisième présupposition* entre ici en jeu, si la capacité référentielle des œuvres narratives doit pouvoir être subsumée sous celle des œuvres poétiques en général. Le problème posé par la narrativité est en effet à la fois plus simple et plus compliqué que celui posé par la poésie lyrique. Plus simple, parce que le monde, ici, est appréhendé sous l'angle de la *praxis* humaine, plutôt que sous celui du *pathos* cosmique. Ce qui est resignifié par le récit, c'est ce qui a déjà été pré-signifié au niveau de l'agir humain. On se rappelle que la pré-compréhension du

1. Eugen Fink, *De la Phénoménologie* (1966) ; trad. fr., Didier Frank, Paris, Éd. de Minuit, 1974, § 34 ; H.-G. Gadamer, *Wahrheit und Methode*, Tübingen, J.C.B. Mohr, 1960, Ire Partie, II, 2 trad. fr., *Vérité et Méthode,* Paris, Éd. du Seuil.

2. « La tâche de l'herméneutique », in *Exegèsis : Problèmes de méthode et exercices de lecture*, éd. par François Bovon et Grégoire Rouiller, Neuchâtel, Delachaux et Niestlé, 1975, p. 179-200. Trad. angl. in *Philosophy Today*, 17 (1973), p. 112-128, reprise dans la collection de mes essais : *Hermeneutics and the Human Sciences*, éd. et trad. par John B. Thompson, Cambridge University Press et Éditions de la Maison des sciences de l'homme, 1981, p. 43-62.

3. Le mot de Nelson Goodman, dans *The Languages of Art,* selon lequel les œuvres littéraires ne cessent de faire et de refaire le monde, vaut particulièrement pour les œuvres narratives, dans la mesure où la *poièsis* de la mise en intrigue est un faire qui, en outre, porte sur le faire. Nulle part n'est plus appropriée la formule du premier chapitre de l'ouvrage de Goodman : *Reality Remade*, ainsi que sa maxime : penser les œuvres en termes de mondes et les mondes en termes d'œuvres.

monde de l'action, sous le régime de *mimèsis* I, est caractérisée par la maîtrise du réseau d'intersignifications constitutif de la *sémantique de l'action,* par la familiarité avec les *médiations symboliques* et avec les *ressources pré-narratives* de l'agir humain. L'être au monde selon la narrativité, c'est un être au monde déjà marqué par la pratique langagière afférente à cette pré-compréhension. L'augmentation iconique dont il est ici question consiste dans l'*augmentation de la lisibilité* préalable que l'action doit aux interprétants qui y sont déjà à l'œuvre. L'action humaine peut être sur-signifiée, parce qu'elle est déjà pré-signifiée par toutes les modalités de son articulation symbolique. C'est en ce sens que le problème de la référence est plus simple dans le cas du mode narratif que dans celui du mode lyrique de la poésie. Aussi bien, dans *la Métaphore vive*, est-ce par extrapolation à partir du *muthos* tragique que j'ai élaboré la théorie de la référence poétique qui joint *muthos* et redescription : c'est en effet la métaphorisation de l'agir et du pâtir qui est la plus aisée à déchiffrer.

Mais le problème posé par la narrativité, quant à la visée référentielle et à la prétention à la vérité, est en un autre sens plus compliqué que celui posé par la poésie lyrique. L'existence de deux grandes classes de discours narratifs, le récit de fiction et l'historiographie, pose une série de problèmes spécifiques qui seront discutés dans la quatrième partie de cet ouvrage. Je me borne ici à en recenser quelques-uns. Le plus apparent, et peut-être aussi le plus intraitable, procède de l'asymétrie indéniable entre les modes référentiels du récit historique et du récit de fiction. Seule l'historiographie peut revendiquer une référence qui s'inscrit dans l'*empirie*, dans la mesure où l'intentionnalité historique vise des événements qui ont *effectivement* eu lieu. Même si le passé n'est plus et si, selon l'expression d'Augustin, il ne peut être atteint que dans le présent du passé, c'est-à-dire à travers les traces du passé, devenues documents pour l'historien, il reste que le passé a eu lieu. L'événement passé, aussi absent qu'il soit à la perception présente, n'en gouverne pas moins l'intentionnalité historique, lui conférant une note réaliste que n'égalera jamais aucune littérature, fût-elle à prétention « réaliste ». La référence par traces au réel passé appelle une analyse spécifique à laquelle un chapitre entier de la quatrième partie sera consacré. Il faudra dire d'une part ce que cette référence par traces emprunte à la référence métaphorique commune à toutes les œuvres poétiques, dans la mesure où le passé ne peut être que reconstruit par l'imagination, d'autre part ce qu'elle lui ajoute dans la mesure où elle est polarisée par du réel passé. Inversement, la question se posera de savoir si le récit de fiction n'emprunte pas à son tour à la référence par traces une partie de son dynamisme référentiel. Tout récit n'est-il pas raconté comme s'il avait eu lieu, comme en témoigne l'usage commun des temps verbaux du passé pour raconter l'irréel ? En ce sens, la fiction emprunterait autant à l'histoire que l'histoire emprunte à la fiction. C'est cet emprunt réciproque qui m'autorise à poser le problème de la *référence croisée* entre l'historiographie et le récit de fiction. Le problème ne pourrait être éludé que dans une conception positiviste de l'histoire qui méconnaîtrait la part de la fiction dans la référence par traces, et dans une conception anti-référentielle de la littérature qui méconnaîtrait la portée de la référence métaphorique en toute poésie. Le problème de la référence croisée constitue un des enjeux majeurs de la quatrième partie de cet ouvrage.

Mais *sur* quoi se croise la référence par traces et la référence métaphorique, sinon sur la *temporalité* de l'action humaine ? N'est-ce pas le temps humain que l'historiographie et la fiction littéraire refigurent *en commun,* en croisant *sur* lui leurs modes référentiels ?

4. *Le temps raconté*

Il me reste, pour préciser un peu plus le cadre dans lequel je replacerai dans la dernière partie de cet ouvrage la question de la référence croisée entre historiographie et récit, à esquisser les traits *temporels* d'un monde refiguré par l'acte de configuration.

J'aimerais partir à nouveau de la notion d'augmentation iconique introduite plus haut. Nous pourrions ainsi reprendre chacun des traits par lesquels nous avons caractérisé la pré-compréhension de l'action : le réseau d'intersignification entre catégories pratiques ; la symbolique immanente à cette pré-compréhension ; et surtout sa temporalité proprement pratique. On pourrait dire que chacun de ces traits est intensifié, augmenté iconiquement.

Je dirai peu de choses des deux premiers traits : l'intersignification entre projet, circonstances, hasard est très précisément ce qui est ordonné par l'intrigue, telle que nous l'avons décrite comme synthèse de l'hétérogène. L'œuvre narrative est une invitation à *voir* notre praxis *comme...* elle est ordonnée par telle ou telle intrigue articulée dans notre littérature. Quant à la symbolisation interne à l'action, on peut dire que c'est très exactement elle qui est re-symbolisée ou dé-symbolisée — ou re-symbolisée par dé-symbolisation — à la faveur du schématisme tour à tour traditionnalisé et subverti par l'historicité des paradigmes. Finalement, c'est le *temps* de l'action qui, plus que tout, est refiguré par la mise en action.

Mais un long détour s'impose ici. Une théorie du temps refiguré — ou, pourrait-on dire, du temps raconté — ne peut être menée à bien sans la médiation du troisième partenaire de la conversation déjà engagée entre l'épistémologie de l'historiographie et la critique littéraire appliquée à la narrativité, dans la discussion de la référence croisée.

Ce troisième partenaire est la *phénoménologie du temps* dont nous n'avons considéré que la phase inaugurale dans l'étude du temps chez saint Augustin. La suite de cet ouvrage, de la seconde à la quatrième partie, ne sera qu'une longue et difficile *conversation triangulaire* entre l'historiographie, la critique littéraire et la philosophie phénoménologique. La dialectique du temps et du récit ne peut être que l'enjeu ultime de cette confrontation, sans précédent à mon sens, entre trois partenaires qui d'ordinaire s'ignorent mutuellement.

Pour donner tout son poids à la parole du troisième partenaire, il importera de déployer la phénoménologie du temps d'Augustin à Husserl et Heidegger, non pour en écrire l'histoire, mais pour donner corps à une remarque lancée sans autre justification au cours de l'étude du livre XI des *Confessions* : il n'y a pas, disions-nous, de phénoménologie pure du temps chez Augustin. Nous ajoutions : peut-être n'y en aura-t-il jamais après lui. C'est cette impossibilité d'une phénoménologie *pure* du temps qu'il faudra démontrer. Par phénoménologie pure, j'entends une appréhension *intuitive* de la structure du temps, qui, non seulement puisse être isolée des procédures d'*argumentation* par lesquelles la phénoménologie s'emploie à résoudre les apories reçues d'une tradition antérieure, mais ne paie pas ses découvertes par de nouvelles apories d'un prix toujours plus élevé. Ma thèse est que les authentiques trouvailles de la phénoménologie du temps ne peuvent être définitivement soustraites au régime aporétique qui caractérise si fortement la théorie augustinienne du temps. Il faudra donc reprendre l'examen des apories créées par Augustin lui-même et en démontrer le caractère exemplaire. A cet égard, l'analyse et la discussion des *Leçons* de Husserl sur la *phénoménologie de la conscience intime du temps* constitueront la contre-épreuve majeure de la thèse du caractère définitivement aporétique de la phénoménologie pure du temps. D'une façon quelque peu inattendue, du moins pour moi, nous serons reconduits par la discussion à la thèse, *kantienne par excellence,* que le temps ne peut être directement observé, que le temps est proprement *invisible.* En ce sens, les apories sans fin de la phénoménologie pure du temps seraient le prix à payer pour toute tentative de *faire apparaître le temps lui-même,* ambition qui définit comme pure la phénoménologie du temps. Ce sera une étape majeure de la quatrième partie de faire la preuve du caractère principiellement aporétique de la phénoménologie pure du temps.

Cette preuve est nécessaire si l'on doit tenir pour universellement valable la thèse selon laquelle la poétique de la narrativité répond et correspond à l'aporétique de la temporalité. Le rapprochement entre la *Poétique* d'Aristote et les *Confessions* d'Augustin n'a offert qu'une vérification partielle et en quelque sorte circonstantielle de cette thèse. Si le caractère aporétique de toute phénoménologie pure du temps pouvait être argumenté de façon au moins plausible, le cercle herméneutique de la narrativité et de la temporalité serait élargi bien au-delà du cercle de la *mimèsis,* auquel a dû se borner la discussion dans la première partie de cet ouvrage, aussi longtemps que l'historiographie et la critique littéraire n'ont pas dit leur mot sur le temps historique et sur les jeux de la fiction avec le temps. Ce n'est qu'au terme de ce que je viens d'appeler une conversation triangulaire, dans laquelle la phénoménologie du temps aura joint sa voix à celles des deux précédentes disciplines, que le cercle herméneutique pourra être égalé au cercle d'une poétique de la narrativité (culminant elle-même dans le problème de la référence croisée évoquée plus haut) et d'une aporétique de la temporalité.

On pourrait dès maintenant objecter à la thèse du caractère universellement aporétique de la phénoménologie pure du temps que l'herméneutique de Heidegger marque une rupture décisive avec la phénoménologie subjectiviste d'Augustin et de Husserl. En fondant sa phénoménologie sur une ontologie du *Dasein* et de l'être-au-monde, Heidegger n'est-il pas en droit d'affirmer que la temporalité, telle qu'il la décrit, est « plus subjective » que tout sujet et « plus objective » que tout objet, dans la mesure où son ontologie se soustrait à la dichotomie du sujet et de l'objet ? Je ne le nie pas. L'analyse que je consacrerai à Heidegger rendra pleine justice à l'originalité dont peut se prévaloir une phénoménologie fondée dans une ontologie et qui se présente elle-même comme une herméneutique.

Pour le dire dès maintenant, l'originalité proprement *phénoménologique* de l'analyse heideggerienne du temps — originalité entièrement redevable à son ancrage dans une ontologie du Souci — consiste dans une *hiérarchisation* des niveaux de temporalité ou plutôt de temporalisation. Après coup, nous pouvons retrouver chez Augustin un pressentiment de ce thème. En effet, en interprétant l'extension du temps en termes de distension et en décrivant le temps humain comme surélevé de l'intérieur par l'attraction de son pôle d'éternité, Augustin a donné à l'avance du crédit à l'idée d'une pluralité de niveaux temporels. Les laps de temps ne s'emboîtent pas simplement les uns dans les autres selon des quantités numériques, les jours dans les années, les années dans les siècles. D'une façon générale, les problèmes relatifs à l'extension du temps n'épuisent pas la question du temps humain. Dans la mesure même où l'extension reflète une dialectique d'intention et de distension, l'extension du temps n'a pas seulement un aspect quantitatif, en réponse aux questions : depuis combien de temps ? pendant combien de temps ? dans combien de temps ? Elle a un aspect qualitatif de *tension graduée.*

Dès l'étude consacrée au temps chez saint Augustin, j'ai signalé la principale incidence épistémologique de cette notion de hiérarchie temporelle : l'historiographie, dans sa lutte contre l'histoire événementielle, et la narratologie, dans son ambition de déchronologiser le récit, semblent ne laisser place qu'à une seule alternative : soit la chronologie, soit des rapports systémiques achroniques. Or la chronologie a un autre contraire : la temporalité elle-même, portée à son niveau de plus grande *tension.*

C'est dans l'analyse heideggerienne de la temporalité, dans *l'Être et le Temps,* que la percée opérée par Augustin est exploitée de la façon la plus décisive, bien que ce soit, comme on le dira, à partir de la méditation sur l'être-pour-la-mort et non, comme chez Augustin, à partir de la structure du triple présent. Je tiens pour un acquis inappréciable de l'analyse heideggerienne d'avoir établi, avec les ressources d'une phénoménologie herméneutique, que l'expérience de la temporalité est susceptible de se déployer à plusieurs niveaux de radicalité, et qu'il appartient à l'analytique du *Dasein* de les parcourir, soit de haut en bas, selon l'ordre suivi dans *l'Être et le Temps* — du temps authentique et mortel vers le temps quotidien et public où tout arrive « dans » le temps —, soit de bas en haut comme dans les *Grundprobleme der Phänomenologie* [1]. La direction dans laquelle l'échelle de temporalisation est parcourue importe moins que la hiérarchisation elle-même de l'expérience temporelle [2].

Sur ce chemin ascendant ou régressif, un arrêt au niveau médian, entre l'intra-temporalité et la temporalité radicale, marquée par l'être-pour-la-mort, me paraît de la plus grande importance. Pour des raisons que l'on dira le moment venu, Heidegger lui décerne le titre de *Geschichtlichkeit* — historialité. C'est à ce niveau que les deux analyses d'Augustin et de Heidegger restent le plus proches, avant de diverger radicalement — du moins en apparence —, en se dirigeant l'une vers

1. Martin Heidegger, *Gesammtausgabe, Bd. 24, Die Grundprobleme der Phänomenologie,* Francfort, Klostermann, 1975, § 19.

2. En homologuant plus haut le temps praxique de *mimèsis* I avec la dernière des formes dérivées de la temporalité selon *l'Être et le Temps* — l'*Innerzeitigkeit,* l'« intra-temporalité » ou l'« l'être " dans " le temps » —, nous avons choisi en fait l'ordre inverse de *l'Être et le Temps*, celui des *Grundprobleme.*

l'espérance paulinienne, l'autre vers la résolution quasi stoïcienne face à la mort. Nous ferons apparaître dans la quatrième partie une raison intrinsèque de revenir à cette analyse de la *Geschichtlichkeit.* C'est à elle en effet que ressortit l'analyse de la Répétition — *Wiederholung* — dans laquelle nous chercherons une réponse de caractère ontologique aux problèmes épistémologiques posés par la référence croisée entre l'intentionnalité historique et la visée de vérité de la fiction littéraire. C'est pourquoi nous en marquons dès maintenant le point d'insertion.

Il n'est donc pas question de nier l'originalité proprement phénoménologique que la description heideggerienne de la temporalité doit à son ancrage dans l'ontologie du Souci. Néanmoins, en deçà du retournement — de la *Kehre* — dont procèdent les œuvres postérieures à *l'Être et le Temps*, il faut avouer que l'ontologie du *Dasein* reste investie dans une phénoménologie qui pose des problèmes analogues à ceux que suscite la phénoménologie d'Augustin et de Husserl. Ici aussi, la percée sur le plan phénoménologique engendre des difficultés d'un genre nouveau qui augmentent encore le caractère aporétique de la phénoménologie pure. Cette aggravation est à la mesure de l'ambition de cette phénoménologie, qui est non seulement de ne rien devoir à une épistémologie des sciences physiques et des sciences humaines, mais de leur servir de *fondements.*

Le paradoxe est ici que l'aporie porte précisément sur les rapports entre la phénoménologie du temps et les sciences humaines : l'historiographie principalement, mais aussi la narratologie contemporaine. Oui, le paradoxe est que Heidegger a rendu plus difficile la conversation triangulaire entre historiographie, critique littéraire et phénoménologie. On peut douter en effet qu'il ait réussi à dériver le concept d'histoire familier aux historiens de métier, ainsi que la thématique générale des sciences humaines reçues de Dilthey, de l'historialité du *Dasein,* qui, pour la phénoménologie herméneutique, constitue le niveau médian dans la hiérarchie des degrés de temporalité. Plus gravement encore, si la temporalité la plus radicale porte l'empreinte de la mort, comment pourra-t-on passer d'une temporalité aussi fondamentalement privatisée par l'être-pour-la-mort au temps commun que requiert l'interaction entre de multiples personnages en tout récit et, à plus forte raison, au temps public que requiert l'historiographie ?

En ce sens, le passage par la phénoménologie de Heidegger exigera un effort supplémentaire, qui parfois nous éloignera de Heidegger, pour maintenir la dialectique du récit et du temps. Ce sera un des enjeux majeurs de notre quatrième partie de montrer comment, en dépit de l'abîme qui semble se creuser entre les deux pôles, le récit et le temps se hiérarchisent simultanément et mutuellement. Tantôt ce sera la phénoménologie herméneutique du temps qui fournira la clé de la hiérarchisation du récit, tantôt ce seront les sciences du récit historique et du récit de fiction qui nous permettront de résoudre poétiquement — selon une expression déjà employée plus haut — les apories les plus intraitables spéculativement de la phénoménologie du temps.

Ainsi, la difficulté même de dériver les sciences historiques de l'analyse du *Dasein* et la difficulté plus formidable encore de penser ensemble le temps *mortel* de la phénoménologie et le temps *public* des sciences du récit nous serviront d'aiguillon pour *penser mieux* le rapport du temps et du récit. Mais la réflexion préliminaire que constitue la première partie de cet ouvrage nous a déjà conduit, d'une conception où le cercle herméneutique s'identifie à celui des stades de la *mimèsis,* à une conception qui inscrit cette dialectique dans le cercle plus vaste d'une poétique du récit et d'une aporétique du temps.

Un dernier problème est ouvert : celui de la *limite supérieure du procès de hiérarchisation de la temporalité.* Pour Augustin et toute la tradition chrétienne, l'intériorisation des rapports purement extensifs du temps renvoie à une éternité où toutes choses sont présentes en même temps. L'approximation de l'éternité par le temps consiste alors dans la *stabilité* d'une âme en repos : « Alors je serai stable et solide en Toi, dans ma vraie forme, ta Vérité » (*Confessions* XI, *30,* 40). Or, la philosophie du temps de Heidegger, du moins à l'époque de *l'Être et le Temps,* tout en reprenant et en développant avec une grande rigueur le thème des niveaux de temporalisation, oriente la méditation non vers l'éternité divine mais vers la finitude scellée par l'être-pour-la-mort. Y a-t-il là deux manières irréductibles de reconduire la durée la plus extensive vers la durée la plus tendue ? Ou bien l'alternative n'est-elle qu'apparente ? Faut-il penser que seul un mortel peut former le dessein de « donner aux choses de la vie une dignité qui les éternise » ? L'éternité que les œuvres d'art opposent à la fugacité des choses ne peut-elle se constituer que dans une histoire ? Et l'histoire à son tour ne reste-t-elle historique que si, tout en courant au-dessus de la mort, elle se garde contre l'oubli de la mort et des morts, et reste un rappel de la mort et une mémoire des morts ? La question la plus grave que puisse poser ce livre est de savoir jusqu'à quel point une réflexion philosophique sur la narrativité et le temps peut aider à penser ensemble l'éternité et la mort.

II

L'HISTOIRE ET LE RÉCIT

On a tenté, dans la première partie de cet ouvrage, de caractériser le discours narratif sans tenir compte de la bifurcation majeure qui partage aujourd'hui son champ entre l'historiographie et le récit de fiction. Ce faisant, on a admis tacitement que l'historiographie appartenait authentiquement à ce champ. C'est cette appartenance qui doit maintenant être mise en question.

Deux convictions d'égale force sont à l'origine de la présente investigation. La première dit que c'est aujourd'hui une cause perdue de lier le caractère narratif de l'histoire à la survie d'une forme particulière d'histoire, l'histoire narrative. A cet égard, *ma thèse concernant le caractère ultimement narratif de l'histoire ne se confond aucunement avec la défense de l'histoire narrative*. Ma seconde conviction est que, si l'histoire rompait tout lien avec *la compétence de base que nous avons à suivre une histoire* et avec les opérations cognitives de la compréhension narrative, telles que nous les avons décrites dans la première partie de cet ouvrage, elle perdrait son caractère distinctif dans le concert des sciences sociales : elle cesserait d'être historique. Mais de quelle nature est ce lien ? Là est la question.

Pour résoudre le problème, je n'ai pas voulu céder à la solution facile qui consisterait à dire que l'histoire est une discipline ambiguë, mi-littéraire, mi-scientifique, et que l'épistémologie de l'histoire ne peut qu'enregistrer avec regret cet état de fait, quitte à œuvrer pour une histoire qui ne serait plus à aucun titre une manière de récit. Cet éclectisme paresseux est à l'opposé de mon ambition. Ma thèse est que l'histoire la plus éloignée de la forme narrative continue d'être reliée à la compréhension narrative par un lien de *dérivation*, que l'on peut reconstruire pas à pas, degré par degré, par une méthode appropriée. Cette méthode ne relève pas de la méthodologie des sciences historiques, mais d'une réflexion de second degré sur *les conditions ultimes d'intelligibilité* d'une discipline qui, en vertu de son ambition scientifique, tend à oublier le lien de dérivation qui continue néanmoins de préserver tacitement sa spécificité comme science historique.

Cette thèse a une implication immédiate concernant le temps historique. Je ne doute point que l'historien ait le privilège de construire des paramètres temporels appropriés à son objet et à sa méthode. Je soutiens seulement que la signification de ces constructions est empruntée, qu'elle dérive indirectement de celle des configurations narratives que nous avons décrites sous le titre de *mimèsis* II et, à travers celles-ci, s'enracine dans la temporalité caractéristique du monde de l'action. La *construction du temps historique* sera ainsi un des enjeux majeurs de mon entreprise. Un enjeu, c'est-à-dire à la fois une conséquence et une pierre de touche.

Ma thèse est donc également éloignée de deux autres : celle qui conclurait du recul de l'histoire narrative à la négation de tout lien entre histoire et récit et ferait du temps historique une construction sans appui dans le temps du récit et dans le temps de l'action, et celle qui établirait entre histoire et récit un rapport aussi direct que celui par exemple de l'espèce au genre et une continuité directement lisible entre le temps de l'action et le temps historique. Ma thèse repose sur l'assertion d'un lien indirect de dérivation par lequel le savoir historique procède de la compréhension narrative sans rien perdre de son ambition scientifique. En ce sens elle n'est pas une thèse du juste milieu [1].

Reconstruire les liens indirects de l'histoire au récit, c'est finalement porter au jour l'*intentionnalité de la pensée historienne* par laquelle l'histoire continue de viser obliquement le champ de l'action humaine et sa temporalité de base.

A la faveur de cette visée oblique, l'historiographie vient s'inscrire dans le grand cercle mimétique que nous avons parcouru dans la première partie de ce travail. Elle aussi, mais sur un mode dérivé, s'enracine dans la compétence pragmatique, avec son maniement des événements qui arrivent « dans » le temps, selon notre description de *mimèsis* I ; elle aussi configure le champ praxique, par le biais des constructions temporelles de rang supérieur que l'historiographie greffe sur le temps du récit, caractéristique de *mimèsis* II ; elle aussi, enfin, achève son sens dans la refiguration du champ praxique et contribue à la récapitulation de l'existence dans lequel culmine *mimèsis* III.

Tel est l'horizon le plus lointain de mon entreprise. Je ne la conduirai pas jusqu'à son terme dans cette partie. Je dois réserver pour une investigation distincte le dernier segment correspondant à *mimèsis* III.

1. Cela n'exclut pas que l'explication historique soit décrite comme un « mixte » : j'assume à cet égard la thèse de Henrik von Wright à laquelle je consacre une partie du chap. II. Mais « mixte » ne veut dire ni confus, ni ambigu. Un « mixte » est tout autre chose qu'un compromis, dès lors qu'il est soigneusement construit comme « mixte » au plan épistémologique qui lui est approprié.

En effet, l'insertion de l'histoire dans l'action et dans la vie, sa capacité de reconfigurer le temps mettent en jeu la question de la vérité en histoire. Or, celle-ci est inséparable de ce que j'appelle la *référence croisée* entre la prétention à la vérité de l'histoire et celle de la fiction. L'investigation à laquelle la deuxième partie de cet ouvrage est consacrée ne couvre donc pas tout le champ de la problématique historique. Pour garder le vocabulaire utilisé dans *la Métaphore vive,* elle sépare la question du « sens » de celle de la « référence ». Ou, pour rester fidèle au vocabulaire de la première partie, la présente investigation s'emploie à relier, sur le mode de l'*oratio obliqua,* l'explication à la compréhension narrative décrite sous le titre de *mimèsis* II.

L'ordre de questions traitées dans cette seconde partie est commandé par l'argument de la thèse qui vient d'être esquissée.

Dans la première section, intitulée « L'éclipse du récit », il est pris acte de l'éloignement de l'histoire moderne par rapport à la forme expressément narrative. Je me suis attaché à établir la convergence, dans l'attaque contre l'histoire-récit, entre deux courants de pensée largement indépendants l'un de l'autre. Le premier, plus près de la pratique historique, donc plus méthodologique qu'épistémologique, m'a paru le mieux illustré par l'historiographie française contemporaine. Le second est issu des thèses du positivisme logique sur l'unité de la science ; il est donc plus épistémologique que méthodologique.

Dans la seconde section intitulée « Plaidoyers pour le récit », je rends compte de diverses tentatives — empruntées pour la plupart à des auteurs de langue anglaise, à une importante exception près — pour étendre *directement* la compétence narrative au discours historique. Malgré ma grande sympathie pour ces analyses, que je tiens à intégrer à mon propre projet, je dois avouer qu'elles ne me paraissent pas atteindre pleinement leur but dans la mesure où elles ne rendent compte que des formes d'historiographie dont le rapport au récit est direct, donc visible.

La troisième section, intitulée « L'intentionnalité historique », contient la thèse majeure de cette deuxième partie, à savoir la thèse de la dérivation *indirecte* du savoir historique à partir de l'intelligence narrative. Je reprends dans ce cadre l'analyse déjà menée ailleurs des rapports entre expliquer et comprendre [1]. Pour conclure, je donne une réponse partielle à la question qui inaugure la première section, celle du statut de l'événement. La réponse ne peut être complète, dans la mesure

1. « Expliquer et comprendre », *Revue philosophique de Louvain,* 75 (1977), p. 126-147.

où le statut *épistémologique* de l'événement — seul en cause dans cette deuxième partie — est inséparable de son statut *ontologique,* qui est un des enjeux de la quatrième partie.

Je demande au lecteur une longue patience. Il doit savoir qu'il ne pourra trouver, dans les trois sections qui suivent, qu'une analyse *préparatoire* au regard de la question centrale du temps et du récit. Il faut d'abord que le rapport entre l'*explication* historique et la *compréhension* narrative soit élucidé pour que l'on puisse valablement s'interroger sur la contribution du récit historique à la *refiguration* du temps. Or, cette élucidation requiert elle-même un long parcours ; il faut que la théorie nomologique et la théorie narrativiste aient révélé, sous la pression d'arguments appropriés, leur insuffisance respective, pour que la relation *indirecte* entre historiographie et récit puisse être à son tour restituée pas à pas et degré par degré. Cette longue préparation épistémologique ne doit pas néanmoins faire perdre de vue l'enjeu ontologique final. Une raison supplémentaire plaide pour l'allongement des lignes du front de combat : la refiguration du temps par le récit est, selon moi, l'œuvre *conjointe* du récit historique et du récit de fiction. Ce n'est donc qu'au terme de la troisième partie, consacrée au récit de fiction, que pourra être reprise *dans son ensemble* la problématique du *Temps raconté*.

1
L'éclipse du récit

L'historiographie de langue française et l'épistémologie néo-positiviste appartiennent à deux univers de discours fort différents. La première est traditionnellement d'une méfiance sans défaillance à l'égard de la philosophie, qu'elle identifie volontiers à la philosophie de l'histoire de style hégélien, elle-même confondue par commodité avec les spéculations de Spengler ou de Toynbee. Quant à la philosophie critique de l'histoire, héritée de Dilthey, Rickert, Simmel, Max Weber et continuée par Raymond Aron et Henri Marrou, elle n'a jamais été vraiment intégrée au courant principal de l'historiographie française [1]. C'est pourquoi on ne trouve pas, dans les ouvrages les plus soucieux de méthodologie, une réflexion comparable à celle de l'école allemande du début du siècle et à celle de l'actuel positivisme logique ou de ses adversaires de langue anglaise sur la structure épistémologique de l'explication en histoire. Sa force est ailleurs : dans la stricte adhérence au métier d'historien. Ce que l'école historique française offre de meilleur est une méthodologie d'hommes de terrain. A ce titre, elle donne d'autant plus à penser au philosophe qu'elle ne lui emprunte rien. La supériorité des travaux issus du néo-positivisme tient au contraire à leur constant souci de mesurer l'explication en histoire aux modèles présumés définir le savoir scientifique, l'unité profonde de son projet et de ses réussites. En ce sens, ces travaux relèvent plus de l'épistémologie que de la méthodologie. Mais leur force fait bien souvent leur faiblesse, tant la pratique historienne est absente de la discussion des modèles

1. Pierre Chaunu écrivait en 1960 : « L'épistémologie est une tentation qu'il faut résolument savoir écarter. L'expérience de ces dernières années ne semble-t-elle pas prouver qu'elle peut être solution de paresse chez ceux qui vont s'y perdre avec délice — une ou deux brillantes exceptions ne font que confirmer la règle —, signe d'une recherche qui piétine et se stérilise ? Tout au plus est-il opportun que quelques chefs de file s'y consacrent — ce qu'en aucun cas nous ne sommes ni prétendons être — afin de mieux préserver les robustes artisans d'une connaissance en construction — le seul titre auquel nous prétendions — des tentations dangereuses de cette morbide Capoue » (*Histoire quantitative, Histoire sérielle,* Paris, Armand Colin, 1978, p. 10).

d'explication. Ce défaut est malheureusement partagé par les adversaires du positivisme logique. Comme on le verra plus loin, avec l'examen des arguments « narrativistes », les exemples que l'épistémologie aussi bien positiviste qu'anti-positiviste emprunte aux historiens sont rarement au niveau de complexité atteint aujourd'hui par les disciplines historiques.

Mais, aussi hétérogènes que soient les deux courants de pensée, ils ont au moins en commun, outre leur déni de la philosophie de l'histoire qui ne nous concerne pas ici, leur déni du caractère narratif de l'histoire telle qu'on l'écrit aujourd'hui.

Cette convergence dans le résultat est d'autant plus frappante que l'argumentation est différente. Avec l'historiographie française, l'éclipse du récit procède principalement du déplacement de l'objet de l'histoire, qui n'est plus l'individu agissant, mais le fait social total. Avec le positivisme logique, l'éclipse du récit procède plutôt de la coupure épistémologique entre l'explication historique et la compréhension narrative.

On mettra l'accent dans ce chapitre sur la convergence des deux attaques, en prenant pour fil conducteur le destin de l'événement et de la durée historique dans l'une et dans l'autre perspective.

1. *L'éclipse de l'événement dans l'historiographie française* [1]

Le choix du concept d'événement comme pierre de touche de la discussion est particulièrement approprié à un examen de la contribution de l'historiographie française à la théorie de l'histoire, dans la mesure où la critique de l'« histoire événementielle » y tient la place que l'on sait, et où cette critique est tenue pour équivalente au rejet de la catégorie du récit.

Au début de toute réflexion, le concept d'événement historique partage l'évidence trompeuse de la plupart des notions de sens commun. Il implique deux séries d'assertions non critiquées : ontologiques et épistémologiques, les secondes se fondant sur les premières.

Au sens ontologique, on entend par événement historique ce qui s'est

1. Certaines analyses de cette section abrègent des développements plus détaillés de mon essai « The Contribution of French Historiography to the Theory of History », *The Zaharoff Lecture* (1978-1979), Oxford, Clarendon Press, 1980. En revanche, on lira dans le chap. III des analyses d'œuvres d'historiens français qui n'ont pas trouvé place dans la *Zaharoff Lecture*.

effectivement produit dans le passé. Cette assertion a elle-même plusieurs aspects. D'abord, on admet que la propriété d'avoir déjà eu lieu diffère radicalement de celle de ne pas encore avoir eu lieu ; en ce sens, l'actualité passée de ce qui est arrivé est tenue pour une *propriété absolue* [du passé], indépendante de nos constructions et reconstructions. Ce premier trait est commun aux événements physiques et historiques. Un second trait délimite le champ de l'événement historique : parmi toutes les choses qui sont arrivées, certaines sont l'œuvre d'agents semblables à nous ; les événements historiques sont alors ce que des êtres agissants font arriver ou subissent : la définition ordinaire de l'histoire comme connaissance des actions des hommes du passé procède de cette restriction de l'intérêt à la sphère des événements assignables à des *agents humains*. Un troisième trait résulte de la délimitation au sein du champ pratique de la sphère possible de communication : à la notion de passé humain s'ajoute comme obstacle constitutif l'idée d'une *altérité* ou d'une différence *absolue*, affectant notre capacité de communication. Il semble que ce soit une implication de notre compétence à rechercher l'entente et l'accord, où Habermas voit la norme d'une pragmatique universelle, que notre compétence à communiquer rencontre comme un défi et un obstacle l'étrangeté de l'étranger et qu'elle ne puisse espérer la comprendre qu'au prix d'en reconnaître l'irréductible altérité.

A cette triple présupposition ontologique — avoir-été absolu, action humaine absolument passée, altérité absolue — correspond une triple présupposition épistémologique. D'abord, nous opposons la *singularité non répétable* de l'événement physique ou humain à l'universalité de la loi ; qu'il s'agisse de haute fréquence statistique, de connexion causale ou de relation fonctionnelle, l'événement est ce qui n'arrive qu'une fois. Ensuite, nous opposons *contingence pratique* à nécessité logique ou physique : l'événement est ce qui aurait pu être fait autrement. Enfin, l'altérité a sa contrepartie épistémologique dans la notion d'*écart* par rapport à tout modèle construit ou à tout invariant.

Telles sont en gros les présuppositions tacites de notre usage non critique de la notion d'événement historique. Au début de l'investigation, nous ne savons pas ce qui relève du préjugé, de la sédimentation philosophique ou théologique, ou de contraintes normatives universelles. Le criblage ne peut résulter que de la critique opérée par la pratique historienne elle-même. Dans les pages qui suivent, l'historiographie française sera appréciée en fonction de sa contribution à cette critique des présupposés de l'événement.

J'évoquerai seulement brièvement le livre clé de Raymond Aron, *Introduction à la philosophie de l'histoire : Essai sur les limites de l'objectivité historique* (1938) [1], qui parut peu avant que Lucien Febvre et Marc Bloch ne fondent les *Annales d'histoire économique et sociale* (1939), devenues, après 1945, *Annales. Économies, Sociétés, Civilisations*. Je me propose de revenir plus tard au livre d'Aron à propos de la dialectique entre expliquer et comprendre. Mais il mérite d'être cité à cette place pour avoir largement contribué à dissoudre la première supposition de sens commun, à savoir l'assertion du caractère absolu de l'événement, comme cela qui est réellement arrivé. C'est en posant les limites de l'objectivité historique que R. Aron en vient à proclamer ce qu'il appelle la « dissolution de l'objet » (p. 120). Cette thèse fameuse a malheureusement suscité plus d'un malentendu. Elle visait le positivisme régnant sous l'égide de Langlois et Seignobos [2] beaucoup plus que n'importe quelle thèse ontologique. Elle ne signifie pas autre chose que ceci : dans la mesure où l'historien est impliqué dans la compréhension et l'explication des événements passés, un événement absolu ne peut être attesté par le discours historique. La compréhension — même la compréhension d'un autrui singulier dans la vie quotidienne — n'est jamais une intuition directe mais une reconstruction. La compréhension est toujours plus que la simple sympathie. Bref : « Il n'y a pas une *réalité historique,* toute faite avant la science, qu'il conviendrait simplement de reproduire avec fidélité » (p. 120). Que « Jean sans Terre soit passé par là » n'est un fait historique qu'en vertu du faisceau d'intentions, de motifs et de valeurs qui l'incorpore à un ensemble intelligible. Dès lors, les diverses reconstructions ne font qu'accentuer la coupure qui sépare l'objectivité, à laquelle prétend le travail de compréhension, de l'expérience vive non répétable. Si la « dissolution de l'objet » est déjà accomplie par le plus humble entendement, la disparition de l'objet est plus complète au niveau de la pensée causale, pour employer le vocabulaire d'Aron à cette époque (on reviendra sur ce point au chapitre III : pour Aron, comme pour Max Weber, la causalité historique est une relation du particulier au particulier, mais par l'intermédiaire de la probabilité rétrospective). Dans l'échelle de la probabilité, le plus bas degré définit l'accidentel, le plus haut définit ce que Max Weber appelle adéquation. De même que l'adéquation diffère de la nécessité logique ou physique, l'accidentel n'est pas non plus l'équivalent de la singularité absolue. « Quant à la probabilité qui naît du caractère partiel des analyses historiques et des relations causales, elle

1. Je cite la seizième édition, Paris, NRF, Gallimard, « Bibliothèque des Idées », 1957.

2. Charles-Victor Langlois et Charles Seignobos, *Introduction aux études historiques,* Paris, 1898.

est dans notre esprit et non dans les choses » (p. 168). A cet égard, l'appréciation historique de la probabilité diffère de la logique du savant et se rapproche de celle du juge. L'enjeu philosophique, pour Aron, était alors la destruction de toute illusion rétrospective de fatalité et l'ouverture de la théorie de l'histoire à la spontanéité de l'action orientée vers le futur.

Pour la présente investigation, le livre d'Aron a ce résultat net que le passé, conçu comme la somme de ce qui est effectivement arrivé, est hors de la portée de l'historien.

On trouve chez H.-I. Marrou, *De la connaissance historique* (1954) [1], un argument semblable à celui de Raymond Aron. La pratique de l'historien y est, en outre, plus visible. Je laisserai ici de côté un problème sur lequel je reviendrai dans la quatrième partie, à savoir la filiation entre compréhension d'*autrui* et connaissance du *passé* humain [2].

La continuité entre temps mortel et temps public, évoquée à la fin de notre première partie, est là directement impliquée. Je ne retiendrai de ce recours à la compréhension d'autrui que ses implications méthodologiques majeures, qui rejoignent l'axiome de Raymond Aron concernant la « dissolution de l'objet ».

D'abord, la connaissance historique, reposant sur le témoignage d'autrui, « n'est pas une science à proprement parler, mais seulement une connaissance de foi » (p. 137). La compréhension enveloppe le travail entier de l'historien, dans la mesure où « l'histoire est une aventure spirituelle où la personnalité de l'historien s'engage tout entière ; pour tout dire en un mot, elle est douée pour lui d'une valeur existentielle, et c'est de là qu'elle reçoit son sérieux, sa signification et son prix » (p. 197). Et Marrou ajoute : « C'est bien là... le cœur même de notre philosophie critique, le point de vue central où tout s'ordonne et s'éclaire » (*ibid.*). La compréhension est ainsi incorporée à « la vérité de l'histoire » (chapitre IX), c'est-à-dire à la vérité dont l'histoire est capable. Elle n'est pas le côté subjectif dont l'explication serait le côté objectif. La subjectivité n'est pas une prison et l'objectivité n'est pas la libération de cette prison. Loin de se combattre, subjectivité et

1. H.-I. Marrou, *De la connaissance historique,* Paris, Ed. du Seuil, 1954.

2. « Il n'y a rien de spécifique dans la compréhension relative au passé ; c'est bien le même processus que met en jeu la compréhension d'autrui dans le présent, et en particulier (puisque, le plus souvent et dans le meilleur des cas, le document envisagé est un " texte ") dans la compréhension du langage articulé. » (p. 83.) Pour Marrou, le passage de la mémoire individuelle au passé historique ne fait pas problème, dans la mesure où la véritable coupure est entre l'attachement à soi-même et l'ouverture sur l'autre.

objectivité s'additionnent : « En fait, dans la vérité de l'histoire [c'est le titre de l'avant-dernier chapitre du livre], lorsque l'histoire est vraie, sa vérité est double, étant faite à la fois de vérité sur le passé et de témoignage sur l'historien » (p. 221).

Ensuite, l'historien étant impliqué dans la connaissance historique, celle-ci ne peut se proposer la tâche impossible de ré-actualiser le passé [1]. Impossible, pour deux raisons. D'abord, l'histoire n'est connaissance que par la *relation* qu'elle établit entre le passé vécu par les hommes d'autrefois et l'historien d'aujourd'hui. L'ensemble des procédures de l'histoire fait partie de l'équation de la connaissance historique. Il en résulte que le passé réellement vécu par l'humanité ne peut être que postulé, tel le noumène kantien à l'origine du phénomène empiriquement connu. En outre, le vécu passé nous serait-il accessible, il ne serait pas objet de connaissance : car, quand il était présent, ce passé était comme notre présent, confus, multiforme, inintelligible. Or l'histoire vise à un savoir, à une vision ordonnée, établie sur des chaînes de relations causales ou finalistes, sur des significations et des valeurs. Pour l'essentiel, Marrou rejoint ainsi Aron, au moment précis où celui-ci prononce la « dissolution de l'objet », au sens que l'on a dit plus haut [2].

Le même argument, qui interdit de concevoir l'histoire comme réminiscence du passé, condamne aussi le positivisme dont la nouvelle historiographie française fait sa bête noire. Si l'histoire est la relation de l'historien au passé, on ne peut traiter l'historien comme un facteur perturbant qui s'ajouterait au passé et qu'il faudrait éliminer. L'argument méthodologique, on le voit, double exactement l'argument tiré de la compréhension : si l'hypercritique attache plus de prix à la suspicion qu'à la sympathie, son humeur morale est bien en accord avec l'illusion méthodologique selon laquelle le fait historique existerait à l'état latent dans les documents et l'historien serait le parasite de l'équation historique. Contre cette illusion méthodologique, il faut affirmer que l'initiative en histoire n'appartient pas au document (chapitre III), mais à la question posée par l'historien. Celle-ci a la priorité logique dans l'enquête historique.

1. Ici, Marrou s'éloigne d'un des penseurs qu'il admire le plus, Collingwood. Mais peut-être une relecture de Collingwood le rendrait-il plus proche de la thèse ici défendue (cf. ci-dessous, quatrième partie).

2. Citant précisément Aron, Marrou écrit : « " Mais non, il n'existe pas une *réalité historique* toute faite avant la science qu'il conviendrait simplement de reproduire avec fidélité " (Aron, p. 120) : l'histoire est le résultat de l'effort, en un sens créateur, par lequel l'historien, le sujet connaissant, établit ce rapport entre le passé qu'il évoque et le présent qui est le sien » (p. 50-51).

Ainsi l'ouvrage de Marrou renforce celui d'Aron dans sa lutte contre le préjugé du *passé en soi.* En même temps, il assure la liaison avec l'orientation anti-positiviste de l'école des *Annales.*

La contribution de l'école des *Annales* à notre problème diffère grandement de celle d'Aron philosophe, et même de celle de Marrou historien-philosophe, marquées par la problématique allemande du *Verstehen.* Avec cette école [1], nous avons affaire à la méthodologie d'historiens professionnels, largement étrangers à la problématique de la « compréhension ». Les essais les plus théoriques des historiens de cette école sont des traités d'artisans réfléchissant sur leur métier.

Le ton avait été donné par Marc Bloch dans *Apologie pour l'histoire ou Métier d'historien* [2], ouvrage écrit loin des bibliothèques et interrompu aux deux tiers de sa rédaction par le peloton nazi d'exécution en 1944. Ce livre inachevé veut être « le mémento d'un artisan qui a toujours aimé à méditer sur sa tâche quotidienne, le carnet d'un compagnon, qui a longuement manié la toise et le niveau, sans pour cela se croire mathématicien » (p. 30). Les hésitations, les audaces et les prudences du livre en font encore aujourd'hui le prix. Aussi bien est-ce sur les « irrésolutions » de l'historiographie elle-même qu'il se plaît à mettre l'accent [3].

1. Pour une brève histoire de la fondation, des antécédents et des développements de l'école des Annales, on lira l'article « L'histoire nouvelle », par Jacques Le Goff, dans *la Nouvelle Histoire,* encyclopédie dirigée par Jacques Le Goff, Roger Chartier, Jacques Revel, Paris, Retz-CEPL, 1978, p. 210-241.

2. L'ouvrage a connu jusqu'à sept éditions : la dernière contient une importante préface de Georges Duby (Paris, Armand Colin, 1974).

3. Je reviendrai, dans la quatrième partie, sur la question qui occupe Marc Bloch, dans son chapitre I, du rapport entre « l'histoire, les hommes et le temps ». Que l'historien ne connaisse du passé que ce qui y est humain et se laisse définir comme « science des hommes dans le temps » (p. 50) ; que le temps historique soit à la fois le continu et le dissemblable ; que l'histoire doive se soustraire à l'obsession des origines ; que la connaissance du présent soit impossible sans celle du passé et *réciproquement* — tous ces thèmes reviendront au premier plan quand nous nous interrogerons sur les référents de l'histoire. Ici, nous nous bornerons aux aperçus épistémologiques que Marc Bloch attache à ses réflexions rapides sur l'objet, et d'abord au statut des notions de *trace* et de *témoignage.* Son audace est assurément d'avoir rattaché ses principales notations méthodologiques à la définition de l'histoire comme « connaissance par traces », selon l'heureuse expression de François Simiand. Or, les traces sur lesquelles s'établit une science des hommes dans le temps sont essentiellement les « rapports des témoins » (p. 57). Dès lors, l'« observation historique » — titre du chapitre II — et la « critique » — titre du chapitre III — seront essentiellement consacrées à une typologie et à une critériologie du *témoignage.* Il est remarquable que, dans l'*Apologie pour l'histoire,* le récit n'apparaisse que comme l'une des espèces de témoignages dont l'historien fait la critique, à savoir les

Certes, les récits constituent seulement la classe des « témoins volontaires » dont il faut limiter l'empire sur l'histoire à l'aide de ces « témoins malgré eux » que sont toutes les autres traces familières à l'archéologue et à l'historien de l'économie et des structures sociales. Mais cet élargissement sans fin des sources documentaires n'empêche pas que la notion de témoignage englobe celle de document et reste le modèle de toute observation « sur traces » (p. 73). Il en résulte que la « critique » sera pour l'essentiel, sinon exclusivement, une critique du témoignage, c'est-à-dire une épreuve de véracité, une chasse à l'imposture, qu'elle soit tromperie sur l'auteur et la date (c'est-à-dire faux au sens juridique) ou tromperie sur le fond (c'est-à-dire plagiat, fabulation, remaniement, colportage de préjugés et de rumeurs). Cette place considérable donnée à la critique du témoignage, aux dépens des questions de cause et de loi, qui occupent à la même époque l'épistémologie de langue anglaise, tient essentiellement [1] à la spécification de la notion de trace par le caractère *psychique* des phénomènes historiques : les conditions sociales sont, « dans leur nature profonde, mentales » (p. 158) ; il en résulte que « la critique du témoignage qui travaille sur des réalités psychiques, demeurera toujours un art de finesse… mais c'est aussi un art rationnel qui repose sur la pratique méthodique de quelques grandes opérations de l'esprit » (p. 97). Les prudences, voire les timidités, de l'œuvre sont la contrepartie de cette soumission de la notion de document à celle de témoignage ; en fait, même la sous-section intitulée « Essai d'une logique de la méthode critique » (p. 97-116), reste prisonnière d'une analyse psycho-sociologique du témoignage, au reste fort raffinée : que cet art rationnel mette les témoignages en contradiction mutuelle, qu'il dose les motifs du mensonge, il reste l'héritier des méthodes érudites forgées par Richard Simon, les Bollandistes et les Bénédictins. Ce n'est pas que l'auteur n'ait aperçu, et en ce sens anticipé, le rôle de la critique statistique ; mais il n'a pas vu que la logique de la probabilité, traitée vingt ans plus tôt par Max Weber et reprise par Raymond Aron quelques années auparavant, ne relevait déjà plus de la critique du témoignage, mais du problème de la causalité en histoire [2]. En user seulement pour déceler et expliquer

témoignages intentionnels, destinés à l'information du lecteur, et jamais comme la forme littéraire de l'œuvre que l'historien écrit (cf. les occurrences du mot *récit*, p. 55, 60, 97, 144).

1. Le rôle considérable du faux en histoire médiévale explique aussi de façon contingente l'ampleur donnée à la critique du témoignage.

2. « Évaluer la probabilité d'un événement, c'est mesurer les chances qu'il a de se produire » (p. 107). Marc Bloch n'est pas loin de Weber et Aron quand il observe la singularité de ce mode de raisonnement, qui paraît appliquer la prévision au passé

les imperfections du témoignage, c'était inévitablement en limiter la portée [1].

La véritable percée opérée par l'*Apologie pour l'histoire* est plutôt à chercher dans les notations consacrées à l'« analyse historique » (titre du chapitre IV). Marc Bloch a parfaitement aperçu que l'explication historique consistait essentiellement dans la constitution de chaînes de phénomènes semblables et dans l'établissement de leurs interactions. Ce primat de l'analyse sur la synthèse [2] a permis à l'auteur de mettre en place — sous le couvert d'une citation de Focillon, l'auteur de l'admirable *Vie des Formes* — le phénomène de décalage entre les aspects ainsi distingués dans le phénomène historique global : politique, économique, artistique, auxquels nous reviendrons plus loin avec Georges Duby. Et surtout, il lui a donné l'occasion d'une remarquable discussion du problème de la *nomenclature* (p. 130-155).

Ce problème est évidemment lié à celui du classement des faits ; mais il pose le problème spécifique de la propriété du langage : faut-il *nommer* les entités du passé dans les termes où les documents les désignent déjà, au risque d'oublier que « le vocabulaire des documents n'est à sa façon rien d'autre qu'un témoignage, donc sujet à critique » (p. 138) ? Ou bien faut-il projeter sur elles des termes modernes, au risque de manquer, par anachronisme, la spécificité des phénomènes passés et d'éterniser par arrogance nos catégories ? On le voit, la dialectique du semblable et du dissemblable régit l'analyse historique comme la critique.

Ces vues pénétrantes font plus encore regretter l'interruption violente de l'ouvrage au moment où il s'engageait dans la discussion du redoutable problème de la relation causale en histoire. Nous restons avec une phrase, que le suspens rend plus précieuse : « Les causes en

---

révolu : « La ligne du passé ayant été, en quelque sorte, imaginairement reculée, c'est un avenir d'autrefois bâti sur un morceau de ce qui, pour nous, est actuellement le passé » (p. 107).

1. « Au bout du compte, la critique du témoignage s'appuie sur une instinctive métaphysique du semblable et du dissemblable, de l'un et du multiple » (p. 101). Elle se résume ainsi dans le maniement du « principe de ressemblance limitée » (p. 103).

2. Une seule fois, le récit est associé à la phase de reconstruction ; c'est sous le couvert d'une citation de Michelet : « Mais il fallait un grand mouvement vital, parce que tous ces éléments divers gravitaient ensemble dans l'unité du récit » (cité p. 129). Ce qui peut-être fait le plus défaut à cette *Apologie pour l'histoire*, c'est une réflexion sur la manière dont la question de l'explication — donc de la causalité en histoire — s'articule sur celle de l'observation — donc du fait historique et de l'événement. C'est à ce point d'articulation qu'une réflexion sur le récit et sur le lien entre événement et récit aurait pu être éclairante.

histoire, pas plus qu'ailleurs, ne se postulent pas. Elles se cherchent... » (p. 160).

Le véritable manifeste de l'école des *Annales* devait être le chef-d'œuvre entier de Fernand Braudel, *La Méditerranée et le Monde méditerranéen à l'époque de Philippe II* [1].

Par souci de clarté didactique, je retiendrai des essais de Braudel et des historiens de son école ce qui va directement à l'encontre de la seconde de nos suppositions initiales, à savoir que les événements sont ce que des êtres agissants font arriver et, en conséquence, partagent la contingence propre à l'action. Ce qui est mis en question, c'est le modèle d'action impliqué par la notion même de « faire arriver » (et son corollaire, « subir ») des événements. L'action, selon ce modèle implicite, peut toujours être attribuée à des agents individuels, auteurs ou victimes des événements. Même si l'on inclut le concept d'interaction dans celui d'action, on ne sort pas de la présupposition que l'auteur de l'action doit toujours être un agent identifiable.

La présupposition tacite que les événements sont ce que des individus font arriver ou subissent est ruinée par Braudel en même temps que deux autres présuppositions étroitement liées entre elles (et qui subissent directement le feu de la critique de Braudel et de ses successeurs) : à savoir, que l'individu est le porteur ultime du changement historique et que les changements les plus significatifs sont les changements ponctuels, ceux-là mêmes qui affectent la vie des individus en raison de leur brièveté et de leur soudaineté. C'est bien à ceux-ci que Braudel réserve le titre d'événements.

Ces deux corollaires explicites en entraînent un troisième, qui n'est jamais discuté pour lui-même, à savoir qu'une histoire d'événements, une histoire événementielle, ne peut être qu'une histoire-récit. Histoire politique, histoire événementielle, histoire-récit sont dès lors des expressions quasiment synonymes. Le plus surprenant, pour nous qui nous interrogeons précisément sur le statut narratif de l'histoire, c'est que la notion de récit ne soit jamais interrogée pour elle-même, comme le sont le primat de l'histoire politique et celui de l'événement. On se borne à renier, au détour d'une phrase, l'histoire-récit à la Ranke (on a

1. Fernand Braudel, *La Méditerranée et le Monde méditerranéen à l'époque de Philippe II,* Paris, Armand Colin, 1949. L'ouvrage connut deux révisions importantes jusqu'à la quatrième édition de 1979. L'auteur a en outre réuni en un volume, *Écrits sur l'histoire*, Paris, Flammarion, 1969, des extraits de la préface à la *Méditerranée*..., la « Leçon inaugurale » au collège de France (1950), l'article fameux des *Annales* consacré à « la longue durée » (1958) et divers autres essais traitant des rapports entre l'histoire et les autres sciences de l'homme.

vu plus haut que pour Marc Bloch le récit fait partie des témoignages volontaires, donc des documents). Jamais il n'est venu non plus à l'idée de Lucien Febvre, fondateur de l'école des *Annales* avec Marc Bloch, que sa critique véhémente de la notion de fait historique [1], conçu comme atome de l'histoire tout donné par les sources, et le plaidoyer pour une réalité historique construite par l'historien, rapprochaient fondamentalement la réalité historique, ainsi créée par l'histoire, du récit de fiction, lui aussi créé par le narrateur. C'est donc seulement à travers la critique d'une histoire politique, qui met en avant l'individu et l'événement, que se fait la critique de l'histoire-récit. Seules ces deux conceptions sont attaquées de front.

A l'individualisme méthodologique en sciences sociales, les nouveaux historiens opposent la thèse que l'objet de l'histoire n'est pas l'individu, mais le « fait social total », terme emprunté à Marcel Mauss, dans toutes ses dimensions humaines — économique, sociale, politique, culturelle, spirituelle, etc. A la notion d'événement, conçu comme saut temporel, ils opposent celle d'un *temps social* dont les catégories majeures — conjoncture, structure, tendance, cycle, croissance, crise, etc. — sont empruntées à l'économie, à la démographie et à la sociologie.

L'important est de saisir la connexion entre les deux types de contestation : celle du primat de l'individu comme ultime atome de l'investigation historique, et celle du primat de l'événement, au sens ponctuel du mot, comme ultime atome du changement social.

Ces deux rejets ne résultent pas de quelque spéculation sur l'action et le temps, ils sont la conséquence directe du déplacement de l'axe principal de l'investigation historique de l'histoire politique vers l'histoire sociale. C'est en effet dans l'histoire politique, militaire, diplomatique, ecclésiastique, que les individus — chefs d'États, chefs de guerre, ministres, diplomates, prélats — sont censés faire l'histoire. C'est là aussi que règne l'événement assimilable à une explosion. « Histoire de batailles » et « histoire événementielle » (selon l'expression forgée par Paul Lacombe et reprise par François Simiand et Henri Berr [2]) vont de pair. Primat de l'individu et primat de l'événement ponctuel sont les deux corollaires obligés de la prééminence de l'histoire politique.

Il est remarquable que cette critique de l'histoire événementielle ne

1. « Leçon inaugurale » au Collège de France (1933), in *Combats pour l'histoire*, Paris, Armand Colin, 1953, p. 7. Il n'y a pas d'article « récit » ou « narratif » dans l'encyclopédie *la Nouvelle Histoire*.

2. P. Lacombe, *De l'histoire considérée comme une science*, Paris, Hachette, 1894 ; F. Simiand, « Méthode historique et science sociale », *Revue de synthèse historique*, 1903, p. 1-22, 129, 157 ; H. Berr, *L'Histoire traditionnelle et la Synthèse historique*, Paris, Alcan, 1921.

résulte aucunement de la critique philosophique d'une conception elle-même philosophique de l'histoire, dans la tradition hégélienne. Elle résulte plutôt d'un combat méthodologique contre la tradition positiviste qui prévalait dans les études historiques en France dans le premier tiers du siècle. Pour cette tradition, les événements majeurs sont déjà consignés dans les archives, lesquelles d'ailleurs sont elles-mêmes déjà instituées et constituées autour des péripéties et des accidents affectant la distribution du pouvoir. C'est ainsi que la double dénonciation de l'histoire de batailles et de l'histoire événementielle constitue l'envers polémique d'un plaidoyer pour une histoire du phénomène humain total, avec toutefois un fort accent sur ses conditions économiques et sociales. A cet égard, les travaux les plus marquants et sans doute les plus nombreux de l'école historique française sont consacrés à l'histoire sociale, dans laquelle groupes, catégories et classes sociales, villes et campagnes, bourgeois, artisans, paysans et ouvriers deviennent les héros collectifs de l'histoire. Avec Braudel, l'histoire devient même une géo-histoire, dont le héros est la Méditerranée et le monde méditerranéen, avant que lui succède, avec Huguette et Pierre Chaunu, l'Atlantique entre Séville et le Nouveau Monde [1].

C'est dans ce contexte critique qu'est né le concept de « longue durée » opposé à celui d'événement, entendu au sens de durée brève. Dans sa préface à la *Méditerranée*..., puis dans sa « Leçon inaugurale » au Collège de France en 1950, et encore dans son article des *Annales* « La longue durée », Braudel n'a cessé de frapper sur le même clou. L'histoire la plus superficielle, c'est l'histoire à la dimension de l'individu. L'histoire événementielle, c'est l'histoire à oscillations brèves, rapides, nerveuses ; elle est la plus riche en humanité, mais la plus dangereuse. Sous cette histoire et son temps individuel, se déploie « une histoire lentement rythmée » (*ibid.*, p. 11) et sa « longue durée » (p. 4 *sq.*) : c'est l'histoire sociale, celle des groupes et des tendances profondes. Cette longue durée, c'est l'économiste qui l'enseigne à l'historien ; mais la longue durée est aussi le temps des institutions politiques et celui des mentalités. Enfin, plus profondément enfouie, règne « une histoire quasi immobile, celle de l'homme dans ses rapports avec le milieu qui l'entoure » (p. 11) ; pour cette histoire, il faut parler d'un « temps géographique » (p. 13).

Cet étagement des durées est une des contributions les plus remarquables de l'historiographie française à l'épistémologie de l'histoire — à défaut d'une discussion plus raffinée des idées de cause et de loi.

1. P. Chaunu, *Séville et l'Atlantique* (*1504-1650*), 12 vol. Paris, SEVPEN, 1955-1960.

L'idée que l'individu et l'événement soient à dépasser simultanément, sera le point fort de l'École. Avec Braudel, le plaidoyer pour l'histoire devient un plaidoyer pour « l'histoire anonyme, profonde et silencieuse » (p. 21), et, par là même, pour un « temps social à mille vitesses, à mille lenteurs » (« Leçon inaugurale », in *Écrits sur l'histoire*, p. 24). Un plaidoyer et un credo : « Je crois ainsi à la réalité d'une histoire particulièrement lente des civilisations » (p. 24). Mais c'est le métier d'historien, non la réflexion philosophique, affirme l'auteur dans « La longue durée », qui suggère « cette opposition vive », au cœur de la réalité sociale, « entre l'instant et le temps lent à s'écouler » (p. 43). La conscience de cette pluralité du temps social doit devenir une composante de la méthodologie commune à toutes les sciences de l'homme. Poussant l'axiome au voisinage du paradoxe, l'auteur va jusqu'à dire : « La science sociale a presque horreur de l'événement. Non sans raison : le temps court est la plus capricieuse, la plus trompeuse des durées » (p. 46).

Le lecteur épistémologue peut être surpris par l'absence de rigueur des expressions caractéristiques de la pluralité des temporalités. Ainsi, l'auteur ne parle pas seulement de temps court ou de temps long, donc de différences quantitatives entre laps de temps, mais de temps *rapide* et de temps *lent*. Or, absolument parlant, la vitesse ne se dit pas des intervalles de temps, mais des mouvements qui les parcourent.

Or, c'est bien de ces mouvements qu'il s'agit en dernier ressort. Quelques métaphores, induites par l'image de la vitesse ou de la lenteur, le confirment. Commençons par celles qui marquent la dépréciation de l'événement, synonyme de temps court : « Une agitation de surface, les vagues que les marées soulèvent de leur puissant mouvement — une histoire à oscillations brèves, rapides, nerveuses » (« Préface », *Écrits sur l'histoire*, p. 12) ; « Méfions-nous de cette histoire brûlante encore, telle que les contemporains l'ont sentie, décrite, vécue, au rythme de leur vie, brève comme la nôtre » (*ibid.*) ; « Un monde aveugle, comme tout monde vivant, comme le nôtre, insouciant des histoires de profondeur, de ses eaux vives sur lesquelles notre barque file comme le plus ivre des bateaux » (*ibid.*). Tout un groupe de métaphores disent la tromperie du temps court : « sortilèges », « fumée », « caprice », « lueurs sans clarté », « temps court de nos illusions », « fallacieuses illusions » de Ranke. D'autres disent sa prétention bavarde : « réagir contre l'histoire entièrement réduite au rôle des héros quintessenciés », « contre l'orgueilleuse parole unilatérale de Treitschke : les hommes font l'histoire » (« Leçon inaugurale », *Écrits*, p. 21). L'histoire traditionnelle, l'histoire-récit chère à Ranke : « des lueurs, mais sans clarté, des faits, mais sans humanité »). Et maintenant, les métaphores qui disent la « valeur exceptionnelle du temps long » (« La longue durée », p. 44) : « Cette histoire anonyme, profonde et souvent silencieuse », celle qui fait les hommes plus que les hommes ne la font (« Leçon inaugurale », *Écrits*, p. 21) ; « une histoire lourde dont le temps ne s'accorde plus à nos anciennes mesures » (*ibid.*, p. 24) ; « cette histoire silencieuse, mais impérieuse, des civilisations » (*ibid.*, p. 29).

Que cachent donc, que révèlent ces métaphores ? D'abord, un souci de *véracité* autant que de *modestie* : l'aveu que nous ne faisons pas l'histoire, si l'on entend par « nous » les grands hommes de l'histoire mondiale, selon Hegel. Donc, la volonté de rendre visible et audible la poussée d'un temps profond, que la clameur du drame a éclipsée et réduite au silence. Si maintenant on creuse sous cette volonté, que trouve-t-on ? Deux aperceptions adverses, maintenues en équilibre.

D'un côté, à la faveur de la lenteur, de la lourdeur, du silence du temps long, l'histoire accède à une intelligibilité qui n'appartient qu'à la longue durée, à une cohérence qui n'est propre qu'aux équilibres durables, bref à une sorte de stabilité dans le changement : « Réalité de longue, inépuisable durée, les civilisations, sans fin réadaptées à leur destin, dépassent donc en longévité toutes les autres réalités collectives ; elles leur survivent » (« Histoire et temps présent », in *Écrits*, p. 303). Parlant des civilisations, il arrive à l'auteur de les désigner comme « une réalité que le temps use mal et véhicule très lentement ». Oui, « les civilisations sont des réalités de très longue durée » (p. 303). Ce que Toynbee, en dépit de tout le mal qu'on peut en dire, a parfaitement vu : « Il s'est attaché à certaines de ces réalités qui n'en finissent plus de vivre ; il s'est attaché à des événements mais qui se répercutent violemment à des siècles de distance et à des hommes bien au-dessus de l'homme, ou Jésus, ou Bouddha, Mahomet, hommes de longue durée eux aussi » (p. 284). A la fumée de l'événement, s'oppose le roc de la durée. Surtout quand le temps s'inscrit dans la géographie, se recueille dans la pérennité des paysages : « Une civilisation est d'abord un espace, une ère culturelle..., un logement » (p. 292) ; « La longue durée, c'est l'histoire interminable, inusable des structures et groupes de structures » (« Histoire et sociologie », *ibid.*, p. 114). On dirait qu'ici Braudel atteint, à travers la notion de durée, moins ce qui change que ce qui demeure : ce que le verbe durer dit mieux que le substantif durée. Une sagesse discrète, opposée à la frénésie de l'événement, se laisse deviner derrière ce respect pour la grande lenteur des changements véritables.

Mais l'aperception adverse se fait jour dès lors que la mathématique sociale propose d'appliquer à la longue durée ses structures achroniques, ses modèles intemporels. Contre cette prétention et cette tentation, l'historien reste le gardien du changement. Il peut bien opposer au récitatif traditionnel un « récitatif de la conjoncture », il reste que « bien au-delà de ce second récitatif se situe une histoire de souffle plus soutenu encore, d'ampleur séculaire cette fois : l'histoire de longue, même de très longue durée » (p. 44-45). Mais la durée, même la très longue durée, reste durée. Et c'est là que l'historien veille, sur le seuil où l'histoire pourrait basculer dans la sociologie. On le voit dans la section de l'essai « La longue durée » (1958) consacrée aux mathématiques sociales (*Écrits*, p. 61 *sq.*), et dans l'essai « Histoire et sociologie » (p. 97 *sq.*). « Dans le langage de l'histoire », proteste Braudel, « il ne peut guère y avoir de synchronie parfaite » (p. 62). Les sociologues mathématiciens peuvent bien construire des modèles quasi intemporels : « quasi intemporels, c'est-à-dire, en vérité, circulant par les routes obscures et inédites de la très longue durée » (p. 66). En fait, les modèles sont de durée variable : « Ils valent le temps que vaut la réalité qu'ils enregistrent..., car plus significatifs encore que les structures profondes de la vie sont leurs points de rupture, leur brusque ou lente détérioration sous l'effet de pressions contradictoires » (p. 71). Ce qui compte pour l'historien, c'est finalement le parcours d'un modèle ; la métaphore marine revient ici en force : « Le naufrage est toujours le moment le plus significatif » (p. 72). Les modèles des mathématiques qualitatives se prêtent mal aux voyages dans le temps, « avant tout parce qu'ils circulent sur une seule des innombrables routes du temps, celle de la longue, *très longue* durée, à l'abri des accidents, des conjonctures, des ruptures » (p. 72). C'est le cas des modèles construits par C. Lévi-Strauss : chaque fois, ils s'appliquent à « un phénomène d'une extrême lenteur, comme intemporel » (p. 73) ; la prohibition de l'inceste est une de ces réalités de très longue durée. Les mythes, lents à se développer, correspondent eux aussi à des structures d'une extrême longévité. Ainsi les mythèmes, ces atomes d'intelligibilité, conjoignent-ils l'infiniment petit à la très longue durée. Mais, pour l'historien, la très longue durée, c'est « la trop longue durée » (p. 75), qui ne saurait faire oublier « le jeu multiple de la vie, tous ses mouvements, toutes ses durées, toutes ses ruptures, toutes ses variations » (p. 75).

Voici donc le théoricien de la longue durée engagé dans un combat sur deux fronts : du côté de l'événement, et du côté de la trop longue durée. Nous essaierons de dire au chapitre III dans quelle mesure cette apologie de la longue durée et son double refus restent compatibles avec le modèle narratif de la mise en intrigue. Si tel était le cas, l'attaque contre l'histoire événementielle ne serait pas le dernier mot de l'historien sur la notion même d'événement, dans la mesure où il importe plus à un événement qu'il contribue à la progression d'une intrigue que d'être bref et nerveux, à la façon d'une explosion [1].

A la suite de Braudel, toute l'école des *Annales* s'est engouffrée dans la brèche de la longue durée. Je voudrais m'attarder à l'un des développements les plus significatifs de l'historiographie française contemporaine, l'introduction massive en histoire des procédures quantitatives empruntées à l'économie et étendues à l'histoire démographique, sociale, culturelle et même spirituelle. Avec ce développement, une présupposition majeure concernant la nature de l'événement historique est mise en question, à savoir celle qu'étant unique, l'événement ne se répète pas.

L'histoire quantitative, en effet, est fondamentalement une « histoire sérielle » — selon l'expression que Pierre Chaunu a rendue classique [2] : elle repose sur la constitution de séries homogènes d'*items*, donc de faits répétables, éventuellement accessibles au traitement par l'ordinateur. Toutes les catégories majeures du temps historique peuvent, de proche en proche, être redéfinies sur une base « sérielle ». Ainsi la *conjoncture* passe de l'histoire économique à l'histoire sociale et de là à l'histoire générale, dès lors que celle-ci peut être conçue comme une méthode pour intégrer *à un moment donné* le plus grand nombre possible de corrélations entre séries éloignées [3]. De même, la notion de structure, entendue par les historiens au double sens, statique, d'architecture relationnelle d'un ensemble donné, et dynamique, d'une stabilité durable, ne garde quelque précision que si elle peut être référée à l'intersection de nombreuses variables qui toutes présupposent une mise en série. Ainsi, conjoncture tend à désigner le temps court, et structure le temps très long, mais dans une perspective d'histoire « sérielle ». Prises ensemble, les deux notions tendent aussi à désigner une polarité de la recherche historique, selon que la victoire sur l'accidentel et l'événementiel est portée jusqu'à l'absorption de la conjoncture dans la structure, ou que la longue durée — généralement privilégiée par l'historiographie française — refuse de se dissoudre dans le temps immobile des « sociétés froides » (*la Nouvelle Histoire*, p. 527).

1. Je comparerai plus loin (chap. III, p. 289-305) la pratique braudelienne, dans *la Méditerranée et le Monde méditerranéen à l'époque de Philippe II*, aux déclarations théoriques des *Écrits sur l'histoire*, auxquelles je me borne ici.

2. Pierre Chaunu, *Histoire quantitative, Histoire sérielle*, *op. cit.*

3. Le concept de conjoncture, forgé par les économistes, « exprime la volonté de dépasser le discontinu des diverses courbes établies par les *statisticiens* pour saisir l'interdépendance de toutes les variables et des facteurs isolés à un moment donné et pour suivre — donc prévoir — leur évolution dans le temps » (art. « Structure/Conjoncture » in *la Nouvelle histoire*, *op. cit.*, p. 525).

Or, d'une manière générale, les historiens — et tout particulièrement les spécialistes d'histoire économique —, à la différence de leurs collègues économistes ou sociologues, tiennent à conserver même à la notion de structure sa coloration temporelle. La notion de « longue durée » les a aidés, dans cette lutte sur deux fronts, à résister à l'entière dé-chronologisation des modèles et à la fascination par l'événement accidentel et isolé. Mais, comme la première tentation venait des sciences sociales voisines et la seconde de la tradition historique elle-même, c'est sur le front de l'événement que la lutte a toujours été la plus chaude ; dans une large mesure, le développement de l'histoire économique a été une réponse au défi posé par la grande dépression de 1929, au moyen d'une analyse à long terme qui dépouillerait l'événement de sa singularité catastrophique. Quant à la lutte sur le front des structures achroniques, elle n'est jamais entièrement absente du tableau : face au développement de l'économie purement quantitative de Simon Kuznets et de Jean Marczewski, l'histoire sérielle a été contrainte de se distinguer de l'histoire purement quantitative, à qui il est reproché de s'enfermer dans le cadre *national* en adoptant pour modèle la comptabilité nationale. Ce que l'histoire quantitative des économistes sacrifie sur l'autel des sciences exactes, c'est précisément le temps long, reconquis à grands frais aux dépens du temps dramatique de l'événement. C'est pourquoi l'ancrage dans les grands espaces et l'alliance avec la géo-politique de Braudel était nécessaire pour que l'histoire sérielle reste fidèle à la longue durée et, grâce à cette médiation, reste greffée sur le tronc de l'histoire traditionnelle. C'est pourquoi aussi conjoncture et structure, même lorsqu'elles sont mises en opposition, marquent dans la diachronie le primat d'une logique immanente sur l'accidentel et l'événement isolé.

Ernest Labrousse, creusant le sillon ouvert par François Simiand [1], avec son histoire des prix, s'est trouvé être le premier historien à incorporer à sa discipline la notion de conjoncture et de structure [2]. En même temps, il montrait la voie de l'élargissement de ce champ ouvert à la quantité, en conduisant sa discipline de l'histoire économique à l'histoire sociale à base d'enquêtes socio-professionnelles. Pour E. Labrousse, la structure est sociale : elle concerne l'homme dans ses rapports à la production et aux autres hommes, dans ses cercles

1. L'« Introduction générale » à *la Crise de l'économie française à la fin de l'Ancien Régime et au début de la Révolution française*, Paris, PUF, 1944, fut le Discours de la Méthode de l'histoire économique.

2. Selon le témoignage de Pierre Chaunu, « Labrousse marquait les limites de la signification d'une conjoncture qui ne peut parler qu'à l'intérieur d'une structure », *Histoire quantitative, Histoire sérielle*, *op. cit.*, p. 125.

de sociabilité qu'il appelle les classes. Depuis 1950, il s'attaque à la quantité sociale, marquant ainsi l'exode de l'outil statistique vers des régions plus rebelles à la quantification. La « quantité sociale », c'est le passage du premier niveau, le niveau économique, au second niveau, le niveau social, dans la ligne authentique de Marx, mais sans souci d'orthodoxie marxiste. En tant que modèle d'analyse, l'histoire économique se révélait ainsi grosse d'un développement arborescent : du côté de la démographie et même, comme on le verra plus loin, du côté des phénomènes socio-culturels, des mentalités — le troisième niveau, selon E. Labrousse.

La méthodologie de l'histoire économique marquait une continuité plus qu'une rupture avec le combat anti-positiviste de Marc Bloch et de Lucien Febvre. En effet, ce que les fondateurs de l'école des *Annales* avaient voulu combattre, c'était d'abord la fascination par l'événement unique, non répétable, ensuite l'identification de l'histoire à une chronique améliorée de l'État, enfin — peut-être surtout — l'absence de critère de choix, donc de *problématique*, dans l'élaboration de ce qui compte comme « faits » en histoire. Les faits, ces historiens ne cessent de le répéter, ne sont pas donnés dans les documents, mais les documents sont sélectionnés en fonction d'une problématique. Les documents eux-mêmes ne sont pas donnés : les archives officielles sont des institutions qui reflètent un choix implicite en faveur de l'histoire conçue comme recueil d'événements et comme chronique de l'État. Ce choix n'étant pas déclaré, le fait historique a pu paraître régi par le document et l'historien recevoir ses problèmes de ces données.

Dans cette conquête du champ historique entier par l'histoire quantitative (ou sérielle), une mention spéciale doit être faite de l'histoire démographique, en raison même de ses implications temporelles. Pour cette science, ce qui importe, c'est d'abord le nombre des hommes et le comptage de ces nombres à l'échelle de remplacement des générations sur la planète. La démographie historique, c'est-à-dire la démographie en perspective temporelle, met en tableau l'évolution biologique de l'humanité considérée comme une seule masse [1]. En même temps, elle fait apparaître des rythmes mondiaux de population qui installent la longue durée à l'échelle du demi-millénaire et remettent en question la périodisation de l'histoire traditionnelle. Enfin, la démographie, reprise en charge par l'historien, met en lumière le lien

1. « Au départ, il y a eu l'économie, mais, au cœur de tout, il y a l'homme, l'homme face à lui-même, donc à la mort, dans la succession des générations, donc la démographie » (P. Chaunu, « La voie démographique et ses dépassements », in *Histoire Quantitative, Histoire Sérielle*, *op. cit.*, p. 169).

entre le niveau de peuplement et les niveaux de culture et de civilisation [1].

En ce sens, la démographie historique assure la transition entre une histoire sérielle de niveau économique et une histoire sérielle de niveau social, puis de niveau culturel et spirituel, pour reprendre les trois niveaux d'E. Labrousse.

Par niveau social, il faut entendre un vaste éventail de phénomènes, allant de ce que Fernand Braudel appelle dans son autre chef-d'œuvre [2] *Civilisation matérielle* à ce que d'autres appellent *histoire des mentalités*. La civilisation matérielle constitue un véritable sous-ensemble par son caractère englobant (des gestes, de l'habitat, de l'alimentation, etc.). C'est pourquoi l'ordonnance par étages des temporalités selon le modèle de *la Méditerranée*... s'avère lui être parfaitement appropriée, autant que la pertinence du temps long et des séries nombrées [3].

Cette brève incursion dans le champ du quantitatif en histoire n'a eu qu'un but : montrer la continuité de la lutte de l'historiographie française contre l'histoire événementielle et, par implication, contre une manière directement narrative d'écrire l'histoire. Or, il est remarquable que l'histoire nouvelle, pour se libérer de l'emprise de l'événement, doive se coupler avec une autre discipline, pour laquelle le temps n'est pas une préoccupation majeure. On a vu l'histoire de longue durée naître du couplage avec la géographie, et l'histoire quantitative, en tant qu'elle est aussi une histoire de longue durée, du couplage avec l'économie. Ce couplage de l'histoire avec une autre science rend plus aiguë la question de savoir en quoi l'histoire reste historique dans ce mariage de raison. Or, chaque fois, le rapport à l'événement fournit une pierre de touche appropriée.

C'est le cas avec l'*anthropologie historique*, qui s'emploie à transférer sur la distance historique la sorte de dépaysement que donne à

1. L'ouvrage de P. Goubert, *Beauvais et le Beauvaisis de 1600 à 1730*, Paris, SEVPEN, 1960 (réédité sous le titre *Cent Mille Provinciaux au XVIIe siècle*, Paris, Flammarion, 1968), marque à cet égard l'entière intégration de l'histoire démographique et de l'histoire économique dans le cadre de la monographie régionale. En ce sens, c'est peut-être surtout l'histoire démographique qui a permis de joindre à l'idée de structure celle de synthèse de civilisation et de délimiter un tel système cinq fois séculaire s'étendant de la charnière du XIIIe au début du XXe siècle, c'est-à-dire à la fin de l'Europe rurale. Mais le contour de ce système de civilisation n'apparaît que si la démographie ne se borne pas à compter des hommes, si elle vise à dégager des caractères culturels et non naturels, qui règlent le difficile équilibre de ce système.

2. *Civilisation matérielle, Économie et Capitalisme* (*XVe-XVIIIe siècle*), t. I, *les Structures du quotidien*, t. II, *les Jeux de l'échange*, t. III, *le Temps du monde*, Paris, Armand Colin, 1967-1979.

3. Cf. ci-dessous, chap. III, p. 289 *sq*.

l'anthropologue la distance géographique et à reconquérir, par-delà donc la culture savante, la coutume, le geste, l'imaginaire, bref la culture populaire. L'ouvrage type est ici celui de J. Le Goff dans *Pour un autre Moyen Age. Temps, travail et culture en Occident* : l'auteur s'y propose de constituer « une anthropologie historique de l'Occident préindustriel [1] » (p. 15).

Le philosophe ne peut manquer de s'intéresser à ce qui y est dit précisément du temps : non pas du temps des événements racontés, mais précisément du temps tel qu'il est *représenté* par les hommes du Moyen Age. Il est amusant que ce soit justement la représentation du temps qui, pour l'historien, fasse l'événement : « Le conflit du temps de l'Église et du temps des marchands s'affirme..., au cœur du Moyen Age, comme un des événements majeurs de l'histoire mentale de ces siècles, où s'élabore l'idéologie du monde moderne, sous la pression du glissement des structures et des pratiques économiques » (p. 48). Pour accéder à ce temps des hommes, devenu objet pour l'historien-anthropologue, et en particulier pour repérer l'avancée du temps des marchands, il faut interroger les manuels de confession où l'on suit les changements dans la définition et la catégorisation des péchés. Pour apprécier l'ébranlement mental et spirituel du cadre chronologique, il faut repérer la naissance et la diffusion des horloges, qui substituent un temps exact à la journée du travail rural et des heures canoniques rythmées par le son des cloches. Mais c'est surtout lorsque l'opposition entre culture savante et culture populaire est prise pour axe de la problématique que l'historien se fait anthropologue. La question est alors de savoir en quoi cette histoire reste historique. Elle reste historique en ceci que la longue durée reste durée. A cet égard, la méfiance de l'auteur à l'endroit du vocabulaire de la diachronie — problématique importée de la sémiologie et de l'anthropologie structurale — rappelle celle de Braudel à l'endroit des modèles lévi-straussiens [2].

1. J. Le Goff, *Pour un autre Moyen Age. Temps, travail et culture en Occident : Dix-huit Essais*, Paris, Gallimard, 1977. L'ouvrage relève de l'histoire de longue durée : l'auteur se plaît à évoquer « le long Moyen Age », « la longue durée pertinente de notre histoire » (p. 10). Je reviendrai sur certaines déclarations de Le Goff concernant le rapport entre ce Moyen Age « total », « long », « profond » et notre présent, dans la quatrième partie de mon exposé.

2. Refusant de « s'abandonner à une ethnologie en dehors du temps » (p. 347), Le Goff voit la diachronie opérer « selon des systèmes abstraits de transformation très différents des schèmes d'évolution dont se sert l'historien pour tenter d'approcher le devenir des sociétés concrètes qu'il étudie » (p. 346). Le problème, selon lui, est de dépasser le « faux dilemme structure-conjoncture, et surtout structure-événement » (p. 347).

A vrai dire, ce qui intéresse l'historien, ce sont non seulement les « systèmes de valeur » et leur résistance aux changements, mais aussi leurs mutations. Je reviendrai, à la fin du chapitre III, sur une suggestion que je hasarde maintenant comme une pierre d'attente pour la discussion : on peut en effet se demander si, pour rester historique, l'histoire ne doit pas élaborer en quasi-événements les mutations lentes qu'elle abrège dans sa mémoire, par un effet d'accélération cinématographique. Le Goff ne traite-t-il pas du conflit majeur concernant l'appréciation du temps lui-même comme « un des événements majeurs de l'histoire mentale de ces siècles » ? Nous ne pourrons rendre justice à cette expression que quand nous serons en mesure de donner un cadre épistémologique approprié à ce que j'appelle ici, à titre provisoire, un quasi-événement [1].

Un autre type de couplage de l'histoire avec des sciences pour lesquelles le temps n'est pas une catégorie majeure s'exprime dans l'*histoire des mentalités*. Les sciences de référence sont ici principalement la sociologie des idéologies, d'origine marxiste, la psychanalyse de type freudien (parfois, mais rarement, de type jungien), la sémantique structurale et la rhétorique des discours. La parenté avec l'histoire anthropologique est évidente. L'écoute des idéologies, de l'inconscient collectif, des parlers spontanés confère à l'histoire un sens de l'étrangeté, de la distance et de la différence comparable à celui que donnait tout à l'heure le regard de l'anthropologue. C'est encore l'homme quotidien, bien souvent privé de parole par le discours dominant, qui retrouve la parole à travers l'histoire. Cette modalité de rationalité historique marque en même temps l'effort le plus intéressant pour porter le quantitatif au troisième niveau, celui des attitudes à l'égard du sexe, de l'amour, de la mort, du discours parlé ou écrit, des idéologies et des religions. Pour rester sérielle, cette histoire devait trouver des documents appropriés à l'établissement de séries homogènes de faits repérables. Ici, comme déjà dans l'histoire économique, l'historien est l'inventeur d'un type de documents : jadis c'était les mercuriales, puis les dîmes. Voici maintenant la production écrite, les cahiers de doléances, les registres paroissiaux, les dispenses ecclésiastiques et surtout les testaments — « ces vieux documents dormants », a-t-on dit [2].

1. Cf. ci-dessous, chap. III, p. 287 *sq*.
2. Cf. Vovelle, *Piété baroque et Déchristianisation en Provence au XVIIIe siècle, les attitudes devant la mort d'après les clauses des testaments*. Paris, Plon, 1973. Chaunu, *La Mort à Paris, XVIe, XVIIe, XVIIIe siècles*, Paris, Fayard, 1978.

La question du temps historique revient dès lors sous une nouvelle forme : selon Chaunu, l'instrument quantitatif n'est que le médiateur destiné à faire apparaître une structure, au mieux une mutation, voire la fin d'une structure, dont le rythme de désagrégation est soumis à la pesée fine. C'est ainsi que la quantitatif sauve le qualitatif, mais « un qualitatif trié et homogénéisé » (« Un champ pour l'histoire sérielle : l'histoire au troisième niveau », repris in *op. cit.*, p. 227). C'est donc par leur qualité temporelle de stabilité, de mutation, de désagrégation, que les structures entrent dans le champ de l'histoire.

Georges Duby, dont l'œuvre illustre excellemment l'histoire des mentalités, pose le problème dans des termes voisins. D'un côté, il reprend la définition de l'idéologie par Althusser : « un système (possédant sa logique et sa rigueur propre) de représentations (images, mythes, idées ou concepts selon les cas) doué d'une existence et d'un rôle historique au sein d'une société donnée [1] » (p. 149). C'est alors en sociologue qu'il caractérise les idéologies comme globalisantes, déformantes, concurrentes, stabilisantes, génératrices d'action. Ces traits ne se réfèrent pas à la chronologie et à la narration. Mais la sociologie laisse place à l'histoire dans la mesure où les systèmes de valeur « possèdent leur propre histoire dont l'allure et les phases ne coïncident pas avec celles du peuplement et des modes de production » (*ibid.*). Et c'est effectivement l'historien qui est intéressé par la transformation des structures, soit sous la pression des changements dans les conditions matérielles et dans les relations vécues, soit à la faveur des conflits et des contestations.

J'aimerais terminer cette revue des contributions de l'historiographie française à l'exploration du temps historique, par l'évocation des travaux consacrés au rapport de l'homme à la mort. C'est peut-être l'exemple le plus significatif et le plus fascinant de cette reconquête du qualitatif par le quantitatif. Quoi de plus intime, en effet, quoi de plus solitaire, quoi de plus intégré à la vie que la mort, ou plutôt que le mourir ? Mais quoi de plus public que les attitudes en face de la mort, inscrites dans les dispositions testamentaires ? Quoi de plus social que les anticipations par le vif du spectacle de ses propres funérailles ? Quoi de plus culturel que les représentations de la mort ? On comprend dès lors que la typologie d'un Philippe Ariès, dans son grand livre *l'Homme devant la Mort* [2], et son modèle en quatre temps (mort acceptée du

1. « Histoire sociale et idéologie des sociétés », in *Faire de l'histoire*, sous la direction de Jacques Le Goff et Pierre Nora, Paris, Gallimard, 1974, t. I, *Nouveaux Problèmes*, p. 149.

2. Philippe Ariès, *L'Homme devant la mort*, Paris, Éd. du Seuil, 1977.

patriarche de l'Ancienne Alliance, du preux chevalier des Chansons de geste, du paysan de Tolstoï ; mort baroque des XVIe et XVIIe siècles ; mort intimiste des XVIIIe et XIXe siècles ; mort interdite et dissimulée des sociétés post-industrielles) aient pu à la fois fournir une articulation conceptuelle à des études sérielles comme celles de Vovelle et de Chaunu, et recevoir de celles-ci la seule vérification dont l'histoire est capable en l'absence de toute expérimentation du passé, à savoir la fréquence chiffrée du répétable. A cet égard, l'histoire de la mort est peut-être non seulement le point extrême atteint par l'histoire sérielle, mais peut-être de toute histoire, pour des raisons que je discuterai dans la quatrième partie [1].

2. *L'éclipse de la compréhension : le modèle « nomologique » dans la philosophie analytique de langue anglaise*

En quittant la méthodologie des historiens français pour l'épistémologie de l'histoire issue du positivisme logique, nous changeons d'uni-

1. Michel Vovelle propose un bilan critique des acquis et des impasses de vingt années d'histoire de « longue durée », depuis l'article célèbre de Fernand Braudel de 1958 (« L'histoire et la longue durée ») in *la Nouvelle Histoire*, p. 316-343. Accordant que « la mort d'une certaine histoire historisante est aujourd'hui un fait accompli » (p. 318), il se demande si l'événement pourfendu par Braudel a pour autant disparu du champ historique. Il doute que le modèle d'emboîtement des temps, pratiqué par Braudel, puisse être transposé aux autres domaines historiques, à commencer par l'histoire sociale. D'un côté, l'hétérogénéité des rythmes et les décalages entre durées tend à ruiner l'idée d'histoire totale. De l'autre, la polarisation entre la quasi-immobilité de grandes structures mentales et le retour de l'événement, portée par la valeur récente des idées de coupure, de trauma, de rupture, de révolution, mettait en cause l'idée même d'une échelle graduée de durée. Ainsi l'histoire la plus contemporaine semble-t-elle à la recherche d'une nouvelle dialectique du temps court et du temps long, d'une « concordance des temps » (p. 341). Je reviendrai au chapitre III de cette seconde partie sur ce problème qui n'a peut-être pas sa solution au plan du métier d'historien mais à celui d'une réflexion plus subtile sur l'intentionnalité historique. En dehors de cette réflexion, l'honnêteté intellectuelle de l'historien consiste sans doute à rejeter aussi bien l'histoire immobile que l'événement-rupture et, dans ce vaste intervalle, à donner libre cours au foisonnement des temps historiques, selon que l'objet considéré et la méthode choisie le requièrent. Ainsi voit-on le même auteur, Emmanuel Le Roy Ladurie, illustrer tour à tour le temps court et même la forme narrative avec son fameux *Montaillou, village occitan de 1294 à 1324*, Paris, Gallimard, 1975, et la longue durée, avec les *Paysans du Languedoc*, Mouton, 1966, éd. abrégée, Flammarion, 1959 — voire la très longue durée avec l'*Histoire du climat depuis l'An Mil*, et avec *le Territoire de l'historien*, quatrième partie, l'histoire sans les hommes : *le Climat, nouveau domaine de Clio*, Paris, Gallimard, 1973.

vers de pensée (quelques fois aussi, mais pas toujours, de continent). Ce n'est pas la pratique de l'histoire qui alimente l'argumentation, mais le souci, plus normatif que descriptif, d'affirmer l'*unité de la science* dans la tradition du Cercle de Vienne. Or, ce plaidoyer pour l'unité de la science est incompatible avec la distinction établie par Windelband entre méthode « idiographique » et méthode « nomothétique » [1]. Le rapport de l'histoire au récit n'est pas directement en cause pendant la première phase du débat, dans les années quarante et cinquante. Mais la possibilité même de dériver l'histoire du récit est sapée à la base par une argumentation essentiellement dirigée contre la thèse de l'irréductibilité de la « compréhension » à l'« explication », qui, dans la philosophie critique de l'histoire du début du siècle en Allemagne, prolonge la distinction entre méthode idiographique et méthode nomothétique [2]. Si j'ai cru pouvoir placer sous le même titre de l'*éclipse du récit* deux attaques venues de deux horizons aussi différents que l'historiographie française attachée à l'école des *Annales* et l'épistémologie issue de la philosophie analytique de langue anglaise — en continuité sur ce point avec l'épistémologie héritée du Cercle de Vienne —, c'est que l'une et l'autre prennent pour pierre de touche la notion d'événement et tiennent pour acquis que le sort du récit est scellé en même temps que celui de l'événement, compris comme atome du changement historique. Cela est si vrai que la question du statut narratif de l'histoire, qui n'a jamais été un enjeu dans la première phase de la discussion épistémologique, seule considérée ici, n'est passée au premier plan, du moins dans le monde anglo-saxon, que plus tard, à la faveur de la bataille autour du modèle nomologique et à titre de contre-exemple opposé à ce modèle. Ce diagnostic est confirmé par le cas du seul historien français — Paul Veyne — qui ait plaidé pour un retour à la notion d'intrigue en histoire : chez lui aussi, on le verra, ce retour est lié à une critique véhémente de toute prétention à la scientificité qui serait incompatible avec le statut « sublunaire » de l'histoire (pour mimer Aristote tout en réhabilitant Max Weber !).

Comme la discussion ultérieure devrait le confirmer, l'attaque contre la compréhension chez les partisans du modèle nomologique a bien le

1. Wilhelm Windelband, « Geschichte und Naturwissenschaft », Discours de Strasbourg, 1894, reproduit dans *Präludien* : *Aufsätze und Reden zur Philosophie und ihrer Geschichte*, vol. II, Tübingen, J.B.C. Mohr, 1921, p. 136-160.

2. Cf. Raymond Aron, *La Philosophie critique de l'histoire Dilthey*, *Rickert*, *Simmel*, *Weber*, 1938, 4ᵉ éd., Paris, Vrin, 1969. On lira la note sur les rapports de Windelband et de Rickert, *ibid.*, p. 306-307.

même résultat, sinon le même enjeu, que l'attaque contre l'événement chez les historiens de la longue durée : l'éclipse du récit.

Nous prendrons pour point de départ le fameux article de Carl G. Hempel, « The Function of General Laws in History [1] ».

La thèse centrale de cet article est que « les lois générales ont des fonctions tout à fait analogues en histoire et dans les sciences naturelles [2] ». Ce n'est pas que Hempel ignore l'intérêt de l'histoire pour les événements particuliers du passé : au contraire, sa thèse concerne précisément le statut de l'événement. Mais elle ne tient pas pour important, sinon pour décisif, qu'en histoire les événements tirent leur statut proprement historique d'avoir été initialement inclus dans une chronique officielle, un témoignage oculaire, ou un récit basé sur des souvenirs personnels. La spécificité de ce premier niveau de discours est complètement ignorée, *au bénéfice d'une relation directe entre la singularité de l'événement et l'assertion d'une hypothèse universelle, donc d'une forme quelconque de régularité.* C'est seulement à la faveur de la discussion ultérieure du modèle nomologique par les tenants de la thèse « narrativiste » qu'a pu être souligné le fait que, dès le début de l'analyse, la notion d'événement historique avait été dépouillée de son statut narratif et placée dans le cadre d'une opposition entre particulier et universel. Cela présupposé, l'événement historique s'aligne sur un concept général d'événement qui inclut les événements physiques et toute occurrence remarquable, telle que la rupture d'un réservoir, un cataclysme géologique, un changement d'état physique, etc. Une fois posée cette conception homogène de ce qui est tenu pour événement, l'argument se déroule comme suit :

L'occurrence d'un événement d'un type spécifique peut être déduite de deux prémisses. La première décrit les conditions initiales : événements antérieurs, conditions prévalantes, etc. La seconde énonce une régularité quelconque, c'est-à-dire une hypothèse de forme universelle qui, si elle est vérifiée, mérite d'être appelée une loi [3].

Si ces deux prémisses peuvent être correctement établies, on peut dire que l'occurrence de l'événement considéré a été logiquement déduite et donc qu'elle a été expliquée. Cette explication peut être viciée de trois

1. Carl G. Hempel, « The Function of General Laws in History », *The Journal of Philosophy 39*, 1942, p. 35-48 ; article repris *in* Patrick Gardiner, *Theories of History*, New York, The Free Press, 1959, p. 344-356.

2. « *General laws have quite analogous functions in history and the natural sciences* » (*op. cit.*, p. 345).

3. « *By a general law, we should here understand a statement of universal conditional form which is capable of being confirmed by suitable empirical findings* », *op. cit.*, p. 345.

façons : les énoncés empiriques établissant les conditions initiales peuvent être fautifs ; les généralités alléguées peuvent ne pas être d'authentiques lois ; le lien logique entre prémisses et conséquence peut être vicié par un sophisme ou une erreur de raisonnement.

Trois remarques s'imposent concernant la structure de l'explication dans ce modèle (que, depuis la critique de W. Dray qu'on évoquera plus loin, on appelle *covering-law model* ; et que, faute d'une traduction satisfaisante de cette expression, sinon peut-être par modèle de subsomption, j'appellerai désormais « modèle nomologique »).

D'abord, les trois concepts de *loi*, de *cause* et d'*explication* se recouvrent. Un événement est expliqué quand il est « couvert » par une loi et ses antécédents sont légitimement appelés ses causes. L'idée clé est celle de régularité, à savoir : toutes les fois qu'un événement du type C se produit en un certain lieu et en un certain temps, un événement d'un type spécifique E se produira en un lieu et en un temps en relation avec ceux du premier événement. L'idée humienne de cause est donc assumée sans réserve : l'auteur parle indifféremment de « causes » ou de « conditions déterminantes » (*determining conditions*, p. 345). C'est pourquoi il n'attache pas d'importance aux objections adressées à la terminologie causale et à la tentative, soutenue entre autres par Bertrand Russell [1], d'user des seuls termes de condition et de fonction. Cette dispute n'est pourtant pas une simple affaire de sémantique : on se demandera plus loin si une explication causale — en histoire précisément — n'est pas possible, qui soit indépendante de..., ou antérieure à... l'idée de loi au sens de régularité vérifiée [2].

Il importe en outre de souligner que, dans un modèle nomologique, explication et *prévision* vont de pair : on peut s'attendre que l'occurrence de type C soit suivie par l'occurrence de type E. La prévision n'est que l'énoncé inversé de l'explication en terme de *si... alors*. Il en résulte que la valeur prédictive d'une hypothèse devient un critère de validité de l'explication, et que l'absence de valeur prédictive est un signe du caractère incomplet de l'explication. Cette remarque ne peut manquer non plus de concerner l'histoire.

1. B. Russell, « On the Notion of Cause », *Proc. of the Aristotelian Society*, 13, 1912-1913, p. 1-26.

2. Le refus de donner un statut distinct à la relation causale est dirigé contre Maurice Mandelbaum qui, dans *The Problem of Historical Knowledge*, New York, Geveright, 1938, chap. VII et VIII, avait tenté de distinguer la *causal explanation*, pratiquée par les historiens, de la *causal analysis*, identique à l'explication par des lois scientifiques (Hempel, *op. cit.*, p. 347, nº 1). Nous reviendrons à la thèse de Mandelbaum, dans sa formulation plus récente au chap. III.

Enfin, on aura remarqué qu'il n'est question que d'*événements d'un type spécifique*, non d'événements singuliers, donc d'événements éminemment répétables (la chute de la température dans telle ou telle condition, etc.). L'auteur ne voit là aucune difficulté : exprimer toutes les propriétés d'un objet individuel est une tâche impossible, que personne d'ailleurs, en physique moins qu'ailleurs, ne se propose. Il n'y aurait d'explication d'aucun événement individuel si on demandait à celle-ci de rendre compte de toutes les caractéristiques de l'événement. On peut seulement demander à une explication d'être précise et fine, non d'épuiser le singulier. Le caractère unique de l'événement est en conséquence un mythe à écarter de l'horizon scientifique. La discussion ne saura manquer de revenir encore et toujours à cette pierre d'achoppement traditionnelle de la théorie de l'histoire.

Si telle est bien la structure universelle de l'explication appliquée à des événements — qu'ils soient naturels ou historiques —, la question est maintenant de savoir si l'histoire statisfait à ce modèle.

Comme il est aisé de le noter, ce modèle est fortement prescriptif : il dit ce qu'une explication idéale doit être. L'auteur ne pense pas faire tort à l'histoire en procédant ainsi. Au contraire, en lui assignant un idéal aussi élevé, on reconnaît son ambition d'être reconnue comme une science et non comme un art. Ce que veut l'histoire, c'est en effet montrer que les événements ne sont pas dus au hasard, mais qu'ils arrivent conformément à la prévision qu'on devrait pouvoir poser, une fois connus certains antécédents ou certaines conditions simultanées et une fois énoncées et vérifiées les hypothèses universelles qui forment la majeure de la déduction de l'événement. A ce prix seulement la prévision se distingue entièrement de la prophétie.

Mais le fait est que l'histoire n'est pas encore une science pleinement développée, principalement parce que les propositions générales qui fondent son ambition à expliquer ne méritent pas le titre de régularité. Ou bien — premier cas — ces généralités ne sont pas explicitement énoncées, comme c'est le cas pour les explications incomplètes de la vie quotidienne, où l'on tient pour allant de soi des généralités tacites relevant de la psychologie individuelle ou sociale. Ou bien — deuxième cas — les régularités alléguées manquent de confirmation empirique : à part l'économie ou la démographie, l'histoire se contente d'hypothèses approximativement universelles : parmi ces lois, dont la vérification reste lâche, il faut placer les *énoncés* explicitement formulés en termes de probabilité, mais dénués d'appareil statistique. Ce n'est pas leur statut probabiliste qui est critiquable, mais le défaut d'exactitude statistique. A cet égard, la frontière ne passe pas entre explication causale et explication probabiliste, mais entre les niveaux d'exactitude, que celle-ci soit empirique, ou statistique. Ou bien enfin — troisième cas — les généralités alléguées sont franchement des pseudo-lois, empruntées à la sagesse populaire ou à la psychologie non scientifique, quand ce ne sont pas des préjugés manifestes, des résidus d'« explication » magique ou mystique des réalités humaines et cosmiques. La ligne doit donc être tirée avec fermeté entre explication authentique et pseudo-explication.

La seule nuance que Hempel apporte à sa thèse sans compromis est que, dans le meilleur des cas, l'histoire n'offre qu'une « esquisse d'explication » (*explanation sketch*) (*op. cit.*, p. 351), reposant sur des régularités qui, à défaut d'être des lois explicites et vérifiées, pointent néanmoins dans la direction où des régularités expresses seraient à découvrir, et qui, en outre, prescrivent les démarches à entreprendre pour satisfaire au modèle de l'explication scientifique. En ce sens, de telles esquisses sont du côté de l'explication authentique et non des pseudo-explications.

En dehors de cette unique concession, l'auteur refuse avec véhémence d'accorder aucune valeur proprement épistémologique à des procédés qui s'autoriseraient du titre d'empathie, de compréhension ou d'interprétation, et qui feraient référence à des traits soi-disant distinctifs de l'objet historique, telles signification (*meaning*), pertinence (*relevance*), détermination (*determination*) ou dépendance (*dependence*). La prétendue méthode de compréhension par empathie n'est pas une méthode, tout au plus un procédé heuristique, qui n'est ni suffisant, ni même nécessaire : car il est possible d'expliquer en histoire sans comprendre par empathie.

Rien, donc, dans la construction du modèle, ne se réfère à la nature narrative de l'histoire ou au statut narratif de l'événement, encore moins à une quelconque spécificité du temps historique par rapport au temps cosmologique. Ces distinctions, comme on l'a dit plus haut, sont tacitement exclues dès lors que nulle différence de principe n'est admise entre un événement historique et un événement physique qui simplement arrive, dès lors qu'on ne tient pas comme pertinent pour le statut historique de l'événement qu'il ait été raconté dans des chroniques, des récits légendaires, des mémoires, etc. Même un auteur comme Charles Frankel, si attentif, on le verra plus loin, à l'originalité de la problématique de l'*interprétation* en histoire, n'incorpore pas à la notion d'événement sa contribution à la forme du récit : l'événement dont traitent les historiens dans leurs ouvrages, s'inscrit, comme l'événement physique, dans des « énoncés singuliers assertant l'occurrence d'événements uniques en des lieux et des temps spécifiés [1] » ; l'historien se propose simplement de « rapporter des événements individuels qui sont arrivés une fois et une seule fois [2] ». Le propre de l'explication est précisément d'abolir ce trait. La définition logique de l'événement reste celle d'une occurrence singulière, sans rapport intrinsèque avec le récit. Cette identification a été si tenace que, dans un premier temps, les adversaires mêmes du modèle nomologique se sont accordés avec lui pour attendre eux aussi de l'explication qu'elle abolisse ce trait d'unicité, de non-répétabilité de l'événement.

A la suite de Hempel, et dans son sillage, les partisans du modèle nomologique se sont essentiellement livrés à la tâche apologétique de minimiser les discordances entre les exigences du modèle « fort » et les traits spécifiques de la connaissance historique de fait. Le prix à payer a été d'« affaiblir » le modèle pour en assurer la viabilité [3].

Il ne faudrait pas qu'en qualifiant d'apologétique l'entreprise, on déprécie le travail produit par l'école de Hempel : d'abord, parce que en affaiblissant le modèle ces auteurs ont fait apparaître des traits de la connaissance historique qui relèvent authentiquement de l'*explication* et dont toute théorie adverse devra tenir compte [4]. Affaiblir un modèle est un travail positif qui en augmente l'applicabilité ; en outre, ce travail de reformulation va à la rencontre du travail des historiens eux-mêmes — avec lequel l'historiographie française nous a familiarisés — visant à résoudre les difficultés réelles ou prétendues qui affligent la connaissance historique.

La première concession majeure, qui sera exploitée diversement par les adversaires du modèle, est d'accorder que les explications offertes par les historiens ne fonctionnent pas en histoire comme dans les sciences de la nature. *L'histoire n'établit pas les lois* qui figurent dans la majeure de la déduction hempelienne. Elle les emploie [5]. C'est pour-

1. Charles Frankel, « Explanation and Interpretation in History », *Philosophy of Science*, 24 (1957), p. 137-155, repris *in* Patrick Gardiner, *op. cit.*, p. 409 : « *Singular statements asserting the occurrence of unique events at specific places and times* ».

2. *Ibid.*, p. 410. Pour l'essentiel, les historiens «*give an account of individual events that have occurred once and only once* ».

3. La voie avait été en fait ouverte par Hempel lui-même avec sa notion d'« esquisse d'explication ». Il faut comprendre cette stratégie pour donner tout son sens à l'effet de rupture créé par l'ouvrage de William Dray auquel nous viendrons plus loin : *Laws and Explanation in History*, Oxford University Press, 1957.

4. La prise en compte d'un modèle « faible » d'explication sera pour nous une raison suffisante de ne pas céder à une thèse directement narrativiste et de recourir à une méthode plus indirecte de renvoi de l'explication à la compréhension.

5. Les adversaires du modèle nomologique y verront le signe que l'explication en histoire est greffée sur l'intelligibilité préalable du récit, qu'elle renforce comme par interpolation.

quoi elles peuvent rester implicites. Mais c'est pourquoi surtout elles peuvent relever de niveaux hétérogènes d'universalité et de régularité. Ainsi P. Gardiner, dans *The Nature of Historical Explanation* [1], admet au rang des régularités admises en histoire ce qu'il appelle des *lawlike explanations* ; il s'agit principalement des régularités de type « dispositionnel » auxquelles G. Ryle, dans *The Concept of Mind*, avait accordé un rôle majeur dans l'explication du comportement : une des fonctions du connectif « parce que » est en effet de placer l'action d'un agent dans le cadre de son comportement « habituel ». Le cas de l'explication en termes de *dispositions* ouvre la voie à une réflexion sur la diversité des niveaux d'imprécision qu'admet la notion de régularité.

Or cette hétérogénéité est parfaitement acceptée par le lecteur d'œuvres historiques. Celui-ci ne vient pas au texte avec dans l'esprit un modèle unique, monotone, monolithique, d'explication, mais avec un éventail très large d'attentes. Cette flexibilité témoigne de ce que la question portant sur la *structure* de l'explication doit être complétée par une question portant sur sa *fonction*. Par fonction, il faut entendre la correspondance entre un certain type de réponses et un certain type de questions. Ainsi la question « pourquoi » est celle qui ouvre l'éventail des réponses acceptables de la forme « parce que... ». A cet égard, le modèle « fort » ne rend compte que d'un segment limité de l'éventail d'attentes ouvert par la question « pourquoi » et de l'éventail des réponses acceptables de la forme « parce que... ». Le problème, dès lors, est de savoir de quelle extension, et donc de quel affaiblissement, le modèle nomologique est capable, si l'on exclut tout retour honteux à une conception intuitionniste ou empathique de la « compréhension » historique et, d'une façon générale, la substitution pure et simple de la compréhension à l'explication.

Pour les partisans du modèle nomologique ou de subsomption, la seule manière de résister à une dilution de l'explication dans les usages les plus variés du « pourquoi » et du « parce que... » est de référer toujours les formes faibles à la forme « forte » du modèle et d'assigner aux premières la tâche de se rapprocher par approximation de la seconde. En ce sens, une attitude libérale à l'égard du fonctionnement du modèle permet de préserver une grande rigueur concernant la structure de l'explication. Le modèle « fort » reste alors le « *logical marker* » de toute approximation par des formes plus faibles du même modèle.

1. Patrick Gardiner, *The Nature of Historical Explanation*, Londres, Clarendon U. Press, 1952, 1961.

Un second débat témoigne de l'effort évoqué plus haut pour aller à la rencontre des historiens dans leur lutte pour faire accéder leur discipline au rang de science à part entière. Il s'agit du rôle des procédés de *sélection* en histoire. Ce débat a quelque chose d'exemplaire dans la mesure où il touche à une des difficultés le plus souvent évoquées dans la tradition du *Verstehen* pour refuser à l'histoire une « objectivité » comparable à celle des sciences de la nature. Le livre de Raymond Aron en France reste le témoin indispensable de cette dernière thèse. L'épistémologie néo-positiviste a riposté à l'attaque en liant strictement le sort de l'objectivité en histoire à celui du modèle nomologique. A partir de quoi, dans cette école de pensée, la défense du *modèle* équivaut à un plaidoyer pour l'objectivité en histoire.

La réplique de E. Nagel [1] est à cet égard remarquable, dans la mesure où elle montre en exercice ce qu'est un argument analytique et comment, au caractère massif de l'objection, il est répondu par un travail de décomposition et de distinction.

Entend-on par sélectivité le choix par l'historien d'un domaine ou d'un problème ? Mais nul savant n'y échappe. La seule question intéressante est de savoir si, une fois un champ d'étude choisi, le savant est capable de prendre ses distances à l'égard des valeurs ou des passions dont il fait son objet. Or, cet affranchissement n'est pas inaccessible à l'historien : il définit même l'histoire comme « recherche » (*inquiry*).

Deuxième argument : Veut-on parler de la limitation de la matière traitée résultant de ce choix ? Mais elle ne serait une cause nécessaire de distorsion que si on supposait que, pour connaître quelque chose, il faille connaître tout. Or la thèse philosophique sous-jacente, d'origine hégélienne, du caractère « interne » de toutes les relations, est démentie par la pratique de la science qui vérifie le caractère « analytique » du discours.

Troisième argument : Veut-on parler de la sélection des hypothèses ? Mais toute recherche est sélective en ce sens. De l'arrêt quelque part de la recherche ? Mais l'argument de la régression infinie est un sophisme : à problème défini, réponse définie. La possibilité de pousser plus loin l'analyse témoigne seulement du caractère progressif de la recherche.

Dernier argument : Veut-on enfin dire que l'histoire ne peut s'affranchir de préjugés collectifs ou personnels ? Mais c'est un truisme d'affirmer que les idéaux de recherche sont causalement reliés à d'autres

1. Ernest Nagel, « Some Issues in the Logic of Historical Analysis », *The Scientific Monthly*, 1952, p. 162-169. Repris *in* P. Gardiner, *Theories of History*, *op. cit.*, p. 373-386.

traits culturels, sociaux, politiques, etc. Ce qui est significatif, c'est que les préjugés puissent être détectés et soumis à investigation. Le seul fait que l'on puisse distinguer ce qui est préjugé de ce qui ne l'est pas prouve que l'idéal d'objectivité n'est pas désespéré. Sinon, la thèse sceptique tomberait sous son propre jugement et sa validité serait limitée au cercle de ceux qui la professent. Mais, si elle échappe à son propre critère, cela atteste qu'il est possible de formuler des énoncés valables sur les choses humaines [1].

Un nouvel obstacle à la réalisation d'une explication « garantie » (*warranted*) résulte de la limitation de la recherche historique à ce qu'elle tient pour la *cause « principale »* d'un cours d'événements. Or l'imputation d'une importance relative aux variables causales fait appel à une « pesée » (*weighing*) qui ne paraît pas susceptible d'objectivité. On peut répondre que la notion d'importance n'est pas inaccessible à l'analyse. Même si la vérité des jugements d'importance est sujette à débat, il reste en effet qu'on signifie quelque chose en parlant d'importance. On peut alors faire une table des significations associées à l'assignation de degrés d'importance (E. Nagel, *op. cit.*, p. 382-385). Seul le perfectionnement du matériel statistique pourra accorder la pratique à cette logique de la « pesée » des degrés d'importance [2]. En attendant, un scepticisme local est de rigueur, qu'on n'a aucune raison de transformer en scepticisme global : « Il existe en effet un accord substantiel parmi les hommes rompus à ces matières sur les probabilités relatives à assigner à maintes hypothèses [3]. »

On le voit ici, l'argument tiré de la pratique de l'histoire rejoint celui des tenants de l'histoire quantitative sérielle dans l'historiographie française.

Nous allons conduire cette apologie du modèle nomologique jusqu'au point où l'affaiblissement du modèle confine à son abandon. L'article de

1. Il est remarquable que la question de la *sélectivité* ne soit jamais rapportée à ce trait spécifique de l'histoire, à savoir que l'historien appartient au champ de ses propres objets d'une manière différente de celle dont le physicien appartient au monde physique. On y reviendra dans la quatrième partie.

2. Ici encore, il est remarquable que la question de savoir pourquoi il y a une question d'importance en histoire est éludée. Que la pesée des degrés d'importance relève d'une logique des garanties relatives est hors de question. Sur ce point, Nagel a ajouté au modèle en le défendant. Et une dialectique de l'explication et de la compréhension devra en tenir compte. Mais, autant il est indiscutable que cette pesée concerne l'histoire comme « recherche », autant la question demeure de la place de la recherche dans le procès total de la compréhension historique.

3. « *There is substantial agreement among men experienced in relevant matters on the relative probabilities to be assigned to many hypotheses* », E. Nagel, art. cité, p. 385.

Charlers Frankel [1] est à cet égard typique. Le modèle y est affaibli en ce sens que l'*interprétation*, prise en un sens voisin du *Verstehen* de la philosophie critique de l'histoire, est *admise comme un moment nécessaire* de la connaissance historique ; le moment de l'interprétation est celui où l'historien apprécie, c'est-à-dire attribue sens et valeur. Ce moment se distingue de celui de l'explication qui établit des connexions causales entre événements. Mais l'effort pour articuler les deux moments reste dans la mouvance du modèle nomologique, dans la mesure où, d'une part, il est admis que tout bon historien a le souci de distinguer les deux niveaux opératoires et justifie l'épistémologie dans son ambition d'isoler le noyau d'explication, et où, d'autre part, l'interprétation elle-même est soumise aux exigences limitatives de l'explication.

A vrai dire, l'affaiblissement du modèle commence avec la reformulation du stade explicatif, bien que l'auteur tienne que, idéalement, l'histoire ne procède pas différemment des autres sciences. Les discordances avec le modèle caractérisent l'état de fait de l'histoire, non son idéal épistémologique. Ses généralisations sont-elles, comme l'a dit Hempel, de l'ordre des esquisses d'explication ? Mais c'est un trait contingent qui ne crée aucun fossé avec les autres sciences et désigne plutôt la place d'un « besoin d'affiner les détails de généralisations floues [2] ». Le lien entre explication et prédiction est-il rompu ? L'historien ne saurait-il réussir à donner les conditions non seulement nécessaires mais suffisantes d'un événement ? L'important n'est pas que l'explication est incomplète, mais qu'elle « semble pleinement satisfaire notre exigence d'explication [3] ». Ainsi nous acceptons comme une explication un simple compte rendu des étapes d'un processus ; nous le faisons en embryologie et dans toutes les sciences qui traitent de développement ou d'évolution. Le cas de l'explication génétique suggère que « toutes les explications satisfaisantes ne nous fournissent pas exactement le même type d'information et que toutes les demandes d'explication ne constituent pas l'exigence dénuée d'équivoque d'une unique sorte de réponse [4] » (*op. cit.*, p. 412). La frontière, dès lors, tend

1. Charles Frankel, « Explanation and Interpretation in History », *in* Patrick Gardiner, *Theories of History*, *op. cit.*, p. 408-427.

2. « *They point to the need for filling in the details of sketchy generalizations...* » (*ibid.*, p. 411).

3. « *Indeed, what is interesting is not that historical explanation fails to meet an ideal of full explanation, but rather that, on many occasions, it seems fully to satisfy our demand for an explanation* » (*ibid.*, p. 412).

4. Nous verrons plus loin quel autre usage on peut faire de cette concession importante. Charles Frankel en fait quelques autres qui affaiblissent le modèle au point de l'abandonner. Ainsi concède-t-il à Isaiah Berlin (dans « Historical Inevita-

à s'effacer entre l'explication scientifique, l'explication de sens commun, et la sorte de jugement prudentiel que nous portons d'ordinaire sur les affaire humaines.

Dernier trait distinctif de la connaissance historique qui est compatible avec le modèle nomologique : on a remarqué qu'en histoire, les généralités étant des corrélations à haute fréquence plutôt que des relations invariables, les contre-exemples n'infirment pas les lois générales (il n'est pas toujours vrai que le pouvoir corrompt et il est invérifiable que le pouvoir absolu corrompe absolument). Que fait l'historien quand il rencontre des exceptions à son explication ? Il ajoute des clauses restrictives et ainsi rétrécit le champ d'application des généralisations qu'il allègue. De cette façon, il se débarrasse des contre-exemples.

Poussant l'argument à la limite de tolérance du modèle initial, Frankel accepte que l'explication s'articule sur l'interprétation. Mais, pour ne pas rompre avec le modèle, il tient que, pour rester acceptables, les interprétations plus englobantes doivent reposer sur des explications partielles rigoureuses. Comment attribuer des *valeurs,* sans les asseoir sur des connexions causales bien établies ? Dira-t-on que l'inverse est également vrai ? Certes, en histoire une cause définit, non pas n'importe quelle condition, mais celle sur laquelle on peut agir [1] ; en ce sens, les valeurs de l'action s'infiltrent dans toute appréciation des causes ; et il faut dire qu'assigner une cause, c'est admettre un fait *et* stipuler une valeur. Mais alors il faut, encore une fois, appliquer au concept d'interprétation le même esprit analytique qu'on a appliqué au jugement d'importance. En interprétant, on fait trois choses inégalement compatibles avec l'idéal de l'explication. L'entreprise la moins compatible consiste à statuer sur le sens de l'histoire en termes de *fins,* de buts ou d'idéaux : on met alors en jeu une philosophie implicite des relations « internes », incompatible, comme on l'a dit plus haut, avec l'esprit « analytique », et on impose du dehors un projet transcendant et occulte au cours de l'histoire. Moins contestable est la désignation de *la cause la*

bility », *Four Essays*, Oxford University Press, 1969, *On Liberty* repris *in* Patrick Gardiner, *The Philosophy of History*, *op. cit.*, Oxford University Press, p. 161-186) que, si l'histoire s'écrit dans le langage ordinaire, et si le lecteur n'attend pas de langage scientifique spécialisé, c'est que la réussite de l'explication ne se mesure pas à la rigueur de la théorie, mais « *by the account he gives of concrete affairs* ». Les explications causales, et même de sens commun, côtoient ici des règles de sagesse (le pouvoir corrompt, le pouvoir absolu corrompt absolument). On n'est plus très loin d'une théorie narrativiste : « Nous attendons de l'historien qu'il raconte bien une histoire (*story*) et lui insuffle la vie », p. 414.

1. On reviendra au chap. III sur la diversité des significations que revêt la notion de cause en histoire.

plus importante : économique ou autre. L'interprétation ici est compatible avec l'explication, tant qu'elle se borne à fournir à la recherche le guide d'une idée séminale et à signaler des degrés d'importance. Elle ne l'est plus dès lors qu'elle se veut la seule interprétation valable, à l'exclusion de toute autre. Mais l'interprétation la plus intéressante est celle qui s'assigne pour tâche d'apprécier une séquence d'événements ou un ensemble d'institutions en fonction de « conséquences terminales » (*terminal consequences*) (*op. cit.*, p. 421) appréciées pour elles-mêmes en termes de valeur ou de non-valeur [1]. La signification globale d'un processus, ce sont ces conséquences terminales mêmes, dont certaines coïncident avec des variables de la situation présente sur laquelle on peut agir [2]. Ainsi, pour Marx, l'émergence du prolétariat industriel est tenue pour la cause principale, parce que celui-ci est aussi porteur de la « cause » à défendre. Cela n'empêche pas une attention extrême aux faits, si le choix des conséquences terminales doit être lui-même un choix responsable. Il faut alors avouer que deux interprétations rivales rendent compte de faits différents, les mêmes événements étant placés dans la perspective de conséquences terminales différentes. L'une et l'autre peuvent être objectives et vraies quant aux séquences causales sur lesquelles elles s'édifient. On ne réécrit pas la même histoire, on écrit une autre histoire. Mais on peut toujours en discuter : l'histoire n'est pas condamnée à rester un champ de bataille entre points de vue irréconciliables ; il y a place pour un pluralisme critique, lequel, s'il admet plus d'un point de vue, ne les tient pas tous pour également légitimes [3].

1. Ici encore l'argument côtoie la conception narrativiste : le choix des conséquences terminales par l'historien est appelé « *the frame of his story* » (p. 421). Discutant la question de la « vraie » cause, Frankel, suivant sur ce point Gardiner, montre que, quand les désaccords ne portent pas sur la perspective mais sur les connexions, ils portent « sur ce qu'il faudrait ou non inclure dans l'histoire racontée par l'historien pour faire de cette " histoire racontée " une réponse adéquate à la question posée » (« *about what... should or should not be included in the historian's story to make that story an adequate answer to the question that has been raised* » (p. 427). Quand un historien propose son interprétation d'une période ou d'une institution, « il raconte l'histoire (*story*) d'une séquence d'événements causalement reliés qui ont des conséquences en termes de valeur ou de non-valeur » (« *he is telling a story of a sequence of causally related events that have consequences of value or dis-value* », p. 421).

2. Nous reviendrons dans la quatrième partie sur ce problème des rapports entre l'explication du passé et l'action dans le présent, que la théorie du progrès a fait passer au premier plan de la philosophie de l'histoire. Au stade présent de la discussion, le seul enjeu est de savoir si le choix des conséquences terminales ne doit pas d'abord satisfaire à une bonne connexion causale au niveau des faits.

3. Un beau texte de Charles Frankel témoigne de ce délicat équilibre entre un pluralisme méthodologique et une attitude sans complaisance à l'égard du scepti-

Il est difficile d'aller plus loin dans l'accueil du point de vue adverse sans rompre avec l'hypothèse de base, que l'explication en histoire ne diffère pas fondamentalement de l'explication dans le reste des sciences. Là réside finalement le point critique de toute la discussion. C'est pour sauver cet enjeu essentiel que les tenants du modèle nomologique s'efforcent de reporter sur l'état de fait de la science historique les traits de la méthodologie de l'histoire qui paraissent discordants par rapport au modèle explicatif. Leurs arguments ont pour motivation déclarée de défendre l'histoire contre le scepticisme et de justifier sa lutte pour l'objectivité. C'est ainsi que le plaidoyer pour l'objectivité et le plaidoyer pour le modèle nomologique, de solidaires, tendent à devenir indiscernables.

---

cisme : après avoir parlé favorablement des interprétations en fonction des conséquences terminales, Charles Frankel note : si le schéma qu'on propose de l'histoire est relié comme il convient aux faits, aux occasions limitées, aux possibilités ouvertes par les circonstances, si d'autre part l'historien n'est pas sectaire et borné, mais large et généreux, alors « une histoire éclairée par une idée claire et circonspecte de ce que peut être la vie humaine est en général préférée à une histoire impassible, sans engagement, dénuée d'idéal directeur, privée de l'ironie ou des larmes qui accompagnent l'application de cet idéal à l'enregistrement des choses humaines » (*history which is lit by some clear and circumspect idea of what human life can be is generally preferred to the history that is impassive, that never commits itself, and that lacks a guiding ideal or the irony or tears that go with applying such an ideal to the record of human affairs*, p. 424). Tout le libéralisme et tout l'humanisme de Charles Frankel est contenu dans ces phrases.

2
Plaidoyers pour le récit

La question du statut *narratif* de l'historiographie n'a pas été un enjeu direct de l'épistémologie des sciences historiques ni dans l'historiographie française, ni dans la première phase de la discussion au sein de l'école analytique. En particulier, tout au long du débat, il est resté sous-entendu que le récit est une forme trop élémentaire de discours pour satisfaire, même de loin, aux exigences de scientificité posées par le modèle nomologique d'explication. L'apparition des thèses « narrativistes » dans le champ de la discussion est née de la conjonction de deux courants de pensée. D'un côté, la critique du modèle nomologique a abouti à un éclatement de la notion même d'explication qui a ouvert la brèche pour une approche opposée du problème. De l'autre côté, le récit est devenu l'objet d'une réévaluation qui a porté essentiellement sur ses ressources en intelligibilité. La compréhension narrative se trouvait ainsi surélevée, alors que l'explication historique perdait de la hauteur. C'est à la conjonction de ces deux mouvements que ce chapitre est consacré.

I L'ÉCLATEMENT DU MODÈLE NOMOLOGIQUE

1. *Une explication sans légalité* : *William Dray*

On a vu à la fin du chapitre précédent comment les partisans du modèle nomologique ont tenté de rendre compte de l'écart entre le modèle et l'état de fait de la science historique, par une double tactique : consistant d'une part à affaiblir le modèle, et d'autre part à prendre appui sur l'effort des historiens eux-mêmes pour élever leur discipline au rang de science. Tout autre est l'attitude de ceux qui discernent dans l'écart entre le modèle nomologique et la méthodologie de fait de l'histoire le symptôme d'une erreur de base dans la construction du modèle.

L'ouvrage de William Dray, *Laws and Explanation in History* [1], est à cet égard le meilleur témoin de la crise du modèle nomologique. A une problématique disjointe, le livre lui-même répond par une structure éclatée. Trois fronts sont ouverts, qui sont relativement discontinus. Sur le premier, une critique purement négative est menée, qui conclut à *disjoindre la notion d'explication de celle de loi.* Sur un second front, l'auteur plaide pour *un type d'analyse causale irréductible à la subsomption sous des lois.* Le thème positif sous-jacent à la première partie, à savoir qu'on peut expliquer en histoire sans recourir à des lois générales, reçoit ainsi une première application, sans qu'il soit affirmé que toute explication en histoire doive assumer le langage causal. Enfin, l'auteur explore un type d'« explication par des raisons » (*rational explanation*) qui ne couvre qu'une partie du champ libéré par la critique de l'explication régie par des lois empiriques. Le plaidoyer pour l'analyse causale et celui pour l'explication par des raisons ne dérivent pas logiquement de la thèse négative que l'explication en histoire n'a pas besoin de loi pour être une explication, bien qu'ils la présupposent. Ils devront donc être discutés selon leur mérite propre [2]. Sous-jacente à la critique du modèle nomologique est la conviction selon laquelle « il est peu probable que nous rencontrions aucun trait logique permettant de grouper ensemble toutes les explications historiques en tant qu'historiques. Car les explications qu'on trouve dans des ouvrages d'histoire forment un lot logiquement disparate » (p. 85). C'est la reconnaissance de cette dispersion logique de l'explication en histoire qui a frayé la voie à une réévaluation de la compréhension narrative.

a) Pour commencer par la thèse négative que *l'idée d'explication n'implique pas celle de loi,* l'auteur trouve le point d'ancrage de sa critique dans les oscillations entre modèle « fort » et modèle « faible » chez les partisans du modèle qu'il baptise *covering law model* (entendons : modèle selon lequel une loi « couvre » les cas particuliers qui deviennent des exemples de la loi ; on peut traduire en français par modèle de subsomption). Au plan formel, déjà la formulation du lien allégué entre une loi et les cas qu'elle « couvre » laisse place, remarque Dray, à l'hésitation. Le terme « parce que... » n'engage à aucune structure logique déterminée, sinon dans un dictionnaire écrit par les logiciens de l'école du modèle de subsomption. Quant au lien d'impli-

1. *Op. cit.*
2. On reviendra à la notion d'explication causale dans le chap. III, p. 256 *sq.*

cation affirmé par le caractère « déduit » de l'événement, il est loin d'être univoque. Enfin, la notion d'explication ne contraint pas davantage à affirmer un rapport de couverture entre lois et instances.

A ces oscillations dans la formulation du lieu d'implication s'ajoutent les variations dans la formulation du modèle lui-même. Nous l'avons vu, des auteurs préfèrent affaiblir le modèle plutôt que le mettre en question. Une échelle de rigueur décroissante peut ainsi être parcourue, depuis l'exigence déductive la plus stricte jusqu'à l'idée de quasi-loi, en passant par celle de loi assumée mais non établie, tacite et non explicite, esquissée et non complète.

Ces oscillations sont seulement le symptôme d'une déficience logique du modèle lui-même. On peut montrer en effet que le modèle de subsomption n'est ni une condition nécessaire, ni une condition suffisante des événements expliqués. La condition n'est pas suffisante, puisque l'explication alléguée ne peut être convertie en prédiction. Quelque chose fait encore défaut. Quoi ? Prenons l'exemple d'un accident mécanique : le grippage d'un moteur. Pour attribuer la cause à une fuite d'huile, il ne suffit pas que l'on connaisse les diverses lois physiques mises en jeu ; il faut encore que l'on puisse considérer une série continue d'incidents entre la fuite et la détérioration du moteur. En disant : continu, on ne s'engage dans aucune aporie philosophique concernant la divisibilité à l'infini de l'espace et du temps ; on se borne à identifier des événements de degré inférieur et à les placer dans une série qui n'admet pas d'autres événements inférieurs que ceux qui sont cités. Cette « référence à la série des faits constituant l'histoire de ce qui est arrivé entre la fuite d'huile et le grippage du moteur explique le grippage [1] ». Il en est de même en histoire ; la divisibilité du temps s'arrête là où se termine l'analyse la plus *détaillée*.

Non suffisante, l'explication par les lois n'est pas non plus nécessaire. A quelle condition en effet serait-elle nécessaire ? Prenons l'exemple d'une explication qu'un historien pourrait ou a pu donner : Louis XIV

1. Pour être entièrement convaincant, l'argument devrait être énoncé ainsi : les lois physiques et mécaniques mises en jeu par l'accident, et qui ne comportent en tant que telles aucun ordre temporel, exigent que soit reconstitué l'accident phase par phase afin de pouvoir les appliquer *seriatim*. C'est cette application *seriatim* qui fait que la connaissance des lois constitue une condition nécessaire de l'explication. Si l'auteur n'a pas donné cette forme à son argument, c'est qu'il prend pour modèle le mécanicien qui comprend parfaitement chaque phase de l'accident sans être lui-même un physicien. Mais il y a des mécaniciens parce qu'il y a des physiciens. L'auteur veut-il situer la connaissance de l'historien au plan du savoir-faire du mécanicien ? On risque alors de verser dans une conception sommairement pragmatique de l'explication en histoire, substituée à une conception théorique. L'ouvrage de W. Dray présente de nombreuses traces de cette conception (*op. cit.*, p. 70-76).

est mort impopulaire parce qu'il a poursuivi une politique nuisible aux intérêts nationaux de la France. Imaginons un dialogue entre cet historien et un logicien de l'école hempelienne : comment celui-ci pourrait-il convaincre l'historien que des lois sont requises en fait par l'explication précédente ? Le logicien dira : l'explication vaut en vertu d'une loi implicite telle que : les gouvernements qui poursuivent des politiques nuisibles aux intérêts de leurs sujets deviennent impopulaires. L'historien répliquera qu'il avait en vue non pas n'importe quelle politique, mais une politique telle que celle qui a été effectivement suivie dans le cas particulier considéré. Le logicien essaiera alors de combler l'écart entre la loi et l'explication de l'historien en précisant la loi par une série d'adjonctions telles que : les gouvernants qui engagent leur pays dans des guerres étrangères, qui persécutent des minorités religieuses, qui entretiennent des parasites à leur cour deviennent impopulaires. Mais d'autres précisions sont encore à ajouter : que certaines mesures politiques ont échoué ; qu'elles engageaient la responsabilité personnelle du roi, etc., sans compter les mesures que le roi a omis de prendre. Le logicien doit alors avouer que, pour être complète, l'explication requiert un processus indéfini de spécifications, car à aucun stade il ne peut être prouvé que le cas considéré par l'historien est seul couvert par la loi [1]. Une seule loi lierait logiquement l'historien, ce serait celle-ci : tout gouvernant prenant les mêmes mesures politiques, dans exactement les mêmes circonstances que Louis XIV, deviendrait impopulaire. Mais cette formulation n'est plus celle d'une loi ; elle doit en effet mentionner toutes les circonstances particulières du cas en question (par exemple parler non de guerre en général, mais d'attaque contre les Jansénistes, etc.). Elle ne prend un air de généralité qu'en introduisant l'expression *exactement* ; le résultat de l'opération est la production d'un cas limite vide ; vide, car la notion « exactement les mêmes mesures dans les mêmes circonstances » (p. 36) ne peut recevoir de sens dans aucune investigation concevable.

En revanche, l'historien acceptera un énoncé général tel que : tout peuple semblable au peuple français « quant aux circonstances spécifiées » détesterait un dirigeant semblable à Louis « quant aux traits spécifiés ». Cette loi n'est pas vide, puisque la dialectique entre le logicien et l'historien aura fourni les moyens de « remplir » les expres-

1. « *No matter how complicated the expression with which we complete a statement of the form " E because... ", it is a part of the "logic " of such " because " statements that additions to the explanatory clause are never ruled out by our acceptance of the original statement* » (p. 35).

sions mises entre guillemets. Mais ce n'est plus la sorte de loi requise par le modèle nomologique. Car, loin d'être vague et générale comme les lois implicites, c'est une loi si détaillée qu'elle équivaut à une « loi » à un seul cas.

En réalité, cette loi à un seul cas n'est pas du tout une loi, mais la reformulation, sous l'apparence d'une loi empirique, du raisonnement de l'historien : celui-ci dit : « E parce que $c_1 \ldots c_n$ » (« E » désigne l'événement à expliquer et « $c_1 \ldots c_n$ » les facteurs énumérés par l'historien dans son explication). Le logicien récrit : « Si $c_1 \ldots c_n$, alors E », où « si » équivaut à « toutes les fois que... ». Mais cette équivalence est trompeuse, car la forme hypothétique peut exprimer autre chose qu'une loi empirique. Elle peut exprimer le principe de l'inférence que, dans des cas semblables, on *peut* raisonnablement prédire un résultat de cette sorte. Mais ce *principe* n'est que la *permission* d'inférer, énoncée sous la forme hypothétique. Le fantôme logique de la « loi » procède ainsi de la confusion entre loi empirique et principe d'inférence.

Deux conclusions provisoires s'imposent, que je me propose d'incorporer plus tard à ma propre analyse des rapports entre expliquer et comprendre en histoire.

La première concerne la notion d'événement, laquelle est aussi l'enjeu de la discussion dans l'historiographie française. Le rejet du modèle nomologique paraît en effet impliquer un retour à la conception de l'événement comme unique. L'assertion est fausse, si l'on attache à l'idée d'unicité la thèse métaphysique que le monde est fait de particuliers radicalement dissemblables : l'explication devient alors impossible. Mais l'assertion est vraie, si l'on veut dire qu'à la différence des sciences nomologiques, l'historien veut décrire et expliquer ce qui est effectivement arrivé dans tous ses détails concrets. Mais alors ce que l'historien entend par *unique*, c'est qu'il n'existe rien d'exactement semblable à son objet d'étude. Son concept d'unicité est donc relatif au niveau de précision qu'il a choisi pour son étude. De plus, cette assertion ne l'empêche pas d'employer des termes généraux tels que révolution, conquête d'un pays par un autre, etc. En effet, ces termes généraux ne l'engagent pas à formuler des lois générales, mais à chercher à quels égards les événements considérés et leurs circonstances *diffèrent* de ceux avec quoi il serait naturel de les grouper sous un terme classificatoire. Un historien n'est pas intéressé à expliquer la Révolution française en tant qu'elle est une révolution, mais en tant que son cours a différé de celui des autres membres de la classe des révolutions. Comme l'indique l'article défini *la* Révolution française, l'historien procède non du terme classificatoire vers la loi générale, mais du terme classificatoire vers *l'explication des différences* [1].

La deuxième conclusion concerne l'explication elle-même des différences. Dans la mesure où celle-ci regroupe des facteurs uniques dans le sens qu'on vient de dire, on peut affirmer qu'elle relève du *jugement* plutôt que de la déduction. Entendons par jugement la sorte d'opération auquel se livre un juge quand il pèse des arguments contraires et prend une décision. De la même façon, expliquer, pour un historien, c'est *défendre* ses conclusions contre un adversaire qui invoquerait un autre ensemble de facteurs pour soutenir sa thèse. Il justifie ses conclusions en apportant de nouveaux détails à l'*appui* de sa thèse. Cette manière de *juger* sur des cas particuliers ne consiste pas à placer un cas sous une loi, mais à regrouper des facteurs éparpillés et à peser leur importance respective dans la production du résultat final. L'historien, ici, suit la logique du choix pratique plutôt que celle de la déduction scientifique. C'est dans cet exercice du jugement qu'une autre explication, différente de l'explication par des lois, est invoquée à titre de « garant » (*warrant*) : ce sera l'explication *causale*.

b) *L'analyse causale*. Le plaidoyer pour l'analyse causale, qui occupe le chapitre IV de l'ouvrage, est relativement indépendant de la critique du modèle d'explication par subsomption. L'analyse causale est seulement une des alternatives à l'explication nomologique. S'il en est discuté chez Dray, c'est d'abord parce que le modèle contesté a souvent été exposé dans le langage de la causalité. C'est le cas chez Popper [2]. En ce sens, la version causale du modèle fournit la transition appropriée, de la critique négative à une exploration positive de l'analyse causale. Outre cette filiation offerte par le propos polémique du livre, l'exploration de l'analyse causale trouve sa justification propre dans l'emploi du langage causal en histoire. L'auteur tient ce langage pour inévitable et légitime, en dépit de toutes les équivoques et de toutes les difficultés attachées à son emploi. Les historiens, en fait et en droit, usent

1. Cet argument, nous le verrons, se laisse facilement incorporer à la thèse qu'un événement étant ce qui contribue à la progression d'une intrigue, il partage avec celle-ci la propriété d'être à la fois singulier et typique.

2. Cf. *The Open Society and its Enemies*, II, Londres, Routledge and Kegan Paul, 1952, p. 262, texte cité par W. Dray, *op. cit.*, p. 2 ; trad. fr., p. 176. Pour beaucoup d'auteurs, s'interroger sur la causalité en histoire, c'est simplement répéter la discussion (p. 40 *sq.*) sur la place des lois en histoire, soit que l'on entende par cause exactement la même chose que par loi — alors il vaut mieux éviter de parler de cause, tant le terme est équivoque —, soit que l'on entende par causes des sortes spécifiques de lois, les « lois causales » — alors on a seulement une version causale du modèle : dire « *x* cause *y* », c'est dire équivalemment « toutes les fois que *x*, alors *y* ».

d'expressions de la forme : « *x* est cause de *y* » (que l'on distinguera plus loin de la loi causale : « la cause de *y* est *x* »). Ils en usent, en fait, sous des variantes nombreuses : produire, conduire à..., entraîner (ou le contraire : empêcher, omettre de faire). Ils en usent, en droit, en assumant la force explicative de la cause. C'est celle-ci qui est l'enjeu du débat. La thèse sous-jacente est que la *polysémie* du mot « cause » n'est pas plus un obstacle à l'usage réglé de ce terme que la polysémie du terme « expliquer », par laquelle nous avons commencé. Le problème est d'ordonner cette polysémie et non de conclure au rejet du terme [1].

Si l'on écarte le cas où par cause on entend loi causale, une discussion sur l'analyse causale en histoire n'a d'intérêt que s'il existe des connexions causales *singulières* dont la force explicative ne dépend pas d'une loi.

W. Dray se bat ici sur deux fronts : contre ceux qui lient le sort de l'idée de cause à celui de l'idée de loi, et contre ceux qui veulent exclure toute explication du champ de l'historiographie. Oui, les historiens tentent de donner des explications causales. Non, l'analyse causale d'un cours particulier d'événements ne se réduit pas à appliquer une loi causale. Oui, les historiens emploient de façon légitime des expressions de la forme : *x* cause *y* ; non, ces explications ne sont pas l'application d'une loi de la forme : si *x*, alors *y*.

Alors, qu'est-ce qu'une analyse causale ? C'est une analyse essentiellement sélective, visant à vérifier *les titres de tel ou tel candidat à la fonction de cause,* c'est-à-dire ses titres à occuper la place du « parce que... » en réponse à la question : « pourquoi ? ». Cette sélection prend dont le caractère d'un concours, où les candidats doivent satisfaire à un certain nombre d'épreuves. L'analyse causale, dirais-je, est une critériologie causale. Elle comporte essentiellement deux épreuves. La pre-

1. Collingwood s'y était employé dans *An Essay on Metaphysics* (Oxford, Clarendon Press, 1948), où il distingue un sens I, un sens II et un sens III du terme. Selon le sens I, le seul que l'auteur tienne pour propre à l'histoire, et d'ailleurs pour primitif, une personne *fait que* une autre agit d'une certaine façon, en lui fournissant un motif d'agir ainsi. Selon le sens II, la cause d'une chose est la « prise » la « poignée » (*the handle*) qui nous permet de la manier : c'est donc, par privilège, ce qu'il est en notre pouvoir de produire ou de prévenir (exemple : la cause de la malaria est la piqûre par un moustique). On dérive le sens II du sens I en étendant la notion d'un effet résultant des actions humaines au comportement de n'importe quel être. Collingwood exclut le sens II de l'histoire et le réserve aux sciences pratiques de la nature dans la découverte des lois causales par expérimentation. W. Dray en retient néanmoins quelque chose dans son critère pragmatique de l'attribution causale, mais en l'encadrant dans une activité spécifique de jugement. Le sens III établit une relation terme à terme, en vertu de la nécessité logique, entre deux événements ou états de choses : il équivaut à la notion de condition suffisante.

mière est une épreuve *inductive* : le facteur en question doit être réellement nécessaire ; autrement dit : sans lui, l'événement à expliquer ne serait pas arrivé. La deuxième est une épreuve *pragmatique* : il doit y avoir une raison de sélectionner la condition en question parmi les conditions qui toutes ensemble constituent la condition suffisante du phénomène.

L'épreuve pragmatique répond pour une part aux considérations de manipulabilité par lesquelles Collingwood définit un des sens de l'idée de cause, à savoir ce sur quoi l'action humaine a « prise » ; pour une autre part, elle prend en compte ce qui aurait *dû* être fait, donc ce qui peut être blâmé (par exemple quand on enquiert sur les causes d'une guerre). Pour une autre part encore, le critère pragmatique inclut ce qui a précipité le cours des choses : l'étincelle, le catalyseur. Par essence, une telle recherche est nécessairement incomplète. Elle constitue une enquête éminemment ouverte.

L'épreuve inductive est la plus difficile à définir correctement ; elle consiste à *justifier* l'affirmation que « si pas *x*, alors pas *y* », en l'absence de toute règle disant : « toutes les fois que *x*, alors *y* ». L'historien supposé user de pareilles formules veut dire que dans cette situation particulière — toutes choses égales par ailleurs (ou mieux, la situation étant ce qu'elle est) — si *cet* x n'avait pas eu lieu, *cet* y qui a eu lieu en fait ne serait pas arrivé ou aurait été différent. Une telle justification relève de l'exercice du jugement décrit plus haut, lequel, on l'a dit, ne requiert aucune loi de la forme « seulement si ». L'historien élimine par la pensée (*thinks away*) (p. 104) la cause alléguée afin d'apprécier — de *juger* — quelle différence sa non-occurrence produirait au cours des choses, à la lumière de ce qu'il sait par ailleurs appartenir à la situation en question. Cette épreuve inductive n'équivaut pas à une explication suffisante ; tout au plus constitue-t-elle une explication nécessaire, en éliminant de la liste des candidats au rôle de cause les facteurs dont l'absence n'aurait pas changé le cours des choses. Pour obtenir une explication complète — ou aussi complète que possible —, il reste à justifier positivement l'imputation par le procédé de « remplissage » ou d'interpolation (*filling in*) de détails décrit plus haut [1].

L'important est que l'imputation d'une cause au regard d'un événement particulier ne dérive pas par application d'une loi causale. En réalité, c'est souvent l'inverse qui est vrai. Bien des lois causales ne sont que des généralisations secondaires basées sur un certain ordre de diagnostics individuels de causalité, établis par un exercice de jugement,

1. Max Weber et Raymond Aron nous aideront au chap. III à pousser plus loin l'analyse.

et validés indépendamment les uns des autres. La prétendue loi causale : « La tyrannie est cause de révolution », est sans doute de cet ordre. De même : « La cause de la guerre est l'envie. » Une telle loi suppose qu'on dispose d'explications particulières de guerres particulières, puis qu'on observe une tendance commune à ces cas particuliers. C'est cette tendance que l'on résume dans ladite loi. Aussi utiles que soient ces généralisations pour la recherche ultérieure, ce n'est pas elles qui justifient les explications individuelles sur lesquelles elles reposent.

S'il n'y a donc pas lieu de renoncer à l'idée de cause en histoire, c'est dans la mesure où l'on en respecte la logique particulière, telle qu'elle a été esquissée ci-dessus.

Je conclurai par quelques remarques purement conservatoires.

D'abord, concernant l'explication : il faut, me semble-t-il, appliquer à la théorie de l'analyse causale — et aussi à l'explication par des raisons, dont on n'a pas encore parlé — la mise en garde adressée aux partisans du modèle nomologique, à savoir que les explications rencontrées dans les ouvrages d'histoire constituent une collection logiquement éparpillée *(a logically miscellaneous lot)* (p. 85). Le propos vaut contre toute prétention à tenir un modèle d'explication pour exclusif. Cette polysémie peut servir d'argument contre la prétention inverse de W. Dray, de séparer l'explication en histoire du modèle nomologique. Si l'on se borne à dire que toute explication ne satisfait pas au modèle nomologique et qu'il y a des analyses causales qui ne sont pas des explications par la loi, on a raison. Mais, si l'on concluait de la discussion précédente que l'analyse causale serait l'explication dominante en histoire à l'exclusion de toute explication par des lois, on aurait tort. C'est pourquoi je préférerais, pour ma part, souligner le fait que les lois sont interpolées dans le tissu narratif plutôt qu'insister sur leur caractère inapproprié. Aussi bien W. Dray ouvre-t-il la porte à une dialectique plus subtile entre expliquer et comprendre, lorsqu'il considère les procédures de justification de l'attribution causale et les rapproche des procédures en cours dans les affaires juridiques. La recherche de « garants », la « pesée » et l'« appréciation » des causes, l'« épreuve » des candidats au rôle de cause, toutes ces activités de jugement relèvent d'une analogie entre l'argumentation historique et l'argumentation juridique qui demande à être explicitée [1]. A cet égard, il faudrait montrer plus

1. H.L.A. Hart, « The Ascription of Responsibility and Rights », in *Proc. of the Aristotelian Society*, Londres, (49), 1948, p. 171-194, et Stephen Toulmin, *The Uses of Arguments*, Cambridge, Cambridge University Press, 1958, invitent à rapprocher explication et justification d'un « *claim* » contre un autre « *claim* » en fournissant des « *warrants* ».

clairement la parenté entre la reconstitution d'une série continue d'événements, la procédure d'élimination des candidats à la causalité singulière et l'exercice du jugement. Ainsi l'éventail doit-il être laissé ouvert : explication par des lois, explication causale singulière, procédure de jugement, ... et explication par des raisons.

D'autre part, malgré la déclaration liminaire qu'on va toujours s'appuyer sur l'argumentation de fait des historiens, les quelques exemples considérés semblent empruntés à la sorte d'histoire que les historiens français combattent. Aussi bien dans la dialectique entre le logicien et l'historien que dans la description de l'analyse causale d'événements singuliers, il semble tenu pour acquis que l'explication porte toujours sur des événements particuliers. Certes, je suis prêt à admettre que l'analyse causale particulière vaut pour tout changement de courte ou de longue durée, à condition que l'historien tienne compte de la particularité du changement qu'il considère. A cet égard, tout ce qui est dit sur la relativité de la notion d'événement unique à l'échelle de la recherche est à retenir. Mais l'élargissement de la notion d'événement à d'autres changements que ceux qui sont illustrés par l'exemple de la mort de Louis XIV reste à faire [1].

c) *L'explication par des raisons* [2]. La plupart des critiques ont vu dans l'examen du modèle d'explication par des raisons la contribution positive de W. Dray au problème. Ce n'est pas entièrement faux dans la mesure où ce modèle constitue une alternative cohérente au modèle nomologique. Mais ce n'est pas non plus exact, dans la mesure où l'analyse causale constituait déjà une alternative à l'explication par des lois. De plus, l'explication par des raisons ne couvre pas tout le champ libéré par la critique. Elle ne s'adresse même pas exactement aux mêmes exemples d'explication : la discussion antérieure — y compris celle de l'analyse causale — s'appliquait à « des événements ou des conditions historiques à grande échelle » (*of fairly large-scale historical events or*

1. Je retiens cette apologie de l'imputation causale particulière pour ma propre tentative d'articuler l'explication historique sur la compréhension narrative. L'imputation causale particulière peut constituer le chaînon intermédiaire entre les niveaux, dans la mesure où, d'une part, elle est déjà une explication, et où, d'autre part, elle s'établit sur une base narrative. Mais, à cet aspect du problème, il n'est fait qu'une allusion brève dans le livre de W. Dray : « *To give and defend a causal explanation in history is scarcely ever to bring what is explained under a law, and almost always involves a descriptive account, a narrative, of the actual course of events, in order to justify the judgement that the condition indicated was indeed the cause* » (*op. cit.*, p. 113-114). On notera également l'allusion au diagnostic comme équivalent médical de l'imputation causale individuelle en histoire.

2. « The Rationale of Actions » (*op. cit.*, p. 118-155).

conditions, p. 118). L'explication par des raisons s'applique à « un éventail de cas plus réduit », à savoir « la sorte d'explication que les historiens donnent en général des *actions* des individus qui sont suffisamment importants pour être mentionnés au cours du récit historique » (p. 118).

C'est pourquoi, bien que la contestation du modèle nomologique reste le fil conducteur négatif de toute l'œuvre, il faut respecter l'autonomie relative des trois fronts sur lesquels l'auteur se bat : *contre* le modèle nomologique ; *pour* l'analyse causale ; *pour* l'explication par des raisons. Cette relative discontinuité des analyses témoigne précisément de ce que j'ai appelé l'éclatement du modèle nomologique.

Le nom donné par l'auteur à ce mode d'explication résume son programme : d'une part, le modèle s'applique aux *actions* d'agents semblables à nous ; il marque ainsi l'intersection de la théorie de l'histoire avec la théorie de l'action, donc avec ce que j'ai appelé dans ma première partie notre compétence à user de manière intelligible du réseau conceptuel de l'action ; mais, par là même, il court le risque de confiner l'explication historique au domaine de l'« histoire événementielle », dont les nouveaux historiens précisément s'éloignent. Ce point devra être retenu pour la discussion ultérieure (chapitre III). D'autre part, le modèle veut encore être un modèle d'*explication* : par là, l'auteur se place à égale distance de ceux pour qui expliquer, c'est « couvrir » un cas par une loi empirique, et de ceux pour qui comprendre l'action, c'est re-vivre, ré-actualiser, re-penser les intentions, les conceptions et les sentiments des agents. Une fois encore, Dray se bat sur deux fronts : celui des positivistes, celui des « idéalistes », dans la mesure où ceux-ci s'enferment dans une théorie de l'empathie dont les premiers dénoncent le caractère non scientifique. A vrai dire, parmi les « idéalistes », c'est de Collingwood que l'auteur reste proche : re-vivre, ré-actualiser, re-penser, ce sont des mots de Collingwood. Ce qu'il s'agit de démontrer, c'est que ces opérations ont leur *logique* qui les distingue de la psychologie ou de l'heuristique et les établit sur le terrain de l'explication. L'enjeu est donc bien « une analyse logique de l'explication telle qu'elle est donnée en histoire [1] » (p. 121).

Expliquer une action individuelle par des raisons, c'est « reconstruire le calcul (*calculation*), fait par l'agent, des moyens qu'il doit adopter en vue de la fin qu'il a choisie à la lumière des circonstances dans lesquelles

1. En ce sens la tentative consiste à « make sense », mais par des arguments indépendants de ce que Collingwood a pu dire sur la compréhension historique (p. 122).

il s'est trouvé ». Autrement dit : pour expliquer l'action, il nous faut connaître les considérations qui l'ont convaincu qu'il devait agir comme il l'a fait (p. 122).

Nous sommes bien évidemment dans le droit-fil de la théorie aristotélicienne de la délibération. Mais entendons bien le terme *calcul* ; il ne s'agit pas forcément d'un raisonnement strictement déductif, mis en forme propositionnelle : dès lors qu'on a affaire à une action intentionnelle, tous les niveaux de délibération consciente sont admis, du moment qu'ils permettent la construction d'un calcul, celui par lequel l'agent serait passé s'il avait eu le temps, s'il n'avait pas vu quoi faire d'un seul coup d'œil, si on lui avait demandé de rendre compte après coup de ce qu'il a fait, etc. Expliquer l'action, c'est porter au jour ce calcul. Ce calcul constitue le *rationale* de l'action. D'où le terme d'explication « rationnelle ».

Dray ajoute une touche importante, qui va au-delà de la « logique ». Expliquer, c'est montrer que ce qui a été fait était la chose qu'il fallait faire, vu les raisons et les circonstances. Expliquer, c'est donc justifier, avec la nuance d'*évaluation* qui s'attache à ce terme ; c'est expliquer de quelle manière l'action a été *appropriée*. Ici encore, entendons bien le sens des mots : justifier, ce n'est pas ratifier le choix selon nos critères moraux, et dire : « Ce qu'il a fait, je l'aurais fait aussi », c'est *peser* l'action en fonction des buts qui sont ceux de l'agent, de ses croyances même erronées, des circonstances telles qu'il les a connues : « On peut voir dans l'explication rationnelle une tentative pour atteindre une sorte d'équilibre logique au terme duquel une action est *assortie* (*matched*) à un calcul » (p. 125). Nous cherchons une explication précisément quand nous ne voyons pas le rapport entre ce qui a été fait et ce que nous croyons savoir des agents ; pareil équilibre logique fait défaut : nous cherchons à le reconstituer.

Le terme d'*équilibre logique* est le meilleur que l'auteur ait trouvé pour se distancer de la compréhension par empathie, par projection ou par identification, et du même coup pour soustraire son explication à la critique hempelienne. Car, pour atteindre ce point d'équilibre, il faut rassembler par voie inductive les preuves matérielles permettant d'apprécier le problème tel que l'agent l'a vu. Seul un travail documentaire permet cette reconstruction. Par là, la procédure n'a rien d'instantané, ni de dogmatique. Elle demande du travail et est ouverte aux rectifications. Elle partage ces traits avec l'analyse causale.

W. Dray ne s'est pas interrogé sur les rapports de son analyse avec celle de la *mise en intrigue*. La parenté des deux approches en est d'autant plus remarquable. Sur un point, elle est particulièrement frappante : l'auteur observe qu'une explication par des raisons comporte un type de généralité ou d'universalité qui n'est pas celle d'une loi empirique : « Si *y* est une bonne raison pour *A* de faire *x*, *y* serait une bonne raison pour quiconque suffisamment semblable à *A* pour faire *x* dans des circonstances suffisamment semblables » (p. 132). On reconnaît la *probabilité* invoquée par Aristote : « ce qu'un homme dirait ou ferait nécessairement ou vraisemblablement ». L'auteur est trop occupé à polémiquer contre le modèle nomologique et à distinguer le principe d'une action d'une généralisation empirique, pour s'intéresser à cette intersection de la théorie de l'histoire avec la théorie du récit, comme il l'a fait avec la théorie de l'action. Mais on ne peut oublier la distinction aristotélicienne entre « l'un à cause de l'autre » et « l'un après l'autre », lorsque William Dray plaide pour la polysémie du terme « parce que », contre toute réduction à l'univocité en termes nomologiques [1].

Reste, à mes yeux, la difficulté majeure, qui n'est pas celle avec laquelle l'auteur se débat : dans la mesure où le modèle de l'explication par des raisons met la théorie de l'histoire en intersection avec celle de l'action, le problème est de rendre compte de la raison d'actions qui ne peuvent être attribuées à des agents *individuels*. Là, on le verra, est le point critique de toute théorie « narrativiste ».

L'auteur n'ignore pas la difficulté et y consacre un paragraphe (137-142). Il propose trois réponses qui ne se recouvrent pas exactement. Disons d'abord qu'il y a présomption qu'une action donnée se prête à une explication par des raisons, « si on l'étudie d'assez près » (*if we study it closely enough*, p. 137). Cette présomption est le pari qu'il est toujours possible de « sauver les apparences » de la rationalité et de découvrir, par un labeur soutenu, les croyances éloignées — et peut-être étranges — permettant de construire le calcul présumé, et d'atteindre le point d'équilibre cherché entre raisons et action. Cette présomption de rationalité ne connaît pas de bornes ; elle inclut le recours à des motifs inconscients ; ainsi une explication « irrationnelle » est encore un cas de l'explication par des raisons.

Mais cette première réponse vaut seulement dans la mesure où l'on peut identifier des agents individuels de l'action. Qu'en est-il de

1. *Taken in isolation, it is very seldom beyond all doubt whether a given explanatory statement of the form " He did* x *because of* y *" is to be taken in the rational sense, or not... The particular " because " does not carry its language level on its face ; this has to be determined by other means* » (p. 133). L'ambiguïté du terme « parce que » s'accroît, si l'on tient compte de son usage dans l'explication par des *dispositions* que Gilbert Ryle distingue de l'explication par des lois empiriques dans *The Concept of Mind* et que P. Gardiner reprend dans *The Nature of Historical Explanation, op. cit.*, p. 89-90 et 96-97.

l'application de l'explication par des raisons à des collectivités ? Dray suggère que, par un procédé d'ellipse, les historiens trouvent légitime de personnifier des entités comme l'Allemagne et la Russie et d'appliquer à ces super-agents une explication quasi rationnelle. Ainsi, l'attaque de la Russie par l'Allemagne en 1941 peut être expliquée en invoquant la crainte qu'avait l'Allemagne d'être prise à revers par la Russie — comme si un calcul de cette sorte était valable pour les raisons d'un super-agent nommé Allemagne (p. 140). Cette ellipse elle-même se justifie de deux manières : on peut, par des études très détaillées, montrer que le calcul en question est en dernière instance celui d'individus autorisés à agir « au nom de » l'Allemagne ; dans d'autres cas, on étend par analogie une explication « typique » de l'individu au groupe (les Puritains en lutte avec le système d'imposition dans l'Angleterre du XVIIIe siècle).

Troisième réponse : avec les phénomènes historiques à grande échelle, on se heurte à ce que Whitehead appelait le « côté insensé » (*senseless side*) de l'histoire, à savoir que des actions explicables en termes de raisons produisent des effets non voulus, non souhaités, voire des effets adverses. Ainsi le voyage de Christophe Colomb peut être dit la cause de la diffusion de la civilisation européenne, en un sens du mot cause qui n'a plus rien à voir avec les intentions de Christophe Colomb. Il en est de même de la part des phénomènes sociaux de grande amplitude. En ce point, l'objection rejoint les considérations de l'historiographie française sur la longue durée et sur l'histoire sociale. W. Dray accorde que le résultat de ces changements de grande amplitude ne peut être expliqué par le projet d'un individu qui aurait mis en scène toute l'affaire. Autrement dit, il n'y a pas lieu d'invoquer un équivalent ou un substitut de la ruse de la raison, qui permettrait de parler encore des résultats non voulus de l'action en termes intentionnels. Mais cet aveu n'empêche pas une recherche détaillée de la contribution au résultat final des individus et des groupes, et donc des calculs qui ont présidé à leurs activités. Il n'y a pas de super-calcul, mais un fourmillement de calculs à traiter selon une procédure « *piecemeal* », fragment par fragment.

Comme on voit, l'argument ne vaut que si on tient le procès social pour équivalent à la somme des procès individuels analysés en termes intentionnels et si on tient pour simplement « insensé » l'écart qui les sépare. Or c'est cette équivalence qui fait problème. Il s'agit en effet de savoir si ce qui distingue l'explication historique de l'explication de l'action par des raisons, n'est pas, d'abord, l'échelle des phénomènes qu'elle étudie, à savoir la référence à des entités de caractère sociétal, irréductibles à la somme de leurs individus ; ensuite, l'apparition d'effets irréductibles à la somme des intentions de leurs membres, donc à celle de leurs calculs ; enfin, des changements irréductibles aux variations du temps vécu par les individus pris un à un [1]. Bref, comment relier des processus sociaux aux actions des individus et à leurs calculs sans professer un « individualisme méthodologique » qui doit encore produire ses propres lettres de crédit ?

William Dray s'est borné aux ressources d'une théorie de l'action proche de celle que j'ai développée dans la première partie sous le titre de *mimèsis* I. Il reste à voir si un traitement « narrativiste » de la compréhension historique, qui userait des ressources d'intelligibilité du récit ressortissant à *mimèsis* II, pourrait combler le fossé qui demeure entre l'explication par les raisons d'agents individuels ou quasi individuels et l'explication des processus historiques à grande échelle par des forces sociales non individuelles.

2. *L'explication historique selon Georg Henrik von Wright* [2]

La critique du modèle nomologique fait un pas décisif avec l'ouvrage de von Wright. Elle ne consiste plus, comme chez W. Dray, à opposer explication causale à explication par des lois, et à construire, en guise de modèle alternatif partiel, l'explication par des raisons. Elle vise à conjoindre explication causale et inférence téléologique à l'intérieur d'un modèle « mixte », l'*explication quasi causale*, destinée à rendre compte du mode le plus typique d'explication des sciences humaines et de l'histoire.

Il n'est pas indifférent que l'auteur, bien connu pour ses travaux de logique déontique [3], reconnaisse, au seuil de son entreprise, la dualité des traditions qui ont présidé à la *formation des théories* dans les disciplines « humanistes et sociales ». La première, qui remonte à Galilée, voire à Platon, donne la priorité à l'explication causale et mécaniste. La seconde, qui remonte à Aristote, plaide pour la spécificité de l'explication téléologique ou finaliste. La première exige l'unité de la méthode scientifique, la seconde défend un pluralisme méthodologique.

1. Sur ce point, cf. Hermann Lübbe : « Was aus Handlungen Geschichten macht », in *Vernünftiges Denken, Studien zur praktischen Philosophie und Wissenschaftstheorie*, *op. cit.*, p. 237-268.
2. Georg Henrik von Wright, *Explanation and Understanding*, *op. cit.*
3. *Norm and Action*, Routledge and Kegan Paul, Londres, 1963. *An Essay in Deontic Logic and the General Theory of Action*, North Holland, Amsterdam, 1968.

C'est cette antique polarité que von Wright retrouve dans l'opposition, familière à la tradition germanique, entre *Verstehen* (*understanding*) et *Erklären* (*explanation*) [1]. Mais, alors que le modèle nomologique était condamné à dénier toute valeur explicative à la *compréhension*, sans pourtant réussir à rendre compte des opérations intellectuelles réellement à l'œuvre dans les sciences humaines, von Wright propose un modèle suffisamment puissant pour jouxter, par une série d'extensions successives du langage initial de la logique propositionnelle classique, le domaine de la compréhension historique auquel il ne cesse de reconnaître une capacité originaire d'appréhension à l'égard du sens de l'action humaine. L'intérêt, pour notre propre investigation, consiste très exactement dans cette approximation sans annexion du domaine de la compréhension par un modèle issu de l'enrichissement de la logique propositionnelle à l'aide de la logique modale et de la théorie des systèmes dynamiques [2].

Qui dit approximation dit à la fois construction, par extensions successives du langage initial, d'un modèle plus riche mais cohérent avec les exigences théoriques de ce langage — mais aussi polarisation du modèle théorique, en vertu de l'attraction qu'exerce sur lui une appréhension originaire de sens, qui reste finalement extérieure au procès purement interne d'enrichissement du modèle. La question sera de savoir si cette approximation peut aller jusqu'à une reformulation logique des concepts sous-jacents à la compréhension historique.

A la différence du modèle nomologique, qui se bornait à superposer une loi couvrante à des données sans lien logique interne, le modèle de von Wright étend son empire aux *relations de conditionnalité* entre états

1. Von Wright tient le plus grand compte de la triple critique dirigée contre cette dichotomie, qu'il trouve chez W. Dray dans *Laws and Explanation in History* (1957), chez Elizabeth Anscombe dans *Intention* (Oxford, B. Blackwell, 1957), chez Peter Winch dans *The Idea of a Social Science* (Londres, Routledge and Kegan Paul, 1958) et chez Charles Taylor dans *The Explanation of Behaviour* (Londres, Routledge and Kegan Paul, 1964). En outre il marque un vif intérêt pour les convergences entre les développements qui restent dans la mouvance de la philosophie analytique et les évolutions parallèles qu'il observe sur le continent européen, dans le courant herméneutique ou dialectique-herméneutique. Dans la perspective de ces influences croisées, von Wright attend de la philosophie de Wittgenstein qu'elle ait sur la philosophie herméneutique un impact égal à celui qu'elle a eu sur la philosophie analytique et qu'elle contribue ainsi au rapprochement des deux traditions. Il interprète comme un signe favorable l'orientation de l'herméneutique vers les questions de langage : en dissociant « compréhension » et « empathie », la nouvelle philosophie herméneutique, celle de Gadamer en particulier, fait de la compréhension « une catégorie sémantique plutôt que psychologique » (p. 30).

2. J.-L. Petit, *La Narrativité et le Concept de l'explication en histoire,* in *la Narrativité*, Paris, éditions du CNRS, 1980, p. 187*sq*.

antérieurs et états ultérieurs, impliquées dans des systèmes physiques dynamiques. C'est cette extension qui constitue la structure d'accueil pour la reformulation logique de toute la problématique de la compréhension.

Il n'est pas question de reproduire ici l'argumentation qui régit ce passage de la logique propositionnelle à la logique des systèmes physiques dynamiques. Je me bornerai à une présentation sèche de l'appareil logico-formel qui gouverne l'ouvrage de von Wright [1]. Von Wright se donne les présuppositions suivantes : un ensemble d'états de choses [2] génériques logiquement indépendants (que le soleil brille, que quelqu'un ouvre la porte) ; la réalisation de ces états de choses dans des occasions données (spatiales ou temporelles) ; la présupposition que les états de choses logiquement indépendants se combinent dans un nombre fini d'états, constituant un *état total* ou *monde possible* ; la possibilité de construire un langage qui, par une conjonction de phrases, décrit les états qui sont les atomes ou éléments de ce monde possible ; enfin la possibilité de considérer, parmi les ensembles d'états, un espace-d'états et parmi ceux-ci des espaces-d'états finis. L'ensemble des présuppositions se résume ainsi : « Admettons que l'état total du monde dans une occasion donnée puisse être complètement décrit en établissant, pour n'importe lequel des membres donnés d'un espace-d'états, si ce membre se réalise ou non dans cette occasion. Un monde qui satisfait à cette condition pourrait être appelé un monde [selon le] *Tractatus*. C'est la sorte de monde que Wittgenstein a envisagée dans le *Tractatus*. Il constitue une espèce à l'intérieur d'une conception plus générale de la façon dont le monde est constitué. Nous pouvons appeler cette conception générale celle d'un atomisme logique » (p. 44).

Quant à dire que le monde dans lequel nous sommes effectivement placés satisfasse au modèle, cela reste « une question profonde et difficile, et je ne sais comment y répondre » (p. 44). Le modèle signifie seulement que les états de choses sont les seuls « *ontological building bricks* » des mondes que nous étudions et que l'on ne considère pas la structure interne de ces « *bricks* ».

A ce stade de l'analyse logique, on ne voit guère quel pas nous avons fait en direction de la compréhension praxique et historique. Une première extension significative concerne l'adjonction au système d'un principe de développement. L'auteur le fait de la façon la plus simple,

1. *Explanation and Understanding, op. cit.*, p. 43-50.
2. Von Wright inclut la notion d'événement dans celle d'état de choses : « *An event, one could say, is a pair of successive states* » (p. 12). Cette définition est justifiée dans l'ouvrage antérieur de l'auteur, *Norm and Action,* chap. II, sect. 6.

en adjoignant une « *tense-logic* » rudimentaire à sa logique propositionnelle à deux valeurs. Au vocabulaire de celle-ci, on ajoute un nouveau symbole *T* qui se réduit à un connecteur binaire. « L'expression “ *pTq* ” se lit : “ maintenant l'état *p* a lieu, *et puis*, c'est-à-dire à la prochaine occasion, l'état *q* a lieu... ” Un intérêt particulier s'attache au cas où on a affaire à des descriptions d'états. L'expression totale énonce alors que le monde est maintenant dans un certain état total et que, à la prochaine occasion, il sera dans un certain état total, le même ou différent suivant les cas » (p. 45). Si l'on considère en outre que *p* et *q* qui encadrent *T* peuvent aussi contenir le symbole *T*, on construit des chaînes d'états marquées quant à la succession, qui permettent de désigner les fragments de l'histoire du monde, où le terme *history* désigne à la fois la succession des états totaux du monde et les expressions décrivant cette situation. On doit encore enrichir le calcul du connecteur *T*, d'abord par un quantificateur temporel (« toujours », « jamais », « quelquefois »), ensuite par un opérateur de modalité *M*. Ces adjonctions successives règlent la formalisation de la logique des conditions et de ce que l'auteur appellera plus loin *analyse causale*.

A défaut des développements relevant de ce calcul, l'auteur se borne à une méthode quasi formelle d'exposition et d'illustration, mettant en jeu de simples figures topologiques ou arbres (p. 48). La figure ne comporte que des états totaux du monde (composé de *n* états de choses élémentaires) représentés par des petits cercles, une progression de gauche à droite d'un état total à un autre, donc une « histoire », représentée par un trait rejoignant les cercles, enfin des possibilités alternatives de progression, représentées par des embranchements.

Aussi formel que soit ce modèle, il comporte déjà la marque en creux de tous les développements ultérieurs : la condition la plus fondamentale de l'histoire est constituée par cette « liberté de mouvement » — cette indétermination théoriquement illimitée — que le monde a, ou aurait eue, à chaque stade de la progression. Il ne faut donc jamais perdre de vue que, quand on parle de système, on n'a jamais affaire qu'à « un *fragment* de l'histoire d'un monde » : « un système, en ce sens, est défini par un espace-d'états, un état initial, un certain nombre d'étapes de développement et un ensemble d'alternatives dans le passage d'une étape à l'autre » (p. 49). Loin donc que l'idée de système exclue l'intervention de sujets libres et responsables — qu'il s'agisse de faire un plan ou une expérimentation physique —, elle en réserve fondamentalement la possibilité et en appelle le complément. Comment ?

Une seconde adjonction est ici nécessaire, si la logique des systèmes physiques dynamiques doit pouvoir rejoindre la compréhension originaire que nous avons de l'action et de l'histoire. Elle concerne le statut de l'*explication* causale par rapport à l'*analyse* causale, étant entendu que c'est la première qui intéresse la compréhension.

L'analyse causale est une activité qui parcourt les systèmes en formes d'arbres topologiques. Considérant un état terminal, elle s'interroge sur les « causes » de la venue et de la composition de cet état terminal en termes de conditions nécessaires et suffisantes. Rappelons sommairement la distinction entre condition nécessaire et condition suffisante. Dire que *p* est la condition suffisante de *q*, c'est dire : toutes les fois que *p*, alors *q* (*p* suffit à assurer la présence de *q*). Dire que *p* est la condition nécessaire de *q*, c'est dire : toutes les fois que *q*, alors *p* (*q* présuppose la présence de *p*). La différence entre les deux types de conditions est illustrée par la dissymétrie des parcours dans le sens régressif et progressif, en raison des alternatives ouvertes par les embranchements. L'*explication* causale diffère de l'*analyse* causale en ce que, dans celle-ci, un système étant donné, nous explorons les relations de conditionnalité à l'intérieur du système, tandis que, dans celle-là, c'est une occurrence individuelle d'un phénomène générique (événement, processus, état) qui est donnée et nous cherchons dans quel système ce phénomène générique — l'*explanandum* — peut être relié à un autre selon une certaine relation de conditionnalité.

On voit le pas opéré en direction des sciences humaines par le passage de l'*analyse* à l'*explication* causale, et par l'application à cette dernière de la distinction entre condition nécessaire et condition suffisante. La relation de condition suffisante régit la manipulation (en produisant *p*, on fait arriver *q*) ; la relation de condition nécessaire régit l'empêchement (en écartant *p*, on empêche tout ce dont *p* est une condition nécessaire). C'est en termes de condition suffisante qu'on répond à la question : *pourquoi* tel type d'état est-il arrivé nécessairement ? En revanche, c'est en termes de condition nécessaire, mais non suffisante, qu'on répond à la question : *comment* a-t-il été possible que tel type d'état arrive ? Dans l'explication du premier groupe, la prédiction est possible ; les explications du deuxième groupe n'autorisent pas la prédiction, mais la rétrodiction, en ce sens que, partant du fait que quelque chose est arrivé, nous inférons, à rebours du temps, que la condition antécédente nécessaire doit s'être produite et nous en cherchons les traces dans le présent, comme c'est le cas en cosmologie, en géologie, en biologie, mais aussi, comme on le dira plus loin, dans certaines explications historiques.

Nous sommes en état de faire le pas décisif, à savoir l'articulation de l'explication causale sur ce que nous comprenons à titre originel comme étant une *action* (on remarquera qu'à ce stade, théorie de l'action et théorie de l'histoire se recouvrent). Le phénomène d'*intervention* — que nous venons d'anticiper, en parlant de produire et de faire arriver, d'écarter et d'empêcher — requiert une telle articulation, en ce sens que l'intervention *conjoint* le *pouvoir-faire* dont un agent a une compréhension immédiate avec les relations internes de *conditionnalité* d'un système. L'originalité d'*Explanation and Understanding* est de chercher dans la structure même des systèmes la condition de l'intervention.

La notion clé est celle de *clôture* du système, qui relève de l'analyse causale. En effet, un système ne peut être dit clos qu'*occasionnellement,* pour *une* exemplification donnée : une occasion — ou une séquence d'occasions — est donnée, où son état initial se produit, et le système se déroule selon un de ses cours possibles de développement à travers *n* étapes données. Parmi les types possibles de clôture, on peut compter la soustraction d'un système à des influences causales extérieures : aucun état, à aucune étape du système, n'a de condition suffisante antécédente hors du système. L'*action* réalise un autre type remarquable de clôture, en ceci que c'est en faisant quelque chose qu'un agent apprend à « isoler » un système clos de son environnement, et découvre les possibilités de développement inhérentes à ce système. Cela, l'agent l'apprend en mettant en mouvement le système à partir d'un état initial qu'il « isole ». Cette mise en mouvement constitue l'intervention, à l'intersection d'un des pouvoirs de l'agent et des ressources du système.

Comment cette intersection s'opère-t-elle ? Voici l'argument de von Wright. Soit *a* l'état initial d'un système dans une occasion donnée : « Admettons maintenant qu'il y a un état ∝ tel que nous avons la conviction (*we feel confident*), sur la base de l'expérience passée, que ∝ *ne se transformera pas* dans l'état *a*, à moins que nous ne le changions en *a*. Et admettons que ce soit là quelque chose que nous *pouvons faire* » (p. 60). Dans cette phrase est contenue toute la théorie de l'intervention. Nous atteignons ici un irréductible. Je suis certain que je peux... Or nulle action ne se produirait et, en particulier, nulle expérimentation scientifique ne se ferait, sans cette assurance que par notre intervention nous pouvons produire des changements dans le monde. Cette assurance ne porte pas sur une relation de conditionnalité. ∝ marque plutôt l'interruption de la chaîne : « ... ∝, avons-nous admis, ne se changera pas en *a* à moins que *nous* ne le fassions changer » (p. 61). Inversement, nous pouvons parfaitement laisser le monde changer sans notre intervention. Ainsi, « nous apprenons à isoler un fragment d'histoire d'un monde pour en faire un système clos et nous arrivons à connaître les possibilités (et les nécessités) qui gouvernent les développements internes à un système..., pour une part, en mettant à plusieurs reprises le système en action au moyen d'actes consistant à produire son état initial, puis en observant (" passivement ") les étapes successives de son développement, et, pour une autre part, en comparant ces étapes successives avec les développements de systèmes procédant d'états initiaux différents » (p. 63-64).

Von Wright est en droit d'affirmer que, « avec l'idée de mettre des systèmes en mouvement, les notions d'action et de causalité se rejoignent » (p. 64). Il renoue ici avec une des significations les plus anciennes de l'idée de cause, dont le langage a conservé la trace. La science peut bien lutter contre les usages analogiques et abusifs de l'idée de cause comme celle d'un agent responsable ; cet usage a sa racine dans l'idée de *faire quelque chose* et d'intervenir intentionnellement dans le cours de la nature [1].

Quant à la structure logique du *faire quelque chose,* von Wright adopte les distinctions introduites par A. Danto [2]. Avec celui-ci, il distingue entre *faire quelque chose* (sans avoir autre chose à faire entre-temps) et *faire arriver quelque chose* (en faisant quelque chose d'autre). On décidera de dire : « La chose faite est le résultat d'une action ; la chose qu'on fait arriver est sa conséquence » (p. 67). La distinction est importante, car l'interférence dans le système repose à titre ultime sur le premier type d'actions, appelées par Danto « actions de base ». Or le lien entre l'action de base et son résultat est intrinsèque, logique et non causal (si l'on retient du modèle humien l'idée que la cause et l'effet sont logiquement extrinsèques). L'action n'est donc pas la cause de son résultat : le résultat est une partie de l'action. En ce sens, l'action de mettre un système en mouvement, réduite à une action de base, identifie l'état initial du système au résultat d'une action, en un sens non causal du mot résultat.

Les conséquences *métaphysiques* de la notion d'intervention sont importantes et concernent indirectement l'histoire, dans la mesure où celle-ci relate des actions. Pouvoir faire, dirons-nous, c'est être libre : « Dans la " course " entre la causalité et l'agir, celui-ci sera toujours

1. En outre, la causalité, même dépouillée de toute interprétation anthropomorphique, garde un lien implicite avec l'action humaine, en ce que nous appelons volontiers cause, soit ce qu'il suffirait de produire pour obtenir l'effet, soit ce qu'il est nécessaire de supprimer pour faire disparaître l'effet. En ce sens, concevoir une relation entre événements en termes de causalité, c'est la concevoir sous l'aspect de l'action possible. L'auteur rejoint ainsi la description de la cause comme « poignée » (*handle*) par Collingwood. On reviendra sur ce problème des usages non-humiens de l'idée de cause au chap. III avec Max Weber, Raymond Aron et Maurice Mandelbaum.

2. Arthur Danto, « What Can We Do ? », *The Journal of Philosophy* 60, 1963 ; « Basic Actions », *American Philosophical Quarterly* 2, 1965.

gagnant. C'est une contradiction dans les termes que l'agir puisse être entièrement pris dans le réseau de la causalité » (p. 81). Et, si nous en doutons, c'est d'abord parce que nous prenons pour modèles les phénomènes de dysfonction et d'incapacité, plutôt que les interventions réussies, lesquelles reposent sur la certitude intime que nous avons de pouvoir agir. Or cette certitude ne dérive pas des savoirs acquis portant sur des non-pouvoirs. Si nous doutons de notre libre pouvoir-faire, c'est encore parce que nous extrapolons à la totalité du monde les séquences régulières que nous avons observées. Nous oublions que les relations causales sont relatives à des fragments de l'histoire d'un monde, qui ont le caractère de système clos. Or la capacité de mettre en mouvement les systèmes en produisant leurs états initiaux est une condition de leur clôture. L'action est donc impliquée dans la découverte même des relations causales.

Arrêtons-nous à ce stade de la démonstration. Serait-il bien fondé de dire que la théorie des systèmes dynamiques fournit une reformulation logique de ce que nous avons déjà compris comme étant une *action*, au sens fort du terme, c'est-à-dire impliquant la conviction qu'un agent a de pouvoir la faire ? Il ne le semble pas : l'avance prise par l'action sur la causalité, comme le suggère le texte cité à l'instant, est définitive. L'explication causale court après la conviction du pouvoir-faire, sans jamais la rattraper. L'approximation, en ce sens, n'est pas une reformulation logique sans reste, mais la réduction progressive de l'intervalle qui permet à la théorie logique d'explorer la frontière qu'elle a en commun avec la compréhension.

On aura remarqué que, dans l'analyse du phénomène d'intervention, nous n'avons pas distingué théorie de l'action et théorie de l'histoire. Ou plutôt, la théorie de l'histoire n'a été considérée que comme une modalité de la théorie de l'action.

L'extension du modèle logique initial est guidée, dans son approximation du champ historique, par un autre phénomène dont nous avons une compréhension aussi originaire que celle du pouvoir-faire ; à savoir la compréhension originaire que nous avons du caractère *intentionnel* de l'action. Ce caractère intentionnel était en un sens implicitement contenu dans l'analyse antérieure du « faire ». Avec Danto, nous avons en effet distingué les actions de base, par lesquelles nous faisons quelque chose sans l'intervention d'une action intermédiaire, et les autres actions, par lesquelles nous faisons *en sorte que* quelque chose arrive, les choses que nous faisons arriver et, parmi elles, celles que nous faisons faire par autrui. Nous allons voir quelle extension du modèle cette appréhension originaire de sens suscite, et nous demander si l'approximation nouvelle que cette extension suscite peut se prévaloir d'une reformulation logique intégrale de la compréhension du caractère intentionnel de l'action.

L'adjonction de l'explication *téléologique* à l'explication *causale* est suscitée par la logique du « en vue de... », du « en sorte que... ». Écartons le cas de l'explication quasi téléologique qui n'est qu'une explication causale déguisée, comme c'est le cas lorsque nous disons qu'un fauve est attiré par sa proie, ou encore qu'une fusée est attirée par sa cible. La terminologie téléologique ne saurait dissimuler le fait que la validité de ces explications repose intégralement sur la vérité des connexions nomiques. Les phénomènes d'adaptation, et en général les explications fonctionnelles en biologie et en histoire naturelle, relèvent de ce type d'explication (inversement, on verra plus loin que l'histoire présente des explications quasi causales qui, cette fois, dissimulent dans un vocabulaire causal, au sens nomique du mot, des segments d'authentique explication téléologique). C'est sur les conduites du type de l'action (*action-like*) que porte l'explication téléologique. Les phases de l'action, sous son aspect extérieur, n'y sont pas reliées par un lien causal ; leur unité est constituée par la subsomption sous une même *intention,* définie par la chose que l'agent tend à faire (ou s'abstient, voire néglige de faire).

La thèse de von Wright est ici que l'intention ne peut être traitée comme une cause humienne de la conduite, si l'on définit celle-ci par le trait distinctif que la cause et l'effet sont logiquement indépendants l'un de l'autre. Von Wright adopte la thèse dite de l'« *Argument de la connexion logique* », selon lequel le lien entre une raison d'agir et l'action elle-même est un lien intrinsèque et non extrinsèque : « Il s'agit ici d'un mécanisme motivationnel et, en tant que tel, non causal, mais téléologique » (p. 69).

La question posée est de savoir jusqu'à quel point la logique de l'explication téléologique rend compte de ce qui a déjà été compris comme intention. Comme tout à l'heure dans l'analyse de l'intervention, nous découvrons une nouvelle relation entre comprendre et expliquer. Il ne s'agit plus d'incorporer un « je peux » à un enchaînement causal, mais une intention à une explication téléologique. Il suffit, pour y réussir, de tenir l'explication téléologique pour une *inférence pratique inversée.* Celle-ci s'écrit :

A a l'intention de faire arriver *p*.
A considère qu'il ne peut faire arriver *p* à moins qu'il ne fasse *a*.
Donc *A* se met à faire *a*.

Dans l'explication téléologique, la conclusion de l'inférence pratique sert de prémisse, et sa majeure de conclusion : *A* se met à faire *a* « parce que » *A* a l'intention de faire arriver *p*. C'est donc l'inférence pratique qu'il faut considérer. Or, « pour devenir explicable de façon *téléologique*..., la conduite mentionnée dans la conclusion doit être d'abord comprise de façon intentionnelle » (p. 121). « Intentionnel » et « téléologique » sont ainsi des termes qui se recouvrent sans s'identifier. Von Wright appelle intentionnelle la *description* sous laquelle l'action à expliquer est énoncée, et téléologique l'*explication* elle-même qui met en jeu une inférence pratique. Les deux termes se recouvrent, dans la mesure où la description intentionnelle est requise pour constituer la prémisse d'une inférence pratique. Ils se distinguent, dans la mesure où l'explication téléologique s'applique aux objets lointains d'une intention, lesquels sont précisément atteints au terme de l'inférence pratique. D'un côté, donc, la description intentionnelle ne constitue que la forme rudimentaire d'une explication téléologique, seule l'inférence pratique faisant passer de la description intentionnelle à l'explication téléologique proprement dite. D'un autre côté, il ne serait nul besoin d'une logique du syllogisme pratique, si une appréhension immédiate de sens portant sur le caractère intentionnel de l'action ne la suscitait. De la même façon que, dans la course entre l'expérience vive d'agir et l'explication causale, l'action était toujours gagnante, ne faut-il pas dire que, dans la course entre l'interprétation intentionnelle de l'action et l'explication téléologique, la première est toujours gagnante ? Von Wright n'est pas loin de l'accorder : « Pour devenir explicable de façon téléologique, la conduite mentionnée dans la conclusion [du syllogisme pratique] doit d'abord être comprise de façon intentionnelle » (p. 121). Et encore : « Une explication téléologique de l'action est normalement précédée par un acte de compréhension intentionnaliste appliqué à une conduite donnée » (p. 132) [1].

1. Je laisse de côté la longue analyse par laquelle von Wright s'emploie à améliorer la théorie de l'inférence pratique issue d'Aristote et reprise à l'époque moderne par E. Anscombe, Charles Taylor et Malcolm. L'argument que von Wright appelle l'« Argument de la connexion logique » — par opposition à celui de la connexion causale non logique, c'est-à-dire extrinsèque — n'a pas été présenté, selon lui, de façon convaincante par ses devanciers. C'est en termes de *vérification* que von Wright pose le problème. La question est double : comment, demanderons-nous, s'assure-t-on qu'un agent a une certaine intention ? Par ailleurs, comment découvre-t-on que sa conduite est de celles dont l'intention est supposée être la cause ? L'argument est alors celui-ci : s'il apparaît que l'on ne peut répondre à la première question sans répondre à la seconde, alors l'intention et l'action ne seront pas logiquement indépendantes : « C'est dans cette dépendance mutuelle entre la vérification des prémisses et la vérification des conclusions dans les syllogismes pratiques que consiste, selon moi, la vérité de l'Argument de la connexion logique » (p. 116). Je ne résumerai pas la démonstration de ce rapport circulaire qui n'est pas nécessaire à mon propos.

Faisons une nouvelle fois le point : en complétant l'explication causale par l'explication téléologique, avons-nous rejoint la compréhension de l'histoire que, pour ma part, je rattache à l'intelligence narrative [1] ? A vrai dire, nous n'avons pas encore rendu compte de ce qui distingue la théorie de l'histoire de celle de l'action. Le syllogisme pratique a seulement permis d'allonger, si j'ose dire, le tir de la visée intentionnelle de l'action. C'est pourquoi l'explication téléologique, à elle seule, ne permet pas de distinguer l'histoire de l'action. De fait, nous n'avons jusqu'ici parlé d'histoire qu'en un sens extrêmement formel : un système, avons-nous dit, est « un fragment de l'histoire d'un monde » (p. 49). Mais cette assertion valait pour tout monde possible satisfaisant aux critères d'un « *Tractatus-world* ». Une seule fois, le terme d'histoire, au sens concret de « *story* », apparaît dans l'analyse de l'explication téléologique. Il est introduit de la manière suivante : on peut observer avec Wittgenstein qu'une conduite intentionnelle ressemble à l'emploi du langage — « C'est un geste par quoi je signifie (*mean*) quelque chose » (p. 114). Or, l'usage et la compréhension du langage supposent le contexte d'une communauté linguistique qui est une communauté de vie : « Une intention, lisons-nous dans les *Investigations philosophiques* (section 337), est enchâssée dans sa situation, dans des coutumes et des institutions. » Il en résulte que nous ne pouvons comprendre ou expliquer téléologiquement une conduite qui nous serait complètement étrangère. C'est cette référence au contexte de l'action qui appelle la remarque que « l'intentionnalité de la conduite est sa *place* dans une histoire (*story*) concernant l'agent » (p. 115). Il ne suffit donc pas d'établir l'équivalence entre intentionnalité et explication téléolo-

1. Je néglige ici la discussion concernant la compatibilité entre explication téléologique et explication causale. Je n'en parle que dans la mesure où l'argument confirme l'irréductibilité de la première à la seconde. L'argument consiste essentiellement à dire que les deux explications n'ont pas le même *explanandum* ; il s'agit de phénomènes placés sous des descriptions différentes : des mouvements corporels, du côté de l'explication causale, une conduite intentionnelle, de l'autre. N'ayant pas le même *explanandum,* les deux explications sont compatibles. Ce qui est exclu, en revanche, c'est que j'adopte en même temps les deux explications : ainsi je ne peux pas en même temps lever mon bras et observer, par exemple sur un écran, les changements survenant dans mon cerveau. Quand j'observe, je laisse les choses arriver ; quand j'agis, je les fais arriver. C'est donc une contradiction dans les termes de laisser arriver et en même temps de faire arriver la même chose à la même occasion. Nul, par conséquent, ne peut observer les causes des résultats de ses propres actions de base, au sens du mot résultat adopté plus haut. Irréductibles l'une à l'autre, compatibles entre elles, l'explication causale et l'explication téléologique fusionnent dans le sens que nous attachons à l'action : « La base conceptuelle de l'action, pourrait-on dire, est pour une part notre ignorance (notre non-conscience) de l'opération des causes, et pour une part notre assurance que certains changements ne se produiront que si nous venons à agir » (p. 130).

gique pour rendre compte de l'explication en histoire. Il faut encore donner un équivalent logique au rapport de l'intention à son contexte, lequel, en histoire, est fait de toutes les circonstances et de tous les effets non voulus de l'action.

C'est pour s'approcher d'un degré supplémentaire du statut particulier de l'explication en histoire que von Wright introduit le concept d'explication quasi causale.

D'une façon générale, l'explication quasi causale est de la forme : « ceci est arrivé parce que ». Exemple : le peuple s'est soulevé parce que le gouvernement était corrompu. L'explication est dite causale, parce que l'*explanans* se réfère à un facteur qui a précédé l'*explanandum*. Mais l'explication est seulement quasi causale, pour deux raisons. Raison négative : la validité des deux énoncés ne requiert pas — comme dans l'explication causale et dans l'explication quasi téléologique — la *vérité* d'une connexion nomique. Raison positive : le deuxième énoncé a une structure téléologique implicite — le but du soulèvement était de se débarrasser du mal dont le peuple souffrait.

Quel est donc le rapport entre l'explication quasi causale et l'explication téléologique ?

Disons d'abord qu'elle n'est pas le seul mode d'explication. L'histoire paraît plutôt, du point de vue explicatif, constituer un genre mêlé. Ainsi, s'il y a place pour des explications de type causal, « cette place est particulière et, en un sens caractéristique, subordonnée à d'autres types d'explication » (p. 135) [1].

L'explication causale se rencontre sous deux formes majeures : l'explication en termes de conditions suffisantes (pourquoi tel type d'état est-il arrivé nécessairement ?) ; l'explication en termes de conditions nécessaires (comment a-t-il été possible… ?). La subordination de ces deux formes d'explication causale aux autres types d'explication peut être montrée de la façon suivante. Soit les ruines d'une cité. Quelle fut la cause de sa destruction : une inondation ou une invasion ? Nous avons une cause humienne — un événement physique —, et un effet humien — un autre événement physique (la conquête considérée comme agent physique). Mais ce fragment d'explication causale n'est pas, en tant que tel, du ressort de l'histoire. Il relève seulement indirectement de l'histoire, dans la mesure où, derrière la cause

1. Dans une importante note (p. 200-201), von Wright, fidèle en cela à Wittgenstein, résiste à toute réforme linguistique qui voudrait exclure la terminologie causale de l'histoire, en raison de la confusion possible entre les catégories causales trop exclusivement dépendantes du modèle hempelien. Une chose est de se demander si la terminologie causale est appropriée à l'histoire, une autre si telle catégorie causale s'applique à cette discipline.

matérielle, se dessine un arrière-plan de rivalités politiques entre cités et où, au-delà de l'effet matériel, se développent les conséquences politiques, économiques et culturelles du désastre. C'est cette cause non humienne et cet effet non humien que l'explication historique entend relier. Dans ce premier type, donc, « le rôle de l'explication causale proprement dite est souvent de relier les causes humiennes de son *explanans* avec les effets non humiens de son *explanandum* » (p. 137) [1].

Voici maintenant l'explication en termes de conditions nécessaires : Comment les habitants de telle cité ont-ils pu construire une enceinte aussi colossale ? L'*explanandum* est un effet humien : ces murs qui se tiennent debout. L'*explanans* est aussi une cause humienne : les moyens matériels appliqués à la construction. Mais l'explication n'est historique que si elle fait le détour par l'action (urbanisme, architecture, etc.). L'*explanandum* est alors le résultat de cette action, au sens où nous avons dit que le résultat de l'action n'était pas un effet humien. Une fois encore, l'explication causale est un segment de l'explication historique, laquelle comporte aussi un segment non nomique (causal) [2].

Quant à l'explication quasi causale, elle est singulièrement plus complexe que les précédentes. La réponse à la question *pourquoi ?* y est extraordinairement ramifiée. L'exemple introduit plus haut (le peuple s'est soulevé parce que son gouvernement était corrompu) masque la complexité réelle du travail de l'historien. Soit la thèse selon laquelle la

1. Ce premier type peut être schématisé ainsi (p. 137) :

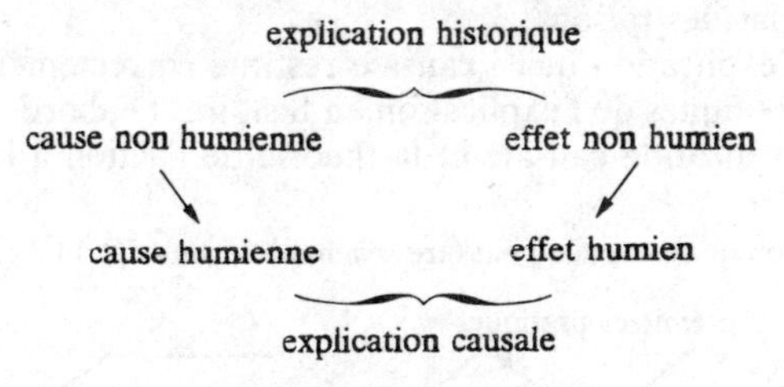

2. Ce deuxième type peut se schématiser ainsi (p. 138) :

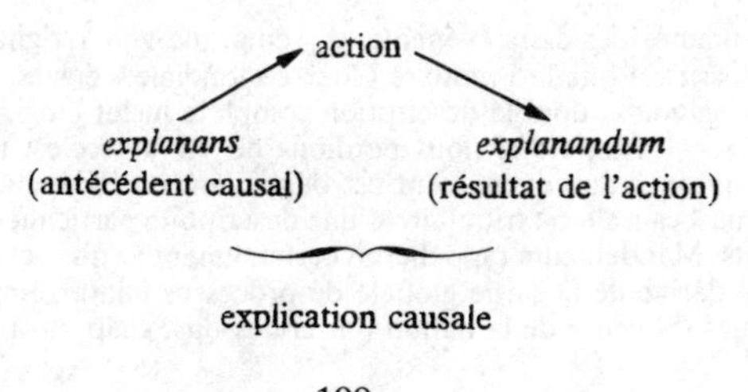

Première Guerre mondiale a éclaté « parce que » l'archiduc d'Autriche a été assassiné à Sarajevo en juillet 1914. Quelle sorte d'explication assume-t-on par là ? Admettons, pour les besoins de l'argument, que la cause et l'effet sont logiquement indépendants, autrement dit que les deux événements sont considérés comme différents [1]. En ce sens, l'explication est bien de forme causale. Mais la *médiation* véritable est assurée par tous les cours de motivations affectant toutes les parties en jeu. Ces cours de motivations doivent être schématisés par autant d'inférences pratiques, qui engendrent des faits nouveaux (en vertu du lien que nous avons dit entre intention et action dans le syllogisme pratique) ; ces faits constituent des situations nouvelles pour tous les agents ; ceux-ci apprécient leur situation en incorporant le fait accompli aux prémisses de leurs nouvelles inférences pratiques, lesquelles à leur tour engendrent de nouveaux faits, qui affectent les prémisses des nouvelles inférences pratiques opérées par les diverses parties en présence [2].

L'explication quasi causale s'avère ainsi être plus complexe que l'explication par des raisons au sens de W. Dray. Cette dernière ne recouvre que les segments proprement téléologiques d'un modèle « mixte » : causal-téléologique. Ces segments dérivent certes « d'un ensemble d'énoncés singuliers constituant les prémisses d'inférences pratiques » (p. 142). Mais, s'il est vrai que ces segments d'inférence ne se réduisent pas à des connexions nomiques, l'explication quasi causale, en retour, ne se réduit pas à la reconstruction d'un calcul comme dans l'explication par des raisons.

Au total, l'explication quasi causale restitue correctement plusieurs caractères spécifiques de l'explication en histoire. D'abord, la conjonction entre l'explication causale et la théorie de l'action à la faveur du

1. L'explication quasi causale peut être schématisée ainsi (p. 143) :

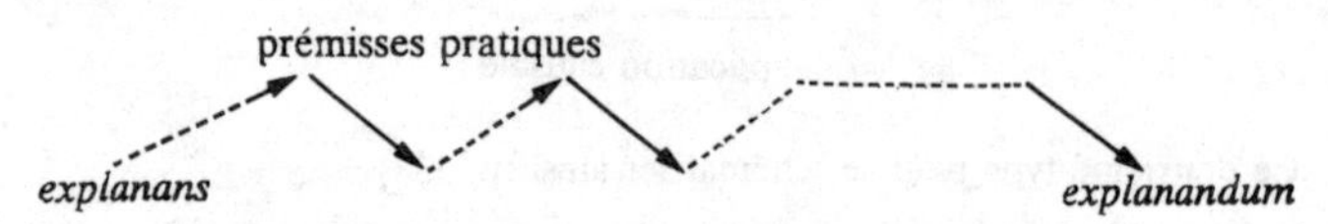

2. L'indépendance des deux événements, remarque von Wright, est discutable si l'événement décrit est que la Première Guerre mondiale « éclate » ; n'est-ce pas un terme de « *colligation* », dont la description complète inclut l'incident de Sarajevo ? La discussion serait sans fin si nous perdions de vue que c'est toujours sous une certaine description qu'un événement est dépendant ou indépendant. En ce sens, l'explication quasi causale est tributaire d'une description particulièrement analytique des événements. Mandelbaum rappellerait certainement ici que cet usage atomistique de la causalité dérive de la saisie globale de processus ininterrompus, affectant des entités continues du genre de la nation (cf. ci-dessous, chap. III, p. 271 *sq*).

phénomène d'*intervention* permet d'inclure dans le modèle mixte la référence de l'histoire à des *actions* humaines, dont la signification en tant qu'action est attestée par la conviction que l'agent a lui-même de pouvoir faire ce qu'il fait. En outre, les segments téléologiques du schéma explicatif témoignent du fait qu'il est raisonnable de s'interroger en historien sur les intentions des acteurs de l'histoire dans les termes d'une inférence pratique qui relève d'une logique spécifique, celle-là même qui a été inaugurée par la théorie aristotélicienne du syllogisme pratique. Enfin, le modèle exprime la nécessité de coordonner ces noyaux de pouvoir-faire et ces segments d'inférence pratique à des segments non praxiques et non téléologiques de type proprement causal.

En revanche, on peut se demander si, en dépit de l'extraordinaire effort pour rattacher les divers modes d'explication à un modèle logique de grande puissance, les types d'explication ne sont pas plus dispersés que jamais.

On a proposé en fait au moins trois schémas d'explication historique, sans que l'on montre comment les deux premiers sont incorporés au troisième. En outre un facteur important de dispersion apparaît au niveau causal : dans une approche proprement analytique, on est amené à distinguer entre facteurs « externes » (climat, technologie, etc.) et facteurs « internes » (motifs, raisons d'agir), sans que l'on puisse dire lesquels sont des « causes », lesquels des « effets ». Un facteur d'intégration semble ici faire défaut, dont les idéologies marquent l'importance et peut-être l'inéluctabilité. De son côté, le champ de motivation contient des facteurs aussi disparates que des ordres, des empêchements, des pressions normatives, des marques d'autorité, des sanctions, etc., qui ajoutent à la dispersion de l'explication. On ne voit guère de quelle manière ces causes hétérogènes sont incorporées aux prémisses des syllogismes pratiques. On touche ici à la prétention des explications globales comme celles du matérialisme historique. Comme il est également impossible de le prouver par des raisons à priori ou de le réfuter sur la seule base de l'expérience, il faut avouer que « la mesure première de leur vérité réside dans leur fécondité » (p. 145). La frontière entre explication scientifique et idéologie se révèle ici bien fragile, faute d'un effort, qu'on ne rencontrera que chez Hayden White, pour intégrer à l'explication historique des variables plus nombreuses que celles considérées par von Wright et pour conférer à tous ces modes explicatifs l'unité d'un *style*.

Pour s'en tenir au modèle de l'explication quasi causale, dans sa présentation la plus élémentaire, on peut se demander ce qui assure l'unité entre les segments nomiques et les segments téléologiques à l'intérieur du schéma d'ensemble : cette discontinuité à l'intérieur du modèle, jointe aux autres facteurs de dispersion de l'explication évoquée à l'instant, conduit à se demander s'il ne manque pas un fil conducteur de l'ordre de la compréhension, pour faire tenir ensemble les segments nomiques et les segments téléologiques de l'explication quasi causale. Ce fil conducteur, selon moi, c'est l'intrigue, en tant que *synthèse de l'hétérogène*. L'intrigue, en effet, « comprend », dans une totalité intelligible, des circonstances, des buts, des interactions, des résultats non voulus. Ne peut-on pas dire, dès lors, que l'intrigue est à l'explication quasi causale ce que l'assurance du pouvoir-faire était plus haut à l'intervention d'un agent dans un système nomique, et ce que l'intentionnalité était à l'explication téléologique ? Ne faut-il pas, de la même manière, que l'explication causale soit précédée par la compréhension narrative, au sens où l'on a pu dire qu'« une explication téléologique de l'action est normalement précédée par un acte de compréhension intentionnaliste appliqué à des *data* de conduite » (p. 132) ? N'est-ce pas parce que, en comprenant une intrigue, nous prenons ensemble des segments nomiques et des segments téléologiques, que nous cherchons un modèle d'explication approprié à cet enchaînement éminemment hétérogène que le diagramme de l'explication quasi causale met bien en relief ?

Je trouve dans l'analyse même de von Wright une certaine justification de mon interprétation : chaque résultat d'un syllogisme pratique est dit créer un fait nouveau qui change « l'arrière-plan de motivation » afférent à l'action des divers agents historiques. Ce changement n'est-il pas ce que nous avons constamment appelé circonstances de l'action, et que le récit incorpore à l'unité de l'intrigue ? La vertu du schéma explicatif n'est-elle pas, dès lors, de généraliser la notion de *circonstance*, au point de lui faire désigner non seulement une situation initiale, mais toutes les situations intercalaires qui, par leur nouveauté, constituent un arrière-plan de motivation dans le champ des interactions ? Qu'un fait affecte les prémisses d'une inférence pratique, qu'un fait nouveau émerge de la conclusion des prémisses, voilà ce qui doit être compris comme synthèse de l'hétérogène, avant que la logique de l'explication en propose la reformulation la plus adéquate. Mais cette reformulation, loin de se substituer à la compréhension narrative, reste l'approximation d'une opération plus originaire, de même niveau que la certitude du pouvoir-faire et que la description intentionnelle d'une conduite.

II ARGUMENTS « NARRATIVISTES »

Le rapprochement entre histoire et récit, avons-nous dit en commençant ce chapitre, est né de la conjonction de deux mouvements de pensée ; à l'affaiblissement et à l'éclatement du modèle nomologique a correspondu une réévaluation du récit et de ses ressources d'intelligibilité. Le fait est que, pour les avocats du modèle nomologique, le récit était un mode d'articulation trop élémentaire et trop pauvre pour prétendre expliquer. Je dirai, dans le vocabulaire proposé dans la première partie, que pour ces auteurs le récit n'a qu'un caractère épisodique et pas de caractère configurant [1]. C'est pourquoi, entre histoire et récit, ils voyaient une coupure épistémologique.

La question est alors de savoir si la reconquête des traits configurants du récit justifie l'espoir que la compréhension narrative prenne valeur d'explication, dans la mesure même où parallèlement l'explication historique cesse d'être mesurée à l'étalon du modèle nomologique. Ma propre contribution à ce problème naîtra, on le verra [2], de l'aveu qu'une conception « narrativiste » de l'histoire ne répond que partiellement à cette attente. Cette conception nous dit sur quelle modalité *préalable* de compréhension l'explication est greffée, mais elle ne nous donne pas un équivalent ou le substitut narratif de l'explication. C'est pourquoi nous serons à la recherche d'un lien plus *indirect* entre explication historique et compréhension narrative. La présente investigation n'aura néanmoins pas été vaine, dans la mesure où elle aura permis d'isoler une composante nécessaire, mais non suffisante, de la connaissance historique. Un demi-échec reste un demi-succès.

1. *La « phrase narrative » selon Arthur Danto*

Il est remarquable que le premier plaidoyer en faveur d'une interprétation narrativiste de l'histoire ait été formulé dans le cadre même de la philosophie analytique. Il se lit dans l'ouvrage d'Arthur C. Danto, *Analytical Philosophy of History* [3].

1. Cf. première partie, chap. III, sur les implications temporelles de *mimèsis* II.
2. Cf. ci-dessous, chap. III.
3. Arthur C. Danto, *Analytical Philosophy of History*, Cambridge University Press, 1965.

Le fil conducteur de l'argument n'est pas tant l'épistémologie de l'historiographie, telle qu'elle est pratiquée par les historiens, que le cadre conceptuel qui régit notre emploi d'un certain type de phrases qu'on appelle narratives. L'enquête ressortit à la philosophie analytique, si l'on entend par ce terme la description de nos manières de penser et de parler au sujet du monde, et corrélativement la description du monde telle que ces manières nous obligent à le concevoir. La philosophie analytique, ainsi comprise, est pour l'essentiel une théorie des descriptions.

Appliquée à l'histoire, cette conception analytique de la philosophie revient à demander dans quelle mesure nos manières de penser et de parler au sujet du monde comportent des phrases usant de verbes au temps passé et des énoncés irréductiblement narratifs. Or c'est le type de questions qui, selon Danto, est soigneusement éludé par l'empirisme, qui ne connaît que des verbes au présent correspondant à des énoncés de perception. L'analyse linguistique implique de cette manière une *description métaphysique* de l'existence historique [1]. Par son tour quasi kantien, la philosophie analytique de l'histoire exclut en revanche par principe et par hypothèse ce que l'auteur appelle « philosophie substantive » de l'histoire, en gros la philosophie de l'histoire de type hégélien. Elle lui attribue la prétention de saisir le tout de l'histoire, ce qui est vrai ; mais elle interprète de la manière suivante cette prétention : parler du tout de l'histoire, c'est composer un tableau d'ensemble du passé et du futur ; or, se prononcer sur le futur, c'est extrapoler des configurations et des enchaînements du passé en direction de l'avenir ; et cette extrapolation, à son tour, constitutive de la prophétie, consiste à parler du futur dans des termes appropriés au passé. Mais il ne peut y avoir d'histoire du futur (ni non plus, nous le verrons plus loin, d'histoire du présent) en raison de la nature des phrases narratives, qui redécrivent les événements passés à la lumière d'événements ultérieurs inconnus des

1. Cette définition de la tâche de la philosophie analytique s'apparente au plaidoyer prononcé par Strawson, au début des *Individus,* en faveur d'une métaphysique descriptive, qu'il oppose à une métaphysique révisionniste. En revanche, cette implication d'une métaphysique descriptive dans une analyse du réseau conceptuel et langagier s'oppose fortement à la tendance qu'a le structuralisme français à concevoir le réseau conceptuel et langagier comme fermé sur lui-même et exclusif de toute référence extra-linguistique. Appliquée à l'histoire, cette conception tend à faire de l'événement un simple « effet de discours ». Cet idéalisme linguistique est tout à fait étranger à la philosophie analytique, pour laquelle l'analyse de nos manières de penser et de parler du monde et la métaphysique descriptive sont mutuellement convertibles. Sur ce point, la philosophie analytique se rapproche davantage de la philosophie herméneutique, bien que celle-ci procède plus volontiers d'une explicitation de l'être historique en direction du langage approprié à cet être historique.

acteurs eux-mêmes. A son tour, une telle signification ne peut être conférée aux événements « que dans le contexte d'une histoire racontée (*story*) » (p. 11). Le vice des philosophies substantives de l'histoire, par conséquent, est d'écrire au futur des phrases narratives qui ne peuvent l'être qu'au passé.

L'argument est impeccable aussi longtemps qu'il est formulé en termes négatifs : si la philosophie de l'histoire est la pensée du tout de l'histoire, elle ne peut être l'expression du discours narratif approprié au passé. Mais l'argument ne peut éliminer l'hypothèse que le discours sur le tout de l'histoire ne soit pas de nature narrative et constitue son sens par d'autres moyens. La philosophie hégélienne de l'histoire n'est assurément pas narrative. L'anticipation du futur dans une philosophie ou une théologie de l'espérance, n'est pas non plus narrative. Au contraire, la narration y est réinterprétée à partir de l'espérance, certains événements fondateurs — l'Exode, la Résurrection — étant interprétés comme jalonnant l'espérance.

Tant qu'on garde l'argument sous sa forme négative, il a la double vertu, d'une part de délimiter d'une façon en quelque sorte kantienne l'espace de validité des phrases narratives, d'autre part de leur imposer une limite. Non seulement, comme le dit très justement Danto, le discours narratif est *intrinsèquement incomplet,* puisque toute phrase narrative est sujette à révision par un historien ultérieur, mais tout ce qu'on dit de sensé sur l'histoire n'est pas forcément de caractère narratif. Cette seconde implication se retourne contre ce qui reste dogmatique dans la philosophie analytique de l'histoire, en dépit de son tour délibérément critique quand elle établit les limites internes de la connaissance historique. Il n'est pas assuré que « ce que les philosophes de l'histoire substantive tentent soit de faire sur le futur le même genre d'assertions que les historiens essaient de faire sur le passé » (p. 26).

Les présuppositions d'une philosophie analytique de l'histoire étant posées, l'étude des phrases narratives se donne comme l'étude d'une *classe* de phrases. Elle établit le trait *différentiel* de la connaissance historique et, en ce sens, satisfait à la caractéristique *minimale* de l'histoire. Je ne dirais pourtant pas qu'elle atteint le noyau de la compréhension historique, dans la mesure où le « contexte d'une histoire » n'est pas défini par la structure de la phrase narrative. Il y manque le trait proprement discursif qu'on dira plus loin.

L'étude repose sur la théorie des descriptions appliquée à un secteur particulier de la réalité, à savoir les changements produits par l'action humaine. Or un même changement issu de l'action humaine peut être placé sous plusieurs descriptions. La phrase narrative est l'une des descriptions possibles de l'action humaine. On dira plus loin ce qui la distingue des comptes rendus qu'on donne de l'action dans le cadre de ce qui est appelé ordinairement théorie de l'action.

L'idée ingénieuse de Danto est d'aborder la théorie de la phrase narrative par un détour : la critique du préjugé selon lequel le passé est déterminé, fixe, éternellement arrêté dans son être, tandis que seul le futur serait ouvert, non décidé (au sens des « futurs contingents » d'Aristote et des Stoïciens). Ce présupposé repose sur l'hypothèse que les événements sont recueillis dans un réceptacle où ils s'accumulent sans qu'ils puissent être altérés, ni que leur ordre d'apparition puisse changer, ni qu'il puisse être ajouté quoi que ce soit à leur contenu, sinon en ajoutant à leur suite. Une description complète d'un événement devrait alors enregistrer tout ce qui est arrivé dans l'ordre où cela est arrivé. Mais qui le pourrait ? Seul un Chroniqueur Idéal pourrait être le témoin absolument fidèle et absolument sûr de ce passé entièrement déterminé. Ce Chroniqueur Idéal serait doué de la faculté de donner une transcription instantanée de ce qui arrive, d'augmenter de façon purement additive et cumulative son témoignage à mesure que les événements s'ajoutent aux événements. Par rapport à cet idéal de description complète et définitive, la tâche de l'historien serait seulement d'éliminer des phrases fausses, de rétablir l'ordre perturbé des phrases vraies et d'ajouter ce qui manquerait au témoignage.

La réfutation de cette hypothèse est simple. Une classe de descriptions fait défaut à cette chronique absolue : c'est précisément celle sous laquelle un événement ne peut être attesté par aucun témoin, à savoir que la vérité entière concernant cet événement ne peut être connue qu'*après coup* et souvent longtemps après qu'il a eu lieu. Or c'est justement la sorte d'histoire (*story*) que seul un historien peut raconter. Bref, ce que nous avons omis, c'est d'équiper le Chroniqueur Idéal de la connaissance du futur.

Nous pouvons maintenant définir les phrases narratives : « Elles se réfèrent à au moins deux événements séparés dans le temps, quoiqu'elles décrivent seulement le premier événement auquel elles se réfèrent » (p. 143). Ou plus exactement : « Elles se réfèrent à deux événements E_1 et E_2 distincts et séparés dans le temps, mais elles décrivent le premier des événements auquel il est fait référence » (p. 152). A quoi il faut ajouter ceci : les deux événements doivent être tous les deux passés par rapport au temps de l'énonciation. *Trois positions temporelles* sont donc impliquées dans la phrase narrative : celle de l'événement décrit, celle de l'événement en fonction duquel le premier est décrit, celle du narrateur — les deux premières concernent l'énoncé, la troisième l'énonciation.

L'exemple paradigmatique sur lequel l'analyse repose est la phrase suivante : en 1717 naquit l'auteur du *Neveu de Rameau*. Personne, à cette date, ne pouvait prononcer une telle phrase qui redécrit l'événement de la naissance d'un enfant à la lumière d'un autre événement, la publication par Diderot de son ouvrage fameux. Autrement dit, écrire *le Neveu de Rameau* est l'événement sous la description duquel le premier événement — la naissance de Diderot — est redécrit. On posera plus loin la question de savoir si cette phrase, à elle seule, est typique du récit historique.

Cette analyse de la phrase narrative a plusieurs implications épistémologiques. La première prend la forme d'un paradoxe sur la causalité. Si un événement est significatif à la lumière d'événements futurs, la caractérisation d'un événement comme cause d'un autre peut advenir après l'événement lui-même. Il peut sembler alors qu'un événement ultérieur transforme un événement antérieur en cause, donc qu'une condition suffisante de l'événement antérieur se produise plus tard que l'événement lui-même. Mais c'est un sophisme : car, ce qui est déterminé après coup, ce n'est pas quelque chose de l'événement, mais le prédicat « être cause de... ». Il faut donc dire : E_2 est une condition nécessaire pour que E_1, sous la description appropriée, soit une cause. On a simplement répété sous une autre forme que « être cause de... » n'est pas un prédicat accessible au Chroniqueur Idéal et caractérise seulement les phrases narratives. Les exemples de tels emplois rétrospectifs de la catégorie de cause sont nombreux. Un historien dira volontiers : « Aristarque a anticipé en 270 avant notre ère la théorie publiée par Copernic en 1543 de notre ère. » Les expressions similaires — anticiper, commencer, précéder, provoquer, susciter — n'apparaissent que dans des phrases narratives. Une grande partie du concept de signification relève de cette particularité des phrases narratives. Pour qui visite le lieu de naissance d'un homme célèbre, ce lieu n'a de signification ou d'importance qu'à la lumière d'événements futurs. En ce sens, pour le Chroniqueur Idéal, pourtant témoin parfait, la catégorie de signification est vide de sens.

Une seconde implication épistémologique est plus intéressante, car elle permet de distinguer la description *proprement narrative* de la description ordinaire de l'action. Et c'est ici que Danto dit quelque chose que Dray ne pouvait anticiper avec son modèle d'explication par des raisons, qui ne connaissait que le calcul des acteurs de l'histoire au moment où elle se produit. Certes, les deux modes descriptifs ont en commun de faire usage de verbes qu'on peut appeler des verbes de projet (*project verbs*). Ces verbes font plus que simplement décrire une action particulière ; les expressions telles que « faire la guerre » ou « élever du bétail », « écrire un livre » contiennent des verbes qui couvrent de nombreuses actions de détail, qui peuvent être tout à fait discontinues et impliquer de nombreux individus dans une structure temporelle dont le narrateur porte la responsabilité. On rencontre en histoire d'innombrables emplois de tels verbes de projet, qui organisent de nombreuses micro-actions dans une unique action globale. Mais, dans le discours ordinaire sur l'action, le sens d'un verbe de projet n'est pas affecté par l'*issue* de l'action : qu'elle soit réalisée ou non, qu'elle réussisse ou qu'elle échoue. En revanche, si l'histoire se caractérise par des énoncés qui rendent compte de la vérité d'une occurrence particulière en fonction de certains événements ultérieurs — en particulier en fonction de ses conséquences non voulues —, la vérité de ces énoncés portant sur les événements — ultérieurs importe au sens même de la description narrative.

La théorie de la phrase narrative a ainsi une valeur discriminante par rapport au discours de l'action dans le langage ordinaire. Le facteur discriminant réside dans le « réalignement rétroactif du passé » (p. 168) opéré par la description proprement narrative de l'action. Ce réalignement va très loin : dans la mesure où la mise en perspective temporelle du passé met l'accent sur les conséquences non voulues, l'histoire tend à affaiblir l'accent intentionnel de l'action elle-même : « Fréquemment et presque typiquement, les actions des hommes ne sont pas intentionnelles sous les descriptions qu'on en donne au moyen de phrases narratives » (p. 182). Ce dernier trait accentue l'écart entre théorie de l'action et théorie de l'histoire : « car l'enjeu principal de l'histoire n'est pas de reconnaître les actions comme pourraient le faire des témoins, mais comme le font les historiens, en relation à des événements ultérieurs et en tant que parties de tout temporels » (p. 183) [1]. Cet écart entre théorie de l'action et théorie narrative fait mieux comprendre en quel sens la description narrative est seulement une description parmi d'autres.

Dernière conséquence : *il n'y a pas d'histoire du présent,* au sens strictement narratif du terme. Ce ne pourrait être qu'une anticipation de ce que des historiens futurs pourraient écrire sur nous. La symétrie entre expliquer et prédire, caractéristique des sciences nomologiques, est brisée au niveau même de l'énoncé historique. Si une telle narration du présent pouvait être écrite et être connue de nous, nous pourrions à notre tour la falsifier en faisant le contraire de ce qu'elle prédit. Nous ne savons pas, absolument pas, ce que les historiens du futur diront de nous. Non seulement nous ne savons pas quels événements se produiront, mais nous ne savons pas quels événements seront

1. Je reviendrai dans la quatrième partie sur la question du témoignage comme catégorie irréductible du rapport au *passé*.

tenus pour importants. Il faudrait prévoir les intérêts des futurs historiens pour prévoir les descriptions sous lesquelles ils placeront nos actions. L'assertion de Peirce que « le futur est ouvert » signifie ceci : « nul n'a écrit l'histoire du présent. » Cette dernière remarque nous ramène à notre point de départ : la limite interne des énoncés narratifs.

Dans quelle mesure l'analyse de la phrase narrative éclaire-t-elle le problème des rapports entre la compréhension narrative et l'explication historique ?

Danto ne déclare nulle part que la théorie de l'histoire soit épuisée par l'analyse des phrases narratives. Nulle part il n'est dit qu'un texte historique se réduise à une suite de phrases narratives. Les contraintes imposées à la description vraie d'un événement par la structure temporelle de la phrase narrative constituent seulement une « caractérisation minimale de l'activité historique » (p.25).

Il est vrai que le choix même de la phrase narrative comme contrainte minimale pourrait laisser entendre que les énoncés décrivant des événements ponctuels, ou en tout cas datés, à la lumière d'autres événements ponctuels ou datés constituent les atomes logiques du discours historique. Il n'est question, du moins jusqu'au chapitre X, que de « descriptions vraies d'événements dans *leur* passé » (par opposition à la prétention des philosophes de l'histoire de décrire aussi des événements dans *leur* futur) (p. 25). Il semble admis que les événements historiques, pris un à un, sont tous de la forme : « Qu'est-il arrivé à X pendant tel et tel intervalle de temps ? » Rien n'indique que le discours historique exige des connecteurs distincts de la structure, d'ailleurs en elle-même complexe, de la phrase narrative. C'est pourquoi *expliquer* et *décrire* — au sens de la phrase narrative — sont tenus longtemps pour indiscernables. Danto ne veut rien entendre ni de la distinction crocéenne entre chronique et histoire [1], ni de la distinction de Walsh entre un récit pur et simple (*plain*), qui se bornerait à rapporter ce qui est arrivé, et un récit significatif (*significant*), qui établirait des connexions entre les faits. Car un simple récit fait déjà plus que

1. Nous reviendrons sur cette distinction qui n'a pas de place ici : elle ne concerne pas une différence de degré épistémologique, mais une relation différente au passé ; pour Croce, la chronique, c'est l'histoire détachée du présent vivant et, en ce sens, appliquée à un passé mort. L'histoire proprement dite est viscéralement liée au présent et à l'action : c'est en ce sens que toute histoire est histoire contemporaine. Cette affirmation n'a pour cadre ni un conflit de méthode, ni un conflit entre méthode et vérité, mais le problème plus vaste des rapports entre la rétrospection historique et l'anticipation du futur liée à l'action, qui sera discuté dans la quatrième partie.

rapporter des événements dans leur ordre d'apparition. Une liste de faits sans liens entre eux n'est pas un récit. C'est pourquoi aussi décrire et expliquer ne se distinguent pas. Ou, selon la forte expression de Danto, « l'histoire est d'un seul tenant » (*History is all of a piece*). Ce que l'on peut distinguer, c'est le récit et les preuves matérielles qui le justifient : un récit ne se réduit pas à un sommaire de son propre apparat critique, qu'on entende par là son appareil conceptuel ou son appareil documentaire. Mais la distinction entre le récit et son support conceptuel ou documentaire ne revient pas à distinguer deux niveaux de composition. Expliquer pourquoi quelque chose est arrivé et décrire ce qui est arrivé coïncident. Un récit qui échoue à expliquer est moins qu'un récit ; un récit qui explique est un récit pur et simple.

Et rien n'indique que le quelque chose de plus que le récit fait par rapport à une simple énumération d'événements soit différent de la structure de double référence de la phrase narrative, en vertu de laquelle le sens et la vérité d'un événement sont relatifs au sens et à la vérité d'un autre événement. C'est pourquoi la notion d'intrigue ou de structure narrative ne semble pas manquer à la logique de la phrase narrative ; c'est comme si la description d'un événement antérieur en fonction d'un événement postérieur était déjà une intrigue en miniature.

On peut se demander toutefois si les deux notions se superposent. Ainsi, quand l'auteur considère l'activité inéluctablement sélective du récit historique, il paraît invoquer un facteur structural plus complexe : « Tout récit est une structure imposée à des événements, groupant quelques-uns d'entre eux avec d'autres, et excluant certains autres comme manquant de pertinence » (p. 132) ; « un récit mentionne seulement les événements significatifs » (*ibid.*). Mais l'organisation narrative qui confère aux événements une signification ou une importance (le terme « *significance* » a les deux connotations) est-elle simplement une expansion de la phrase narrative [1] ?

A mon avis, si la question du rapport entre texte et phrase n'est pas posée en tant que telle, c'est en raison de l'accent excessif mis sur la querelle que mène l'auteur contre le fantôme de la description complète, et du fait que ce fantôme est exorcisé par l'analyse de la phrase narrative.

Le problème resurgit néanmoins avec la question de savoir si

1. Il le semble dans le cas de la « *consequential significance* » : « Si un événement antérieur n'est pas significatif eu égard à un événement ultérieur dans une histoire, il n'appartient pas à cette histoire » (p.134). Mais il y a d'autres modes de signification ou d'importance pour lesquels la structure textuelle et la structure de phrase se superposent moins aisément : signification ou importance pragmatique, théorique, révélatrice, etc.

l'explication par des lois a encore une place en histoire, dès lors qu'« un récit est déjà par la nature des choses une *forme* d'explication » (p. 201). Danto, en effet, ne s'oppose pas de front à Hempel : il se borne à observer que les partisans du modèle nomologique, si soucieux de la structure forte de l'*explanans*, ne voient pas que cet *explanans* fonctionne dans un *explanandum* qui est déjà un récit, donc qui est déjà « couvert » par une description qui vaut explication. On ne peut couvrir un événement par une loi générale que s'il figure dans le langage comme un phénomène sous une certaine description, donc inscrit dans une phrase narrative. Dès lors, Danto peut être beaucoup plus libéral et ambivalent que William Dray à l'égard du modèle nomologique [1].

2. *Suivre une histoire*

L'ouvrage de W.B. Gallie *Philosophy and the Historical Understanding* [2], centré sur le concept de la *followability* d'une histoire racontée (*story*), nous conduit un degré plus loin en direction du principe structural du récit. Ce concept, à mon avis, comble une lacune laissée par l'analyse de la phrase narrative. Si la double référence de la phrase narrative à l'événement qu'elle décrit et à un événement ultérieur à la lumière duquel la description est faite constitue un bon discriminant par rapport à d'autres descriptions de l'action, par exemple en fonction des intentions et des raisons des agents eux-mêmes, néanmoins la mention d'une différence entre deux dates, entre deux localisations temporelles, ne suffit pas à caractériser un récit en tant que *connexion* entre événements. Un écart subsiste entre la *phrase* narrative et le *texte* narratif. C'est cet écart que tente de combler la notion d'une histoire « qu'on peut suivre ».

Mais c'est bien à l'intérieur de la même hypothèse fondamentale que Gallie propose son analyse : à savoir que, « quoi que contienne la compréhension ou l'explication d'un ouvrage d'histoire, ce contenu doit être évalué *(assessed)* par rapport au récit dont il procède et au développement duquel il contribue » (préface p. XI). La thèse est aussi prudente que ferme. Elle ne nie pas que l'explication fasse autre chose que simplement raconter ; elle se borne à affirmer, d'une part, que l'explication ne naît pas de rien, mais « procède », d'une manière ou d'une autre, de quelque discours qui a *déjà* la forme narrative ; d'autre

1. A. Danto, chap. X : « Historical Explanation : The Problem of General Laws », (*op. cit.* p. 201 *sq.*).
2. *Op. cit.*

part, que, d'une manière ou d'une autre, elle demeure « *au service* de » la forme narrative. Celle-ci est donc à la fois la matrice et la structure d'accueil de l'explication. En ce sens, la thèse narrativiste ne dit rien de la structure de l'explication. Néanmoins, dans ces limites précises, sa tâche est double : montrer, d'une part, avec quelles ressources d'intelligibilité la compréhension fonde l'explication ; d'autre part, quel manque inhérent à la compréhension demande le supplément de l'explication. La notion de *followability* a l'ambition de satisfaire à cette double exigence.

Donc qu'est-ce qu'une histoire qu'on raconte (*story*) ? Et qu'est-ce que « suivre » une histoire ?

Une histoire décrit une séquence d'actions et d'expériences faites par un certain nombre de personnages, soit réels, soit imaginaires. Ces personnages sont représentés dans des situations qui changent ou au changement desquelles ils réagissent. A leur tour, ces changements révèlent des aspects cachés de la situation et des personnages, et engendrent une nouvelle épreuve (*predìcament*) qui appelle la pensée, l'action ou les deux. La réponse à cette épreuve conduit l'histoire à sa conclusion (p.22).

On le voit, cette esquisse de la notion d'histoire (*story*) n'est pas loin de ce que nous avons appelé plus haut mise en intrigue. Si Gallie n'a pas jugé utile de référer son concept d'histoire à celui d'intrigue, c'est sans doute parce qu'il s'est moins intéressé aux contraintes *structurales* immanentes au récit qu'aux conditions subjectives sous lesquelles une histoire est *acceptable*. Ce sont ces conditions d'acceptabilité qui constituent l'aptitude de l'histoire à être suivie.

Suivre une histoire, en effet, c'est comprendre les actions, les pensées et les sentiments successifs en tant qu'ils présentent une direction particulière (*directedness*) : entendons par là que nous sommes poussés en avant par le développement, dès que nous répondons à cette impulsion par des attentes concernant l'achèvement et l'issue du processus entier. On aperçoit dès maintenant comment compréhension et explication sont inextricablement mêlées dans ce processus : « idéalement, une histoire devrait s'expliquer par elle-même » (*Ideally, a story should be self-explanatory*, p. 23). C'est seulement dans la mesure où le processus est interrompu ou bloqué que nous demandons un supplément d'explication.

Dire que nous sommes orientés dans une certaine direction, c'est reconnaître à la « conclusion » une fonction téléologique, celle-là même que nous avons soulignée dans notre analyse du « point final [1] ». Mais,

1. Première partie, chap. III, *mimèsis* II.

en réponse au modèle nomologique, il faut ajouter qu'une « conclusion » narrative n'est rien qui puisse être déduit ou prédit. Une histoire qui ne comporterait ni surprises, ni coïncidences, ni rencontres, ni reconnaissances ne retiendrait pas notre attention. C'est pourquoi il faut suivre l'histoire jusqu'à sa conclusion, ce qui est tout autre chose que suivre un argument dont la conclusion est contraignante. Plutôt que prévisible, une conclusion doit être *acceptable*. Portant notre regard en arrière, de la conclusion vers les épisodes intermédiaires, nous devons pouvoir dire que cette fin demandait ces événements et cette chaîne d'actions. Mais ce regard jeté en arrière est rendu possible par le mouvement téléologiquement orienté de nos attentes quand nous suivions l'histoire. L'incompatibilité, abstraitement posée, entre la contingence des incidents et l'acceptabilité des conclusions est précisément ce que l'aptitude de l'histoire à être suivie dément. La contingence n'est inacceptable que pour un esprit qui attache à l'idée de compréhension celle de maîtrise : suivre une histoire, c'est « trouver (les événements) intellectuellement acceptables *après tout* » (p. 31). L'intelligence ici exercée n'est pas celle qui s'attache à la légalité d'un processus, mais celle qui répond à la cohérence interne d'une histoire qui conjoint contingence et acceptabilité.

Le lecteur ne manquera pas de noter la parenté étonnante de ce propos avec la notion de concordance discordante que j'ai extraite du traitement aristotélicien de la *péripétéia* dans le cadre de la théorie du *muthos*. La différence majeure avec la lignée des critiques aristotélisants serait certainement à chercher du côté du facteur subjectif introduit par la notion d'attente, d'attraction par le but : bref, par la téléologie subjective qui tient lieu d'analyse structurale. En ce sens, le concept de « *followability* » est tiré du côté d'une psychologie de la réception, plutôt que d'une logique de la configuration [1].

1. La place donnée à la sympathie dans ce que j'appelle téléologie subjective confirme le diagnostic : ce qui, dit Gallie, règle notre attente n'est pas quelque vérité de nature inductive, mais notre sympathie ou notre antipathie : une fois embarqués dans une histoire de qualité, « *we are pulled along by it, and pulled at by a far more compelling part of our human make-up than our intellectual presumptions and expectations* » (p. 45). Le souci de démarquer l'analyse de la logique du modèle nomologique risque en effet de la faire basculer du côté d'une psychologie axée sur la réponse émotionnelle ; c'est malheureusement ce glissement vers la psychologie qui a facilité la critique de l'ouvrage de Gallie par les successeurs de Hempel. Pour ma part, pareil intérêt pour les conditions psychologiques de réception d'une œuvre (narrative ou autre) ne me paraît pas à condamner ; il a sa place dans une herméneutique pour laquelle le sens d'une œuvre s'achève dans la lecture ; mais, selon les analyses que j'ai proposées dans la première partie, des rapports entre *mimèsis* II et *mimèsis* III, les règles d'acceptabilité doivent être construites en même temps *dans* l'œuvre et *hors* de

Si maintenant nous passons du concept de « *story* » à celui d'« *history* », c'est d'abord la continuité de l'une à l'autre qui doit être soulignée. La stratégie de Gallie est précisément d'inscrire la discontinuité épistémologique — qu'il ne nie pas — dans le cadre de la continuité de l'*intérêt* narratif. C'est cette stratégie qui, bien évidemment, heurte de front la problématique exposée au chapitre précédent. La question sera de savoir si l'analyse qui suit a une application en dehors de l'histoire narrative, que Gallie tient pour exemplaire : elle a pour objet les actions passées qui ont pu être enregistrées ou que l'on peut inférer sur la base de dossiers ou de mémoires ; l'histoire que nous écrivons est celle d'actions dont les projets ou les résultats peuvent être reconnus apparentés à ceux de notre propre action ; en ce sens, toute histoire est fragment ou segment d'un unique monde de la communication ; c'est pourquoi nous attendons des ouvrages d'histoire, même s'ils restent des œuvres isolées, qu'ils désignent dans leurs marges l'unique histoire que pourtant personne ne peut écrire.

Si cette continuité narrative entre « *story* et « *history* » a été si peu remarquée dans le passé, c'est parce que les problèmes posés par la coupure épistémologique entre fiction et histoire, ou entre mythe et histoire, ont fait porter toute l'attention sur la question de la preuve (*evidence*), aux dépens de la question plus fondamentale de savoir ce qui fait l'*intérêt* d'un ouvrage d'histoire. Or c'est cet intérêt qui assure la continuité entre l'histoire au sens de l'historiographie et le récit ordinaire.

En tant que récit, toute histoire porte *sur* « quelque réussite ou quelque échec majeur d'hommes vivant et travaillant ensemble, dans des sociétés ou des nations ou dans tout autre groupe organisé de façon durable » (p. 65). C'est pourquoi, en dépit de leur relation critique au récit traditionnel, les histoires qui traitent de l'unification ou de la désintégration d'un empire, de la montée et de la chute d'une classe, d'un mouvement social, d'une secte religieuse ou d'un style littéraire, sont des récits. A cet égard, la différence entre individu et groupe n'est pas décisive : les *sagas* et les anciennes épopées étaient déjà centrées sur des groupes et pas seulement sur des figures isolées : « Toute histoire (*history*) est, comme la *saga*, fondamentalement un récit d'événements dans lesquels la pensée et l'action humaine jouent un rôle prédominant » (p. 69). Même lorsque l'histoire porte sur des courants, des tendances, des « *trends* », c'est l'acte de suivre le récit qui leur confère

l'œuvre. Aussi bien, la notion d'intérêt, sur laquelle je reviendrai dans la quatrième partie, ne peut-elle être éliminée d'une théorie du récit. Accepter, recevoir, c'est être intéressé.

une unité organique. Le « *trend* » ne se manifeste que dans la succession des événements que nous suivons. C'est une « qualité de forme de ces événements particuliers » (p. 70). C'est pourquoi : 1) la lecture de ces histoires d'historiens dérive de notre compétence à suivre des histoires (*stories*) ; nous les suivons de bout en bout ; et nous les suivons à la lumière de l'issue promise ou entrevue à travers la suite des événements contingents ; 2) corrélativement, le thème de ces histoires mérite d'être raconté et leurs récits méritent d'être suivis, parce que ce thème s'impose aux intérêts qui sont les nôtres en tant qu'êtres humains, aussi éloigné que ce thème puisse être de nos sentiments du moment. Par ces deux traits, « l'historiographie est une espèce du genre histoire racontée (*story*) [1] » (p.66).

Comme on voit, Gallie retarde le moment où il faut bien prendre le problème par l'autre bout : pourquoi les historiens cherchent-ils à expliquer autrement que les conteurs des histoires traditionnelles, avec lesquels ils rompent ? Et comment articuler la discontinuité introduite par la raison critique entre l'histoire, d'une part, et la fiction ou les récits traditionnels, d'autre part ?

C'est ici que la notion de *followability* offre une autre face. Toute histoire, avons-nous dit, s'explique en principe par elle-même : autrement dit, tout récit répond à la question *pourquoi ?* en même temps qu'il répond à la question *quoi ?* ; dire ce qui est arrivé, c'est dire pourquoi cela est arrivé. Du même coup, suivre une histoire est un processus difficile, pénible, qui peut être interrompu ou bloqué. Une histoire, disons-nous encore, doit être acceptable, après tout ; il faudrait dire : malgré tout. Or cela, nous le savons depuis notre interprétation d'Aristote, est vrai de tout récit : le « l'un à cause de l'autre » n'est pas toujours aisé à extraire du « l'un après l'autre ». Dès lors, la compréhension narrative la plus élémentaire confronte déjà nos attentes réglées par nos intérêts et par nos sympathies aux raisons qui, pour prendre sens, doivent corriger nos préjugés. La discontinuité critique s'incorpore par là même à la continuité narrative. On aperçoit ainsi de quelle façon la phénoménologie appliquée à ce trait de toute histoire racontée à « pouvoir être suivie » est capable d'expansion, au point d'inclure un moment critique au cœur même de l'acte de base de suivre une histoire.

Ce jeu entre des attentes régies par des intérêts et des raisons réglées par l'entendement critique fournit un cadre approprié pour s'attaquer

1. « *History is a species of the genus story* » (*op. cit.*, p. 66).

aux deux problèmes spécifiquement épistémologiques exposés au premier chapitre : à savoir, le changement d'échelle des entités dont traite l'histoire contemporaine, et le recours à des lois, au niveau de l'histoire scientifique.

Le premier problème semble contraindre le narrativiste à prendre parti dans une querelle entre deux écoles de pensée. Pour la première, qu'on peut appeler « nominaliste », les propositions générales qui se réfèrent à des entités collectives et leur attribuent des prédicats d'action (nous parlons de la politique du gouvernement, du progrès d'une réforme, d'un changement de constitution, etc.) n'ont pas de sens autonome ; certes, prises à la lettre, ces propositions ne se réfèrent pas aux actions identifiables d'individus singuliers ; en dernière instance, néanmoins, un changement institutionnel n'est que l'abrégé d'une multitude de faits ultimement individuels. Pour la seconde école de pensée, qu'on peut appeler « réaliste », les institutions et tous les phénomènes collectifs comparables sont des entités réelles, qui ont une histoire propre, irréductible aux buts, aux efforts, aux entreprises attribuables à des individus agissant seuls ou de concert, en leur nom propre ou au nom de groupes qu'ils représentent ; inversement, pour comprendre des actions assignables à des individus, il faut faire référence aux faits institutionnels au sein desquels elles s'exercent ; et finalement nous ne sommes pas du tout intéressés dans ce que font les individus en tant qu'individus.

Contre toute attente, Gallie se garde bien de prendre parti pour la thèse nominaliste. Le nominaliste, en effet, n'explique pas pourquoi il est de l'intérêt de l'historien de procéder à une abréviation des faits individuels qui les subordonne à l'abstraction d'un fait institutionnel, ni pourquoi il est indifférent d'énumérer toutes les actions et réactions individuelles pour comprendre l'évolution d'une institution. Le nominaliste n'aperçoit pas le lien étroit entre l'emploi d'abstractions et le caractère éminemment sélectif de l'intérêt historique ; il n'aperçoit pas non plus que, pour une grande part, les actions attribuables à des individus ne sont pas faites par eux en qualité d'individus, mais en tant qu'ils remplissent un rôle institutionnel ; enfin, le nominaliste ne voit pas que pour comprendre des phénomènes globaux tels que « mécontentement social », « institutions économiques », il faut recourir à des *« dummy variables »* : à quelque x qui marque la place en creux de toutes les interactions encore inexplorées qui seraient susceptible de remplir la place de ce x [1]. A tous ces égards, la méthode weberienne

1. Gallie n'est pas loin de rejoindre, par sa critique du nominalisme, l'assomption des historiens de l'école des *Annales* : *« Historical understanding therefore is not*

des « types idéaux » s'avère être le plus propre à expliquer cette sorte d'abstraction.

Mais si la pratique de l'historien dément la thèse extrême selon laquelle seules existent des choses individuelles et parmi elles des personnes, elle ne justifie pas non plus la thèse réaliste selon laquelle toute action humaine implique une référence tacite à quelque fait social ou institutionnel de caractère général, et se trouve suffisamment expliquée quand on a explicité cette référence institutionnelle. La thèse nominaliste, malgré son inadéquation épistémologique, désigne le but de la pensée historique, qui est de rendre compte de changements sociaux qui nous intéressent (parce qu'ils dépendent des idées, des choix, des places, des efforts, des succès et des échecs d'hommes et de femmes individuels) (p. 84). Mais le réaliste, quant à lui, rend mieux compte de la façon dont l'histoire réalise ce but : à savoir, en recourant à toute connaissance disponible portant sur la vie en société, depuis les truismes traditionnels jusqu'aux théorèmes et aux modèles abstraits des sciences sociales.

Loin donc d'aligner la théorie narrativiste sur la thèse nominaliste, Gallie incline à chercher une combinaison entre l'épistémologie impliquée par la thèse réaliste et l'ontologie fondamentalement individualiste impliquée par la thèse nominaliste. Cet éclectisme serait faible s'il ne représentait assez exactement ce que l'historien de métier fait pratiquement, lorsqu'il aborde les moments *cruciaux* de son œuvre : tout son effort consiste alors à déterminer aussi exactement que possible comment tel ou tel individu ou groupe d'individus a adopté, maintenu, abandonné, ou échoué à tenir, certains rôles institutionnels. En revanche, entre ces moments cruciaux, l'historien se contente de sommaires généraux, formulés en termes institutionnels, parce que dans ces intervalles l'anonyme prévaut jusqu'à ce que quelque rupture digne d'être racontée vienne altérer le cours du phénomène institutionnel ou social. C'est le cas très largement de l'histoire économique et sociale, où règne l'anonymat massif des forces, des courants, des structures. Mais même une telle histoire qui, à la limite, s'écrit sans date ni nom propre, ne manque pas de rendre compte des initiatives, des dispositions d'esprit, du courage, du désespoir, du flair d'hommes individuels, « même si leurs noms ont d'ordinaire été oubliés » (p. 87).

Quant au second problème — celui de la fonction des *lois* dans

founded on individual kings — or chaps — but on those changes in a given society which can be seen to make sense in the light of our general knowledge of how institutions work, of what can be and what cannot be done by means of them » (*op. cit.*, p. 83).

l'explication historique —, il importe de se garder là-dessus contre une fausse interprétation de ce que l'historien attend de ses lois. Il n'en attend pas l'élimination des contingences, mais une meilleure compréhension de leur contribution à la marche de l'histoire. C'est pourquoi son problème n'est ni de déduire, ni de prédire, mais de mieux comprendre la complexité des enchaînements qui, en se croisant, ont convergé dans l'occurrence de tel événement. En cela, l'historien diffère du physicien ; il ne cherche pas à accroître le champ des généralités au prix de la réduction des contingences. Il veut mieux comprendre ce qui est arrivé. Il est même des domaines où ce sont ces contingences qui retiennent son intérêt, qu'il s'agisse des conflits entre États/nations, des luttes sociales, des découvertes scientifiques ou des innovations artistiques [1]. L'intérêt pour ces événements, que je comparerai à la *péripétéia* aristotélicienne, ne signifie pas que l'historien cède au sensationnel : son problème est précisément d'incorporer ces événements à un récit acceptable, donc d'en inscrire la contingence dans un schéma d'ensemble. Ce trait est essentiel à la *followability* de tout fait susceptible d'être raconté.

Il résulte de ce primat du concept de *followability* que les explications dont l'historien emprunte les lois aux sciences avec lesquelles il couple sa discipline, n'ont pas d'autre effet que de nous permettre de mieux suivre une histoire, quand notre vision de son enchaînement est obscurci ou quand notre capacité à accepter la vision de l'auteur est sollicitée jusqu'au point de rupture.

C'est donc une entière erreur d'y voir des formes affaiblies d'un modèle nomologique fort : elles apportent tout simplement leur aide à notre aptitude à suivre une histoire. En ce sens, leur fonction en histoire est « ancillaire » (p. 107).

Pareille thèse serait inacceptable si nous ne savions pas que tout récit s'explique par lui-même, en ce sens que raconter ce qui est arrivé est déjà expliquer pourquoi cela est arrivé. En ce sens, la moindre histoire incorpore des généralisations, qu'elles soient d'ordre classificatoire, d'ordre causal ou d'ordre théorique. Rien ne s'oppose, dès lors, à ce que des généralisations et des explications toujours plus complexes et empruntées à d'autres sciences ne viennent se greffer et en quelque sorte s'interpoler dans le récit historique. Si donc tout *récit* s'explique par lui-même, en un autre sens, aucun récit *historique* ne s'explique par lui-même. Tout récit historique est à la recherche de l'explication à interpoler, parce qu'il a échoué à s'expliquer par lui-même. Il faut alors

1. Gallie (*op. cit.*, p. 98) se plaît à citer ce mot du général de Gaulle dans *le Fil de l'épée* : « C'est sur les contingences qu'il faut construire l'action » (éd. 1959, p. 98).

le remettre sur les rails. Aussi, le critère d'une bonne explication est-il pragmatique : sa fonction est éminemment corrective. L'explication par les raisons de W. Dray satisfaisait à ce critère ; nous reconstruisons le calcul d'un agent quand un cours d'action nous surprend, nous intrigue, nous laisse perplexe.

A cet égard, l'histoire ne fait pas autre chose que la philologie ou la critique textuelle : lorsque la lecture d'un texte reçu ou celle d'une interprétation reçue apparaît discordante par rapport à d'autres faits acceptés, le philologue ou le critique réordonnent le détail pour rendre l'ensemble à nouveau intelligible. Écrire, c'est récrire. Pour l'historien, tout ce qui fait énigme devient défi à l'égard des critères de ce qui, à ses yeux, fait qu'une histoire peut être suivie et acceptée.

C'est dans ce travail de refonte (*recasting*) des manières antérieures d'écrire l'histoire que l'historien s'approche au plus près de l'explication de type hempelien : confronté à un cours étrange d'événements, il construira le modèle d'un cours normal d'action et se demandera de combien le comportement des acteurs concernés s'en écarte ; toute exploration des cours possibles d'action a recours à de telles généralisations. Le cas le plus fréquent et le plus remarquable de refonte est celui où un historien essaie une explication qui non seulement n'était pas accessible aux acteurs, mais diffère des explications offertes par les histoires antérieures devenues pour lui opaques et énigmatiques. Expliquer, dans ce cas, c'est justifier la réorientation de l'attention historique, qui conduit à une ré-vision générale de tout un cours d'histoire. Le grand historien est celui qui réussit à rendre acceptable une nouvelle manière de suivre l'histoire.

Mais dans aucun cas l'explication n'excède sa fonction ancillaire et corrective à l'égard de la compréhension appliquée à la *followability* du récit historique.

On se demandera, au chapitre III, si cette fonction « ancillaire » de l'explication suffit à rendre compte du *dénivellement* opéré par la recherche historique par rapport aux entités et aux procédures du récit.

3. *L'acte configurant*

Avec Louis O. Mink, nous nous rapprochons de l'argument principal de la conception « narrativiste », selon lequel les récits sont des *totalités hautement organisées*, exigeant un acte spécifique de compréhension, de la nature du *jugement*. L'argument est d'autant plus intéressant qu'il ne fait aucun usage du concept d'intrigue en critique littéraire. En retour, cette absence de référence aux ressources structurales du récit de fiction peut expliquer une certaine insuffisance de l'analyse de Mink, que je discuterai à la fin de cette section. Reste que nul n'est allé aussi loin que Mink dans la reconnaissance du caractère synthétique de l'activité narrative.

Déjà dans un article de 1965 [1], les arguments opposés au modèle nomologique fraient la voie à une caractérisation de la compréhension historique comme acte du jugement, au double sens que la première et la troisième *Critique* kantiennes assignent à ce terme : la fonction synthétique de « prendre ensemble » et la fonction réflexive attachée à toute opération totalisante. Dans cet article, Mink passe en revue les principales discordances, déjà soulignées par d'autres, entre les exigences hautement prescriptives du modèle et la compréhension effective mise en œuvre par l'historiographie courante ; il montre qu'on ne peut rendre compte de ces discordances que si l'autonomie de la compréhension historique est correctement établie.

Pourquoi les historiens peuvent-ils ambitionner d'expliquer, alors qu'ils ne peuvent prédire ? Parce qu'expliquer n'est pas toujours équivalent à subsumer des faits sous des lois. En histoire, expliquer c'est souvent opérer des « colligations » — pour employer le terme de Whewell et de Walsh —, ce qui revient à « expliquer un événement en retraçant ses relations intrinsèques à d'autres événements et à le situer dans son contexte historique ». Cette procédure est au moins caractéristique de l'explication séquentielle. Pourquoi les hypothèses ne sont-elles pas falsifiables en histoire de la manière dont elles le sont en science ? Parce que les hypothèses ne sont pas la cible, mais des repères pour délimiter un champ d'investigation, des guides au service d'un mode de compréhension qui est fondamentalement celui du récit interprétatif, lequel n'est ni chronique, ni « science ». Pourquoi les historiens recourent-ils volontiers à la reconstruction imaginative ? Parce que la tâche d'une vue globale est de « comprendre » [les événements constituants] dans un acte de jugement qui vise à les saisir ensemble plutôt qu'à les passer en revue *seriatim*. Cette vue globale dès lors n'est ni une « méthode », ni une technique de preuve, ni même un simple organon de découverte mais un « type de jugement réflexif » (p. 179). Pourquoi ne peut-on « détacher » les conclusions d'un argument ou d'un ouvrage d'historien ? Parce que c'est le récit pris comme un tout qui soutient ces conclusions. Et elles sont exhibées par l'ordre narratif plutôt que

1. Louis O. Mink, « The Autonomy of Historical Understanding », art. cité. Repris dans William Dray, *Philosophical Analysis and History*, Harper and Row, 1966, p. 160-192. (Je cite cette édition.)

démontrées : « La signification effective est fournie par le contexte total » (p. 181). La notion de synthèse compréhensive, de jugement synoptique, semblable à l'opération qui nous permet d'interpréter une phrase comme un tout, passe clairement au premier plan avec cet argument : « La logique de confirmation est applicable à la mise à l'épreuve de conclusions détachables ; mais des significations intégrables requièrent une théorie du jugement » (p. 186). Pourquoi des événements historiques peuvent-ils être uniques et semblables à d'autres ? Parce que similarité et unicité sont tour à tour accentuées en fonction des contextes disponibles. Une fois de plus : la compréhension historique revient à « comprendre un événement complexe en saisissant ensemble ces événements dans un jugement total et synoptique que ne peut remplacer aucune technique analytique » (p. 184). Pourquoi les historiens ambitionnent-ils de s'adresser à un auditoire potentiellement universel et non simplement à un forum scientifique ? Parce que ce qu'ils se proposent de communiquer est une sorte de jugement plus près de la *phronèsis* selon Aristote que de la « science » : le problème de l'historien « devient intelligible... si on y discerne la tentative de communiquer l'expérience consistant à voir-les-choses-ensemble dans le style nécessairement narratif où une chose-vient-après-l'autre » (p. 188).

La conclusion de cet article mérite d'être citée : l'historien « cultive l'habitude spécialisée de comprendre ce qui convertit des amas d'événements en enchaînements et ce qui souligne et accroît la portée du jugement synoptique dans notre réflexion sur l'expérience » (p. 191). L'auteur admet volontiers que cette identification entre la pensée historique et le « jugement synoptique » laisse ouverts les problèmes épistémologiques proprements dits, tels que « la question de savoir si des " synthèses interprétatives " peuvent être logiquement comparées, s'il y a des raisons générales de préférer l'une à l'autre et si ces dernières constituent des critères de l'objectivité et de la vérité historique » (p. 191). Mais ces questions épistémologiques présupposent que nous avons identifié « ce qui distingue la pensée historique élaborée, aussi bien des explications quotidiennes du sens commun que des explications théoriques de la science naturelle » (p. 191-192).

C'est principalement dans un article de 1968 [1] que Mink *spécifie* sa

1. « Philosophical Analysis and Historical Understanding », *Review of Metaphysics* 20 (1968), p. 667-698. Mink reconnaît sa dette à l'égard de Morton White, *Foundations of Historical Knowledge* (1965), Arthur Danto, *Analytical Philosophy of History* (1965) et W.B. Gallie, *Philosophy and the Historical Understanding* (1964), en termes sans ambiguïté.

propre approche, en se basant sur la critique de Gallie. La *phénoménologie appliquée à la capacité pour une histoire d'être suivie est indiscutable* aussi longtemps que nous avons affaire à des histoires dont *l'issue est inconnue* de l'auditeur ou du lecteur, comme c'est le cas quand nous suivons une partie d'un jeu. La connaissance des règles ne nous est ici d'aucun secours pour prédire l'issue. Il nous faut suivre la série des incidents jusqu'à leur conclusion. Les contingences, pour une compréhension phénoménologique, se ramènent à des incidents surprenants et inattendus dans des circonstances données. Nous attendons une conclusion, mais nous ignorons laquelle, parmi plusieurs issues possibles, se produira. C'est pourquoi il nous faut suivre de bout en bout. C'est pourquoi aussi nos sentiments de sympathie ou d'hostilité doivent entretenir le dynamisme du processus entier. Mais, soutient Mink, cette condition d'ignorance et en conséquence l'activité irréfléchie consistant à suivre l'histoire ne sont pas caractéristiques des procédures de l'historien : « L'histoire n'est pas l'écriture, mais la réécriture des histoires » (1967). Le lecteur, en retour, se livre à un « suivre réflexif », qui répond à la situation de l'historien en train de re-raconter et de réécrire. L'histoire survient quand *la partie est terminée* [1]. Sa tâche n'est pas d'accentuer les accidents mais de les réduire. L'historien ne cesse de remonter des pistes à reculons : « Il n'y a pas de contingence dans la progression régressive » (p. 687). C'est seulement quand nous re-racontons l'histoire que « notre marche en avant repasse par le chemin déjà parcouru à rebours [2] ». Cela ne veut pas dire que, connaissant l'issue, le lecteur aurait pu la prédire. Il suit, afin de « voir » la série

1. Cet argument s'accorde parfaitement avec l'analyse de la « phrase narrative » chez Danto en fonction d'une théorie originale de la description ; l'histoire, on s'en souvient, est une des descriptions des actions (ou des passions) humaines, à savoir la description d'événements antérieurs sous la description d'événements ultérieurs inconnus des agents (ou des patients) de la première occurrence. Selon Mink, il y a plus à dire concernant la compréhension historique, mais non moins. Il y a plus à dire, dans la mesure où la redescription du passé implique des techniques de connaissance d'acquisition récente (économique, psychanalytique, etc.) et surtout de nouveaux outils d'analyse conceptuelle (par exemple quand nous parlons du « prolétariat romain »). Dès lors, à l'asymétrie temporelle soutenue par Danto entre l'événement antérieur qui est décrit et l'événement ultérieur sous la description duquel le premier est décrit, il faut ajouter l'asymétrie conceptuelle entre les systèmes de pensée accessibles aux agents et ceux introduits par les historiens ultérieurs. Cette sorte de redescription est, comme celle de Danto, une description *post eventum*. Mais elle met l'accent sur le processus de reconstruction à l'œuvre plutôt que sur la dualité des événements impliquée par les phrases narratives. De cette manière, le « jugement historique » dit plus que la « phrase narrative ».

2. « *We retrace forward what we have already traced backward* » (*op. cit.*, p. 687).

des événements « en tant que configuration intelligible de relations » (p. 688). Cette intelligibilité rétrospective repose sur une construction qu'aucun témoin n'aurait pu opérer quand les événements se sont produits, puisque cette marche régrédiante lui était alors inaccessible [1].

Mink ajoute deux remarques : dans une phénoménologie qui se borne à la situation où une histoire est suivie pour la première fois, la fonction de l'explication risque d'être trop peu soulignée et d'être réduite à l'art de combler des lacunes ou d'écarter les obscurités qui obstruent le flux narratif. L'explication apparaît moins ancillaire et en conséquence moins rhétorique si la tâche de l'historien est de procéder de façon régrédiante et si, comme on l'a dit, « il n'y a pas de contingence quand on procède par voie régrédiante ». « La logique de l'explication devrait avoir quelque chose à faire avec la phénoménologie de la compréhension ; la première, espère-t-on, devrait servir à corriger la seconde et la seconde à enrichir la première [2]. »

La seconde remarque est plus discutable : « Gallie, dit Mink, veut transférer l'ouverture et la contingence de notre *futur présent* au récit des événements passés, puisque selon lui nous ne pouvons les concevoir autrement que comme ayant une fois été futurs » (p. 688). Ce faisant, Gallie professerait une ontologie erronée du temps, guidée par « le principe selon lequel passé et futur ne sont pas catégoriquement différents l'un de l'autre : le passé consistant en futur passé et le futur en passé futur » (p. 688). L'argument ne semble pas convaincant. D'abord, je ne pense pas que des futurs passés et des passés futurs soient catégorialement semblables ; au contraire, l'absence de symétrie entre eux nourrit ce que Mink appelle très justement « le caractère poignant de la conscience historique » (*ibid.*). Ensuite, le caractère déterminé du passé n'est pas tel qu'il exclue la sorte de changements rétroactifs de signification sur lesquels Danto a attiré l'attention avec succès. Troisièmement, le processus consistant à parcourir à nouveau dans le sens progrédiant le chemin que nous avons déjà parcouru dans le sens régrédiant peut très bien réouvrir, si l'on peut dire, l'espace de contingence qui a une fois appartenu au passé quand il était présent ; il

1. Dans un article de 1970 (« History and Fiction as Modes of Comprehension » *New Literary History,* 1979, p. 541-558) nous lisons : « ... la différence entre suivre une histoire et avoir suivi une histoire marque plus qu'une différence accidentelle entre une expérience présente et une expérience passée » (p. 546) ; ce que reflète la logique de la narration, c'est « non point ce que sont les structures ou les traits génériques des récits, ni ce que signifie " suivre ", mais ce que signifie « avoir suivi une histoire » » (*ibid.*).

2. « Philosophical Analysis and Historical Understanding », art. cité, p. 686.

peut restituer une sorte d'étonnement instruit, grâce auquel les « contingences » trouvent une partie de leur puissance initiale de surprise. Ce pouvoir peut fort bien tenir au caractère de *fiction* de la compréhension historique que nous discuterons plus tard. Plus précisément, il peut être lié à cet aspect de la fiction qu'Aristote caractérise comme la *mimèsis* de l'action. C'est au niveau des *contingences* initiales que certains événements jouissent du statut d'avoir été futurs eu égard au cours d'action qui est reconstruit rétrospectivement. En ce sens, il doit y avoir une place pour des futurs passés même dans une ontologie du temps, dans la mesure où notre temps existentiel est forgé par les configurations temporelles que l'histoire et la fiction établissent ensemble. Nous reviendrons à cette discussion dans la quatrième partie de notre investigation.

Je préfère souligner la sorte d'unilatéralité qui résulte de la substitution d'une phénoménologie de la saisie rétrospective à celle de la saisie directe d'une histoire suivie pour la première fois. Mink ne risque-t-il pas d'abolir, au niveau de l'acte de re-raconter, des traits de l'opération narrative que raconter et re-raconter ont en réalité en commun, parce qu'ils relèvent de la structure même du récit : à savoir, la dialectique entre contingence et ordre, entre épisode et configuration, entre discordance et concordance ? A travers cette dialectique, n'est-ce pas la *temporalité* spécifique du récit qui risque d'être méconnue ? Le fait est que l'on observe dans les analyses de Louis O. Mink une tendance à dépouiller de tout caractère temporel l'acte même de « saisir ensemble », caractéristique de l'opération configurante. Le refus d'attribuer aux événements racontés d'avoir été futurs laissait déjà prévoir cette orientation. Celle-ci paraît renforcée par l'insistance sur l'acte de re-raconter *aux dépens* de celui de suivre une histoire pour la première fois. Un troisième article de Louis O. Mink affiche clairement ce propos [1].

Le point fort de cet article est de construire le mode *configurant* comme l'un des trois modes de la « compréhension » (*comprehension*) *au sens large*, à côté du mode *théorique* et du mode *catégorial*. Selon le mode théorique, les objets sont « compris » à titre de cas ou d'exemples d'une théorie générale : le type idéal de ce mode est représenté par le système de Laplace. Selon le mode catégorial, trop souvent confondu avec le précédent, comprendre un objet c'est déterminer de quel type d'objet il relève, quel système de concepts à priori donne forme à une expérience qui, en son absence, resterait chaotique. C'est à cette compréhension catégoriale qu'a visé Platon et qu'aspirent les philoso-

1. « History and Fiction as Modes of Comprehension », art. cité.

phes les plus systématiques. Le mode configurant a en propre de placer des éléments dans un complexe unique et concret de relations. C'est le type de compréhension qui caractérise l'opération narrative. Mais les trois modes ont une visée commune, qui n'est pas moins implicite au mode configurant qu'aux deux autres modes. La *compréhension au sens large* est définie comme l'acte de « saisir ensemble dans un seul acte mental des choses qui ne sont pas éprouvées ensemble ou même capables de l'être, parce qu'elles sont séparées dans le temps, dans l'espace ou d'un point de vue logique. La capacité de produire cet acte est une condition nécessaire (quoique non suffisante) de la compréhension » (p. 547). La compréhension, en ce sens, ne se limite ni à la connaissance historique ni à des actes temporels. Comprendre une conclusion logique en tant que résultat de ses prémisses est une sorte de compréhension qui n'a pas de trait narratif : bien évidemment, elle implique quelques présuppositions temporelles, dans la mesure où ce que nous tentons de penser ensemble consiste dans les « relations complexes entre parties qui ne peuvent être éprouvées que *seriatim* » (p. 548). Mais c'est seulement une manière de répéter après Kant que toute expérience se produit dans le temps, même celle qui se produit aussi dans l'espace, puisqu'il nous faut « parcourir », « retenir », « reconnaître » toutes les composantes et toutes les étapes de l'expérience relatée. En bref, « la compréhension est l'acte individuel de voir-des-choses-ensemble et rien de plus » (p. 553).

En outre, la compréhension au sens large présente un trait fondamental qui a des implications considérables pour le mode narratif de compréhension. Toute compréhension, déclare Mink, a pour idéal, même si le but est hors d'atteinte, d'appréhender le monde comme *totalité*. Pour le dire en d'autres termes, le but est hors d'atteinte parce que cette compréhension serait divine, mais il est chargé de sens parce que le projet humain est de prendre la place de Dieu (p. 549). Cette soudaine intrusion d'un thème théologique n'est aucunement marginale. Cet ultime but allégué des trois modes de compréhension procède de la transposition à l'épistémologie de la définition que Boèce a donnée de « la connaissance que Dieu a du monde comme *totum simul* où les moments successifs du temps entier sont co-présents dans une unique perception, qui ferait de ces moments successifs un paysage d'événements [1] » (p. 549).

1. Il est vrai, Mink nuance de deux façons la thèse que c'est en fonction de ce but idéal que toute compréhension partielle peut être jugée. D'abord, il existe différentes descriptions de ce but idéal de compréhension : le modèle selon Laplace d'un monde prédictible dans le moindre détail ne coïncide pas avec la *synopsis* de Platon au livre

Mink n'hésite pas à reporter sur le mode configurant la visée de la compréhension au *sens large* : « Le *totum simul* que Boèce attribue à la connaissance que Dieu a du monde serait assurément (*of course*) le degré le plus élevé de compréhension configurante » (p. 551). A la lumière de cette déclaration, la critique antérieure d'une phénoménologie bornée à l'acte de suivre une histoire prend un relief nouveau. Ce qui semble ultimement refusé à la compréhension narrative, au nom du *totum simul*, c'est la forme séquentielle des histoires que cette phénoménologie avait réussi à préserver. Je me demande si l'argument, tout à fait valable, selon lequel l'histoire consiste davantage à avoir suivi qu'à suivre n'est pas poussé trop loin, et même affaibli par la thèse ultérieure qui veut que, dans l'acte de compréhension configurante, « action et événement, bien que représentés comme se produisant dans l'ordre du temps, peuvent être aperçus, si l'on peut dire, d'un seul regard comme liés ensemble dans un ordre de signification — approximation du *totum simul* que nous ne pouvons jamais opérer que partiellement » (p. 554).

Je me demande si ce qu'on tient pour le degré supérieur de la compréhension configurante ne marque pas plutôt son abolition. Pour éviter cette conséquence fâcheuse pour la théorie narrative, ne faut-il pas assigner une fonction inverse à l'idée de *totum simul* : à savoir, de *limiter* précisément l'ambition de la compréhension d'abolir le caractère *séquentiel* du temps sous-jacent au côté *épisodique* de la mise en intrigue. Le *totum simul* devrait dès lors être reconnu comme Idée au sens kantien : idée-limite, plutôt que but ou guide. Nous reviendrons sur ce point dans la quatrième partie. Pour le moment, il suffira de se demander si ce but idéal est bien l'extrapolation appropriée de ce qui est impliqué dans la compréhension *effective* des récits.

Ce qui est discutable, à un niveau simplement phénoménologique — niveau auquel « *avoir-suivi* » est à juste titre opposé à « suivre » —, c'est l'assertion que « dans la compréhension d'un récit la pensée de la succession temporelle en tant que telle s'évanouit — ou, pourrait-on dire, s'attarde comme le sourire du Cheshire Cat » (p. 554). Je me refuse à croire que « dans la compréhension configurante d'une histoire que l'on a suivie... la nécessité des références régrédiantes biffe (*cancels out*), pour ainsi dire, la contingence des références

VII de la *République*. Deuxièmement, ces descriptions sont des extrapolations des trois modes différents et mutuellement exclusifs de compréhension. Mais ces deux correctifs n'affectent pas l'argument principal, à savoir que le but de la compréhension est d'abolir le caractère *seriatim* de l'expérience dans le *totum simul* de la compréhension.

progrédiantes » (*ibid.*). Aucun des arguments avancés n'est convaincant.

L'argument selon lequel dans l'historiographie courante la chronologie recule — et avec elle le souci de la datation — est parfaitement raisonnable. Mais la question reste ouverte de savoir jusqu'à quel point le dépassement de la simple chronologie implique l'abolition de tout mode de temporalité. D'Augustin à Heidegger, toute l'ontologie du temps vise à dégager du temps purement chronologique des propriétés *temporelles* construites sur la succession, mais irréductibles à la fois à la simple succession et à la chronologie.

L'argument qui veut que la compréhension soit complète quand on saisit une certaine action comme la réponse à un événement (« envoyer un télégramme » répond à « recevoir une offre ») est également correct ; mais le lien entre envoyer un télégramme et le recevoir est assuré par un terme médiateur : « accepter l'offre », lequel engendre un *changement* de l'état de choses initial à l'état de choses terminal. Nous n'avons pas le droit, en conséquence, de généraliser à partir de la « réponse », en disant que « l'action et les événements d'une histoire comprise comme un tout sont reliés par un réseau de descriptions empiétant l'une sur l'autre » (p. 556). L'abolition des phrases marquées par des temps verbaux, dans ce réseau de descriptions empiétantes, est le signe que la qualité narrative de l'histoire a disparu avec le lien temporel. On peut bien dire que, dans la rétrospection, tous les incidents qui se sont produits dans l'*histoire* d'Œdipe peuvent être saisis ensemble dans le *portrait* d'Œdipe. Mais ce portrait est équivalent à la « pensée » de la tragédie d'Œdipe. Or, la « pensée », qu'Aristote dénommait *dianoia*, est un aspect dérivé de l'intrigue au même titre que les caractères.

Il nous reste à voir de quelle manière un transfert du concept d'intrigue de la critique littéraire à l'épistémologie de l'histoire peut éclairer la dialectique concrète entre discordance et concordance dans le récit ; dialectique du récit narratif dont il n'a pas été tenu assez compte dans une analyse du mode configurant de compréhension qui tend à dissoudre sa qualité temporelle au nom du but qu'on lui prête de s'égaler au *totum simul* de la connaissance divine.

4. *L'explication par mise en intrigue*

Avec l'œuvre de Hayden White [1], les procédures de mise en intrigue que j'ai placées plus haut sous le titre de *mimèsis* II sont pour la première fois assignées à la structure narrative de l'historiographie. Même si elles n'en couvrent pas tout le champ.

Ce qui fait la force des analyses de H. White, c'est la lucidité avec laquelle il explicite les présuppositions de ses analyses de grands textes historiques et définit l'univers de discours dans lequel ces présuppositions à leur tour trouvent place.

Première présupposition : creusant le sillon ouvert par Louis O. Mink, White réorganise le rapport entre histoire et fiction selon d'autres lignes que celles d'une épistémologie pour laquelle la problématique de l'objectivité et de la preuve est ce qui détermine le critère de base de toute classification des modes de discours. Quoi qu'il en soit de cette problématique sur laquelle nous reviendrons dans la quatrième partie, la première présupposition d'une « poétique » du discours historique est que *fiction et histoire appartiennent à la même classe* quant à la structure narrative. Seconde présupposition : le rapprochement entre histoire et fiction en entraîne un autre entre histoire et littérature. Ce bouleversement des classifications usuelles demande que soit prise au sérieux la caractérisation de *l'histoire comme écriture*. « L'écriture de l'histoire », pour reprendre un titre de Michel de Certeau [2], n'est pas extérieure à la conception et à la composition de l'histoire ; elle ne constitue pas une opération secondaire, relevant de la seule rhétorique de la communication, et qu'on pourrait négliger comme étant d'ordre simplement rédactionnel. Elle est constitutive du mode historique de compréhension. L'histoire est intrinsèquement historio-graphie, ou, pour le dire d'une façon délibérément provocante, un artifice littéraire [3].

1. Hayden White, *Metahistory : The Historical Imagination in Nineteenth-Century Europe*, Baltimore and London, The Johns Hopkins University Press, 1973. L'auteur intitule son introduction : « The Poetics of History » (p. 1-42).

2. Michel de Certeau, *L'Écriture de l'histoire*, Paris, Gallimard, 1975.

3. Dans l'article de 1974 intitulé « The Historical Text as Literary Artifact », *Clio* III/3, 1974, p. 277-303, reproduit dans *The Writing of History* de Robert A. Canary & Henry Kozicki, 1978, University of Wisconsin Press, H. White définit ainsi un artifice verbal : « *a model of structures and processes that are long past and cannot therefore be subjected to either experimental or objectal controls* » (*Clio*, p. 278). En ce sens, les récits historiques sont des « *verbal fictions, the contents of which are as much* invented as found and the forms of which have more in common with their counterparts in literature than they have with those in the sciences » (*ibid.*).

(*a literary artifact*). Troisième présupposition : la frontière tracée par les épistémologues entre l'histoire des historiens et la *philosophie de l'histoire* doit elle aussi être remise en question, dans la mesure où, d'une part, toute grande œuvre historique déploie une vision d'ensemble du monde historique et où, d'autre part, les philosophies de l'histoire ont recours aux mêmes ressources d'articulation que les grandes œuvres historiques. C'est pourquoi, dans son grand ouvrage, *Metahistory*, H. White n'hésite pas à placer dans le même cadre Michelet, Ranke, Tocqueville, Burckhardt et Hegel, Marx, Nietzsche, Croce.

Cette « poétique » de l'historiographie est appelée par son auteur *Metahistory*, pour la distinguer d'une épistémologie axée sur le caractère d'« *inquiry* » de l'histoire, et donc fixée sur les conditions d'objectivité et de vérité qui instaurent la coupure épistémologique entre l'histoire comme science et le récit traditionnel ou mythique.

Les trois présuppositions qui viennent d'être énoncées entraînent en effet un déplacement et un reclassement de la problématique. L'attention exclusive donnée aux conditions de « scientificité » de l'histoire est tenue pour responsable de la méconnaissance des structures qui placent l'histoire dans l'espace de la fiction narrative. Seule une métahistoire peut oser considérer les récits historiques comme des *fictions verbales*, proches par leur contenu et leur forme de leur contrepartie littéraire. La question se posera plus tard à nous de savoir s'il est possible de reclasser ainsi l'histoire comme artifice littéraire, sans la déclasser comme connaissance à prétention scientifique.

Il n'est pas niable que ce déplacement et ce reclassement de la problématique impliquent un transfert sur l'historiographie de catégories empruntées à la critique littéraire.

L'ironie de la situation est que ces emprunts sont faits à des auteurs qui précisément s'y sont opposés. On n'a pas oublié la fermeté avec laquelle Aristote exclut l'*historia* de sa problématique du *muthos*. Pour prendre la mesure du geste qui enfreint l'interdit aristotélicien, il faut bien comprendre les raisons de ce dernier. Aristote ne se borne pas à constater que l'histoire est trop « épisodique » pour satisfaire aux exigences de la *Poétique* (après tout, ce jugement est aisément révocable, dès l'œuvre de Thucydide). Il dit aussi pourquoi l'histoire est épisodique : parce qu'elle rapporte ce qui est réellement arrivé ; or le réel, à la différence du possible que le poète conçoit, et qu'illustre la *péripétéia*, implique une contingence qui échappe à la maîtrise du poète. C'est finalement parce que celui-ci est l'auteur de son intrigue qu'il peut s'arracher au réel contingent et s'élever au possible vraisemblable. Le transfert de l'histoire dans le cercle de la poétique, n'est donc pas un acte innocent et ne peut pas être sans conséquence quant au traitement de la contingence réelle.

La transgression de l'interdit aristotélicien ne rencontre pas moins de résistance du côté de la critique littéraire, de laquelle l'œuvre de H. White est pourtant plus proche. Pour Auerbach, Wayne Booth, Scholes et Kellogg, l'imaginaire se définit par opposition au « réel » et l'histoire continue d'offrir le modèle du réalisme de la représentation. Le comble de l'ironie est que Northrop Frye, auquel il sera tellement emprunté par H. White, est un des gardiens les plus vigilants de cette frontière : la fiction, selon lui, concerne le possible ; l'histoire, le réel ; reprenant Aristote, Frye dira que le poète opère à partir de (*from*) une forme d'unification, l'historien en direction de (*towards*) celle-ci [1]. Seules, selon lui, des philosophies de l'histoire comme celles de Spengler, Toynbee ou H.G. Wells peuvent paraître appartenir à la même catégorie « poétique » que le drame ou l'épopée.

La métahistoire selon White doit donc briser deux résistances : celle des historiens qui tiennent que la coupure épistémologique entre l'histoire et le récit traditionnel et mythique arrache la première au cercle de la fiction, et celle des critiques littéraires pour qui la distinction entre l'imaginaire et le réel est une évidence hors de question.

Nous n'épuiserons pas la discussion dans ce chapitre : nous réservons pour la quatrième partie les aspects de la fiction verbale qui contraignent à remettre sur le métier la notion de représentation du réel en histoire, problème que nous avons choisi de placer sous le titre de *mimèsis* III. Nous nous tiendrons donc ici dans les limites de la fiction entendue comme configuration, au sens de *mimèsis* II. Je suis conscient du tort que je fais à l'œuvre de H. White, en tranchant entre ses analyses les plus formelles et celles qui concernent le réel historique (la ligne de partage passera ainsi entre ses considérations sur la mise en intrigue et celles qui concernent la préfiguration du champ historique qu'il assigne à une théorie des tropes : métaphore, métonymie, etc.). Mais ce dommage m'a paru compensé par l'avantage de ne pas lier le sort des analyses formelles [2], qui m'apparaissent plus solides, à celui de la tropologie, qui me paraît plus fragile.

Il est important que la mise en intrigue ne reçoive chez H. White le traitement d'honneur qu'on va dire que sous la condition de ne pas

1. N. Frye, « New Directions from Old », in *Fables of Identity*, New York, Harcourt, Brace, and World, 1963, p. 55.

2. « *My method in short is formalist...* » (*Metahistory*, p. 3). On verra en quel sens la théorie de l'*emplotment* distingue ce formalisme du structuralisme français et le rapproche de celui de Northrop Frye, que nous discuterons dans la troisième partie.

identifier entièrement avec elle la notion d'« *historical narrative* ». L'auteur prend bien soin, tant dans *Metahistory* que dans ses articles, d'encadrer la mise en intrigue (*emplotment*) entre plusieurs opérations, dont l'énumération varie d'ailleurs d'une œuvre à l'autre. C'est pourquoi, par souci didactique, je considérerai d'abord tout ce qui n'est pas « intrigue » (*plot*), afin de concentrer ensuite sur elle l'essentiel de mes remarques.

Dans un article de *Clio* (1972) [1], l'intrigue (*plot*) est placée entre l'histoire racontée (*story*) et l'argument (*argument*).

Story est pris ici en un sens limitatif — « *telling stories* » : au sens d'un récit essentiellement séquentiel, avec commencement, milieu et fin. A vrai dire, c'est le concept de « *story-line* », que je traduis par « le fil de l'histoire », plutôt que celui de *story*, qui sert ici de repère. L'auteur veut ainsi visiblement se débarrasser de l'argument selon lequel l'histoire, telle qu'on l'écrit aujourd'hui, n'est plus narrative : l'objection, selon lui, ne vaut que si l'on réduit l'histoire (*story*) au fil de l'histoire (*story-line*).

La délimitation entre *story* et *plot*, déconcertante pour maints critiques, paraît à H. White avoir plus d'urgence en histoire qu'en critique littéraire ; parce que, en histoire, les événements qui constituent la ligne de l'histoire racontée ne sont pas produits par l'imagination de l'historien, mais sont soumis aux procédures de la preuve. Je vois, pour ma part, dans cet argument une manière de répondre à l'interdit d'Aristote : le prix à payer pour cet affranchissement, c'est la distinction même entre *story* et *plot*.

Or cette distinction n'est pas toujours aisée à maintenir, dans la mesure où la *story* est déjà un mode d'organisation en quoi elle se distingue d'une simple chronique d'événements et s'organise en fonction de « motifs » ou de « thèmes » qui unifient et délimitent en elle des sous-ensembles [2]. C'est par là que l'histoire racontée est déjà capable

1. Hayden White, « The Structure of Historical Narrative », *Clio* I (1972), p. 5-19. Dans *Metahistory*, « story » sera précédé par « chronicle » et le « mode d'argument » sera complété par le « mode d'implication idéologique ».

2. « L'organisation par motifs est alors un aspect de l'élaboration de la *story*, elle fournit un type d'explication, celui auquel Mink pense quand il dit que les historiens fournissent une " compréhension des événements " dans leurs histoires en les " configurant " » (« The Structure of Historical Narrative », p. 15). *Metahistory* confirme : « *la transformation* de la chronique en histoire racontée (*story*) est effectuée par la caractérisation de certains événements contenus dans la chronique en termes de motifs inauguraux, terminaux, ou de transition » (p. 5). La *story*, par opposition à la chronique, est « *motifically encoded* » (*p. 6*). Je ne suis guère d'accord avec cette réduction du champ de l'acte configurant selon Mink à la *story*. White croit trouver

d'un « effet explicatif ». C'est précisément pour rendre justice de cet effet explicatif propre à la *story* que *Metahistory* la distingue de la « chronique » qui devient alors la toute première articulation du champ historique. Quant à la notion de « champ historique » (*Metahistory*, p. 30), qu'on retrouvera chez Paul Veyne, elle pose elle-même le problème d'une articulation encore préalable. On ne peut en effet parler, de l'intérieur du récit déjà organisé, que d'un *unprocessed historical record* (*Metahistory*, p. 5), c'est-à-dire d'un arrière-plan pré-conceptuel ouvert aux processus de sélection et d'arrangement [1].

La mise en intrigue (*emplotment*) garde un effet explicatif distinct de l'histoire racontée (*story*), en ce sens qu'elle explique non les *événements de* l'histoire racontée, mais cette *histoire elle-même*, en identifiant la *classe* à laquelle elle appartient. Le fil de l'histoire racontée permet d'identifier une configuration unique, la mise en intrigue invite à reconnaître une classe traditionnelle de configurations. Ces catégories d'intrigue en fonction desquelles l'histoire elle-même, non les événements de l'histoire, est encodée sont parentes de ces « cryptogrammes relationnels [2] » qui, selon E.H. Gombrich dans *Art and Illusion*, règlent notre manière de « lire » la peinture.

H. White pense ainsi échapper aux arguments anti-narrativistes des partisans de Hempel : en leur abandonnant l'organisation de l'histoire

---

une confirmation de cette corrélation entre l'acte configurant et l'explication par *story* dans la distribution que Mink fait entre compréhension configurante, compréhension catégoriale et compréhension théorétique. Il pense pouvoir assigner le mode catégorial à l'explication par *emplotment* et le mode thématique à l'explication par argument (« The Structure of Historical Narrative », p. 18). Outre que les deux tripartitions — celle de Mink et celle de White — ne se laissent pas superposer, on ne rend guère justice à l'analyse de l'acte configurant par Mink en réduisant son champ d'application à l'organisation de la *story*, à l'exclusion de l'*emplotment* et de l'*argument*. Comme mon concept d'intrigue, l'acte configurant de Mink me paraît couvrir les trois champs que White distingue. La clé de la divergence réside, à mon avis, dans la réduction inverse que White impose à l'explication par mise en intrigue, à savoir l'identification de l'intrigue avec un type, à savoir la *catégorie* d'intrigue à laquelle l'histoire racontée appartient. Cette réduction me paraît arbitraire.

1. Cette régression de la *story* à la chronique, puis de la chronique au champ historique, dans *Metahistory*, ressemble à la régression qui conduit Husserl, dans sa Phénoménologie génétique, des synthèses actives à des synthèses passives toujours préalables. Dans les deux cas, la question se pose de ce qui précède toute synthèse active ou passive. Cette question troublante a conduit Husserl à la problématique de la *Lebenswelt*. Elle conduit H. White à une problématique toute différente, que nous renvoyons à la quatrième partie, à savoir l'articulation tropologique qui « préfigure » (*ibid.*) le champ historique et l'ouvre aux structures narratives. Le concept de champ historique ne sert donc pas seulement de limite inférieure au classement des structures narratives, il marque plus fondamentalement la transition entre l'étude des « effets explicatifs » du récit et celle de sa fonction « représentative ».

2. « The Structure of Historical Narrative », p. 16.

en termes de causes et de lois et en leur soustrayant l'explication catégoriale propre à la mise en intrigue. Mais c'est au prix de disjoindre explication de l'histoire et explication de l'événement.

La frontière entre intrigue (*plot*) et *argument* n'est pas non plus facile à tracer. L'argument désigne tout ce autour de quoi l'histoire tourne (« *the point of it all* » or « *what it all adds up to* ») (*Metahistory*, p. 11), bref, la thèse du récit. Aristote incluait l'argument dans l'intrigue sous le couvert de la probabilité et de la nécessité de l'intrigue. On peut dire toutefois que c'est l'historiographie, à la différence de l'épopée, de la tragédie, de la comédie, qui demande cette distinction au niveau des « effets explicatifs ». C'est précisément parce que l'explication par argument peut être distinguée de l'explication par mise en intrigue, que les logiciens ont inventé le modèle nomologique. L'historien argumente de façon formelle, explicite, discursive. Mais ce que les partisans du modèle nomologique n'ont pas vu, c'est que le champ de l'argumentation est considérablement plus vaste que celui des lois générales, empruntées à des sciences connexes déjà constituées hors du champ historique. L'historien a sa manière propre d'argumenter, qui appartient encore au domaine narratif. Et ces modes d'argumenter sont nombreux au point d'appeler une typologie. S'il en est ainsi, c'est parce que chaque mode d'argumenter exprime en même temps une présupposition de caractère métahistorique sur la nature même du champ historique et sur ce qu'on peut attendre de l'explication en histoire. Quant à la typologie elle-même, H. White l'emprunte à Stephen Pepper dans *World Hypotheses*. Ainsi distingue-t-il quatre grands paradigmes : formiste, organiciste, mécaniciste, contextualiste [1]. Il se plaît à souligner que si les deux premiers sont tenus pour plus orthodoxes et les seconds pour plus hétérodoxes et plus métaphysiques (en dépit des maîtres du genre : Ranke et Tocqueville), c'est qu'on se méprend sur le statut épistémologique de ces hypothèses globales. On oublie que « l'histoire n'est pas une science ; elle est au mieux une proto-science qui inclut dans sa constitution des éléments non scientifiques spécifiquement déterminables » (*Metahistory*, p. 21).

A vrai dire, l'explication par ces grands paradigmes confine à l'explication par implication *idéologique* que *Metahistory* place au cinquième rang des structures narratives. H. White distingue ce dernier mode explicatif du précédent par la prise de position éthique caractéristique d'une manière particulière d'écrire l'histoire. Les présuppositions du mode précédent portaient plutôt sur la nature du champ histo-

1. Pour le détail de cette construction et son illustration par les grands historiens du XIXe siècle, cf. *Metahistory*, p. 13-21 et *passim*.

rique. Ces présuppositions du mode idéologique portent plutôt sur la nature de la conscience historique, et donc sur le lien entre l'explication des faits passés et la pratique présente [1]. C'est pourquoi le mode idéologique d'explication a lui aussi une structure conflictuelle, qui appelle une typologie appropriée. H. White emprunte cette dernière, tout en la remaniant largement, à la classification des idéologies par Karl Mannheim dans *Idéologie et Utopie*. Il postule ainsi quatre positions idéologiques de base : anarchisme, conservatisme, radicalisme, libéralisme. Quoi qu'il en soit de la convenance de cette typologie pour les grandes œuvres historiques du XIXᵉ siècle, dont l'examen constitue précisément l'objectif majeur de *Metahistory*, il importe de souligner que, par l'adjonction du mode idéologique, H. White satisfait à deux requêtes distinctes, sinon opposées. D'une part, il fait œuvre de véracité en réintroduisant, par le biais du concept post-marxiste d'idéologie, des composantes de la connaissance historique que la tradition du *Verstehen*, représentée en France par Aron et Marrou, n'avait cessé de souligner : à savoir l'implication de l'historien dans le travail historique, la considération des valeurs et le lien de l'histoire avec l'action dans le monde présent. Les préférences idéologiques, portant à titre ultime sur le changement social, sur son ampleur désirable et sur son rythme souhaitable, concernent la métahistoire dans la mesure où elles s'incorporent à l'explication du champ historique et à la construction du modèle verbal par lequel l'histoire ordonne événements et processus en récits. D'autre part, en distinguant argument et idéologie, l'auteur marque la place de la critique elle-même de l'idéologie, et soumet l'idéologie à la même règle de discussion que le mode d'explication par arguments formels.

Ainsi encadrée par le fil de l'histoire (*story-line*) (niveau lui-même dédoublé en chronique et chaîne de motifs) et par l'argument (lui-même dédoublé en arguments formels et en implications idéologiques), l'explication par *mise en intrigue* (*emplotment*) prend chez H. White un sens strict et limitatif, qui permet de dire à la fois qu'elle n'est pas le tout de la structure narrative et pourtant qu'elle en est le pivot [2].

1. « Par " idéologie " j'entends un ensemble de prescriptions pour prendre position dans le monde présent de la praxis sociale et pour agir sur lui... Ces prescriptions sont soutenues par des arguments qui revendiquent l'autorité de la " science " ou du " réalisme " » (*Metahistory*, p. 22). H.White rejoint ici les tentatives des philosophes de l'école de Francfort, suivis par K.O. Apel et J. Habermas, ainsi que celles de plusieurs anthropologues comme Clifford Geertz — et même de certains marxistes comme Gramsci et Althusser —, pour libérer le concept d'idéologie des connotations purement péjoratives dont Marx l'avait accablé dans *l'Idéologie allemande*.

2. On peut se demander ce qui fait l'unité du narratif, tant son domaine paraît démembré. Comme toujours, le recours à l'étymologie (« The Structure of Historical

Par mise en intrigue (*emplotment*) l'auteur entend beaucoup plus que la simple combinaison entre l'aspect linéaire de l'histoire racontée et l'aspect argumentatif de la thèse soutenue ; il entend le *type* (*kind*) auquel l'histoire racontée appartient, donc une de ces catégories de configuration que nous avons appris à distinguer par notre culture. Disons, pour éclairer le problème, que H. White fait appel au thème que j'ai longuement développé dans la première partie sur le rôle des paradigmes dans la mise en intrigue, et sur la constitution d'une tradition narrative par le jeu de l'innovation et de la sédimentation. Mais, alors que je caractérise la mise en intrigue par la gamme entière des échanges entre paradigmes et histoires singulières, H. White retient exclusivement pour sa notion d'*emplotment* leur fonction de catégorisation : ce qui explique, en retour, qu'il reporte sur la notion de *story* l'aspect purement linéaire. La mise en intrigue ainsi conçue constitue un mode d'explication : « l'explication par mise en intrigue » (*Metahistory*, p. 7-11). Expliquer, ici, c'est fournir un guide pour identifier progressivement la classe de mise en intrigue (« The Structure of Historical Narrative », p. 9). « Elle consiste à fournir le sens d'une histoire en identifiant le type d'histoire qui a été racontée » (*Metahistory,* p. 7). « Un historien donné est forcé de mettre en intrigue l'ensemble des histoires (*stories*) qui composent son récit dans une unique forme inclusive ou *archétypale* » (*ibid.*, p. 8).

C'est à l'*Anatomie de la critique* de Northrop Frye que H. White emprunte la typologie de la mise en intrigue : *romanesque (romance), tragique, comique, satirique.* (L'épique est mis à l'écart, pour la raison que l'épopée apparaît comme la forme implicite de la chronique.) Le genre satirique a une position originale, dans la mesure où, selon Frye, les histoires construites sur le mode ironique tirent leur effet de ce qu'elles frustrent le lecteur de la sorte de résolution qu'il attend d'histoires construites sur le mode romanesque, comique ou tragique. La satire, en ce sens, est polairement opposée au genre romanesque

---

Narrative », p. 12-13) n'est guère éclairant ; la *narratio* des Romains est trop polysémique et trop dépendante de ses contextes propres ; quant à la racine *na* -, supposée commune à tous les modes de cognoscibilité, elle ne fournit plus aucun critère déterminant. Beaucoup plus intéressante est la suggestion suivante : derrière toute aptitude à connaître, il y a un connaissant ; derrière toute narration, un narrateur ; ne serait-ce pas alors du côté de la voix narrative qu'il faudrait chercher l'unité et la diversité des effets explicatifs ? « *We might say then that a narrative is any literary form in which the voice of the narrator rises against a background of ignorance, incomprehension, or forgetfulness to direct our attention, purposefully, to a segment of experience organized in a particular way* » (*ibid.*, p. 13). Mais alors l'unité du genre narratif n'est plus à chercher du côté des structures narratives, de leur énoncé, mais de la narration comme énonciation. Nous y reviendrons dans la troisième partie.

qui montre le triomphe final du héros ; mais elle s'oppose aussi, partiellement au moins, au tragique où, à défaut de célébrer la transcendance ultime de l'homme sur le monde déchu, une réconciliation est ménagée pour le spectateur à qui il est donné d'apercevoir la loi qui gouverne les destins ; la satire enfin prend également ses distances par rapport à la réconciliation des hommes entre eux, avec la société et avec le monde, qu'opère la comédie par son dénouement heureux ; l'opposition est toutefois partielle : il peut y avoir un tragique satirique et un comique satirique. La satire part de l'ultime inadéquation des visions du monde dramatisées par le romanesque, le comique et la tragédie.

Quel bénéfice l'épistomologie de la connaissance historique peut-elle tirer de cette distinction entre tous ces « modes d'explication » (et leurs « effets explicatifs » correspondants) et des trois typologies proposées au niveau respectivement de l'intrigue, de l'argument et de l'idéologie ? Essentiellement une théorie du *style* historiographique, si l'on entend par style une intersection remarquable entre les potentialités ouvertes par les diverses catégories narratives impliquées (*Metahistory*, p. 29-31).

On peut composer degré par degré cette théorie du style, en suivant l'ordre de complexité de la combinatoire.

A un premier niveau, la théorie du style joue sur la trilogie de base : *story, emplotment, argument.* Ainsi, dans l'article de 1972, la tripartition est illustrée par trois œuvres : l'explication en fonction du fil de l'histoire (*story-line*) par l'ouvrage de Ranke, *Histoire de l'Allemagne à l'époque de la Réforme*, l'explication en termes d'argument par *la Démocratie en Amérique* de Tocqueville, l'explication en termes d'intrigue par *la Culture de la Renaissance en Italie* de Burckhardt. Chacune de ces œuvres comporte, certes, fil de l'histoire, intrigue et argument, mais dans des proportions variables. L'ordre linéaire prévaut chez Ranke : l'histoire a un commencement, un milieu et une fin, laquelle est échue avant le présent du lecteur. Son argument se réduit aux changements advenus à l'entité allemande qui garde son identité. Et l'intrigue se borne à montrer « comment une chose a conduit à une autre » (p. 6). En ce sens tout est *story* pour Ranke qui illustre le type « narrativiste » d'historiographie. Tocqueville a bien une *story*, mais ouverte par l'extrémité qu'elle tourne vers nous, qui avons la charge de lui donner une fin par notre action. Si l'on veut, tout ce qu'il raconte n'est que le « milieu » étendu d'une histoire racontée. Mais l'accent est mis sur le type de structure qui lie classes sociales, démocratie politique, culture, religion, etc. On pourrait dire en revanche que chez Burckhardt tout est argument : l'histoire racontée ne sert qu'à illustrer la thèse de l'individualisme à la Renaissance.

Mais, insensiblement, la théorie du style historique passe à un second niveau, en combinant la tripartition histoire racontée, intrigue, argument avec la typologie de la mise en intrigue. Si Burckhardt illustre le primat de l'argument sur l'intrigue et sur l'histoire racontée, il illustre aussi le mode ironique de mise en intrigue : car une histoire qui ne va nulle part détruit l'attente d'une conclusion morale ou intellectuelle, telle que l'auraient forgée les autres paradigmes de mise en intrigue : romanesque, comique ou tragique. Michelet, en revanche, construit son histoire sur le mode romanesque, Ranke sur le mode comique, Tocqueville sur le mode tragique.

Enfin, la théorie du style passe à un troisième niveau en combinant les trois typologies respectives de la mise en intrigue, de l'argumentation et de l'implication idéologique. On obtient ainsi une combinatoire qui tient compte, sinon de toutes les combinaisons possibles, du moins des « affinités électives », qui dessinent le réseau de compatibilité d'où émergent des styles historiographiques identifiables : « Selon moi, un style historiographique représente une *combinaison* particulière entre modes de mise en intrigue, d'argument et d'implication idéologique » (*Metahistory*, p. 29) [1]. Mais on se méprendrait grandement si l'on voyait dans un style historique une combinaison nécessaire entre modes d'explication. Le style est plutôt un jeu souple entre affinités : « La tension dialectique qui caractérise l'œuvre de tout grand historien résulte d'ordinaire d'un effort pour marier un mode de mise en intrigue avec un mode d'argument ou d'implication idéologique qui est non consonant avec lui » (p. 29) [2].

Nous sommes ainsi ramenés par un long détour à notre thème de la consonance dissonante [3] : une première source de consonance dissonante procède de l'opposition entre les trois modes qui, pris ensemble, confèrent aux structures narratives une fonction explicative [4]. Une

1. L'auteur propose, dans *Metahistory*, p. 29, un tableau des affinités qui règlent sa propre lecture des quatre grands historiens et des quatre philosophes de l'histoire auxquels l'ouvrage est principalement consacré.

2. Le glissement d'une configuration à l'autre reste toujours possible. Le même ensemble d'événements peut conduire à une histoire tragique ou comique, selon le choix de la structure d'intrigue fait par l'historien, de la même manière que, pour une classe, comme le dit Marx, « *le 18 Brumaire de Louis-Napoléon Bonaparte* » a pu être une tragédie, mais pour une autre une farce (« The Historical Text as Literary Artifact », art. cité, p. 281).

3. Hayden White dit, à cet égard, sa dette à l'égard de Frank Kermode, *The Sense of an Ending*, à la fin de « Structure and Historical Narrative », p. 20.

4. La théorie des tropes, dont je ne dis rien ici, ajoute une dimension supplémen-

autre source de consonance dissonante tient à l'affrontement entre plusieurs manières de mise en intrigue, non seulement entre des historiens différents, mais au cœur d'une grande œuvre.

Au total, la notion de structure narrative, de laquelle nous sommes partis, se trouve couvrir un terrain plus vaste que celui que les auteurs « narrativistes » lui accordent, tandis que la notion d'intrigue reçoit de son opposition à celles d'histoire racontée (*story*) et d'argument une précision peu commune.

Mais, surtout, il ne faut pas perdre de vue que la triple typologie sur laquelle repose cette théorie du style historiographique ne revendique aucune autorité « logique ». Les modes de mise en intrigue, en particulier, sont les produits d'une tradition d'écriture qui leur a donné la configuration que l'historien met en œuvre. Cet aspect de traditionalité est finalement le plus important : l'historien, en tant qu'écrivain, s'adresse à un public susceptible de reconnaître les formes traditionnelles de l'art de raconter. Les structures ne sont donc pas des règles inertes. Ce ne sont pas des classes issues d'une taxinomie à priori. Ce sont les formes d'un héritage culturel. Si l'on peut dire que nul événement n'est en soi tragique et que seul l'historien le fait paraître tel en l'encodant d'une certaine manière, c'est parce que l'arbitraire de l'encodage est limité, non par les événements racontés, mais par l'attente du lecteur à rencontrer des formes connues d'encodage : « L'encodage des événements en fonction de telle ou telle structure d'intrigue est un des procédés dont une culture dispose pour conférer un sens à un passé personnel ou public » (« The Historical Text as Literary Artifact », p. 283). L'encodage est ainsi réglé plus par les effets de sens attendus que par le matériau à encoder.

Cet effet de sens consiste essentiellement à rendre familier le non-familier. L'encodage y contribue dans la mesure où l'historien partage avec son public l'intelligence des formes « que des situations humaines significatives doivent prendre en vertu de la participation de l'historien au processus spécifique de formation du sens qui font de lui le membre d'un héritage culturel plutôt que d'un autre » (*ibid.*, p. 283) [1].

---

taire au style historique. Mais elle n'ajoute rien à l'explication proprement dite (*Metahistory*, p. 31-52, et « The Historical Text as Literary Artifact », p. 286-303 sur l'aspect mimétique du récit). J'y reviendrai dans la quatrième partie, dans le cadre de la discussion sur les rapports entre l'imaginaire et le réel dans la notion de passé.

1. Ce rôle de la tradition dans l'encodage narratif fournit une réponse à l'objection que les trois typologies mises en œuvre par cette théorie du style historiographique sont *empruntées*. Il faut dire des formes héritées d'encodage ce qu'on a dit des lois : l'historien ne les établit pas, il les emploie. C'est pourquoi la reconnaissance

Ainsi est restitué, à travers son caractère de traditionalité, le caractère dynamique de la mise en intrigue, même si son caractère générique est seul considéré. Au reste, ce trait se trouve compensé par la continuité que la notion de *style* historiographique rétablit entre chronique, chaîne de motifs, intrigue, argument, implication idéologique. C'est pourquoi il est permis — un peu contre H. White, mais beaucoup grâce à lui — de tenir la mise en intrigue pour l'opération qui *dynamise* tous les niveaux d'articulation narrative. La mise en intrigue est beaucoup plus qu'un niveau parmi d'autres : c'est elle qui fait la transition entre raconter et expliquer.

5. « *Comment on écrit l'histoire* [1] »

Il m'a paru intéressant de revenir, à la fin de ce chapitre, à l'historiographie française : l'ouvrage — isolé dans le paysage français — de Paul Veyne, *Comment on écrit l'histoire*, a le remarquable avantage de conjoindre un abaissement scientifique de l'histoire avec une apologie de la notion d'intrigue. Paul Veyne se trouve ainsi curieusement situé au confluent des deux courants de pensée qu'on vient de décrire, bien qu'il procède de Max Weber et non du courant « narrativiste » anglo-saxon, et qu'il garde avec le positivisme logique un lien que ce courant a rompu. En le plaçant néanmoins à ce carrefour stratégique, j'espère ajouter au piquant d'un ouvrage qui n'en est pas dépourvu.

Le livre peut en effet être lu comme un habile entrecroisement de deux motifs : l'histoire n'est « rien qu'un récit véridique » (p. 13), l'histoire est une science trop « sublunaire » pour être expliquée par des lois. Abaisser la prétention explicative, élever la capacité narrative : les deux mouvements s'équilibrent dans un incessant jeu de bascule.

---

d'une forme traditionnelle peut prendre en histoire valeur d'explication : White compare, à cet égard, ce processus de refamiliarisation avec des événements dont le sujet s'est défamiliarisé avec ce qui se passe en psychothérapie (« The Historical Text... », p. 284-285). La comparaison joue dans les deux sens, dans la mesure où les événements avec lesquels l'historien cherche à nous familiariser ont été bien souvent oubliés en raison de leur caractère traumatique.

1. Paul Veyne, *Comment on écrit l'histoire*, augmenté de « Foucault révolutionne l'histoire », Paris, Éd. du Seuil, 1971. On en trouvera un examen plus complet dans mon essai *The Contribution of French Historiography to the Theory of History*. Cf., en outre, Raymond Aron, « Comment l'historien écrit l'épistémologie : à propos du livre de Paul Veyne », in *Annales*, 1971, nº 6, nov.-déc., p. 1319-1354.

Élever la capacité narrative : le but est atteint si l'on couple comme il convient récit et intrigue, ce que n'ont jamais tenté de faire ni Marc Bloch, ni Lucien Fèbvre, ni Fernand Braudel, ni même Henri-Irénée Marrou, pour qui le récit est celui que feraient les acteurs eux-mêmes, livrés à la confusion et à l'opacité de leur propre présent. Mais, précisément parce que le récit est construit, il ne fait rien revivre : « L'histoire est une notion livresque et non un existantial ; elle est l'organisation par l'intelligence de données qui se rapportent à une temporalité qui n'est pas celle du *Dasein* » (p. 90) ; et encore : « L'histoire est une activité intellectuelle qui, à travers des formes littéraires consacrées, sert à des fins de simple curiosité » (p. 103). Rien ne rattache cette curiosité à quelque fondement existentiel [1].

En un sens, Veyne appelle récit ce qu'Aron et Marrou appelaient reconstruction. Mais le changement de terminologie a son importance. En rattachant la compréhension historique à l'activité narrative, l'auteur permet de pousser plus loin la description de l'« Objet de l'histoire » (titre de sa première partie). Si, en effet, on s'en tient au caractère intrinsèque de la notion d'événement — à savoir toute occurrence individuelle et non répétable —, rien ne le qualifie comme historique ou physique : « La véritable différence ne passe pas entre les faits historiques et les faits physiques, mais entre l'historiographie et la science physique » (p. 21). Celle-ci subsume des faits sous des lois, celle-là les intègre dans des intrigues. La mise en intrigue est ce qui qualifie un événement comme historique : « Les faits n'existent que dans et par des intrigues où ils prennent l'importance relative que leur impose la logique humaine du drame » (p. 70). Et encore : « Puisque tout événement est aussi historique qu'un autre, on peut découper le champ événementiel en toute liberté » (p. 83). Ici, Veyne rejoint les auteurs « narrativistes » de langue anglaise que nous venons d'étudier. Un événement historique n'est pas seulement ce qui arrive, mais ce qui peut être raconté, ou qui a déjà été raconté dans des chroniques ou des légendes. En outre, l'historien ne sera pas désolé de ne travailler que sur des documents partiels : on ne fait une intrigue qu'avec ce que l'on sait ; l'intrigue est par nature « connaissance mutilée ».

En *rattachant* ainsi l'*événement à l'intrigue,* Paul Veyne peut dédramatiser la querelle de l'événementiel et du non-événementiel, ouverte par l'école des *Annales*. La longue durée est aussi bien de l'événementiel que la courte, si l'intrigue est la seule mesure de l'événement. Le non-événementiel marque seulement l'écart entre le champ indéterminé

1. Ni Aron, ni surtout Marrou, ne couperaient aussi net le cordon vital qui relie encore l'histoire à la compréhension d'autrui, donc à un certain aspect du vécu.

des événements et le domaine déjà sillonné d'intrigues : « Le non-événementiel, ce sont des événements non encore salués comme tels : histoire des terroirs, des mentalités, de la folie ou de la recherche de la sécurité à travers les âges. On appellera donc non-événementiel l'historicité dont nous n'avons pas conscience comme telle » (p. 31).

Bien plus, si on définit assez largement ce qui compte comme intrigue, même l'histoire quantitative rentre dans son orbite : il y a intrigue toutes les fois que l'histoire compose ensemble des buts, des causes matérielles, des hasards : une intrigue est « un mélange très humain et très peu " scientifique " de causes matérielles, de fins et de hasards » (p. 46). L'ordre chronologique ne lui est pas essentiel. A mon avis, cette définition est tout à fait compatible avec la notion de synthèse de l'hétérogène proposée dans notre première partie.

Aussi longtemps qu'on peut reconnaître cette combinaison disparate, il y a intrigue. En ce sens, les séries non chronologiques, les séries par *items* des historiens quantitativistes, restent du domaine de l'histoire en vertu de leur lien, aussi ténu qu'on voudra, avec l'intrigue. Le lien entre intrigue et séries d'*items*, qui n'est pas clairement explicité par l'auteur, me paraît assuré par la notion empruntée à Cournot (à laquelle Aron renvoyait au début de son livre de 1937), de l'entrecroisement de séries causales : « Le champ des événements est un entrecroisement de séries » (p. 35). Mais tout entrecroisement de séries est-il une intrigue ?

P. Veyne pense pouvoir étendre la notion d'intrigue jusqu'au point où le concept de temps ne lui est pas indispensable : « Que deviendrait une historiographie qui achèverait de s'affranchir des derniers restes de singularités, des unités de temps et de lieu, pour se donner tout entière à la seule unité d'intrigue ? C'est ce qui apparaîtra au cours de ce livre » (p. 84). L'auteur veut ainsi aller jusqu'au bout d'une des possibilités ouvertes par la notion aristotélicienne d'intrigue qui, nous l'avons vu, ignore elle aussi le temps, même lorsqu'elle implique commencement, milieu et fin. Cette possibilité d'achronicité a été exploitée aussi par divers auteurs de langue anglaise (cf. ci-dessus Louis O. Mink). Or cette possible achronicité est liée au trait fondamental de l'intrigue sur lequel Aristote construit sa Poétique, à savoir la capacité d'enseigner l'universel. Nous avons vu ci-dessus comment H. White exploite à fond cette ressource générique catégorielle, de la mise en intrigue.

Je retrouve le même ton chez Paul Veyne, lorsqu'il développe le paradoxe apparent que l'histoire n'a pas pour objet l'individu, mais le spécifique. C'est encore la notion d'intrigue qui nous détourne de tout plaidoyer pour l'histoire comme science du concret. Faire entrer un événement dans une intrigue, c'est énoncer quelque chose d'intelligible, donc de spécifique : « Tout ce qu'on peut énoncer d'un individu possède une sorte de généralité » (p. 73) ; « L'histoire est la description de ce qui est spécifique, c'est-à-dire compréhensible, dans les événements humains » (p. 75). Cette thèse se recoupe avec celle de la description par *items* et celle de l'entrecroisement des séries. L'individu est un carrefour de séries d'*items* ; à condition qu'un ensemble d'*items* soit encore une intrigue.

Avec cette composante intelligible de l'intrigue, nous passons à l'autre versant de l'œuvre : abaisser la prétention explicative.

Abaisser la prétention explicative : Veyne ici se fait provocateur : *l'histoire*, dit-il, *a une critique et une topique, mais pas de méthode*. Pas de méthode ? Entendons : pas de règle pour faire la synthèse des faits. Si le champ historique est, comme on l'a dit, complètement indéterminé, tout ce qui s'y trouve a réellement eu lieu, mais de nombreux itinéraires peuvent y être tracés. Quant à l'art de les tracer, il relève du genre historique, avec les différentes façons qu'on a eues de le concevoir à travers tous les siècles.

La seule « logique » qui soit compatible avec la notion d'intrigue est une *logique du probable*, dont Veyne emprunte le vocabulaire à Aristote : la science et les lois ne règnent que dans l'ordre supralunaire, tandis que « le sublunaire est le royaume du probable » (p. 44). C'est la même chose de dire que l'histoire relève du sublunaire et qu'elle procède par intrigues : l'histoire « sera toujours intrigue parce qu'elle sera humaine, sublunaire, parce qu'elle ne sera pas un morceau de déterminisme » (p. 46). Le probabilisme est un corollaire de la capacité qu'a l'historien de découper librement le champ des événements.

Mais comme le probable est un caractère de l'intrigue elle-même, il n'y a pas lieu de distinguer entre récit, compréhension et explication : « Ce qu'on nomme explication n'est guère que la manière qu'a le récit de s'organiser en une intrigue compréhensible » (p. 111). On pouvait s'y attendre : dans l'ordre du sublunaire, il n'existe pas d'explication au sens scientifique du mot, c'est-à-dire au sens où une loi explique un fait : « Expliquer, de la part d'un historien, veut dire " montrer le déroulement de l'intrigue, le faire comprendre " » (p. 112). L'explication de la Révolution « est le *résumé* de celle-ci et rien de plus » (p. 114). Ainsi l'explication sublunaire ne se distingue-t-elle pas de la compréhension. Du même coup *s'évanouit le problème du rapport entre compréhension et explication* qui avait tant exercé Raymond Aron. Quant au mot cause, décroché de celui de loi, Veyne l'emploie comme Maurice Mandelbaum [1] : « Les causes sont les divers épisodes de l'intrigue » (p. 115) ; et

1. Cf. ci-dessous, chap. III.

encore : « Le récit est d'emblée causal, compréhensible » (p. 118). En ce sens, « expliquer plus, c'est raconter mieux » (p. 119). C'est la seule profondeur qu'on peut assigner à l'histoire. Si l'explication paraît pousser plus loin que la compréhension immédiate, c'est qu'elle peut expliciter les facteurs du récit selon les trois lignes du hasard, de la cause matérielle et de la liberté. « Le moindre " fait " historique comporte ces trois éléments, s'il est humain » (p. 121). C'est dire que l'histoire ne s'explique entièrement ni par des rencontres accidentelles, ni par des causes économiques, ni par des mentalités, des projets ou des idées ; et il n'y a pas de règle pour ordonner ces trois aspects. Ce qui est une autre façon de dire que l'histoire n'a pas de méthode.

Une exception apparente à la thèse qui veut qu'en histoire, expliquer, c'est faire comprendre, est représentée par la *rétrodiction* (p. 176-209), cette opération inductive par laquelle l'historien comble une lacune dans son récit par l'analogie avec un enchaînement semblable mais sans faille dans une autre série. C'est là que l'explication paraît le plus nettement se distinguer de la compréhension, dans la mesure où la rétrodiction met en jeu une explication causale. Or, celle-ci paraît intervenir précisément lorsque les documents ne fournissent pas d'intrigue ; on remonte alors par rétrodiction à une cause présumée (on dira par exemple : une fiscalité trop lourde a rendu Louis XIV impopulaire). Nous raisonnons ici du semblable au semblable, sans garantie que, dans une circonstance particulière, l'analogie ne nous trahira pas. C'est le cas de rappeler que la causalité sublunaire est irrégulière, confuse, et ne vaut que « le plus souvent » et « ... sauf exception » ! C'est dans ces limites étroites du vraisemblable, que la rétrodiction compense les lacunes de nos documents. Le raisonnement auquel la rétrodiction ressemble le plus est la mise en séries pratiquée par les épigraphistes, les philologues et les iconographistes. Ce qui fournit à l'historien l'équivalent de la série, c'est la ressemblance qu'assure la stabilité relative des coutumes, des conventions, des types, d'une civilisation ou d'une époque à l'autre. C'est elle qui permet de savoir en gros à quoi s'attendre avec les gens de telle époque.

La rétrodiction ne fait donc pas sortir des conditions de la connaissance sublunaire. Elle n'a rien de commun avec une loi de subsomption. Elle est plus proche de l'explication causale au sens de Dray et de Mandelbaum (nous y reviendrons au chapitre suivant) : « L'explication historique n'est pas nomologique, elle est causale » (p. 201). Après tout, c'est ce que dit Aristote de l'intrigue : elle fait prévaloir le « l'un à cause de l'autre » sur le « l'un après l'autre ».

On peut se demander toutefois si l'explication causale et la compréhension par intrigue coïncident toujours. Ce point n'est pas sérieusement discuté. Quand l'action développe des effets non intentionnels, ce qui est la situation normale pour un historien, comme Danto et Lübbe le soulignent avec des arguments différents, l'explication semble bien marquer la défaite de l'intrigue. L'auteur semble le concéder : « Cet intervalle entre l'intention et l'effet est la place que nous réservons à la science, quand nous écrivons l'histoire et quand nous la faisons » (p. 208). On peut peut-être répondre que l'intrigue, ne coïncidant pas avec la perspective d'un agent, mais exprimant le « point de vue » de celui qui la raconte — la « voix narrative », si l'on veut —, n'ignore rien des effets non voulus.

Il faut maintenant rendre justice à deux thèses complémentaires : que l'histoire n'a pas de méthode, mais une critique et une topique.

Qu'en est-il de la *critique* ? Elle ne constitue pas l'équivalent ou le substitut d'une méthode. Comme son nom — kantien — le dit, elle est plutôt la vigilance que l'historien exerce à l'égard des concepts qu'il emploie. A cet égard, P. Veyne professe un nominalisme sans concession : « Les abstractions ne peuvent être causes efficientes, car elles n'existent pas... Il n'existe point non plus de forces de production, il existe seulement des hommes qui produisent » (p. 138). Cette déclaration abrupte ne doit pas, je pense, être séparée de la thèse énoncée plus haut, que l'histoire ne connaît pas l'individuel, mais le spécifique. Simplement, le générique n'est pas le spécifique. Ici, l'auteur a en vue quelque chose comme les « types idéaux » Max Weber dont il souligne le caractère heuristique et non explicatif. C'est parce qu'ils relèvent d'une heuristique que l'historien n'a jamais fini de les réajuster pour échapper aux contresens qu'ils suscitent. Les concepts en histoire sont plutôt des représentations composites, extraites de dénominations antérieures et étendues à titre exploratoire à des cas analogues ; mais les continuités qu'ils suggèrent sont trompeuses et les généalogies abusives. Tel est bien le régime des concepts sublunaires, perpétuellement faux, parce que constamment flous. La vigilance, à cet égard, doit se faire particulièrement sévère lorsque l'histoire entre, comme elle le doit, dans la voie du comparatisme. Marc Bloch avait raison, dans *la Société féodale*, de comparer le servage en Europe et au Japon. Mais la comparaison ne fait pas découvrir une réalité plus générale et ne donne pas lieu à une histoire plus explicative. Ce n'est qu'une heuristique qui renvoie aux intrigues particulières : « Que faisons-nous d'autre que de comprendre des intrigues ? et il n'y a pas deux façons de comprendre » (p. 157).

Reste la *topique*. L'histoire n'a pas de méthode, mais elle a une critique et aussi une topique (p. 267). Le mot est emprunté, à l'exemple de Vico, à la théorie aristotélicienne des *topoi* ou « lieux communs », elle-même apparentée à la rhétorique. Ces lieux communs, comme on sait, constituent la réserve de questions appropriées dont un orateur doit se fournir pour parler efficacement devant une assemblée ou un tribunal. A quoi peut bien servir la topique en histoire ? Elle n'a qu'une seule fonction : « *l'allongement du questionnaire* » (p. 253 *sq.*) ; et l'allongement du questionnaire est le seul progrès dont l'histoire est capable. Or, comment cela peut-il se faire, sinon par un enrichissement parallèle des concepts ? Il faut donc compenser le nominalisme, si fortement associé à la théorie de la compréhension, par une apologie du progrès conceptuel grâce auquel la vision de l'historien moderne est plus riche que celle d'un Thucydide. Certes, Veyne ne se contredit pas formellement, dans la mesure où il assigne la topique historique à l'heuristique, donc à l'art d'interroger ; non à l'explication, si on entend par celle-ci l'art de répondre aux questions. Mais la topique reste-t-elle contenue dans l'heuristique et ne déborde-t-elle pas sur l'explication ? Dans le cas le plus fréquent aujourd'hui, de l'histoire non événementielle, disons de l'histoire « structurelle » (p. 263), c'est la topique qui permet à l'historien de s'arracher à l'optique de ses sources et de conceptualiser les événements autrement que ne l'auraient fait les agents historiques ou leurs contemporains, et donc de rationaliser la lecture du passé. Veyne le dit d'ailleurs très bien : « Cette rationalisation se traduit par une conceptualisation du monde vécu, par l'allongement de la topique » (p. 268).

Veyne nous demande ici d'accepter ensemble deux thèses à première vue disparates : qu'il n'y a rien à comprendre en histoire que des *intrigues* ; que l'allongement du questionnaire équivaut à une progressive *conceptualisation*. Il est vrai que le contraste entre les deux thèses est moins fort si l'on interprète correctement les deux assertions. D'une part, il faut admettre que la notion d'intrigue n'est pas liée à l'histoire événementielle, qu'il y a intrigue également dans l'histoire structurelle ; ainsi élargie, la compréhension de l'intrigue non seulement ne contredit pas, mais appelle le progrès dans la conceptualisation. D'autre part, il faut admettre que la conceptualisation n'autorise aucune confusion entre la connaissance sublunaire et une science au sens fort du mot. C'est en ce sens que la topique reste une heuristique et ne change pas le caractère fondamental de la compréhension, qui reste compréhension d'intrigues.

Pour être tout à fait convaincant, Paul Veyne devrait expliquer comment l'histoire peut rester un récit quand elle cesse d'être événementielle, soit qu'elle devienne structurelle, soit qu'elle devienne comparative, soit enfin qu'elle regroupe en série des *items* arrachés au *continuum* temporel. Autrement dit, la question que pose le livre de Paul Veyne est de savoir jusqu'où l'on peut étendre la notion d'intrigue sans qu'elle cesse d'être discriminante. Cette question s'adresse aujourd'hui à tous les tenants d'une théorie « narrativiste » de l'histoire. Les auteurs de langue anglaise ont pu l'éluder, parce que leurs exemples restent le plus souvent naïfs et ne dépassent pas le niveau de l'histoire événementielle. C'est lorsque l'histoire cesse d'être événementielle que la théorie narrativiste est véritablement mise à l'épreuve. La force du livre de Paul Veyne est d'avoir conduit jusqu'à ce point critique l'idée que l'histoire n'est que construction et compréhension d'intrigues.

3
L'intentionnalité historique

Introduction

Le chapitre qui s'ouvre a l'ambition d'explorer le lien *indirect* qui doit être préservé, selon moi, entre l'historiographie et la compétence narrative, telle qu'elle a été analysée au troisième chapitre de la première partie.

Qu'un tel lien doive être préservé, mais que ce lien ne puisse être direct, c'est le *bilan* de la confrontation entre les deux chapitres précédents.

Les analyses du premier chapitre imposent l'idée d'une *coupure épistémologique* entre la connaissance historique et la compétence à suivre une histoire. La coupure affecte cette compétence à trois niveaux : celui des procédures, celui des entités, celui de la temporalité.

Au niveau des *procédures*, l'historiographie naît, en tant que recherche — *historia*, *Forschung*, *enquiry* —, de l'usage spécifique qu'elle fait de l'explication. Même si l'on admet avec W.B. Gallie que le récit est « auto-explicatif », l'histoire-science détache de la trame du récit le processus explicatif et l'érige en problématique distincte. Ce n'est pas que le récit ignore la forme du pourquoi et du parce que ; mais ses connexions restent immanentes à la mise en intrigue. Avec l'historien, la forme explicative se rend autonome ; elle devient l'enjeu distinct d'un procès d'authentification et de justification. A cet égard, l'historien est dans la situation du juge : il est mis dans une situation réelle ou potentielle de contestation et tente de prouver que telle explication vaut mieux que telle autre. Il cherche donc des « garants », au premier rang desquels vient la preuve documentaire. Une chose est d'expliquer en racontant. Une autre est de problématiser l'explication elle-même pour la soumettre à la discussion et au jugement d'un auditoire, sinon universel, du moins réputé compétent, composé d'abord des pairs de l'historien.

Cette autonomisation de l'explication historique par rapport aux esquisses d'explication immanentes au récit a plusieurs corollaires qui tous accentuent la coupure entre histoire et récit.

Premier corollaire : au travail d'explication est lié un travail de *conceptualisation* que certains tiennent même pour le principal critère de l'historiographie [1]. Ce problème critique ne peut appartenir qu'à une discipline qui, si elle n'a pas de méthode, selon Paul Veyne, a précisément une critique et une topique. Pas d'épistémologie de l'histoire qui n'en vienne à un moment ou à l'autre à prendre parti dans la grande querelle des universaux (historiques) et à refaire péniblement, comme les médiévaux, le va-et-vient entre le réalisme et le nominalisme (Gallie). De cela le narrateur n'a cure : il emploie certes des universaux, mais il n'en fait pas la critique ; il ignore la question posée par l'« allongement du questionnaire » (P. Veyne) [2].

Autre corollaire du statut critique de l'histoire comme recherche : quelles que soient les *limites* de l'objectivité historique, il y a un *problème de l'objectivité* en histoire. Selon Maurice Mandelbaum [3], un jugement est appelé « objectif » « parce que nous regardons sa vérité comme excluant la possibilité que sa négation puisse être également vraie » (p. 150). Prétention toujours déçue, mais prétention incluse dans le projet même de recherche historique. L'objectivité visée a deux faces : d'abord, on peut s'attendre que les faits dont traitent les ouvrages historiques, pris un à un, se *raccordent* les uns aux autres à la façon de cartes de géographie, si l'on respecte les mêmes règles de projection et d'échelle, ou encore comme les facettes d'une même pierre précieuse. Alors qu'il n'y a aucun sens à mettre bout à bout et bord à bord des contes, des romans, des pièces de théâtre, c'est une question légitime et inéluctable de se demander comment l'histoire de telle période se raccorde à celle de telle autre période, l'histoire de France à l'histoire de l'Angleterre, etc., ou comment l'histoire politique ou militaire de tel pays à telle époque se raccorde à son histoire économique, à son histoire sociale, culturelle, etc. Un rêve secret de cartographe ou de diamantaire meut l'entreprise historique. Même si l'idée d'histoire universelle doit rester à jamais une Idée au sens kantien, à défaut de constituer un géométral au sens leibnizien, le travail d'approximation susceptible de rapprocher de cette idée les résultats concrets atteints par la recherche

1. Paul Veyne, « L'histoire conceptualisante », in *Faire de l'histoire*, I, sous la direction de Jacques Le Goff et Pierre Nora, Paris, Gallimard, 1974, p. 62-92. Cf. ci-dessus le rappel des longues analyses que Marc Bloch consacre au problème de la « nomenclature » en histoire (chap. I, I).

2. Cf. ci-dessus, p. 245.

3. Maurice Mandelbaum, *The Anatomy of Historical Knowledge*, Baltimore et Londres, The John Hopkins University Press, 1977, p. 150.

individuelle ou collective n'est ni vain ni insensé. A ce vœu de raccordement du côté du fait historique, correspond l'espoir que les résultats atteints par différents chercheurs puissent se cumuler, par un effet de complémentarité et de rectification mutuelles. Le *credo* de l'objectivité n'est pas autre chose que cette conviction double que les faits relatés par des histoires différentes peuvent se raccorder et que les résultats de ces histoires peuvent se compléter.

Dernier corollaire : précisément parce que l'histoire a un projet d'objectivité, elle peut poser comme un *problème* spécifique celui des *limites* de l'objectivité. Cette question est étrangère à l'innocence et à la naïveté du narrateur. Celui-ci attend plutôt de son public, selon le mot si souvent cité de Coleridge, qu'il « suspende de plein gré son incrédulité » (*a willing suspension of disbelief*). L'historien s'adresse à un lecteur méfiant, qui attend de lui non seulement qu'il raconte, mais qu'il authentifie son récit. En ce sens, reconnaître parmi les modes explicatifs de l'histoire une « implication idéologique » (Hayden White [1]), c'est être capable de reconnaître une idéologie comme telle, donc de la discerner des modes proprement argumentatifs, donc aussi de la placer sous le regard d'une critique des idéologies. Ce dernier corollaire pourrait être appelé la *réflexivité critique* de la recherche historique.

Conceptualisation, recherche d'objectivité, redoublement critique marquent les trois étapes de l'autonomisation de l'explication en histoire par rapport au caractère « auto-explicatif » du récit.

A cette autonomisation de l'explication répond une autonomisation semblable des *entités* que l'historien tient pour son objet suffisant. Alors que, dans le récit traditionnel ou mythique, et encore dans la chronique qui précède l'historiographie, l'action est rapportée à des agents qu'on peut identifier, désigner d'un nom propre, tenir pour responsables des actions rapportées, l'histoire-science se réfère à des objets d'un type nouveau appropriés à son mode explicatif. Qu'il s'agisse de nations, de sociétés, de civilisations, de classes sociales, de mentalités, l'histoire met à la place du sujet de l'action des entités anonymes au sens propre du mot. Cette coupure épistémologique au plan des entités est consommée dans l'école française des *Annales* avec l'effacement de l'histoire politique au bénéfice de l'histoire économique, sociale et culturelle. La place naguère tenue par ces héros de l'action historique que Hegel appelait les grands hommes de l'histoire mondiale est désormais tenue par des forces sociales dont l'action ne saurait être imputée de manière distributive à des agents individuels. L'histoire nouvelle paraît être ainsi sans personnages. Sans personnages, elle ne saurait rester un récit.

1. Cf. ci-dessus, p. 233.

La troisième coupure résulte des deux précédentes : elle concerne le statut épistémologique du *temps historique*. Celui-ci paraît sans lien direct avec celui de la mémoire, de l'attente et de la circonspection d'agents individuels. Il ne semble plus référé au présent vivant d'une conscience subjective. Sa structure est exactement proportionnée aux procédures et aux entités que l'histoire-science met en œuvre. D'une part, le temps historique paraît se résoudre en une succession d'*intervalles homogènes*, porteurs de l'explication causale ou nomologique ; d'autre part, il se disperse dans une *multiplicité de temps* dont l'échelle s'ajuste à celle des entités considérées : temps court de l'événement, temps demi-long de la conjoncture, longue durée des civilisations, très longue durée des symbolismes fondateurs du statut social en tant que tel. Ces « temps de l'histoire », selon l'expression de Braudel [1], paraissent sans rapport discernable avec le temps de l'action, avec cette « intra-temporalité » dont nous disions avec Heidegger qu'elle est toujours temps favorable ou défavorable, temps « pour » faire [2].

Et pourtant, en dépit de cette triple coupure épistémologique, l'histoire ne saurait rompre tout lien avec le récit sans perdre son caractère historique. Inversement, ce lien ne saurait être direct au point que l'histoire puisse être considérée comme une espèce du genre « story » (Gallie [3]). Les deux moitiés du chapitre II, en convergeant sans se rencontrer, ont accru l'exigence d'une dialectique d'un nouveau genre entre la recherche historique et la compétence narrative.

D'une part, la critique du modèle nomologique par laquelle nous avons commencé a abouti à une diversification de l'explication qui la rend moins étrangère à l'intelligence narrative, sans que pourtant soit reniée la vocation explicative par laquelle l'histoire se maintient dans le cercle des sciences humaines. On a vu, d'abord, le modèle nomologique s'affaiblir sous la pression de la critique ; en s'affaiblissant, il est devenu moins monolithique, admettant des niveaux plus diversifiés de scientificité pour les généralités alléguées, depuis les lois dignes de ce nom jusqu'aux généralités de sens commun que l'histoire partage avec le langage ordinaire (I. Berlin), en passant par les généralités de caractère dispositionnel invoquées par G. Ryle et P. Gardiner [4]. Puis on a vu l'explication « par des raisons » faire valoir ses titres avec les mêmes exigences de conceptualisation, d'authentification et de vigilance critique que tout autre mode d'explication. Enfin, on a vu, avec G. H. von

1. Cf. ci-dessus, p. 146 *sq*.
2. Cf. ci-dessus, première partie, chap. III (*Mimésis* I).
3. Cf. ci-dessus, p. 215.
4. Cf. ci-dessus, p. 166.

Wright, l'*explication* causale se distinguer de l'*analyse* causale, et le type d'explication *quasi causale* se détacher de l'explication causale-nomologique et assumer en son sein des segments d'explication téléologique. Sur ces trois voies, l'explication propre à la recherche historique paraît bien faire une partie du chemin qui la sépare de l'explication immanente au récit.

A l'affaiblissement et à la diversification des modèles d'explication proposés par l'épistémologie « répond », du côté de l'analyse des structures narratives, une tentative symétrique pour élever les ressources explicatives du récit et les porter en quelque sorte à la rencontre du mouvement d'explication en direction de la narration.

J'ai dit plus haut que le demi-succès des théories narrativistes était aussi un demi-échec. Cet aveu ne doit pas affaiblir la reconnaissance du demi-succès. Les thèses narrativistes, à mon sens, ont fondamentalement raison sur deux points.

Premier acquis : les narrativistes démontrent avec succès que *raconter, c'est déjà expliquer*. Le « *di'allèla* » — le « l'un par l'autre » qui, selon Aristote, fait la connexion logique de l'intrigue — est désormais le point de départ obligé de toute discussion sur la narration historique. Cette thèse de base a de nombreux corollaires. Si tout récit met en œuvre, en vertu même de l'opération de mise en intrigue, une connexion causale, cette construction est déjà une victoire sur la simple chronologie et rend possible la distinction entre l'histoire et la chronique. En outre, si la construction de l'intrigue est œuvre de jugement, elle lie la narration à un narrateur, et donc permet au « point de vue » de ce dernier de se dissocier de la compréhension que les agents ou les personnages de l'histoire peuvent avoir eu de leur contribution à la progression de l'intrigue ; contrairement à l'objection classique, le récit n'est aucunement lié à la perspective confuse et bornée des agents et des témoins immédiats des événements ; au contraire, la mise à distance, constitutive du « point de vue », rend possible le passage du narrateur à l'historien (Scholes et Kellogg [1]). Enfin, si la mise en intrigue intègre dans une unité signifiante des composantes aussi hétérogènes que les circonstances, les calculs, les actions, les aides et les obstacles, les résultats enfin, alors il est également possible que l'histoire prenne en compte les résultats non voulus de l'action, et produise des descriptions de l'action distinctes de sa description en termes simplement intentionnels (Danto [2]).

Second acquis : les thèses narrativistes répondent à une diversification

1. Cf. ci-dessous, troisième partie.
2. Cf. ci-dessus, p. 203.

et à une hiérarchisation des modèles explicatifs par une *diversification* et une *hiérarchisation* comparables des *ressources explicatives du récit*. On a ainsi vu la structure de la phrase narrative s'adapter à un certain type de récit historique basé sur une datation documentée (Danto). On a ensuite assisté à une certaine diversification de l'acte configurant (Mink [1]) ; on a vu, avec le même auteur, comment l'explication configurante devient elle-même une modalité explicative parmi d'autres, en liaison avec l'explication catégoriale et l'explication théorétique. Enfin, avec H. White [2], dans un premier temps, l'« effet explicatif » caractéristique de la mise en intrigue se situe à mi-chemin de celui de l'argumentation et de celui du fil de l'histoire (*story-line*), au point que ce n'est plus seulement une diversification mais un éclatement de la fonction narrative qui se produit ici. Dans un deuxième temps, l'explication par mise en intrigue, déjà dissociée de l'explication inhérente à l'histoire racontée, rentre dans une nouvelle configuration explicative en se joignant à l'explication par argument et à l'explication par implication idéologique. Le redéploiement des structures narratives équivaut alors à un désaveu des thèses « narrativistes », réassignées au niveau inférieur du fil de l'histoire.

Un destin comparable à celui du modèle nomologique s'est ainsi emparé de la thèse narrativiste simple : pour rejoindre le plan de l'explication proprement historique, le modèle narrativiste s'est diversifié au point de se désintégrer.

Cette aventure conduit au seuil de la difficulté majeure : une thèse narrativiste, raffinée au point de devenir antinarrativiste, avait-elle quelque chance de se substituer au modèle explicatif ? Il faut répondre franchement par la négative. *Un écart subsiste* entre l'explication narrative et l'explication historique, qui est *la recherche elle-même*. Cet écart exclut que l'on tienne, avec Gallie, l'histoire pour une espèce du genre « *story* ».

Et pourtant les indices croisés d'une convergence entre le mouvement par lequel le modèle explicatif incline vers la narration et le mouvement par lequel les structures narratives pointent vers l'explication historique témoignent de la réalité du problème auquel la thèse narrativiste donne une réponse trop courte.

La solution du problème relève de ce qu'on peut appeler une méthode de questionnement à rebours. Cette méthode, pratiquée par Husserl dans la *Krisis*, ressortit à une phénoménologie génétique, au sens non d'une genèse psychologique, mais d'une genèse de sens. Les questions

1. Cf. ci-dessus, p. 224-225.
2. Cf. ci-dessus, p. 231.

que Husserl se posait à propos de la science galiléenne et newtonienne, nous nous les posons à propos des sciences historiques. Nous nous interrogeons à notre tour sur ce que j'appelerai désormais l'*intentionnalité de la connaissance historique* ou, par abréviation, l'*intentionnalité historique*. J'entends par là le *sens de la visée poétique* qui fait la qualité historique de l'histoire et la préserve de se dissoudre dans les savoirs auxquels l'historiographie vient à se joindre par son mariage de raison avec l'économie, la géographie, la démographie, l'ethnologie, la sociologie des mentalités et des idéologies.

L'avantage que nous pouvons avoir sur Husserl dans son investigation du « monde de la vie » auquel renvoie, selon lui, la science galiléenne, est que le questionnement en retour appliqué au savoir historiographique renvoie à un monde culturel déjà structuré et nullement à un vécu immédiat. Il renvoie à un monde de l'action déjà configuré par une activité narrative, antérieure quant au sens à l'historiographie scientifique.

Cette activité narrative, en effet, a déjà sa dialectique propre qui lui fait parcourir les stades successifs de la *mimèsis*, depuis les préfigurations inhérentes à l'ordre de l'action, à travers les configurations constitutives de la mise en intrigue — au sens large du *muthos* aristotélicien —, jusqu'aux refigurations suscitées par la collision entre le monde du texte et le monde de la vie.

Dès lors, mon hypothèse de travail se précise : je me propose d'explorer par quelles voies *indirectes le paradoxe de la connaissance historique* (sur lequel débouchent les deux chapitres précédents) *transpose à un degré supérieur de complexité le paradoxe constitutif de l'opération de configuration narrative*. En vertu de sa position médiane entre l'amont et l'aval du texte poétique. L'opération narrative présente déjà les traits opposés dont la connaissance historique redouble le contraste : d'un côté, elle naît de la rupture qui ouvre le royaume de la fable et le scinde de l'ordre de l'action effective ; de l'autre, elle renvoie à la compréhension immanente à l'ordre de l'action et aux structures pré-narratives de l'action effective [1].

La question est donc celle-ci : par quelles médiations la connaissance historique réussit-elle à transposer dans son ordre propre la constitution double de l'opération configurante du récit ? Soit : par quelles dérivations indirectes la triple coupure épistémologique qui fait de l'histoire

1. Je réserve pour la quatrième partie l'autre versant du paradoxe : le retour de la composition narrative à l'ordre de l'action, lequel tient en germe le problème classique du rapport de l'histoire, science du passé, à l'action présente, principalement politique, ouverte sur le futur.

une recherche procède-t-elle de la coupure instaurée par l'opération configurante au plan de *mimèsis* II — et continue-t-elle néanmoins à viser obliquement l'ordre de l'action, selon ses ressources propres d'intelligibilité, de symbolisation et d'organisation pré-narrative au plan de *mimèsis* I ?

La tâche est d'autant plus ardue que la conquête de l'autonomie scientifique de l'histoire paraît bien avoir pour corollaire, sinon pour condition, un *oubli* concerté de sa dérivation indirecte à partir de l'activité de configuration narrative, et de son renvoi, à travers des formes de plus en plus éloignées de la base narrative, au champ praxique et à ses ressources pré-narratives. Ce trait apparente, encore une fois, mon entreprise à celle de Husserl dans la *Krisis* : la science galiléenne, elle aussi, a rompu ses amarres avec le monde pré-scientifique, au point de rendre presque impossible la réactivation des synthèses actives et passives constitutives du « monde de la vie ». Mais, notre recherche peut avoir un second avantage par rapport aux entreprises husserliennes de phénoménologie génétique, essentiellement orientées vers la « constitution de la chose » à travers le phénomène perceptif : l'avantage de trouver, au sein même de la connaissance historique, une série de *relais* pour le questionnement à rebours. En ce sens, l'oubli de la dérivation n'est jamais si complet que celle-ci ne puisse être reconstruite avec quelque sûreté et quelque rigueur.

Cette reconstruction suivra l'ordre dans lequel nous avons présenté un peu plus haut les modalités de la coupure épistémologique : autonomie des *procédures* explicatives, autonomie des *entités* de référence, autonomie du *temps* — ou plutôt *des temps* — de l'histoire.

Commençant par les *procédures* explicatives, je voudrais reprendre avec l'encouragement des analyses de von Wright, la question disputée de la *causalité* en histoire, plus précisément de l'attribution ou de l'*imputation causale singulière* : non plus pour l'opposer, dans un esprit polémique, à l'explication par des lois, mais au contraire pour discerner en elle la structure de *transition* entre l'explication par des lois, souvent identifiée à l'explication tout court, et l'explication par mise en intrigue, souvent identifiée à la compréhension. En ce sens, l'imputation causale singulière ne constitue pas une explication parmi d'autres, mais le nexus de toute explication en histoire. A ce titre, elle constitue la *médiation* recherchée entre les pôles opposés de l'explication et de la compréhension, pour conserver un vocabulaire maintenant vieilli ; ou mieux, entre l'explication nomologique et l'explication par mise en intrigue. L'affinité préservée entre l'imputation causale singulière et la mise en intrigue autorisera à parler de la première, par transfert analogique, en termes de *quasi-intrigue*.

Continuant par les *entités* mises en place par le discours historique, je voudrais montrer qu'elles ne sont pas toutes du même rang, mais qu'elles se laissent ordonner selon une hiérarchie précise. L'histoire, à mon avis, reste historique dans la mesure où tous ses objets renvoient à des *entités de premier ordre* — peuples, nations, civilisations — qui portent la marque indélébile de l'appartenance participative des agents concrets relevant de la sphère praxique et narrative. Ces entités de premier ordre servent d'*objet transitionnel* entre tous les artéfacts produits par l'historiographie et les personnages d'un récit possible. Elles constituent des *quasi-personnages*, susceptibles de guider le renvoi intentionnel du niveau de l'histoire-science au niveau du récit et, à travers celui-ci, aux agents de l'action effective.

Entre le relais par l'imputation causale singulière et celui par les entités du premier ordre — entre le nexus de l'explication et l'objet transitionnel de la description —, les échanges sont étroits. La distinction entre les deux lignes de dérivation — dérivation des procédures, dérivation des entités — présente à cet égard un caractère simplement didactique, tant les deux lignes sont enchevêtrées. Il importe toutefois de les maintenir distinctes afin d'en mieux comprendre la complémentarité et, si l'on peut dire, la genèse réciproque. Le renvoi aux entités premières, que j'appelle d'appartenance participative, se fait principalement par le canal de l'imputation causale singulière. Réciproquement, la visée qui traverse l'imputation causale est guidée par l'intérêt que l'historien garde pour la contribution des agents historiques à leur destin, lors même que celui-ci leur échappe par suite des effets pervers qui, précisément, distinguent la connaissance historique de la simple compréhension du sens immanent de l'action. Par là, quasi-intrigue et quasi-personnages appartiennent au même plan intermédiaire et ont une fonction similaire de relais dans le mouvement de la question en retour de l'historiographie vers le récit et, au-delà du récit, vers la pratique effective.

Une dernière mise à l'épreuve de mon hypothèse de travail concernant l'intentionnalité historique s'impose à l'évidence : elle concerne le statut épistémologique du *temps historique* par rapport à la temporalité du récit. Notre enquête sur l'historiographie doit s'avancer jusqu'en ce point, si elle doit rester fidèle au propos majeur de cet ouvrage : narrativité et temporalité. Il importe de montrer deux choses : d'une part que le temps construit par l'historien est *construit* au second, au troisième, au énième niveau, *sur* la temporalité construite dont on a fait la théorie dans la première partie sous le titre de *mimèsis* II ; d'autre part, que ce temps construit, aussi artificiel soit-il, ne cesse de *renvoyer à* la temporalité praxique de *mimèsis* I. Construit sur..., renvoyant à... :

ces deux relations enchevêtrées sont aussi celles qui caractérisent les procédures et les entités édifiées par l'historiographie. Le parallélisme avec les deux autres médiations va plus loin encore. De même que je cherche dans la causalité historique et dans les entités de premier rang les relais capables de guider le renvoi des structures de la connaissance historique au travail de configuration narrative, qui lui-même renvoie aux préfigurations narratives du champ praxique — d'une manière similaire, je voudrais montrer, dans le *destin de l'événement historique à, la fois* l'indice de l'écart croissant du temps historique par rapport au temps du récit et au temps vécu, *et* l'indice du renvoi ineffaçable du temps historique au temps de l'action à travers le temps du récit.

Dans ces trois registres successifs, il sera fait appel au seul témoignage de l'historiographie, lorsque celle-ci va jusqu'au bout de la réflexion critique sur elle-même.

1. *L'imputation causale singulière*

L'imputation causale singulière est la procédure explicative qui fait transition entre la causalité narrative — la structure du « l'un par l'autre » qu'Aristote distinguait du « l'un après l'autre » — et la causalité explicative qui, dans le modèle nomologique, n'est pas distinguée de l'explication par des lois.

La recherche de cette transition trouve un appui dans les analyses de W. Dray et de H. von Wright exposées au début du chapitre précédent. Le premier nous a familiarisés avec la thèse que l'analyse causale d'un cours particulier d'événements ne se réduit pas à appliquer une loi causale. La double épreuve, inductive et pragmatique, par laquelle sont vérifiés les titres de tel ou tel candidat à la fonction de cause n'est pas éloignée de la logique d'imputation causale de Max Weber et Raymond Aron. Mais il manque un raccord entre la théorie de l'analyse causale et celle de l'analyse par des raisons. Ce lien est opéré par H. von Wright dans son analyse de l'explication quasi causale. L'explication par des raisons est identifiée aux segments d'inférence téléologique enchaînés dans ce type spécifique d'explication. Or l'inférence téléologique, à son tour, repose sur la compréhension préalable que nous avons de l'intentionnalité de l'action. Et celle-ci, également, renvoie à la familiarité que nous avons avec la structure logique du faire quelque chose (faire arriver quelque chose, faire en sorte que quelque chose arrive). Or faire arriver quelque chose, c'est intervenir dans un cours d'événements, en mettant en mouvement un système et en assurant par là même sa clôture. Par cette série d'enchâssements — inférence téléologique, compréhension intentionnelle, intervention pratique —, l'explication *quasi causale* qui, en tant qu'explication causale, ne s'applique qu'aux occurrences individuelles de phénomènes génériques (événements, processus, états), renvoie ultimement à ce que nous allons maintenant désigner du terme d'*imputation causale singulière*.

L'exposé le plus précis de la logique d'imputation causale singulière se lit dans l'étude critique que Max Weber a consacrée à l'ouvrage d'Edouard Meyer, *Zur Theorie und Methodik der Geschichte* (Halle, 1901) [1], à laquelle il faut ajouter les développements, décisifs pour notre recherche, de Raymond Aron dans la troisième section de son *Introduction à la philosophie de l'histoire* [2]. Cette logique consiste essentiellement dans la construction *par l'imagination* d'un cours différent d'événements, puis dans la pesée des conséquences probables de cet événement réel, enfin dans la *comparaison* de ces conséquences avec le cours réel des événements. « Pour démêler les relations causales réelles (*wirkliche*), nous en construisons d'iréelles (*unwirkliche*) » (Max Weber, *op. cit.* [p. 287] (p. 319). Et Aron : « *Tout historien, pour expliquer ce qui a été, se demande ce qui aurait pu être* » (p. 164).

C'est cette construction imaginaire probabiliste qui offre une double affinité, d'une part avec la mise en intrigue, qui elle aussi est une

1. « Études critiques pour servir à la logique des sciences de la " culture " », *Archiv für Sozialwissenschaft und Sozialpolitik*, t. XXII, repris dans *Ges. Aufsätze zur Wissenschaftslehre*, 2e éd., Tübingen, Mohr, 1951 ; trad. fr., Julien Freund, in *Essais sur la théorie de la science*, Paris, Plon, 1965, p. 215-323.

2. La place assignée par R. Aron à la causalité historique est significative. Gaston Fessard, dans *La Philosophie historique de Raymond Aron*, Julliard, 1980, nous rend sensibles à l'ordre des raisons dans l'*Introduction*..., à la faveur d'une comparaison hardie avec les « Exercices spirituels » d'Ignace de Loyola (cf. en particulier les p. 55-86 consacrées à la reconstruction des étapes et du mouvement de l'*Introduction*...). L'analyse de la causalité historique fait suite immédiatement à la théorie de la compréhension à laquelle est consacrée la deuxième section, la conclusion de la deuxième section portant sur « les limites de la compréhension » (p. 153-156). Placée au début de la troisième section, intitulée « Le déterminisme historique et la pensée causale », elle inaugure une enquête conduite en trois étapes, placées successivement sous le signe du juge, du savant, du philosophe. La première est consacrée à « la causalité d'une consécution unique », la seconde aux « régularités et aux lois », la troisième à « la structure du déterminisme historique » (p. 160). Cette dernière étape à son tour conduit au seuil de la quatrième partie proprement philosophique : « Histoire et Vérité ». L'enquête sur la causalité est ainsi doublement délimitée, d'abord par la place de la troisième section dans l'économie d'ensemble de l'ouvrage, ensuite par la place, à l'intérieur de la troisième section, de la causalité historique par rapport à la causalité sociologique et aux prétendues lois de l'histoire. On ne saurait mieux souligner le rôle de transition attribué à la causalité historique entre la compréhension, qui a tous les caractères de l'intelligence narrative, et la causalité sociologique, qui a tous les caractères de l'explication nomologique.

construction imaginaire probable, d'autre part avec l'explication selon des lois.

Suivons d'un peu près l'argumentation de Max Weber [1].

Soit la décision de Bismarck d'engager la guerre contre l'Autriche-Hongrie en 1866 : « Il n'y a absolument rien d'" oiseux " — observe Max Weber — à poser la question : *qu'aurait-il pu arriver* si Bismarck n'avait pas pris la décision de faire la guerre ? » [p. 266] (p. 291). Comprenons bien la question. Elle consiste à demander : « Quelle *signification* causale faut-il au fond attribuer à cette décision individuelle au sein de la totalité des éléments infiniment nombreux qui devaient précisément être agencés de cette manière-là et non d'une autre pour amener ce résultat-là, et quelle est la place de cette décision dans l'exposé historique ? » (*ibid.*). C'est la clause : « de cette manière-là et non d'une autre » qui marque l'entrée en scène de l'imagination. Le raisonnement, dès ce moment, se meut parmi les conditionnels irréels passés. Mais l'histoire ne se transporte dans l'irréel que pour y mieux discerner le nécessaire. La question devient : « A quelles conséquences *aurait-il fallu* s'" attendre " si une autre décision avait été prise ? » [p. 267] (p. 292). Intervient alors l'exploration des enchaînements probables ou nécessaires. Si l'historien peut affirmer que, en modifiant ou en omettant en pensée un événement singulier dans un complexe de conditions historiques, il s'en serait suivi un développement différent d'événements « concernant certaines relations historiques de cet événement », alors l'historien peut poser le jugement d'imputation causale qui décide de la signification historique dudit événement.

C'est ce raisonnement qui, à mon sens, regarde de deux côtés : vers la mise en intrigue d'une part, vers l'explication scientifique d'autre part.

Rien dans le texte de Max Weber, à vrai dire, n'indique que l'auteur ait aperçu la première connexion. C'est nous qui devons l'établir, avec les ressources contemporaines de la narratologie. Mais deux remarques de Max Weber vont dans ce sens. L'historien, dit-il d'abord, est et n'est pas dans la position de l'agent lui-même qui, avant d'agir, pèse les manières possibles d'agir, tel but et tels moyens étant à sa disposition.

1. Elle se lit dans la deuxième partie de l'essai de Max Weber sous le titre : « Possibilité objective et causalité adéquate en histoire » [p. 266-323] (p. 290-323). (J'indique par des crochets droits la pagination de l'ouvrage en allemand et par des parenthèses la pagination de la traduction française). Nous reviendrons plus loin sur la première partie de l'essai. Raymond Aron commence sa propre étude par un exposé du « schéma logique » de l'argument qu'il dénomme « probabilité rétrospective » (p. 163-169). Nous verrons ce qu'Aron ajoute à l'analyse proprement logique.

C'est bien une question que Bismarck a pu se poser que nous formulons, sauf que nous en connaissons l'issue ; c'est pourquoi nous la posons « avec des chances plus favorables » [p. 267] (p. 292) que le héros. L'expression « des chances plus favorables » annonce certes la logique de la probabilité qu'on va évoquer plus loin ; mais ne renvoie-t-elle pas d'abord à cet extraordinaire laboratoire du probable que sont les paradigmes de mise en intrigue ? Max Weber note encore que l'historien ressemble au criminaliste et diffère de lui : en enquêtant sur la culpabilité, celui-ci enquête aussi sur la causalité ; mais, à l'imputation causale, il ajoute l'imputation éthique ; or, qu'est-ce que l'imputation causale dépouillée de l'imputation éthique, sinon la mise à l'essai de schèmes d'intrigues alternatifs ?

Mais l'imputation causale relève à tous ses stades de l'explication scientifique. D'abord, l'explication suppose une analyse fine en facteurs, visant à « la sélection des chaînons de causalité à recueillir dans l'exposé historique » [p 269, n.1] (p. 295). Certes, cet « isolement en pensée » est orienté par notre curiosité historique, c'est-à-dire par notre intérêt pour une certaine classe de résultats. C'est un des sens du terme d'importance : dans le meurtre de César, l'historien ne s'intéresse qu'aux conséquences considérables de l'événement pour le développement de l'histoire du monde, qu'il tient pour le plus significatif. Mais une discussion qui s'enliserait à nouveau dans la querelle de la subjectivité et de l'objectivité en histoire passerait à côté du caractère hautement intellectuel de l'opération abstractive qui précède la possibilisation. Ensuite, modifier en pensée, dans un sens déterminé, tel ou tel facteur préalablement isolé, c'est construire des cours alternatifs d'événements entre lesquels l'événement dont on pèse l'importance fait la décision. C'est alors la pesée des conséquences de l'événement supposé supprimé, qui donne sa structure logique à l'argument causal. Or, comment construisons-nous les conséquences qu'il aurait fallu attendre de la suppression supposée d'un facteur, sinon en insérant dans le raisonnement ce que Max Weber appelle des « règles de l'expérience » [p. 276] (p. 304), c'est-à-dire, en dernière instance, un savoir qu'il faut bien appeler « nomologique » [p. 277] (p. 305) ? Certes, ces règles de l'expérience bien souvent ne dépassent pas le niveau d'un savoir dispositionnel, comme diraient G. Ryle et P. Gardiner : Max Weber a spécifiquement en vue les règles « concernant la manière dont les hommes ont l'habitude de réagir à des situations données » (*ibid.*). Néanmoins, elles suffisent à montrer comment des lois peuvent être, comme on l'a dit plus haut, employées en histoire, lors même qu'elles ne sont pas établies par l'histoire.

Ces deux premiers traits : analyse en facteurs, recours à des règles de l'expérience, ne sont toutefois pas absolument étrangers à la « logique » narrative, surtout si on déplace celle-ci de la surface du texte à sa grammaire profonde, comme on le verra dans la troisième partie. La véritable marque de la scientificité dont est capable une construction, à la fois irréelle et nécessaire, résulte de l'application, à la pesée comparée des causes, de la *théorie de la « possibilité objective »* que Max Weber emprunte au physiologiste von Kries [1]. C'est ce troisième trait qui marque la véritable distance entre l'explication par le récit et l'explication par imputation causale.

La théorie en question vise essentiellement à élever les constructions irréelles au rang du jugement de possibilité objective qui affecte les divers facteurs de causalité d'un indice de *probabilité relative* et permet ainsi de situer ces facteurs sur une même *échelle*, bien que les gradations auxquelles ce jugement donne lieu ne puissent être quantifiées comme dans ce qu'on appelle au sens étroit « calcul des probabilités ». Cette idée d'une causalité graduée donne à l'imputation causale une précision que la probabilité invoquée par Aristote dans sa théorie de l'intrigue ignore. Les degrés de probabilité s'échelonnent ainsi entre un seuil inférieur, celui qui définit la *causalité accidentelle* (comme par exemple entre le mouvement de la main qui jette les dés et la sortie de tel chiffre), et un seuil supérieur, qui définit, dans les termes de von Kries, la *causalité adéquate* (comme dans le cas de la décision de Bismarck). Entre ces deux extrêmes, on peut parler de l'influence plus ou moins favorable d'un certain facteur. Le danger est évidemment que, par un anthropomorphisme insidieux, nous matérialisions les degrés de probabilité relative assignés aux causes que notre raisonnement met en concurrence, sous forme de tendances antagonistes luttant pour la transformation de la possibilité en réalité. Le langage ordinaire y pousse, lorsqu'il nous fait dire que tel événement a favorisé ou contrarié l'apparition de tel autre événement. Pour dissiper ce malentendu, il suffit de se souvenir que les possibles sont des relations causales irréelles que nous avons construites par la pensée, et que l'objectivité des « chances » appartient au jugement de possibilité.

C'est seulement au terme de cette mise à l'épreuve qu'un facteur reçoit le statut de cause suffisante. Ce statut est objectif, en ce sens que l'argument ne ressortit pas à une simple psychologie de la découverte des hypothèses, mais, quoi qu'il en soit du génie qui ne doit pas moins manquer au grand historien qu'au grand mathématicien, constitue la

1. Cf. les longues notes de la page [269] (295) sur l'usage fait par von Kries de l'argument probabiliste et sa transposition au plan de la criminologie et de la jurisprudence.

structure logique de la connaissance historique ou, selon Max Weber lui-même, le « solide squelette de l'imputation causale » [p. 279] (p. 307).

On voit où réside la continuité et où se situe la discontinuité entre mise en intrigue et imputation causale singulière. La *continuité* est au niveau du rôle de l'imagination. On pourrait à cet égard dire de la mise en intrigue ce que Max Weber dit de la construction par la pensée d'un cours différent d'événements : « Pour démêler les relations causales réelles, nous en *construisons d'irréelles* » [p. 287] (p. 319). La discontinuité porte sur l'analyse en facteurs, sur l'insertion des règles de l'expérience, et surtout sur l'assignation de degrés de probabilité qui règle la détermination de la causalité adéquate.

C'est par là que l'historien n'est pas un simple narrateur : il donne les raisons pour lesquelles il tient tel facteur *plutôt que tel autre* pour la cause suffisante de tel cours d'événements. Le poète crée une intrigue qui, elle aussi, tient par son squelette causal. Mais celui-ci ne fait pas l'objet d'une argumentation. Le poète se borne à produire l'histoire et à expliquer en racontant. En ce sens, Northrop Frye a raison [1] : le poète procède à partir de la forme, l'historien vers la forme. L'un produit, l'autre argumente. Et il argumente, parce qu'il sait qu'on peut expliquer *autrement*. Et il le sait, parce qu'il est, comme le juge, dans une situation de contestation et de procès, et parce que son plaidoyer n'est jamais achevé : car l'épreuve est plus concluante pour éliminer des candidats à la causalité, comme dirait William Dray, que pour en couronner un seul sans retour.

Et pourtant, redisons-le, la filiation de l'explication historique à partir de l'explication narrative n'est pas rompue, dans la mesure où la causalité adéquate reste irréductible à la seule nécessité logique. Le même rapport de *continuité* et de *discontinuité* se retrouve entre explication causale singulière et explication par des lois qu'entre la première et la mise en intrigue.

La discontinuité d'abord. Elle est mieux soulignée dans l'analyse de R. Aron que dans celle de M. Weber. Dans le paragraphe qu'il consacre au rapport entre causalité et hasard, R. Aron ne se borne pas à situer l'accident à l'une des extrémités de l'échelle de la probabilité rétrospective, à l'opposé de la probabilité adéquate. La définition de l'accident comme ce dont la possibilité objective est quasiment nulle ne vaut que pour des séries isolées. La considération, empruntée à Cournot, des faits de coïncidence entre séries, ou entre systèmes et séries, donne un relief à la notion d'accident que souligne la relativité de la théorie probabiliste de Weber : « Un événement peut être dit accidentel par

1. Cf. ci-dessus, p. 230.

rapport à un ensemble d'antécédents, adéquat par rapport à un autre. Hasard, puisque des séries multiples se sont croisées, rationnel, puisque, à un niveau supérieur, on retrouve un ensemble ordonné » (p. 178). Il faut en outre compter avec « l'incertitude qui s'attache aux délimitations des systèmes et des séries, à la pluralité des structures fortuites que le savant est libre de construire ou d'imaginer » (p. 179). Pour toutes ces raisons, une réflexion sur le hasard ne se laisse pas enfermer dans une simple opposition à la causalité adéquate, au sein d'un raisonnement de probabilité rétrospective.

Quant à la continuité entre l'explication causale singulière et l'explication par des lois, elle n'est pas moins marquée que la discontinuité. Le rapport entre histoire et sociologie est à cet égard exemplaire. Raymond Aron le définit en ces termes : « La sociologie se caractérise par l'effort pour établir des lois (ou du moins des régularités ou des généralités), alors que l'histoire se borne à raconter des événements dans leur suite singulière » (p. 190). Dans le même sens : « La recherche historique s'attache aux antécédents d'un fait singulier, la recherche sociologique aux causes d'un fait susceptible de se reproduire » (p. 229). Mais alors le mot cause change de sens : « La cause, aux yeux des sociologues, est l'*antécédent constant* » (p. 191). Toutefois, les interférences entre les deux modalités de causalité — causalité historique et causalité sociologique — sont plus remarquables que leurs disjonctions. Aussi bien l'établissement par l'historien de la probabilité rétrospective de quelque constellation historique que ce soit inclut-elle, à titre de segment nomologique, des généralisations empiriques qui suscitent la recherche de régularités par celui que Raymond Aron appelle le « savant » pour l'opposer au « juge ». Toute l'étude que l'*Introduction*... consacre à la causalité sociologique tend à montrer à la fois l'originalité de l'entreprise et sa dépendance à l'égard de la causalité historique, donc de l'imputation causale singulière. Ainsi la causalité historique a-t-elle l'étrange statut d'une investigation en défaut par rapport à la recherche de régularités et de lois, et en excès par rapport aux abstractions de la sociologie. Elle constitue une limite interne à la prétention de scientificité de la sociologie, au moment même où elle lui emprunte des régularités qui sous-tendent son probabilisme.

Cette ambivalence épistémologique fait qu'à son tour le déterminisme historique, qui prétendrait s'élever à un degré encore supérieur à celui de l'explication sociologique, est rongé de l'intérieur par la contingence que la causalité historique préserve : « Les relations causales sont dispersées, elles ne s'organisent pas en système, de telle sorte qu'elles ne s'expliquent pas les unes les autres comme les lois hiérarchisées d'une théorie physique » (p. 207). En ce sens, la causalité sociologique renvoie à la causalité historique plutôt qu'elle ne l'absorbe en elle-même : « Le déterminisme parcellaire ne se déroule régulièrement que dans une constellation singulière qui ne se reproduit jamais exactement » (p. 226). Et encore : « Les relations abstraites n'épuisent jamais la constellation unique » (p. 230).

Il faut donc conclure que, sur le second versant de la médiation opérée par l'imputation causale singulière entre le niveau narratif et le niveau épistémique, la même dialectique de continuité et de discontinuité s'observe que sur le premier versant : « A la fois complémentaires l'une de l'autre et divergentes, la causalité sociologique et la causalité historique s'appellent réciproquement » (p. 190).

Ici encore, l'originalité de R. Aron par rapport à Max Weber s'affirme. Elle résulte de la visée philosophique qui traverse l'ouvrage entier. Ainsi, l'insistance avec laquelle est soulignée la dépendance du déterminisme parcellaire à l'égard de la causalité historique singulière est en profonde harmonie avec « la philosophie historique » (pour reprendre le titre de Gaston Fessard) à laquelle est ordonnée l'épistémologie de l'*Introduction à la philosophie de l'histoire* : à savoir la lutte contre l'illusion de fatalité créée par la rétrospection historique et le plaidoyer pour la contingence du présent requise par l'action politique. Replacée sur l'arrière-plan de ce grand dessein philosophique, la logique de la probabilité rétrospective revêt une signification précise qui intéresse directement notre investigation sur la temporalité historique : « L'enquête causale de l'historien, dit Aron, a moins pour sens de dessiner les grands traits de relief historique que de conserver ou de restituer au passé l'incertitude de l'avenir » (p. 181-182). Et encore : « Les constructions irréelles doivent rester partie intégrante de la science, même si elles ne dépassent pas une vraisemblance équivoque, car elles offrent le seul moyen d'échapper à l'*illusion rétrospective de fatalité* » (p. 186-187). Comment est-ce possible ? Il faut comprendre que l'opération imaginaire par laquelle l'historien suppose par la pensée un des antécédents disparus ou modifiés, puis tâche de construire ce qui se serait passé dans cette hypothèse, a une signification qui dépasse l'épistémologie. L'historien se comporte ici en narrateur qui redéfinit par rapport à un présent fictif les trois dimensions du temps. Rêvant d'un événement autre, il oppose l'uchronie à la fascination du révolu. L'estimation rétrospective des probabilités revêt ainsi une signification morale et politique, qui excède sa signification purement épistémologique : elle rappelle aux lecteurs d'histoire que « le passé de l'historien a été le futur des personnages historiques » (p. 187). Par son caractère probabiliste, l'explication causale incorpore au passé l'imprévisibilité qui est la marque du futur et introduit dans la rétrospection l'incertitude de l'événement. Les dernières lignes du paragraphe intitulé : « Limites et signification de la causalité historique » (p. 183-189), qui clôt l'analyse de la causalité historique, occupent ainsi une position stratégique dans l'économie de l'*Introduction*... : « Le calcul anticipé est la condition de la conduite raisonnable, les probabilités rétrospectives du récit véridique. Si on néglige les décisions et les instants, on substitue au monde vécu une nature ou une fatalité. En ce sens, la science historique, résurrection de la politique, se fait contemporaine de ses héros » (p. 187).

Je ne veux pas terminer ce plaidoyer en faveur du rôle médiateur de la causalité historique entre mise en intrigue et explication par des lois, sans répondre à une objection qui reliera la présente discussion à celle que nous aurons au paragraphe suivant concernant les *entités* caractéristiques de la connaissance historique.

On peut en effet objecter que, si nous pouvons encore percevoir un lien de filiation entre mise en intrigue et imputation causale singulière, c'est en raison des limites de l'exemple choisi par Max Weber : la décision de Bismarck d'attaquer l'Autriche-Hongrie en 1866. Ce choix ne confine-t-il pas dès le début toute l'argumentation à la sphère politique, donc au plan de l'histoire *événementielle* ? Ne la condamne-t-il pas à n'être qu'une variante de l'explication par des « raisons » ? Non, si l'argument peut être étendu analogiquement à des événements historiques de grande amplitude où la cause, tout en restant singulière, n'est plus l'individu.

Cette extension analogique est rendue possible par la nature même de la question posée à propos de l'exemple *princeps* [1]. Même lorsque l'historien s'enquiert de la responsabilité d'un individu dans un cours d'événements, il distingue expressément l'imputation causale, d'une part de la responsabilité éthique, d'autre part de l'explication nomologique. En ce qui concerne le premier point, il faut dire que « l'analyse causale ne délivre jamais de jugements de valeur et qu'un jugement de valeur n'est absolument pas une explication causale » [p. 225] (p. 231). Dans l'exemple choisi par Max Weber, à la suite d'E. Meyer, l'imputation causale consiste à se demander « *pourquoi* la décision de faire la guerre a été précisément à ce moment-là le moyen approprié d'atteindre le but qui consistait en l'unification de l'Allemagne » [p. 223] (p. 228). L'emploi des catégories de moyen et de fin ne doit pas faire illusion : l'argument comporte certes un segment téléologique, mais il

1. La discussion qui suit nous ramène en arrière, à la première partie de l'essai de Max Weber intitulée : « Éléments pour une discussion des idées d'Edouard Meyer » [p. 215-265] (p. 217-289).

est globalement causal. Il concerne la valeur causale qu'il faut attribuer à la décision dans un cours d'événements qui comporte d'autres facteurs que le noyau rationnel de la décision considérée, et parmi ceux-ci les motivations non rationnelles de tous les protagonistes du cours d'action, et en outre des facteurs « dénués de sens » relevant de la nature physique. C'est l'imputation causale seule qui peut dire jusqu'à quel point l'issue de l'action a déçu ou trahi les intentions des acteurs. L'écart entre l'intention et les conséquences est précisément un des aspects de la valeur causale attachée à la décision.

Ces remarques rejoignent la thèse que nous avons plusieurs fois énoncée, à savoir que l'explication causale, même lorsqu'elle concerne le rôle historique d'une décision individuelle, se distingue d'une phénoménologie de l'action, dans la mesure où elle apprécie les intentions non seulement en termes de buts, mais de résultats. En ce sens, l'imputation causale selon Max Weber coïncide avec l'explication quasi causale de von Wright, qui compose des segments téléologiques et des segments épistémiques [1].

Si, donc, l'argument de l'imputation causale singulière s'étend en droit à des enchaînements d'événements dans lesquels la cause n'est pas d'ordre individuel, mais collectif, c'est parce que, déjà dans l'exemple *princeps* (la signification historique d'une décision individuelle), l'imputation historique est irréductible à l'imputation morale.

L'objection, il est vrai, pourrait renaître sous une autre forme : pourquoi, demandera-t-on, parler encore d'*imputation* lorsque aucune responsabilité morale n'est plus en jeu ? La notion d'imputation, semble-t-il, conserve une fonction diacritique, en ce qu'elle fournit un critère à la distinction entre explication causale et explication nomothétique. Même lorsque le cours d'événements offert à l'explication causale met en jeu des facteurs non individuels, comme on le verra plus loin sur d'autres exemples, ce cours d'événements est considéré par l'historien

1. C'est dans le même sens qu'Aron distingue entre responsabilité morale, responsabilité juridique, responsabilité historique : « Le moraliste vise les *intentions*, l'historien les *actes*, le juriste confronte *intentions et actes*, et les mesure aux *concepts juridiques* » (p. 170). « Est responsable *historiquement* celui qui, par ses actes, a déclenché ou contribué à déclencher l'événement dont on recherche les origines » (*ibid.*). Ce faisant, l'historien contribue, je dirais, à dissocier la notion d'imputation de celle d'incrimination : « La guerre..., au regard de l'historien, n'est pas un crime » (p. 173). Si l'on ajoute que l'imputation causale doit encore être distinguée de l'interprétation psychologique des intentions, il faut avouer que ces distinctions sont subtiles et fragiles. Cela explique le ton de Raymond Aron, assez différent de celui de Max Weber : celui-ci conduit son analyse avec beaucoup d'assurance. Raymond Aron est plus sensible à ce qui complique, et jusqu'à un certain point brouille, « le schéma logique ». On l'a déjà vu avec l'analyse du hasard.

en sa singularité. En ce sens, je dirais que l'individu (la décision individuelle) n'est que le premier analogon de la cause singulière. C'est pourquoi l'argument tiré de l'examen de la signification historique d'une décision individuelle revêt une valeur exemplaire. Soit les lettres de Gœthe à Madame de Stein (l'exemple est encore emprunté à l'essai de Max Weber sur la théorie de l'histoire d'Edouard Meyer) : c'est une chose de les interpréter causalement, c'est-à-dire de montrer comment les faits dont ces lettres témoignent sont « des anneaux réels dans un enchaînement causal », à savoir le développement de la personnalité de l'œuvre de Gœthe ; c'en est une autre de les concevoir comme un exemple d'une manière de concevoir la vie, ou comme un cas pour une psychologie de l'érotisme. L'explication causale n'est pas bornée au point de vue individuel, bien qu'elle reste singulière, puisque ce type de conduite peut à son tour s'intégrer à un ensemble causal de l'histoire de la culture allemande : dans ce cas, ce n'est pas le fait individuel lui-même qui entre dans la série causale historique, mais il sert à « *révéler* les faits qui méritent d'être intégrés dans ces séries causales » [p. 244] (p. 259). Ces séries causales, à leur tour, sont singulières, bien qu'elles intègrent des faits typiques. C'est cette *singularité des séries causales* qui fait la différence entre imputation causale et explication nomothétique [1]. C'est parce que l'explication causale est singulière, et en ce sens *réelle*, que la question se pose de l'importance d'un facteur historique. La notion d'importance n'intervient que sur la ligne de l'explication causale, non sur celle de l'explication nomothétique [2].

La thèse que la notion d'imputation causale singulière peut en principe s'étendre au-delà de l'imputation causale à des individus reçoit une confirmation d'un autre exemple, que Max Weber emprunte encore une fois à E. Meyer. L'historien peut s'interroger sur la portée historique de la bataille de Salamine, sans décomposer cet événement en une poussière d'actions individuelles. La bataille de Salamine est pour l'historien, dans une certaine situation de discours, un événement unique, dans la mesure où elle peut faire en tant que telle l'objet d'une imputation causale singulière. C'est le cas dans la mesure où l'on peut

1. Max Weber fait ici allusion à la distinction établie par Windelband dans le discours rectoral de Strasbourg (*Geschichte und Naturwissenschaft*, 1894), entre procédure nomothétique (propre aux sciences de la nature) et procédure idiographique (propre aux sciences de la culture).

2. Max Weber marque cette différence en opposant *Real-Grund*, raison d'être, et *Erkenntnisgrund*, raison de connaissance : « En histoire, les éléments singuliers et individuels entrent en ligne de compte non seulement comme *moyens de connaissance*, mais tout simplement comme *objet* de la connaissance, de même que les relations causales ont de l'importance non pas comme *raison de connaître*, mais comme *raison d'être* » [p. 237] (p. 249).

montrer que cet événement fait la décision entre deux possibilités dont la probabilité peut être appréciée sans être quantifiée : d'un côté, celle d'une culture théocratique-religieuse qui se serait imposée à la Grèce si la bataille avait été perdue, que l'on peut reconstruire sur la base d'autres facteurs connus et par comparaison avec des situations similaires, en particulier le protectorat perse sur les Juifs au retour de l'Exil ; de l'autre côté, l'esprit hellénique libre, tel qu'il s'est effectivement développé. La victoire de Salamine peut être tenue pour la cause adéquate de ce développement ; en effet, en supprimant l'événement par la pensée, on supprime une chaîne d'autres facteurs : la construction de la flotte attique, le développement des luttes pour la liberté, la curiosité historiographique, etc., tous facteurs que nous résumons sous le titre de la « possibilité » élue par l'événement. C'est sans doute le prix que nous attachons aux valeurs culturelles irremplaçables de l'esprit hellénique libre qui nous fait nous intéresser aux guerres médiques. Mais c'est la construction du « tableau imaginaire » créé par abstraction, et la pesée des conséquences de l'événement supposé supprimé, qui constituent la structure logique de l'argument causal. Ainsi celui-ci reste-t-il une imputation causale singulière, même lorsqu'il ne s'applique plus à une décision individuelle.

Mais l'œuvre propre de Max Weber nous offre un exemple beaucoup plus remarquable d'imputation causale singulière hors du champ de la décision individuelle et de l'histoire politico-militaire. L'argumentation mise en œuvre dans *l'Éthique protestante et l'esprit du capitalisme* satisfait exactement à la méthode d'inférence causale qu'on vient de décrire. La connexion alléguée entre certains traits de l'éthique protestante et certains traits du capitalisme constitue un enchaînement causal singulier, bien qu'elle ne concerne pas des individus pris un à un, mais des rôles, des mentalités et des institutions. Bien plus, la connexion causale structure un processus unique qui rend la différence entre événement ponctuel et longue durée non pertinente. La thèse soutenue dans cet ouvrage de Max Weber est, en ce sens, un cas remarquable d'imputation causale singulière.

Or, comment l'argument est-il articulé ? Fidèle à la méthode abstractive, Weber isole, du côté du phénomène religieux, la composante spécifique de l'éthique du travail, et du côté du phénomène économique, l'esprit d'acquisition caractérisé par le calcul rationnel, l'adaptation précise des moyens disponibles à des fins désirées et la valorisation du travail en tant que tel. Le problème est alors bien délimité : il ne s'agit pas d'expliquer la naissance du capitalisme en tant que phénomène global, mais la vision particulière du monde qu'il implique. La conception religieuse du protestantisme ascétique n'est elle-même considérée que dans sa relation de causalité adéquate par rapport à l'esprit du capitalisme. Le problème étant ainsi délimité, la question est celle de l'adéquation de l'imputation causale en l'absence de toute régularité de type nomologique. Des généralisations empiriques sont certes mises en jeu — comme, par exemple, l'assertion qu'une doctrine comme la prédestination, qui dépouille l'individu de sa responsabilité ultime, n'a pu être supportable que compensée par quelques facteurs générateurs de sécurité, tels que la croyance dans l'élection personnelle, attestée par l'engagement actif dans le travail. Mais des généralisations empiriques de cette sorte ne sont que des segments argumentatifs incorporés à l'inférence inductive qui conclut à l'imputation de l'esprit du capitalisme à l'éthique protestante, donc à une imputation causale singulière, dans la mesure où ces deux configurations et leur conjonction restent uniques dans l'histoire. Pour soutenir l'imputation causale, la démarche de Max Weber est exactement celle qu'il préconise dans l'article consacré à Edouard Meyer. Il imagine un cours historique dans lequel le facteur spirituel considéré serait absent et où d'autres facteurs auraient joué le rôle assumé par hypothèse par l'éthique protestante du travail : parmi ces autres facteurs, il faut compter la rationalisation du droit, l'organisation du commerce, la centralisation du pouvoir politique, l'invention technologique, le développement de la méthode scientifique, etc. Un calcul de probabilité suggère qu'en l'absence du facteur spirituel considéré, ces autres facteurs n'auraient pas suffi à produire l'effet en question. Par exemple, l'avènement de la méthode scientifique aurait pu engendrer la fixation de l'énergie sur un but spécifique, l'articulation précise entre moyens et fins. Mais il aurait manqué la puissance émotionnelle et la force de diffusion que seule l'éthique protestante pouvait apporter. En ce sens, la probabilité que la méthode scientifique ait pu transformer l'éthique traditionnelle en éthique bourgeoise du travail est faible. Le même raisonnement doit être reproduit avec les autres candidats à la causalité avant que l'on puisse tenir l'éthique protestante pour la cause adéquate du développement de l'esprit du capitalisme. C'est pourquoi l'adéquation de l'imputation causale n'équivaut pas à un argument de nécessité, mais seulement de probabilité.

Avec cette extension de l'imputation causale singulière à des développements historiques où l'on ne peut plus discerner des décisions individuelles, ni même des événements ponctuels, nous avons atteint le point où l'explication historique paraît avoir rompu ses amarres avec le récit. Et pourtant la filiation dont nous venons de reconstruire les étapes, par une lecture libre du texte de Max Weber et avec le concours de l'*Introduction à la philosophie de l'histoire* de Raymond Aron, nous autorise à appliquer *analogiquement* la notion d'intrigue à toutes les imputations causales singulières. C'est, à mon sens, ce qui justifie l'emploi du terme d'intrigue par Paul Veyne désignant par là toutes les configurations singulières qui satisfont au critère que j'ai pour ma part proposé de la mise en intrigue : à savoir la synthèse de l'hétérogène entre circonstances, intentions, interactions, adversité, fortune ou infortune. C'est d'ailleurs ainsi, nous l'avons vu, que Paul Veyne définit à peu près l'intrigue : la conjonction des buts, des causes et des hasards. Toutefois, pour rester cohérent avec mon argument du rapport *indirect* de l'explication historique à la structure du récit, je parlerai de *quasi-intrigue*, pour marquer le caractère *analogique* de l'extension de l'imputation causale singulière, à partir de son exemple *princeps*, l'explication causale des résultats d'une décision individuelle.

C'est cette analogie que nous allons prendre pour thème, en passant de la question des procédures explicatives à celle des entités de base de la connaissance historique.

2. *Les entités de premier ordre de l'historiographie*

J'ai distingué, pour des raisons didactiques, trois cheminements du questionnement à rebours : celui qui renvoie des procédures explicatives de l'histoire scientifique à la force explicative incluse dans la *mise en intrigue* du récit ; celui qui renvoie des entités construites par l'historien aux *personnages* du récit ; celui qui renvoie des temps multiples de l'histoire à la dialectique *temporelle* du récit.

Ces trois cheminements sont inséparables, comme l'étaient les trois modalités de la coupure épistémologique décrite dans l'introduction à ce chapitre, et caractérisés non seulement 1) par un même style de *filiation indirecte*, reliant l'historiographie à l'intelligence narrative, mais encore 2) par un même recours à des *relais* que l'historiographie elle-même offre au travail de reconstruction de l'intentionnalité historique.

1) On insistera d'abord sur ce caractère indirect de la filiation narrative, caractère qui se vérifie tant au plan des entités qu'à celui des procédures. La *coupure* épistémologique entre entités historiographiques et personnages narratifs est, selon moi, la présupposition dont il faut ici partir. Un personnage peut être identifié, désigné par un nom propre, tenu pour responsable des actions qui lui sont attribuées ; il en est l'auteur ou la victime ; il devient par elle heureux ou malheureux. Or les entités auxquelles l'histoire réfère les changements qu'elle s'emploie à expliquer ne sont pas, si l'on s'en tient à son épistémologie explicite, des personnages : les forces sociales qui agissent à l'arrière-plan des

actions individuelles sont, au sens propre du mot, anonymes. C'est là une présupposition dont la valeur me paraît méconnue par cette forme d'« individualisme épistémologique » selon laquelle tout changement social peut être en principe résolu en actions élémentaires, assignables à des individus qui en sont les auteurs et qui en portent l'ultime responsabilité. L'erreur de l'individualisme méthodologique est d'exiger en principe une opération réductrice qui ne peut jamais être effectivement menée à bien. J'y vois l'expression d'une exigence de dérivation *directe* qui méconnaît la nature spécifique du questionnement à rebours, seul praticable en ce domaine. Seule une dérivation indirecte peut respecter la coupure épistémologique sans briser la visée intentionnelle de la connaissance historique.

2) La question est dès lors de savoir si cette visée intentionnelle dispose effectivement au plan des entités historiographiques d'un *relais* semblable à celui de l'imputation causale singulière au plan des procédures explicatives.

Or, ce relais existe, sous la forme des entités de premier ordre de la connaissance historique, c'est-à-dire d'*entités sociétales* qui, tout en étant *indécomposables* en une poussière d'actions individuelles, font néanmoins *mention*, dans leur constitution et dans leur définition, d'individus susceptibles d'être tenus pour les personnages d'un récit. Dans l'introduction à ce chapitre, j'ai appelé ces entités de premier ordre des *entités d'appartenance participative*. La suite de la discussion justifiera cette appellation.

C'est à ces entités de premier ordre que s'appliquent, à titre privilégié, les procédures explicatives que nous avons placées sous le titre de l'imputation causale singulière. Autrement dit, aux *procédures de médiation* entre l'explication scientifique et l'explication par mise en intrigue correspondent des *objets transitionnels* qui font médiation entre les entités historiographiques et les entités narratives que nous dénommons les personnages du récit. L'appartenance participative est aux entités ce que l'imputation causale singulière est aux procédures de l'historiographie.

Tout historien — et l'exemple de Braudel, sur lequel nous reviendrons dans la troisième section, le vérifie amplement — est amené, à un moment ou à l'autre, même s'il se méfie de l'épistémologie conçue par des philosophes, à *ordonner* les entités qu'il met en scène dans son discours. Ce travail de mise en ordre, la phénoménologie génétique veut, elle, l'*accompagner* et le rendre explicite. Alors que, pour l'historien de métier, la mise en ordre des entités est suffisamment justifiée par sa fécondité heuristique, la phénoménologie génétique cherche à rapporter la *hiérarchisation* des niveaux de discours à l'*intentionnalité* de la connaissance historique, à sa visée noétique constitutive. A cet effet, elle s'emploie à montrer que la mise en ordre pratiquée par l'historien ne se réduit pas à un expédient méthodologique, mais comporte une *intelligibilité* propre, dont il est possible de rendre compte réflexivement. Cette intelligibilité se ramène à la possibilité de parcourir dans les deux sens la hiérarchie établie par le discours historique entre ses entités de référence. Le premier parcours — ascendant, si l'on veut — jalonnera l'*écart* croissant entre le plan du récit et le plan de l'histoire-science. Le second — descendant — jalonnera la série des *renvois* qui ramènent des entités anonymes du discours historique aux personnages d'un récit possible. L'intelligibilité de la mise en ordre résulte de la réversibilité des deux parcours.

C'est dans cette recherche d'intelligibilité que prend place la détermination des entités de base du discours historique. Ces entités d'appartenance participative se situent au point de croisement de l'itinéraire ascendant et de l'itinéraire descendant. C'est cette position stratégique qui fait de leur détermination le pivot de la question à rebours.

1. Pour mener à bien l'entreprise de dérivation indirecte, on va trouver quelque secours dans l'ouvrage de Maurice Mandelbaum, *The Anatomy of Historical Knowledge*, en dépit de son hostilité aux thèses narrativistes [1]. De lui j'ai retenu un double enseignement que j'incorpore à la méthode de questionnement à rebours. Le premier concerne la mise en ordre des entités assumées par le discours de l'historien. Le second concerne la corrélation entre ce que Mandelbaum tient pour les entités de premier ordre de la connaissance historique et la procédure d'imputation causale dont nous avons fait par ailleurs la théorie : ce second enseignement permettra de relier entre elles les deux lignes du questionnement à rebours, la ligne des entités et la ligne des procédures. Mais commençons par la réflexion sur les *entités* de base.

L'épistémologie de Maurice Mandelbaum le situe à égale distance des tenants du modèle de subsomption et des tenants de la version narrativiste. *Contre les premiers*, il tient qu'en dépit du caractère typique des situations et événements dont traite l'histoire et en dépit de son recours à des généralisations, l'histoire traite fondamentalement de « ce qui a été vrai de façon caractéristique de quelques lieux particuliers durant un laps particulier de temps... Ainsi, la thèse familière selon laquelle les historiens s'occupent du particulier plutôt que d'établir des

1. M. Mandelbaum, *The Anatomy of Historical Knowledge*, Baltimore, The Johns Hopkin's University Press, 1977.

généralisations explicatives me paraît bien fondée » (p. 5). Autrement dit, Mandelbaum prend en compte la distinction établie par Windelband entre science idiographique et science nomothétique [1]. *Contre les seconds*, l'auteur tient que l'histoire est une investigation, c'est-à-dire une discipline soucieuse d'authentifier ses énoncés, de rendre raison des relations qu'elle établit entre événements : c'est pourquoi son intérêt pour les constellations singulières ne saurait exclure qu'elle interpole des régularités dans ses chaînes de relations. Je ne discuterai pas ces présuppositions qui s'accordent assez bien avec les conclusions de nos chapitres I et II.

C'est sur cet arrière-plan que se détache la thèse qui va retenir ici mon attention : à savoir que l'objet irréductible de l'histoire est d'ordre *sociétal*. L'histoire voit les pensées, les sentiments et les actions des individus dans le contexte spécifique de leur environnement social : « C'est seulement dans la mesure où les individus sont considérés par référence à la nature et aux changements d'une société existant en un temps et en un lieu particuliers qu'ils intéressent les historiens » (p. 10). A première vue, cette thèse, prise isolément, confirme seulement la discontinuité entre le niveau de l'histoire et celui du récit, dont les personnages doivent pouvoir être identifiés comme des individus responsables de leur action. Mais une détermination plus précise du terme de *société* nous met sur la voie de la problématique spécifique des entités de base. Elle résulte de la distinction entre deux modalités de l'historiographie : l'« *histoire générale* » et les « *histoires spéciales* » (p. 11). L'histoire générale a pour thème des sociétés particulières, telles que peuples et nations, dont l'existence est *continue*. Les histoires spéciales ont, elles, pour thème des aspects *abstraits* de la culture, tels que la technologie, l'art, la science, la religion, qui, faute d'une existence continue propre, ne sont reliés entre eux que par l'initiative de l'historien responsable de la définition de ce qui compte comme art, comme science, comme religion, etc.

La notion de *société*, comme référence ultime de l'historiographie, reçoit de son opposition à celle de *culture* une détermination qui me permettra ultérieurement de la caractériser comme *objet transitionnel* entre le plan du récit et le plan de l'histoire explicative.

Précisons ce concept de société, dans son opposition à celui de culture : « Une *société*, dirai-je, consiste en individus vivant dans une communauté organisée, maîtresse d'un territoire particulier ; l'organisation d'une telle communauté est assurée par des institutions qui servent à définir le statut assumé par différents individus et leur assigne les

1. W. Windelband, *Präludien* (5e éd., Tübingen, Mohr, 1915) *2*, p. 144-145.

rôles qu'ils sont tenus de jouer, tout en perpétuant l'existence ininterrompue de la communauté » (p. 11).

Les trois composantes de cette définition sont importantes : la première relie la communauté, et donc sa durée, à des lieux ; la deuxième la rattache à des individus, en leur assignant un rôle institutionnalisé ; la troisième caractérise la communauté par son existence ininterrompue. Cette troisième composante permettra plus loin de jeter un pont entre les entités de base et les procédures de connexion causale qui leur correspondent à ce niveau.

La notion de *culture* recouvre tous les acquis, issus d'une création sociale et impliqués dans l'usage individuel, et transmis par une tradition : le langage, les techniques, les arts, les attitudes et croyances religieuses ou philosophiques, dans la mesure où ces diverses fonctions sont incluses dans l'héritage social des individus vivant au sein d'une société particulière.

La différence est certes difficile à tenir dans tous les cas. Pourquoi, demandera-t-on, les *institutions*, y compris les systèmes de parenté, la distribution des biens et l'organisation du travail, qui définissent des rôles individuels, sont-elles mises du côté de la société et non de la culture ? La réponse est fournie par le troisième trait de la société : savoir, qu'elle est particulière et existe continûment ; il en résulte qu'une institution relève de la société, et non de la culture, dans la mesure où elle constitue le facteur d'intégration d'une société particulière existant de manière continue. En revanche, les activités qui définissent la culture sont abstraites des sociétés particulières, et leurs modalités sont regroupées sous un même concept classificatoire par la définition que les historiens en donnent et qui peut différer grandement d'un auteur à l'autre.

Cette distinction entre l'histoire de *sociétés particulières* et celle de *classes d'activités* marque les deux pôles extrêmes d'une gamme de cas intermédiaires. Ainsi, le phénomène sociétal se laisse analyser en aspects — politique, économique, social, etc. — dont le découpage, la définition, les relations procèdent de choix méthodologiques qui en font des artéfacts, au même titre que les activités placées sous le titre de culture. Mais aussi longtemps que ces aspects sont conçus comme les « facettes » d'une société particulière, ils caractérisent celle-ci en dernier ressort ; les facettes se laissent rapporter au phénomène sociétal global en vertu d'un trait remarquable de celui-ci, à savoir qu'il est constitué par un réseau d'institutions et de pouvoirs dont la *densité indéfinie* se prête à des investigations d'échelle variable, à la façon des cartes de géographie. Cette capacité qu'a le phénomène sociétal de se laisser analyser en aspects, dimensions ou facettes, assure la transition de l'histoire générale (je préférerais dire : globale) aux histoires spéciales (ou mieux : spécialisées). Mais c'est une chose d'abstraire ces aspects et de les regrouper sous des *classes* qui deviennent le propos topique dominant d'une histoire spécialisée ; c'en est une autre de rapporter ces aspects à une société particulière, de caractériser celle-ci de façon toujours plus dense et plus fine, et ainsi de restituer son identitié singulière. On peut faire le raisonnement inverse concernant les histoires spécialisées ; elles prennent chaque fois pour thème directeur une « classe » d'activités séparées — technique, science, art, littérature, philosophie, religion, idéologie ; or, une classe n'est pas une totalité concrète, c'est un artéfact de la méthode ; ainsi, un historien de l'art arrange en collection des œuvres discontinues, selon des critères dépendant de la conception qu'il se fait de l'art ; toutefois, cette délimitation par stipulation n'est pas à l'entière discrétion de l'historien de l'art ; les œuvres s'inscrivent dans des traditions et dans des réseaux d'influences, qui marquent leur enracinement dans la continuité historique des sociétés particulières, et reçoivent de celle-ci une continuité d'*emprunt*. Par là, les histoires spécialisées renvoient à l'histoire générale ou globale.

Selon, par conséquent, qu'on met l'accent sur le caractère artificiel des connexions entre produits culturels ou sur les traditions qui les font participer à la continuité temporelle de sociétés particulières, l'investigation penche du côté de l'histoire spécialisée ou du côté de l'histoire globale. C'est la semi-autonomie des institutions et des activités qui permet de les rapporter, soit aux constellations singulières qui définissent un phénomène sociétal, soit aux classes de produits et d'œuvres qui définissent un phénomène culturel [1].

Par quel biais la notion de société, au sens de Mandelbaum,

1. Que Maurice Mandelbaum ait introduit cette distinction avec le dessein de faire la part du feu dans le débat qu'il avait lui-même suscité sur l'objectivité en histoire par son ouvrage de 1938, *The Problem of Historical Knowledge*, ce n'est pas douteux. On peut en effet attendre plus d'objectivité de l'histoire « générale » que de l'histoire « spéciale », parce que l'existence continue de son objet est donnée antérieurement au travail de découpage et de corrélation de l'historien ; il est donc ici possible en principe, de *raccorder* (*overlocking*) entre eux des points de vue différents sur les mêmes événements ou de raccorder entre elles les facettes (politique, économique, sociale, culturelle) des mêmes événements. Les histoires spécialisées sont beaucoup plus nettement relatives aux conceptions controversées des historiens, tant varient de l'un à l'autre les critères de classification. C'est pourquoi il est beaucoup plus difficile de leur appliquer les procédures de corroboration, de rectification, de réfutation sur lesquelles s'établit l'objectivité de l'histoire générale. Pour ma part, ce n'est pas le débat sur l'objectivité qui m'intéresse ici, mais les ressources qu'offre la distinction entre la singularité des sociétés et la généralité des phénomènes de culture pour une phénoménologie génétique appliquée aux entités du discours historique.

offre-t-elle un *relais* pour la dérivation des entités historiques à partir des personnages du récit ? De même que l'imputation causale singulière présente une affinité avec la mise en intrigue, qui justifie qu'on parle à son propos de quasi-intrigue, voire d'intrigue selon une acception large du mot, de même la société, dès lors qu'elle est traitée comme une entitié singulière, figure dans le discours historique comme un *quasi-personnage*. Et ce transfert analogique ne se réduit pas à un effet rhétorique. Il est doublement fondé, dans la théorie du récit et dans la structure du phénomène sociétal.

D'un côté, en effet, rien dans la notion de personnage, entendu au sens de celui qui fait l'action, n'exige que celui-ci soit un individu. Comme l'analyse littéraire de notre troisième partie le vérifiera amplement, la place du personnage peut être tenue par *quiconque* est désigné dans le récit comme sujet grammatical d'un prédicat d'action, dans la phrase narrative de base « X fait R ». En ce sens, l'histoire ne fait que prolonger et amplifier la dissociation opérée par la mise en intrigue entre personnage et acteur réel. On peut même dire qu'elle contribue à donner au personnage son entière dimension narrative. L'individu responsable est seulement le premier d'une série d'analogues parmi lesquels figurent les peuples, les nations, les classes et toutes les communautés qui exemplifient la notion de société singulière.

D'un autre côté, le phénomène sociétal lui-même comporte un trait décisif qui règle l'extension analogique du rôle de personnage. La définition que Mandelbaum donne d'une société singulière ne saurait être complète sans une référence *oblique* aux individus qui la composent. Cette référence oblique, à son tour, permet de traiter la société elle-même comme un grand individu, *analogue* aux individus qui la composent. C'est en ce sens que Platon parlait de la Cité comme d'une âme écrite en lettres capitales, et que Husserl, dans la *Cinquième Méditation cartésienne*, appelle les communautés historiques des « personnalités de rang supérieur ».

Deux points sont à signaler dans cet argument.

Le premier concerne la référence *oblique*, dans toute définition du phénomène sociétal, aux individus qui la composent. Le second concerne l'appoint de cette référence oblique à l'extension analogique du rôle de personnages aux entités de premier degré du discours historique.

La référence *oblique* à des individus est inscrite dans les traits par lesquels Mandelbaum définit la société : organisation territoriale, structure institutionnelle, continuité temporelle. Tous trois renvoient à des individus qui habitent le territoire, qui remplissent les rôles assignés par les institutions et qui assurent, par le remplacement des générations, la continuité historique de la société considérée. J'appelle *oblique* cette référence, parce qu'elle ne fait pas partie du discours *direct* de l'historien, lequel peut, sans scrupules excessifs, s'en tenir à des entités collectives, sans référence explicite à leurs composantes individuelles. Mais si ce n'est pas à l'histoire, en tant que discipline d'ambition scientifique, qu'il incombe de thématiser cette référence oblique, c'est en revanche la tâche d'une phénoménologie génétique de découvrir dans le phénomène de l'être-en-commun l'origine du lien entre les individus et les sociétés particulières. Elle le trouve dans le phénomène d'*appartenance participative* qui rattache les entités historiques de premier ordre à la sphère de l'action. Ce lien qualifie les porteurs de l'action comme *membres de...* On peut dire ce lien réel, ontologique, dans la mesure où il a priorité sur la conscience que les membres en prennent ; il appartient certes à ce lien de pouvoir être reconnu comme tel, c'est-à-dire éprouvé et déclaré ; mais cette reconnaissance est fondée dans le lien lui-même qu'elle porte au langage. Il faut affirmer avec la même force l'antériorité ontologique du lien d'appartenance et le rôle des médiations symboliques — norme, coutumes, rites, etc. — par lesquelles s'atteste sa reconnaissance. Il en résulte que ni les degrés de conscience, ni les modalités de sa prise de conscience ne sont constitutifs de ce lien. Avec cette réserve en mémoire, plaçons-nous un moment au point de vue des degrés de conscience : le lien d'appartenance peut être éprouvé avec une grande intensité de sentiment, comme dans le patriotisme, la conscience de classe ou l'esprit de clocher ; mais il peut aussi être oublié, négligé, dissimulé, voire nié avec véhémence, par ceux que le reste de la société qualifie de renégats ou de traîtres, ou ceux qui se considèrent eux-mêmes comme dissidents, exilés ou hors-la-loi. Ce peut être alors la tâche d'une critique des idéologies de démasquer leur allégeance cachée ; mais cette critique, à son tour, présuppose l'antériorité du lien par rapport à la conscience (et à la possibilité de le porter à la conscience explicite). Pour ce qu'il en est, maintenant, des modalités de conscience explicite, l'attestation de l'appartenance participative peut se colorer des valorisations les plus diverses, voire opposées ; la gamme se déploie entre les pôles extrêmes de l'approbation et du rejet, de la commémoration et de l'exécration (selon une expression de François Furet, dans *Penser la Révolution française* [1], sur laquelle je reviendrai dans la troisième section).

La triple référence du phénomène sociétal à l'individu, extraite plus haut de sa définition par Mandelbaum, dérive clairement du lien d'appartenance participative dégagé par la phénoménologie génétique.

1. Paris, Gallimard, 1978 ; cf. ci-dessous, p. 309 *sq*.

A l'organisation territoriale correspond l'acte d'habiter, c'est-à-dire de qualifier l'espace humain par un ensemble de gestes instaurateurs : construire un abri, marquer et franchir un seuil, vivre ensemble, exercer l'hospitalité, etc. A l'assignation d'un statut aux individus par les institutions correspondent les modalités multiples de prise de rôle par les membres du groupe, c'est-à-dire les manières de travailler, d'exercer un métier, de relier travail et loisir, de se situer dans les rapports de classe, de rang et de pouvoir. A la perpétuation de l'existence sociétale correspond le lien entre générations qui entrelace l'amour et la mort et donne aux vivants non seulement des contemporains, mais des prédécesseurs et des successeurs [1].

Reste la seconde partie de l'argument : à savoir que la référence *oblique* du phénomène sociétal aux individus justifie l'extension *analogique* du rôle de personnages aux entités de premier ordre de l'histoire. En vertu de cette analogie, les entités historiques de premier ordre peuvent être désignées comme les sujets logiques de verbes d'action et de passion. En retour, l'analogie n'exige rien de plus que la référence *oblique* du phénomène sociétal aux individus. Dire que la France *fait* ceci ou *subit* cela n'implique aucunement que l'entité collective en question doive se *réduire* aux individus qui la composent et que ses actions puissent être assignées distributivement à ses membres pris un à un. Il faut dire du transfert de vocabulaire de l'individu aux entités de premier ordre de l'historiographie, à la fois qu'il est *seulement* analogique (et donc n'implique aucun réductionnisme) et qu'il est *bien fondé* dans le phénomène d'appartenance participative.

La reconnaissance de ce lien entre le caractère *oblique* de la référence à l'individu et le caractère *analogique* du transfert de vocabulaire n'est pas sans conséquences épistémologiques : elle permet à l'histoire et aux autres sciences sociales d'échapper aux difficultés de l'individualisme

1. Je reviendrai dans la quatrième partie sur cette structure temporelle triple de la réalité sociale si magistralement analysée par Alfred Schutz. On trouve chez Maurice Mandelbaum lui-même un argument en faveur de cette référence oblique. Il accorde que l'explication, avec son style analytique et discontinu, ne pourrait se proposer de reconstruire le processus totalisant et continu d'une société particulière, si l'historien n'était déjà familiarisé avec de tels changements globaux par sa propre expérience de vie en société : « *The original basis for our understanding of societal structures is then the experience of an individual in growing up in his society, and the enlargement of horizons that comes through a knowledge of other societies* » (p. 116). L'historiographie, rappelle Maurice Mandelbaum, ne naît pas de rien. Elle ne part pas d'une poussière de faits qui attendraient le travail de synthèse de l'histoire pour recevoir une structure ; l'histoire naît toujours d'une histoire antérieure qu'elle vient corriger. Et à l'arrière-plan de cette histoire primordiale se profile la pratique sociale, avec ses contradictions internes et ses défis externes.

méthodologique. En donnant un poids égal au moment ontologique et au moment réflexif, le lien d'appartenance participative donne un poids égal au groupe et à l'individu. Il montre l'individu situé d'emblée dans ce que Hannah Arendt aimait appeler la « sphère publique d'apparition ». En ce sens, aucun des trois traits constitutifs du phénomène sociétal ne se laisse dériver de l'individu isolé : ni l'organisation d'un territoire, ni l'institution des rôles, ni la continuité d'existence. En revanche, aucun de ces trois traits ne se laisse définir *sans référence* à l'action individuelle et à l'interaction entre individus. Il en résulte que l'objet transitionnel de la connaissance historique présente une polarité indépassable, que résume l'expression d'appartenance participative [1].

La notion de *quasi-personnage*, que j'adopte par symétrie avec celle de quasi-intrigue, doit autant à l'un qu'à l'autre argument : c'est *parce que chaque société est composée d'individus* qu'elle se comporte sur la scène de l'histoire comme un grand individu et que l'historien peut attribuer à ces entités singulières l'inititative de certains cours d'actions et la responsabilité historique — au sens de Raymond Aron — de certains résultats, même non intentionnellement visés. Mais c'est *parce que la technique du récit nous a appris à décrocher* le *personnage* de l'*individu*, que le discours historique peut opérer ce transfert sur le plan syntaxique. En d'autres termes, les entités historiographiques de premier ordre ne constituent un relais entre les entités de second, voire de troisième ordre, et le plan de l'action réelle que parce que la notion narrative de personnage constitue elle-même un *relais* au plan de la configuration entre ces entités de premier ordre dont traite l'histoire et les individus agissants qu'implique la pratique réelle. Les entités de premier ordre de l'historien ne visent les entités de la sphère de l'action, celles dont nous avons parlé dans la première partie sous le signe de *mimèsis* I, qu'à travers la catégorie narrative de personnage, qui relève du registre de *mimèsis* II.

1. On reviendra dans la quatrième partie sur l'ontologie de l'être en commun présupposée par le présent argument. On se demandera si Husserl pouvait réussir, à la fin de la *Cinquième Méditation*, à dériver de l'intersubjectivité les personnalités de rang supérieur. On se demandera même si la définition de l'« action sociale » par Max Weber, au début d'*Économie et Société*, permet d'échapper aux difficultés de l'individualisme méthodologique. Je dis tout de suite ma dette à l'égard de la pensée et de l'œuvre d'Alfred Schutz dans sa *Phénoménologie de l'être social*. Schutz ne s'est pas borné en effet à concilier Husserl et Weber, il a intégré leurs concepts d'intersubjectivité et d'action sociale à un concept d'être en commun emprunté à Heidegger, sans perdre la force des analyses des deux premiers, ni se borner à un éclectisme commode entre tous ces maîtres. La phénoménologie de l'être social d'Alfred Schutz reçoit de surplus un renfort décisif de l'anthropologie d'un Herbert Mead, d'un Richard Turner et d'un Clifford Geertz, à l'égard desquels ma dette n'est pas moindre qu'à l'endroit d'Alfred Schutz.

2. La symétrie entre la théorie du quasi-personnage et celle de la quasi-intrigue tient tout naturellement au fait que l'imputation causale singulière, dans laquelle nous avons vu la procédure de transition entre explication historique et explication narrative, a son champ privilégié d'application précisément au plan des entités de premier ordre du discours historique. Une fonction essentielle de l'attribution causale, en effet, est de rétablir la *continuité* d'un processus dont l'unité de développement, pour une raison ou pour une autre, paraît interrompue, voire inexistante. Or on se souvient que l'existence continue est dans le vocabulaire de Maurice Mandelbaum un trait majeur de la distinction entre la société et la culture.

Cette fonction de l'explication causale est une des thèses maîtresses de l'ouvrage de Maurice Mandelbaum. Cette thèse rompt délibérément avec la tradition empiriste issue de Hume, selon laquelle la causalité exprime une liaison régulière entre deux types d'événements logiquement distincts ; selon cette tradition, le caractère nomothétique de la relation de causalité est strictement solidaire du caractère atomiste des notions de cause et d'effet. Ce caractère atomiste de la liaison causale, l'auteur l'attaque en liaison avec sa caractérisation du phénomène social de base par l'existence continue [1].

Dès le niveau perceptif, la causalité traduit la continuité d'un processus singulier : la cause est le processus entier, l'effet son point terminal ; pour l'observateur, le fait qu'une balle est frappée est la cause de son mouvement ; et la cause est incluse dans l'événement complet. C'est seulement pour des raisons de commodité que nous isolons du

1. La thèse de Maurice Mandelbaum doit beaucoup à l'ouvrage de H.L.A. Hart et A.M. Honoré, *Causation in the Law* (Oxford, Clarendon Press, 1959)) : « *It is no exaggeration to say that since its appearance in 1959 the whole tenor of discussions of causation in anglo-american philosophy has changed* » (p. 50). Maurice Mandelbaum ne suit toutefois pas ces auteurs dans leur thèse selon laquelle l'explication causale et la formulation de lois générales s'appliqueraient à deux domaines différents de la connaissance : l'histoire et le droit d'un côté, les sciences de l'autre. Suivant plutôt les analyses de J.L. Mackie dans *The Cement of the Universe : a Study of Causation* (Oxford, Clarendon Press, 1974), M. Mandelbaum aperçoit, davantage qu'une dichotomie entre deux grands domaines d'application, une succession de niveaux explicatifs indifférents aux domaines d'application, partant de la perception de la causalité, passant par l'attribution causale au niveau du jugement, et s'élevant à l'établissement des lois, comme « ciment » du lien causal. Cette thèse s'éloigne de celle de W. Dray après s'en être rapprochée : avec lui et contre les tenants du modèle nomothétique, Mandelbaum affirme le primat et l'irréductibilité de l'attribution causale singulière ; contre lui, il refuse d'opposer définitivement causalité singulière et régularité, et admet que l'explication par des lois vienne « cimenter » l'attribution causale.

processus entier le facteur le plus variable et en faisons une cause distincte de son effet : ainsi, le mauvais temps pour la mauvaise récolte. Contre Hume, il faut dire que « analyser la cause d'une occurrence particulière consiste à remonter aux facteurs variés qui sont conjointement responsables de ce que l'occurrence est telle qu'elle a été et non différente [1] » (p. 74).

L'explication causale revient toujours à « reconstituer les aspects d'un processus unique au cours ininterrompu » (*to constitute aspects of a single ongoing process*, p. 76). Inversement, l'explication par *un* antécédent discret est le signe d'une explication abrégée et tronquée. L'avantage pragmatique de telles explications tronquées ne doit pas faire oublier que « la cause est l'ensemble complet d'occurrences ou d'événements effectivement en cours (*actually ongoing*), aboutissant à cet effet particulier et à nul autre » (p. 93). En ce sens, il y a un abîme logique entre l'explication causale, qui porte toujours sur les facteurs responsables d'une occurrence *particulière*, et l'énonciation d'une loi, qui porte sur la connexion invariable entre des *types* d'événements ou de propriétés. Les lois ont une gamme d'applications illimitées, précisément « parce qu'elles ne visent pas à établir des liens entre des occurrences effectives, mais entre des propriétés caractéristiques d'occurrences de types donnés » (p. 98), ou, si l'on préfère, « entre des types de facteurs plutôt qu'entre des types d'événements effectifs » (p. 100).

Il résulte de là deux conséquences, dont l'importance pour la théorie de l'histoire ne saurait être sous-estimée. La première concerne l'insertion de régularités dans une attribution causale singulière. Si, au cours de l'explication d'un processus singulier, on a recours à des généralités, à des lois, cette généralité des lois ne se substitue pas à la singularité de l'explication causale ; si l'on dit : x a été tué par une balle qui lui a traversé le cœur, les lois physiologiques concernant la circulation du sang enchaînent des facteurs abstraits, non des phases concrètes du processus effectif ; elles fournissent le mortier, non les matériaux. Les lois ne s'appliquent que *seriatim* à la séquence des conditions : il faut donc rendre compte causalement des séries d'occurrences conduisant au résultat final, pour pouvoir appliquer des lois à ces séries [2].

1. La précision : un effet non différent, autorise un rapprochement entre cette analyse et la constitution des suites irréelles dans le raisonnement de probabilité rétrospective selon Weber et Aron.

2. L'argument vaut pour l'exemple chez Hempel de l'explosion d'un radiateur d'eau à basse température : les lois physiques mises en jeu ne s'appliquent pas *toutes à la fois* (*all at once*) aux conditions initiales ; elles s'appliquent à une série d'occurrences ; ce sont des instruments de l'explication causale, non des substituts de cette explication (p. 104).

Deuxième conséquence : l'explication fait apparaître l'effet d'un processus continu comme nécessairement déterminé, une fois donné l'état initial du système ; rien d'autre que ce résultat particulier ne pouvait se produire. Mais cela ne veut pas dire que l'événement, en tant que tout, a été déterminé. Car c'est toujours *dans un système clos* qu'un processus peut être dit déterminé. Il faudrait pouvoir considérer l'univers entier comme un unique système, pour identifier l'idée de détermination causale à celle de déterminisme. Les conditions initiales ne peuvent être dites entraîner logiquement leur effet, puisque ce dernier résulte du fait contingent que chacune des occurrences prises au point de départ ont pris place à tel moment et en tel lieu. La nécessité causale est donc une nécessité conditionnelle : *étant donné* l'ensemble complet des conditions causales qui ont eu lieu (et non d'autres), il a été *nécessaire* que l'*effet* effectivement produit advienne. Ces deux conséquences confirment la position irréductible, mais non exclusive, de l'explication causale [1].

Le trait décisif — et à ma connaissance sans équivalent ailleurs — de la théorie de l'explication causale chez Maurice Mandelbaum, c'est, comme je l'ai annoncé, son affinité étroite avec l'analyse des entités de premier rang en histoire. De fait, c'est l'histoire générale — au sens défini ci-dessus — qui illustre le plus complètement la triple thèse concernant l'explication causale : à savoir, que la causalité est le lien interne d'un processus continu ; que les généralisations en forme de lois sont à insérer dans l'explication causale singulière ; que la nécessité causale est conditionnelle et n'implique aucune croyance au déterminisme. Reprenons chacun de ces trois points.

L'affinité entre le raisonnement causal et le caractère continu des phénomènes sociaux s'explique aisément : comme on l'a dit plus haut, l'histoire passe de la description à l'explication dès lors que la question du *pourquoi* s'affranchit de la question du *quoi* et devient un thème distinct de la recherche ; et la question du pourquoi s'autonomise dès que l'analyse en facteurs, en phases, en structures, s'affranchit elle-même de la saisie globale du phénomène social total. L'explication causale doit alors *reconstruire la continuité* rompue par l'analyse.

Cette reconstruction peut elle-même suivre deux chemins, selon qu'elle met l'accent sur la continuité temporelle ou sur l'unité structurale. Dans le premier cas, celui de l'analyse longitudinale, si l'on peut dire, le phénomène social appelle l'analyse et le travail de reconstruction, du fait que le tissu événementiel a la propriété remarquable de

1. Cet argument rappelle celui de Henrick von Wright concernant l'explication dans des systèmes clos, voir ci-dessus, p. 194.

constituer « une série indéfiniment dense » (p. 123) ; cette propriété permet tous les changements d'échelle ; tout événement peut ainsi être analysé en sous-événements ou intégré à un événement de plus grande échelle. En ce sens, la différence entre court terme, moyen terme, long terme n'est que l'aspect temporel du rapport de la partie au tout qui domine l'explication en histoire [1].

A ces changements d'échelle dans l'analyse longitudinale correspondent des degrés également variables dans l'analyse structurale : une société est un tissu institutionnel à plus ou moins grosses mailles qui permet des degrés variables d'abstraction dans la topique institutionnelle ; ainsi, on peut prendre pour terminus de l'analyse la distinction massive entre l'économie et l'idéologie, comme le fait Marx, ou entre phénomènes politiques, économiques, sociaux, culturels ; mais on peut aussi mettre chacun de ces termes au point de départ d'une analyse fonctionnelle.

Les deux lignes d'analyse sont largement autonomes, du fait qu'il « est improbable que tous les aspects de la vie sociale et que tous les aspects de la culture changent de manière synchronique » (p. 142). Ces discordances encouragent l'éclatement de l'histoire générale en histoires spéciales. En retour, cet éclatement rend plus urgente et plus spécifique la tâche de l'histoire générale : « Le degré d'unité qu'on peut trouver à toute époque devient le contraire d'un principe explicatif : c'est un trait qui demande lui-même à être expliqué » (*ibid.*). Mais ce degré d'unité n'est pas à chercher ailleurs que dans la mise en relation des parties : « L'explication du tout dépendra de la compréhension des liens qui existent du fait que ses parties sont mises en forme » (p. 142).

Quant à la seconde thèse, l'insertion nécessaire des généralités dans l'explication causale singulière, elle résulte du caractère analytique de l'explication : le champ historique est un champ relationnel dans lequel aucune connexion, longitudinale ou transversale, n'est tenue pour acquise. C'est pourquoi des généralisations de tout ordre, de tout niveau épistémologique et de toute origine scientifique sont requises pour « cimenter » la causalité ; elles ne concernent pas moins les structures institutionnelles que les dispositions qui confèrent à la conduite humaine une stabilité et une relative accessibilité à la prédiction. Mais ces généralisations ne fonctionnent *historiquement* que sous la condition de

1. Le concept de densité variable illimitée nous permettra, au paragraphe suivant, de reprendre à nouveaux frais la question de l'histoire non-événementielle. Il nous permet déjà d'affirmer que court terme et long terme sont toujours permutables en histoire. A cet égard, *la Méditerranée...* de Braudel et *le Carnaval de Romans* de Le Roy Ladurie illustrent à merveille cette permutation permise par les degrés de densité du tissu temporel de l'histoire.

rendre raison des structures et des séquences temporelles dont la cohésion résulte de ce qu'elles sont les parties d'un tout continu.

Enfin, la distinction entre nécessité causale conditionnelle et déterminisme universel est parfaitement homogène avec la distinction entre histoire générale et histoires spéciales. Les sociétés singulières qui constituent le terme ultime de référence de l'histoire générale étant inéluctablement multiples, la nécessité à laquelle l'historien peut prétendre en reconstruisant la continuité de leur constitution séquentielle ou structurale reste fragmentaire et en quelque sorte régionale. Le raisonnement de Mandelbaum rejoint ici celui de H. von Wright concernant la clôture des systèmes, le rôle de l'intervention des agents dans l'opération même de clôture et l'impossibilité pour aucun sujet d'être à la fois l'observateur des liaisons systémiques et l'opérateur actif qui met en mouvement le système. Mandelbaum rejoint aussi la distinction faite par Max Weber entre causalité adéquate et nécessité logique. Enfin, il renforce l'argument de Raymond Aron contre l'illusion rétrospective de fatalité et son plaidoyer pour un déterminisme fragmentaire, ouvert sur une action politique libre.

Mais la racine de la distinction entre nécessité causale conditionnelle et déterminisme universel est à chercher dans la nature même des entités de premier ordre, qui sont toujours des sociétés singulières. Quoi que l'on mette derrière ce mot — nation, classe, peuple, communauté, civilisation —, l'appartenance participative qui fonde le lien sociétal engendre des quasi-personnages qui sont aussi multiples que les quasi-intrigues dont ceux-ci sont les héros. De même qu'il n'y a pas pour l'historien une intrigue unique qui engloberait toutes les intrigues, il n'y a pas pour lui non plus un personnage historique unique qui serait le super-héros de l'historiographie. Le *pluralisme* des peuples et des civilisations est un fait incontournable de l'expérience de l'historien, parce qu'il est un fait incontournable de l'expérience de ceux qui font ou subissent l'histoire. C'est pourquoi l'attribution causale singulière, qui opère dans les limites de ce pluralisme, ne peut prétendre qu'à une nécessité causale conditionnée par l'hypothèse que telle société singulière est donnée où existent des hommes agissant en commun.

3. Je parlerai brièvement des entités de second et de troisième ordre construites par l'historien ainsi que de la corrélation entre les procédures explicatives et ces entités dérivées.

Le passage de l'histoire générale aux histoires spéciales, chez Maurice Mandelbaum, est ici encore un bon guide. On se souvient des caractéristiques qu'il attribue aux phénomènes culturels sur lesquels portent les histoires spéciales : technologie, sciences, arts, religions, etc. Ce sont des phénomènes 1) *discontinus*, 2) *délimités par l'historien* lui-même, qui établit par stipulation ce qui vaut comme phénomène culturel de telle ou telle classe, 3) par conséquent *moins susceptibles d'objectivité* que l'histoire générale. Puisque mon propos n'est pas ici le débat entre objectivité et subjectivité en histoire, mais le statut epistémologique des entités construites par l'historien, je mettrai entre parenthèses tout ce qui concerne le degré d'arbitraire permis par les histoires spéciales, et me concentrerai sur la relation de dérivation qui rattache les histoires spéciales à l'histoire générale.

Cette dérivation est rendue possible par l'analyse en phases et en structures qui prévaut déjà au plan de l'histoire générale, ainsi que par le recours à des termes généraux dans le cours de l'explication causale.

A partir de ce double travail d'abstraction, l'intérêt de l'historien n'a pas de peine à se déplacer du phénomène sociétal, dans sa continuité et sa singularité, aux phénomènes culturels et génériques. De nouvelles entités occupent alors la scène historique, qui sont les simples corrélats du travail de *conceptualisation* caractéristique de l'histoire savante. Ces entités, il faut s'en convaincre, sont des classes, des êtres génériques, non des singularités ; elles sont pour l'essentiel empruntées aux sciences sociales avec lesquelles l'histoire forme couple : économie, démographie, sociologie des organisations, sociologie des mentalités et des idéologies, science politique, etc. L'historien sera d'autant plus tenté de prendre ces entités pour des réalités historiques qu'il réussira à les traiter comme des invariants dont les sociétés singulières ne sont plus que des variantes, ou mieux des variables.

Ainsi fait Paul Veyne dans *l'Inventaire des différences* [1]. Il construit l'invariant *impérialisme* et, parmi ses variantes, un impérialisme qui consiste à occuper tout l'espace disponible pour acquérir le monopole de la puissance ; la singularité romaine sera localisée, sans considération d'espace ni de temps, sur le trajet de spécification de l'invariant pris pour point de départ. Le mécanisme de pensée est parfaitement légitime et d'une grande force heuristique et explicative. Il ne devient fautif que lorsqu'on *oublie* que les entités de second degré, telles que l'impérialisme, *dérivent* — quant à leur existence — des entités de premier ordre, auxquelles des individus agissants ont appartenu et participé par leurs actions et interactions. Peut-être que l'historien ne peut « croire » à ces êtres de raison qu'en oubliant et en renversant l'ordre véritable de dérivation. C'est la vertu de l'argument de Maurice Mandelbaum de

1. Paul Veyne, *L'Inventaire des Différences*, « Leçon inaugurale » au Collège de France, Éd. du Seuil, 1976. Je parle plus longuement de cet ouvrage dans *The Contribution of French Historiography to the Theory of History, op. cit.*

combattre cet oubli, en rappelant qu'une histoire de l'art, de la science, ou de toute autre fonction d'une société donnée, ne conserve une signification historique que si, au moins implicitement, l'historien garde dans son champ de vision les entités concrètes d'où elle a été abstraite. En d'autres termes, cette histoire n'a pas de signification en elle-même, mais seulement par référence aux entités continuellement existantes qui sont les *porteurs* de cette fonction.

La dérivation des entités de second ordre à partir des entités de premier ordre a pour corollaire la dérivation que nous avons constamment observée de l'explication nomologique à l'explication causale singulière. Je ne reviens pas sur l'argument lui-même, mais sur un de ses aspects qui exprime plus directement la parenté entre les deux lignes de dérivation, celle des procédures et celle des entités. Je pense à cette sorte de querelle des universaux que suscite dans le champ des études historiques le travail de *conceptualisation* dont nous disions, dans l'introduction à ce chapitre, qu'il est l'un des corollaires de la coupure épistémologique qui engendre l'histoire comme investigation scientifique. La thèse de Maurice Mandelbaum selon laquelle les objets propres des histoires spéciales sont des classes et non des singularités apporte un renfort au nominalisme modéré professé par maints épistémologues concernant le statut de l'appareil conceptuel mis en œuvre par les nouveaux historiens.

Henri-Irénée Marrou, dans un chapitre intitulé « L'usage du concept » (*op. cit.,* p. 140 *sq.*), distingue cinq grandes catégories de concepts : a) l'histoire, dit-il, utilise des « concepts d'ambition universelle », moins rares que la critique relativiste ne l'admet, concernant ce qu'il y a de moins variable dans l'homme : j'y rattacherai, pour ma part, le réseau conceptuel constitutif d'une sémantique de l'action (*mimésis* I) ; b) l'histoire fait en outre « un usage analogique ou métaphorique... d'une image singulière » : ainsi de l'adjectif baroque, pris hors contexte et transposé sur la base d'une comparaison raisonnée à d'autres périodes que celle du Baroque proprement dit ; c) vient ensuite la nomenclature des « termes spéciaux désignant des institutions, des instruments ou des outils, des façons d'agir, de sentir ou de penser, en un mot des faits de civilisation » (p. 151) ; leur limite de validité n'est pas toujours aperçue, par exemple, lorsqu'ils sont extrapolés d'un secteur déterminé du passé à un autre : ainsi consul, vertu romaine, etc. ; d) plus importante est la classe des idéal-types de Max Weber, si l'on entend par idéal-type « un schéma de valeur relativement générale construit par l'historien avec des éléments observés dans l'étude des cas particuliers, schéma organique aux parties mutuellement dépendantes..., exprimé enfin avec rigueur et précision par l'historien dans une définition qui en épuise le contenu » (p. 153-154) : c'est par exemple la notion de Cité antique, telle qu'elle a été élaborée par Fustel de Coulanges ; or, observe Marrou, « l'*Ideal-typus* n'est d'un usage légitime que si, comme le soulignait avec insistance Max Weber, l'historien garde toujours pleinement conscience de son caractère strictement nominaliste » (p. 156) ; on ne saurait donc être trop en garde contre la tentation de réifier les « types idéaux » ; e) viennent enfin les désignations, telles que l'Antiquité classique, Athènes, la Renaissance, le Baroque, la Révolution française : « Il s'agit cette fois de termes singuliers, non susceptibles d'une définition exhaustive, dénotant un ensemble, par exemple une période plus ou moins vaste de l'histoire d'un milieu humain déterminé, ou de l'histoire de l'art, de la pensée, etc., c'est-à-dire la totalité de ce que nous parvenons à connaître de l'objet ainsi défini » (p. 159).

A mon avis, cette dernière classe est hétérogène aux précédentes, parce qu'elle désigne des entités de troisième ordre, qui intègrent, dans de nouvelles entités holistiques, les thèmes, les procédures et les résultats des histoires spéciales. Ces totalités ne sont pas du tout comparables aux totalités concrètes caractéristiques des entités de premier ordre. Elles en sont séparées par les procédures complexes des histoires spéciales. Leur caractère synthétique est la contrepartie de l'esprit délibérément analytique qui règle la construction des entités du second ordre. En ce sens, en dépit d'une apparence concrète, ces entités sont les plus abstraites de toutes. C'est pourquoi les procédures qui règnent à ce niveau sont aussi éloignées que possible des procédures de mise en intrigue qui peuvent être étendues analogiquement aux « héros » collectifs de l'histoire générale [1].

Le nominalisme des *concepts* historiques est, à notre avis, un corollaire épistémologique du caractère dérivé des *entités* de second et de troisième ordre. Avec ces entités, nous avons affaire à des « construits », dont la base narrative, et à plus forte raison la base d'expérience, est de moins en moins reconnaissable. Nous ne pouvons plus discerner dans ces construits l'équivalent de ce que nous appelons projet, but, moyen, stratégie, ou même occasion et circonstance. Bref, à ce niveau dérivé, on ne peut *plus* parler de quasi-personnage. Le langage approprié aux entités de deuxième ou troisième ordre est trop éloigné de celui du récit, et plus encore de celui de l'action réelle, pour

1. Henri Marrou : « Aux termes de son élaboration, la connaissance historique révèle son nominalisme radical, bien plus radical que ne l'imaginait Max Weber, en dépit de sa profession de foi » (p. 158-159). Parlant plus précisément des termes singuliers qui peuplent sa cinquième classe de concepts :« L'usage de telles notions est parfaitement légitime, si du moins on prend garde à leur conserver un caractère strictement nominaliste » (p. 159).

garder des traces de sa dérivation indirecte. C'est seulement à travers la relation de dérivation des entités de deuxième ordre à partir des entités de premier ordre que cette filiation peut être réactivée.

Seule donc la méthode très raffinée de la question en retour peut reconstruire les canaux par lesquels, non seulement les procédures, mais les entités de l'investigation historique, renvoient indirectement au plan de la compréhension narrative. Seule la question en retour rend raison de l'intelligibilité de l'histoire en tant que discipline *historique* [1].

3. *Temps de l'histoire et destin de l'événement*

Le lecteur ne sera pas surpris si je termine mon enquête sur l'épistémologie de l'historiographie par la question du temps historique : c'est là, en fait, l'enjeu de toute cette seconde partie. Ce qu'est le statut épistémologique du temps historique par rapport à la temporalité du récit, cela a été constamment anticipé dans les deux paragraphes précédents. L'imputation causale singulière s'est révélée étroitement parente de la position par l'historien d'entités de premier ordre, dont un des traits distinctifs est à son tour l'*existence continue*. Même si ce trait ne se réduit pas à la continuité *temporelle*, puisqu'il concerne tous les aspects structurels des rapports entre parties et tout, néanmoins la notion de *changement* appliquée aux relations structurelles ne cesse de ramener à la question du temps historique.

La thèse selon laquelle et les procédures et les entités issues de la coupure épistémologique caractéristique de l'histoire-science renvoient, par une voie indirecte, aux procédures et aux entités du niveau *narratif* a-t-elle son équivalent dans ce troisième registre également ? Peut-on

1. Le lecteur peut regretter qu'il ait été traité de l'analyse causale en histoire dans trois contextes différents : une première fois avec William Dray, dans le cadre de la discussion du modèle nomologique ; une seconde fois avec Max Weber et Raymond Aron, sous le titre des procédures transitionnelles entre récit et explication ; une troisième fois avec Mandelbaum, en liaison avec le statut des entités de premier ordre. Je n'ai pas cru devoir éviter ce triplet. Il s'agit bien de trois problématiques différentes : la première est déterminée par l'apparition, en philosophie analytique, d'un modèle de subsomption avec lequel Wax Weber et Aron n'ont pas eu à se confronter ; la deuxième est déterminée par la question posée, dans la tradition allemande du *Verstehen*, du degré de scientificité auquel peuvent prétendre les sciences idiographiques dont l'autonomie n'est pas contestée ; la troisième relève du nouveau cycle de problèmes issus de la correspondance entre deux sortes de continuité, celle des entités dernières posées par l'historien au plan de l'existence, et celle du processus causal au plan épistémologique.

démontrer que le temps construit par l'historien est issu, par une série d'écarts, de la temporalité propre au récit ? Ici encore, j'ai cherché un *relais* approprié. J'ai pensé le trouver dans l'usage, extrêmement ambigu, que font les historiens de la notion d'*événement*.

Pour cette démonstration, je m'appuierai à nouveau sur l'historiographie française. Bien entendu, je tiens pour acquis ce qui a été amplement démontré ci-dessus, à savoir que l'histoire de longue durée a aujourd'hui partie gagnée et tend à occuper tout le champ des études historiques[1]. En reprenant le plaidoyer pour la longue durée du point de vue du destin de l'événement, je vais m'employer à y déceler une expansion — propre à l'histoire — de la dialectique entre la configuration du temps par la composition narrative et les préfigurations temporelles du vécu pratique.

Rappelons d'abord ce que la configuration « mythique » — au sens aristotélicien du mot — fait de l'événement. On se souvient des postulats épistémologiques et ontologiques qui s'attachent à cette notion d'événement. Laissons de côté pour le moment les postulats ontologiques, que nous retrouverons dans la quatrième partie, quand nous débattrons de la référence de l'histoire au passé. Bornons-nous aux postulats épistémologiques implicites à l'usage courant du terme *événement* — singularité, contingence, écart — et employons-nous à les reformuler dans le cadre de notre théorie de l'intrigue, sous le titre de *mimèsis* II. Cette reformulation procède de la connexion majeure entre événement et récit par le moyen de l'intrigue. Comme on l'a montré plus haut, les *événements eux-mêmes* reçoivent une intelligibilité dérivée de leur contribution à la progression de l'intrigue. Il en résulte que les notions de singularité, de contingence et d'écart doivent être sérieusement modifiées...

Les intrigues, en effet, sont en elles-mêmes à la fois singulières et non singulières. Elles parlent d'événements qui n'arrivent que dans cette intrigue ; mais il y a des types de mise en intrigue qui universalisent l'événement.

Les intrigues, en outre, combinent contingence et vraisemblance, voire nécessité. Comme la *péripétéia*, selon la *Poétique* d'Aristote, les

1. Pour faire le lien avec les problèmes discutés dans les deux sections précédentes, je rappellerai seulement la parenté étroite entre ce présupposé majeur et les autres innovations revendiquées par l'école des *Annales* : la révolution documentaire, l'allongement du questionnaire, le primat de la problématique sur le « fait » historique donné, le tour délibérément conceptualisant de l'investigation. En ce sens, la longue durée n'est qu'une composante du déplacement global du front de la recherche historique. Mais elle a ses critères propres qui appellent la discussion.

événements arrivent par surprise, changeant par exemple la fortune en infortune ; mais l'intrigue fait de la contingence elle-même une composante de ce que Gallie appelle à juste titre la *followability* de l'histoire racontée ; et, comme Louis O. Nink le note, c'est plutôt dans la situation où l'on re-raconte que, en lisant l'histoire à rebours, de sa conclusion vers son commencement, nous comprenons que les choses devaient « tourner » comme elles l'ont fait.

Les intrigues, enfin, combinent soumission aux paradigmes et déviance. Le processus de mise en intrigue oscille entre la conformité servile à l'égard de la tradition narrative et la rébellion à l'égard de tout paradigme reçu. Entre ces deux extrêmes, s'étend toute la gamme des combinaisons entre sédimentation et invention. Les événements, à cet égard, suivent le sort de l'intrigue. Eux aussi suivent la règle et brisent la règle, leur genèse oscillant de part et d'autre du point médian de la « déformation réglée ».

Ainsi, du fait qu'ils sont racontés, les événements sont singuliers *et* typiques, contingents *et* attendus, déviants *et* tributaires de paradigmes, fût-ce sur le mode ironique.

Ma thèse est que les événements historiques ne diffèrent pas radicalement des événements encadrés par une intrigue. La dérivation indirecte des structures de l'historiographie à partir des structures de base du récit, établie dans les sections précédentes, permet de penser qu'il est possible, par des procédures appropriées de dérivation, d'étendre à la notion d'*événement historique* la reformulation que la notion d'*événement-mis-en-intrigue* a imposée aux concepts de singularité, de contingence et de déviance absolues.

J'aimerais revenir aux *Écrits sur l'histoire* de Fernand Braudel, en dépit — ou à la faveur — du procès qu'ils font à l'histoire événementielle, pour montrer en quel sens *la notion même d'histoire de longue durée dérive* de l'événement dramatique, au sens qu'on vient de dire, c'est-à-dire *de l'événement-mis-en-intrigue.*

Je partirai de l'acquis irrécusable de la méthodologie braudelienne : à savoir l'idée de la *pluralité* du temps social. La « décomposition de l'histoire en plans étagés », pour reprendre les termes de la préface à *la Méditerranée...* (*Écrits,* p. 13), reste une contribution majeure à la théorie du temps narratif. C'est donc d'elle que la méthode de questionnement à rebours doit partir. Il faut se demander ce qui rend pensable la distinction même entre une « histoire quasi immobile », une « histoire lentement rythmée » et une « histoire à la dimension de l'individu », à savoir cette histoire événementielle que l'histoire de longue durée doit détrôner.

Il me semble que la réponse est à chercher du côté du principe d'*unité* qui, en dépit de la distinction des durées, fait tenir ensemble les trois parties de l'ouvrage. Le lecteur ne peut se contenter de reconnaître le bon droit de chacune de ces parties à exister séparément — « Chacune, dit la préface, étant en soi un essai d'explication » (p. 11). Aussi bien le titre de l'ouvrage, par sa double référence, d'un côté à la Méditerranée et de l'autre à Philippe II, invite le lecteur à se demander de quelle manière la longue durée fait transition entre la structure et l'événement. Comprendre cette médiation de la fonction de la longue durée c'est, à mon avis, reconnaître le caractère d'*intrigue* qui s'attache à l'*ensemble* constitué par les trois parties de l'ouvrage.

Je voudrais étayer mon interprétation, non plus sur les déclarations de méthode rassemblées dans *Écrits sur l'histoire*, mais sur une lecture patiente de *la Méditerranée et le Monde méditerranéen à l'époque de Philippe II* (lecture que j'ai faite dans la troisième édition, de 1976). Cette lecture révèle le rôle considérable de structures de transition qui assurent la cohérence d'ensemble de l'œuvre. Ce sont ces structures qui, à leur tour, autorisent à traiter l'agencement de l'ouvrage entier en termes de quasi-intrigue.

Par structure de transition, j'entends toutes les procédures d'analyse et d'exposition qui font que l'œuvre doit se lire d'avant en arrière et d'arrière en avant. A cet égard je dirais volontiers que si la première partie elle-même garde un caractère historique, en dépit de la prédominance de la géographie, c'est en vertu de toutes les marques qui annoncent la seconde et la troisième partie et dressent la scène sur laquelle le reste de l'ouvrage dispose les personnages de son drame. A son tour, la seconde — proprement consacrée à la longue durée des phénomènes de civilisation — a pour fonction de faire tenir ensemble les deux pôles : la Méditerranée, référent du premier volume, et Philippe II, référent du troisième. En ce sens, elle constitue à la fois un objet distinct et une structure de transition. C'est cette dernière fonction qui la rend solidaire des deux volets qui l'encadrent.

Montrons-le avec quelque détail.

Prenons le premier niveau : l'espace plus que le temps semble en être le thème. Ce qui est immobile, c'est la Mer Intérieure. Et pourtant, rien n'est écrit qui n'appartienne déjà à une histoire de la Méditerranée [1].

1. Placée sous le signe d'une certaine géographie attentive surtout aux données humaines, l'enquête de premier niveau est « aussi et plus encore la recherche d'une certaine histoire » (I, p. 21). Une « histoire au ralenti, révélatrice de valeurs permanentes » (*ibid.*), qui donc use de la géographie comme d'un médium. A cet égard, il est frappant que l'auteur ait retardé jusqu'aux environs de la p. 200 ses réflexions sur « l'unité physique » de la Méditerranée ; on peut bien avouer que « la

Soient les trois premiers chapitres, consacrés à cette mer entre les terres. Il n'y est question que d'espaces habités ou inhabitables, y compris les plaines liquides. L'homme y est partout présent et avec lui un fourmillement d'événements symptomatiques : la montagne y figure comme refuge et comme abri pour des hommes libres. Quant aux plaines côtières, elles ne sont pas évoquées sans la colonisation, le travail de drainage, la bonification des terres, la dissémination des populations, les déplacements de toutes sortes : transhumance, nomadisme, invasions [1]. Voici maintenant les mers, leurs littoraux et leurs îles : c'est encore à l'échelle des hommes et de leur navigation qu'elles figurent dans cette géo-histoire. Elles sont là pour être découvertes, explorées, sillonnées. Il n'est pas possible, même au premier niveau, d'en parler sans évoquer les rapports de dominance économico-politique (Venise, Gênes, etc.). Les grands conflits entre les empires espagnol et turc jettent déjà leur ombre sur les paysages marins. Et avec les rapports de force, pointent déjà les événements [2].

C'est ainsi que le deuxième niveau est non seulement impliqué mais anticipé dans le premier : la géo-histoire se mue rapidement en géo-politique. En fait, la première partie met essentiellement en place la polarité des empires turc et espagnol [3]. Les zones maritimes sont d'emblée des zones politiques [4]. Le regard peut essayer de se fixer sur la vie silencieuse des îles, sur leur rythme lent d'archaïsme et de nouveauté. La grande histoire ne cesse d'accoster aux îles et d'accou-

---

Méditerranée elle-même n'est pas responsable du ciel qui l'éclaire » (I, p. 212), mais l'unité physique dont il est question ici, c'est avant tout la permanence des contraintes — hostilité de la mer, rudesse des hivers, brûlure du soleil —, et tout ce qui fait l'identité de l'homme méditerranéen, suppléant à toutes ces carences, ajustant aux saisons ses guerres, ses négoces et ses complots, sous le signe de la trinité inamovible, blé, olivier, vigne : « Soit la même civilisation agraire, la même victoire des hommes sur le milieu physique » (I, p. 215).

1. « L'homme est l'ouvrier de cette longue histoire » (I, p. 57). « Toute l'Espagne déracine ses hommes en faveur de ces pays du sud ouverts sur la mer » (I, p. 75). « Tous ces mouvements réclament des siècles pour s'accomplir » (I, p. 92). Bref « l'observation géographique de la longue durée nous conduit vers les plus lentes oscillations que connaisse l'histoire » (I, p. 93).

2. « L'événement nouveau, c'est l'arrivée massive des navires nordiques à partir des années 1590 » (I, p. 109). Il n'est pas possible non plus de ne pas nommer déjà la guerre de Grenade...

3. « Chacune de ces grandes Méditerranées a véhiculé, créé en quelque sorte ce double impérialisme » (I, p. 125).

4. « La politique ne fait que décalquer une réalité sous-jacente. Ces deux Méditerranées, commandées par des maîtres ennemis, sont physiquement, économiquement, culturellement différentes l'une de l'autre ; chacune est une zone d'histoire » (I, p. 125).

pler les péninsules [1], tandis que la primauté politique passe de l'une à l'autre « et, avec celle-ci, toutes les autres primautés, celles de l'économie comme celles de la civilisation » (I, p. 151). La géographie est si peu autonome que les confins de l'espace considéré ne cessent d'être redessinés par l'histoire [2]. La Méditerranée se jauge à ses rayonnements. Le phénomène marchand est du même coup déjà impliqué. Et il faut étendre l'espace méditerranéen jusqu'au Sahara et aux isthmes européens. L'auteur ne craint pas de déclarer au beau milieu de son premier volume : « Répétons-le : ce ne sont pas les espaces géographiques qui font l'histoire, mais bien les hommes, maîtres ou inventeurs de ces espaces » (I, p. 206). Aussi bien le dernier chapitre de ce premier niveau conduit-il ouvertement de l'unité physique à l'unité humaine « vers laquelle s'oriente tout notre livre » (I, p. 252). Voici le travail des hommes (« Ce n'est pas l'eau qui lie les régions de la Méditerranée, mais les peuples de la mer ») : il engendre un espace-mouvement fait de routes, de marchés, de trafics. C'est pourquoi il faut déjà évoquer la banque et les familles industrielles et marchandes, et surtout les villes dont l'installation remodèle tous les paysages [3].

Le deuxième niveau est bien évidemment celui où l'historien de la longue durée se meut avec le plus de bonheur. Mais il faut bien constater à quel point ce niveau, considéré en lui-même, manque de cohérence. Oscillant entre le registre de la structure et de la conjoncture, il met en scène trois systèmes concurrentiels d'organisation : celui de la conjoncture économique, en croissance générale ; celui de la physique-politique, gouvernée par la polarité mouvante de l'Espagne et de la Turquie ; celui des civilisations. Or ces trois systèmes ne se recouvrent pas exactement ; ce qui explique peut-être la tentation croissante, d'une édition à l'autre, de céder au matérialisme unificateur de la conjoncture économique.

Déjà, sous le titre « des économies » — premier système organisateur —, des problèmes relativement disparates sont considérés : les contraintes de l'espace et du nombre des hommes à l'égard de la gestion des

1. « Ces liaisons, ces doubles vies, les unes qui se défont, les autres qui s'établissent, résument l'histoire de la mer » (I, p. 151).

2. « La Méditerranée (I, et la plus grande Méditerranée qui l'accompagne) est telle que la font les hommes, la roue de leur destin fixe le sien, élargit et rétrécit son domaine » (I, p. 155).

3. La ville entraîne, dans le discours du géographe-historien, une floraison de dates (I, p. 310-312), tant est prégnante l'histoire des villes, faisant front aux entreprises des états territoriaux, se gonflant ou s'exténuant au gré de la conjoncture économique. Oui, les villes « parlent évolution, conjoncture » (I, p. 322) sur le fond des constances, des permanences et des répétitions que le premier palier de l'analyse met en place.

empires, le rôle de l'afflux des métaux précieux, les phénomènes monétaires et l'évolution des prix, enfin le commerce et les transports. C'est à l'occasion de la mise en place de ce premier système que Braudel pose avec une insistance croissante la question de savoir à quel niveau se situe le facteur de totalisation, s'il en est un : « Peut-on construire le modèle de l'économie méditerranéenne ? » Oui, si l'on peut donner corps à la notion d'une « économie-monde », considérée comme une « zone cohérente en soi » (I, p. 383), malgré ses limites incertaines et variables. Mais cela reste une entreprise aléatoire, faute de mesures monétaires pour comptabiliser les échanges. En outre un fourmillement d'événements datés, concernant les quatre sommets du quadrilatère Gênes-Milan-Venise-Florence et l'histoire des autres places marchandes, atteste que le niveau III ne cesse d'interférer avec le niveau II. Et c'est la poussée des États, jointe à celle du capitalisme, qui fait que la longue histoire des économies ne cesse de se livrer à l'événementiel [1]. Parlant du commerce et des transports, l'auteur réitère son propos : « Ce qui nous intéresse, c'est un dessein d'ensemble » (I, 493). Mais, commerce du poivre, crise du blé, invasion de la Méditerranée par les navires de l'Atlantique, etc., contraignaient à la fois à traverser maints événements (l'histoire du poivre portugais, les contrats des Welser et Fugger, la lutte des routes rivales), et pourtant à aller au-delà des apparences du récit [2]. Les équilibres et les crises du blé méditerranéen, le « drame du blé marchand » (I, p. 530), l'arrivée des voiliers atlantiques, devenant invasion, autant d'événements datés (« Comment les Hollandais ont pris Séville sans coup férir à partir de 1570 », I, p. 573). L'histoire n'a jamais fini de remonter la pente de l'événement en direction de la grande économie, de la dynamique des économies-mondes, chargés d'expliquer des événements de la taille de celui qu'on vient d'évoquer.

1. Dans le chapitre sur les métaux précieux, les monnaies et les prix (I, p. 420 *sq.*), on ne peut pas ne pas dater les changements des pratiques commerciales, les afflux et les sorties des métaux : « C'est un événement important que la progression des Portugais le long de la haute côte de l'Afrique » (I, p. 427). Et plus loin : « Durant les dures années de guerre, 1557-1558, les arrivées de navires chargés de métaux ont été les grands événements du port d'Anvers » (I, p. 437). Les dates fourmillent avec le cycle des métaux sur les routes occidentales. Les banqueroutes royales sont datées (1596, 1607, etc.). Il s'agit certes d'en saisir les ressorts permanents, pour vérifier le schéma explicatif ; mais il faut bien traverser l'histoire événementielle avec ses dates, ses noms propres, nommer Philippe II et considérer ses décisions. Ainsi le niveau III jette-t-il son ombre sur le niveau II, à la faveur des interférences entre d'une part la politique et la guerre, d'autre part les économies.

2. « Tous ces événements, en somme de la guerre du poivre et des épices, risquent de cacher l'ensemble du problème visible à l'échelle mondiale, des mines d'argent d'Amérique aux Molluques ou à la pointe ouest de l'île de Sumatra » (I, p. 515).

Et le deuxième niveau doit encore faire place à d'autres principes organisateurs : les empires, les sociétés, les civilisations. Il semble parfois que ce sont les empires qui fournissent la trame de l'histoire : « Le drame de la Méditerranée au XVIe siècle est au premier chef un drame de croissance politique, cette mise en place des colosses » (II, 9) : Osmanlis à l'Est, Habsbourg à l'Ouest. Certes les personnages, Charles Quint, Soliman, sont des accidents, non leurs empires. Mais, sans nier individus et circonstances, il faut plutôt porter l'attention sur la conjoncture obstinément favorable aux vastes empires, avec la montée économique des XVe et XVIe siècles, et plus généralement sur les facteurs favorables ou défavorables aux vastes formations politiques dont le XVIe siècle voit l'ascension et le début du déclin [1]. On peut bien dire que l'unité ibérique est dans l'air, dans le sens même de la conjoncture, et aussi la création d'une mystique impériale, celle de la reconquête et de l'expansion vers l'Afrique, puis l'Amérique. Mais qu'il est difficile de ne pas s'exclamer devant des événements de la taille de la prise de Constantinople, puis de la Syrie, puis de l'Égypte par les Turcs : « Quel grand événement ! » (II, p. 17). Comment ne pas camper une première fois des personnages aussi considérables que Charles Quint et Philippe II, même si l'on peut écrire que « le repli de Philippe II vers l'Espagne est un repli nécessaire vers l'argent d'Amérique » (II, p. 25) ? Cela n'empêche pas l'historien de regretter au passage que Philippe II n'ait pas déplacé sa capitale à Lisbonne, plutôt que de s'enfermer à Madrid. Si, malgré tout, la longue durée l'emporte, c'est dans la mesure où le destin des États et celui des économies sont dans des relations réciproques. A l'encontre de Schumpeter, qui met trop fort l'accent sur l'économie, il faut donner un poids égal à la politique et à ses institutions [2]. Mais la politique ne se dit pas sans dire les agents de sa grandeur, les légistes et leur vénalité, les difficultés financières des États, les guerres fiscales. L'entreprise politique a ses hommes.

Encore ni les économies ni les empires n'occupent-ils toute la scène du deuxième niveau. Il y a aussi les civilisations : « Les civilisations sont les personnages les plus complexes, les plus contradictoires de la Méditerranée » (p. 95), tant elles sont à la fois fraternelles et exclusives,

1. « Rien de plus difficile que cette chronologie qui n'est pas relevé d'événements, mais seulement diagnostic, auscultation, avec les habituelles chances d'erreurs médicales » (II, p. 10).

2. L'État « est, au même titre que le capitalisme, le fruit d'une évolution multiple. En réalité, la conjoncture, au sens *large,* porte aussi sur son mouvement les assises politiques, les favorise ou les abandonne » (II, p. 28).

mobiles et permanentes, promptes à rayonner et obstinées à ne pas emprunter. L'Espagne a son Baroque. La Contre-Réforme est sa Réforme : « Le refus a donc été volontaire, catégorique » (II, p. 105). Pour dire « ces étonnantes permanences », Braudel a une phrase magnifique : « Une civilisation est, à la base, un espace travaillé, organisé par les hommes et l'histoire. C'est pourquoi il est des limites culturelles, des espaces culturels d'une extraordinaire pérennité : tous les mélanges du monde n'y peuvent rien » (II, p. 107). Mortelles ? Certes, les civilisations le sont, « mais les soubassements demeurent. Ils ne sont pas indestructibles, du moins sont-ils mille fois plus solides qu'on ne le croit. Ils ont résisté à mille morts supposées. Ils maintiennent leurs masses immobiles sous le passage monotone des siècles » (II, p. 112). Pourtant, un autre facteur intervient : les civilisations sont multiples ; c'est en leurs points de contact, de friction et de conflit, que de nouveau naissent les événements : si le refus par l'hispanité de tout mélange en est la cause, il faut bien raconter « le lent naufrage de l'Islam ibérique » (II, p. 118), et « le drame de Grenade », et même les survivances et les infiltrations qui font encore parler de « Grenade après Grenade » (p. 126), jusqu'à l'extirpation [1]. Il faut ensuite traiter du destin des juifs selon le même schéma, mettre en parallèle l'obstination des Maranes et celle des Morisques. Mais, là encore, il faut remonter la pente de l'événementiel et saisir le lien caché entre le martyrologe juif et le mouvement de la conjoncture : « La culpabilité majeure est celle de la récession entière du monde occidental » (p. 151). La date de 1492 perd ainsi un peu de son éclat sombre, replacée à la fin d'une période de régression lente. Même la condamnation morale s'en trouve, sinon émoussée, du moins nuancée [2]. Les conjonctures longues des civilisations s'entrelacent à celles des économies. Il reste que le rejet de l'Islam, et celui du Judaïsme, portent témoignage de la spécificité des civilisations par rapport aux économies. Enfin, et surtout, il faut placer au rang des phénomènes de longue durée les formes de la guerre, sans revenir à l'histoire-batailles. Et pourtant il faut bien côtoyer les événements pour apprécier les techniques guerrières, peser les dépenses de guerre — ruine des empires —, et surtout discerner dans la guerre l'épreuve même de la longévité des civilisations. Des conjonctures idéologiques de signes contraires, qui s'affirment puis se remplacent, permettent de donner leur poids relatif à des événements, tels que la bataille de Lépante, que

1. « De toutes les solutions, l'Espagne a choisi la plus radicale : la déportation, l'arrachement complet de la plante hors de son sol » (II, p. 130).

2. « Quelle serait la civilisation qui, une seule fois dans le passé, aurait préféré autrui à soi-même ?... La conjoncture a aussi sa part de responsabilité » (II, p. 153).

les protagonistes et témoins ont immensément surestimés. Ce sont ces conjonctions superposées, porteuses d'événements, qui inscrivent sur la mer et sur les terres le choc des économies, des empires, des sociétés et des civilisations. Cette concurrence entre plusieurs principes organisateurs à l'œuvre au second niveau n'a pas échappé à Braudel. Au terme du second volume — et dans les dernières éditions —, il pèse le pour et le contre d'une histoire réglée par la seule conjoncture économique ou plutôt par l'histoire de conjonctures multiples : car il n'y a pas une, mais des conjonctures. Il n'y a même pas une conjoncture économique, mais un « *trend* » séculaire (la limite de son reflux est d'ailleurs datée différemment d'une édition à l'autre) et toute une hiérarchie de conjonctures longues, semi-longues et courtes. Mais surtout, il faut bien avouer que les conjonctures culturelles se laissent mal superposer aux conjonctures économiques, même sur le « *trend* » séculaire. Le siècle d'or espagnol ne fleurit-il pas au-delà du plus grand renversement séculaire ? Comment expliquer ces floraisons d'arrière-saison ? L'historien hésite : malgré les sirènes de la conjoncture économique, il avoue que l'histoire redevient multitude, incertitude..., peut-être est-ce l'ensemble qui va fuir sous nos doigts...

Tout, donc, conspire, dans les deux premières parties, à couronner l'édifice par une histoire des événements qui met en scène « la politique et les hommes ». Cette troisième partie de l'œuvre n'est aucunement une concession à l'histoire traditionnelle : dans une histoire globale, les structures stables et les évolutions lentes constituent peut-être l'essentiel, mais « cet essentiel n'est pas totalité » (II, p. 223). Pourquoi ? D'abord, parce que les événements portent témoignage des masses profondes de l'histoire. Les deux premières parties, on l'a vu, font une consommation énorme de ces « signes événementiels » (II, p. 223), à la fois symptômes et témoignages. Le grand historien ne craint pas ici de déclarer : « Je ne suis pas l'ennemi, sans plus, de l'événement » (II, p. 223). Mais il y a une autre raison, à savoir que les événements posent le problème de leur cohérence, à leur propre niveau. Braudel donne lui-même, à la sélection inévitable que ce niveau d'explication requiert, une double justification. D'une part, l'historien ne retient que les événements importants, ceux que leurs conséquences ont rendus importants. Braudel retrouve, ici, sans le nommer, le problème de l'explication causale singulière, tel que posé par Weber et Aron, avec sa logique de rétrodiction et sa recherche d'« adéquation » [1]. D'autre part, l'histo-

1. C'est ainsi que Lépante, dont Voltaire avait déjà raillé le peu de conséquences, fut bien « le plus retentissant des événements militaires du XVIe siècle en Méditerranée. Mais cette immense victoire de la technique et du courage se met difficilement en

rien ne peut négliger le jugement des contemporains sur l'importance des événements, sous peine de ne pas rendre compte de la manière dont les hommes du passé ont interprété leur histoire. (Braudel évoque ici la coupure que représente la Saint-Barthélemy pour les Français.) Ces interprétations aussi font partie de l'objet historique.

Il devient ainsi impossible de faire coïncider les deux enchaînements, celui des conjonctures économiques et celui des événements politiques au sens large, celui que les contemporains ont considéré de préférence, surtout en un siècle où, malgré tout, la politique mène le jeu. Encore ces deux chaînes laissent entre elles de grands intervalles que nous avons vu combler par l'histoire des empires, des sociétés, des civilisations et de la guerre elle-même [1].

L'art de Braudel, ici, est de structurer son histoire des événements — et son histoire n'est pas avare de dates, de batailles et de traités —, non seulement en les divisant en périodes, comme le font tous les historiens, mais en les réenracinant dans les structures et les conjonctures, de la même manière qu'il avait auparavant convoqué les événements pour témoigner des structures et des conjonctures. Ici, l'événement ramasse et resserre conjonctures et structures : « A lui seul Philippe était la somme de cet empire, de ses forces et de ses faiblesses » (II, p. 327). Ce qui structure cette histoire politique, c'est la sorte de « physique politique qui établit des compensations nécessaires entre les grands fronts d'attaque par quoi la puissance turque pèse sur le monde extérieur » (II, p. 451). Une vaste translation de force se fait, dès lors que l'empire de Philippe bascule vers l'Atlantique et l'Amérique. Alors « l'Espagne quitte la Méditerranée » (II, p. 467). La Méditerranée en même temps sort de la grande histoire [2].

---

place dans les perspectives ordinaires de l'histoire » (p. 383). Lépante aurait probablement eu des conséquences si l'Espagne s'était acharnée à les poursuivre. Au total, « Lépante n'a servi à rien » (II, p. 423). A cet égard on notera les belles pages consacrées aux calculs de Don Juan — « ouvrier du destin » (II, p 395) : le ressort explicatif satisfait exactement au modèle d'explication par des raisons de William Dray, ainsi qu'au modèle weberien de l'explication par les suppositions contraires.

1. On voit de temps en temps Braudel repartir en guerre contre l'histoire événementielle et se laisser tenter par l'histoire conjoncturelle, non seulement à l'occasion de Lépante, comme on l'a dit, mais quand il est confronté par le phénomène massif du renoncement des deux monstres politiques à la lutte et par le déclin général de la guerre : l'Espagne aurait-elle alors manqué sa mission géographique en renonçant à l'Afrique ? « Mais tous ces procès assez vains restent à plaider. Demain, les historiens de la conjoncture auront à les reprendre et peut-être à leur donner un sens » (p. 430).

2. Parlant de l'occasion manquée de 1601 : « A sa façon, la décadence de la grande guerre est comme le signe avant-coureur de la décadence même de la Méditer-

Si c'est bien cette histoire que l'on raconte, pourquoi fallait-il finir par les pages somptueuses sur la mort de Philippe II, le 13 septembre 1598 ? Du point de vue de la grande histoire de la Méditerranée, cette mort n'est pas un grand événement [1]. Mais c'en était un de première grandeur pour tous les protagonistes « au soir d'un long règne qui avait paru interminable à ses adversaires » (II, p. 512). Or n'avons-nous pas dit que la perspective des contemporains est aussi un objet pour l'histoire ? Peut-être faut-il aller plus loin — et la remarque risque de remettre en question le bel agencement des trois parties : la mort révèle un destin individuel qui ne s'inscrit pas exactement dans la trame d'une explication dont les mesures ne sont pas celles du temps mortel [2]. Et sans la mort qui tranche un tel destin, saurions-nous encore que l'histoire est celle des hommes ?

J'arrive à ma seconde thèse, à savoir que c'est *ensemble* que les trois niveaux de l'ouvrage constituent une *quasi-intrigue,* une intrigue au sens large de Paul Veyne.

Ce serait une erreur de limiter au troisième niveau la parenté de l'ouvrage avec le modèle narratif de la mise-en-intrigue ; on manquerait par là le bénéfice majeur de ce travail, qui est d'ouvrir une nouvelle carrière pour la notion même d'intrigue et, par là même, pour celle d'*événement.*

Je ne serai pas non plus disposé à chercher dans le seul niveau médian cette nouvelle formule de l'intrigue, bien que certaines déclarations de Braudel lui-même le suggèrent : ne parle-t-il pas « du récitatif de la conjoncture » ? Ce qui pourrait faire intrigue dans l'histoire économique, c'est son caractère cyclique et le rôle qu'y joue la notion de crise [3].

---

ranée qui assurément se précise et devient déjà visible avec les dernières années du XVIe siècle » (II, p. 512).

1. « Je ne crois pas que le mot de Méditerranée ait jamais flotté dans son esprit avec le contenu que nous lui suggérons. Une véritable géographie ne faisait pas partie de l'éducation des princes. Toutes raisons suffisantes pour que cette longue agonie, terminée en septembre 98, ne soit pas un grand événement de l'histoire méditerranéenne... Pour que se marquent à nouveau les distances de l'histoire biographique à l'histoire des structures et encore plus à celle des espaces » (II, p. 514).

2. « Cet homme, c'est dans le droit-fil de la vie religieuse qu'il est à comprendre, peut-être dans l'atmosphère même de la révolution carmélitaine » (II, p. 513).

3. Dans l'article « Histoire et sciences sociales », on lit : « Un mode nouveau de récit historique apparaît, disons le " récitatif " de la conjoncture, du cycle, voire de l'intercycle, qui propose à notre choix une dizaine d'années, un quart de siècle et, à l'extrême limite, le demi-siècle du cycle classique de Kondratieff » (*Écrits sur l'histoire*, p. 48). Dans *The Cambridge Economical History of Europe*, vol. IV, Braudel définit ainsi le cycle : « *Because the word cycle might be applied to a seasonal movement we should not be misled. The term designates a double movement, a rise and*

Le double mouvement de croissance et de décroissance représente ainsi un intercycle complet, mesuré par le temps de l'Europe et plus ou moins par celui du monde entier. Le troisième tome de *Civilisation matérielle et Capitalisme*, sous le titre du *Temps du Monde*, est entièrement construit sur cette vision de la montée et du déclin des économies-monde, selon les rythmes lents de la conjoncture. La notion de « *trend* » tend alors à occuper la place de celle d'intrigue [1].

Néanmoins, je ne suis pas enclin à m'enfermer dans cette équation ; non seulement parce qu'elle fait autant violence au concept de cycle qu'à celui d'intrigue, mais parce qu'elle ne rend pas compte de ce qui se passe dans l'ouvrage à ses trois niveaux. L'histoire économique se prête à une intrigue lorsqu'on choisit un terme initial et un terme final, lesquels sont fournis par d'autres catégories que l'histoire conjoncturelle elle-même, laquelle, en principe, est sans fin, illimitée au sens propre. Une intrigue

---

a fall with a peak in between which, in the strictest sense of the term, is called a crisis » (p. 430). Je dois à M. Reep, dans un article inédit, la référence à ce texte, ainsi que la suggestion que la notion de cycle partage avec le muthos aristotélicien le double trait de constituer une *mimésis* de la vie économique (au sens de *mimésis II*, bien entendu) et de présenter une articulation médiane, une péripétie, celle précisément que la notion de crise introduit, entre deux intercycles.

1. Le titre même, *le Temps du monde* (Paris, Armand Colin, 1979), promet plus qu'il ne peut tenir, de l'aveu même de son auteur (« Avant-propos », p. 8). S'il a l'ambition de saisir « dans ses déroulements chronologiques et ses temporalités diverses » (*ibid.*) l'histoire du monde, il ne cache pas que ce temps du monde ne recouvre pas la totalité de l'histoire des hommes. « Ce temps exceptionnel gouverne, selon les lieux et les époques, certains espaces et certaines réalités. Mais d'autres réalités, d'autres espaces lui échappent et lui restent étrangers... Même dans les pays avancés, économiquement et socialement parlant, le temps du monde n'a pas tout brassé » (p. 8). La raison en est que la ligne de l'ouvrage privilégie une histoire sectorielle, matérielle et économique. Dans ces limites avouées, l'historien s'exerce « à raisonner par comparaisons, à l'échelle du monde — la seule valable » (p. 9). De cette hauteur, l'historien peut essayer « de dominer le temps, dès lors notre principal ou même notre seul adversaire » (p. 10). C'est encore la longue durée qui permet d'enchaîner les expériences successives de l'Europe qui méritent d'être considérées comme des *économies-monde*, 1) dans un espace qui varie lentement, 2) autour de quelques villes capitales dominantes (Venise, Amsterdam, etc.) dont les primautés se succèdent, 3) enfin selon un principe de hiérarchisation des zones mises en communication. Ce propos est donc celui de la division du temps (et de l'espace) en fonction des rythmes conjoncturels dont le *trend* séculaire — « le plus négligé de tous les cycles » (p. 61) — s'avère être le plus fécond. Pour ma propre réflexion sur le temps, je retiens que « le *trend* est un processus *cumulatif*. Il s'ajoute à lui-même ; tout se passe comme s'il soulevait peu à peu la masse des prix et des activités économiques jusqu'au moment où, dans le sens inverse, avec la même obstination, il se met à travailler à leur baisse générale, imperceptible, lente, mais prolongée. Année par année, il compte à peine ; siècle après siècle, il s'avère un acteur important » (p. 61). L'image de la marée, avec la superposition de ses vagues, intrigue plus qu'elle n'explique : « Le dernier mot nous échappe et, en même temps que lui, la signification

doit comporter non seulement un ordre intelligible, mais une étendue qui ne doit pas être excessive, sous peine de ne pouvoir être embrassée du regard comme le souligne Aristote dans la *Poétique* (1451 a 1). Or, qu'est-ce qui délimite l'intrigue de la Méditerranée ? On peut dire, sans hésiter : le déclin de la Méditerranée comme héros collectif sur la scène de l'histoire mondiale. La fin de l'intrigue, à cet égard, ce n'est pas la mort de Philippe II, c'est la fin de l'affrontement des deux colosses politiques et le déplacement de l'histoire vers l'Atlantique et l'Europe du Nord.

Or à cette intrigue globale concourent les trois niveaux. Mais alors qu'un romancier — Tolstoï dans *la Guerre et la Paix* — les aurait brassés tous trois dans un unique récit, Braudel procède analytiquement, par distinction de plans, laissant aux *interférences* le soin d'engendrer une image implicite du tout. C'est ainsi que l'on obtient une quasi-intrigue *virtuelle*, brisée en plusieurs sous-intrigues, qui, bien qu'explicites, restent partielles et en ce sens abstraites.

L'ouvrage est placé en bloc sous le signe de la *mimésis* de l'action, par le rappel incessant que « ce ne sont pas les espaces géographiques qui font l'action, mais bien les hommes maîtres ou inventeurs de ces espaces » (I, p. 206). A cet égard, l'histoire de la conjoncture ne peut faire à elle seule intrigue. Au plan même de l'économie, il faut camper des économies et plus précisément l'antagonisme des deux économies-monde. Nous avons déjà cité ce texte de la première partie : « La politique ne fait que décalquer une réalité sous-jacente. Les deux Méditerranées, commandées par des maîtres ennemis, sont physiquement, économiquement, culturellement, différentes l'une de l'autre, chacune est une zone d'histoire » (I, p. 125). Du même coup, la trame de l'intrigue est déjà suggérée : la grande opposition entre les deux Méditerranées et le déclin de leur affrontement [1]. Si c'est bien là

exacte de ces cycles longs qui semblent obéir à certaines lois ou règles tendancielles que nous ignorons » (p. 65). Faut-il dire alors que ce qui paraît expliquer le plus est en même temps ce qui fait comprendre le moins ? Ce sera un problème pour nous dans la quatrième partie de tenter de donner un sens à ce qui n'est ici qu'un aveu, voire un truisme, que « temps court et temps long coexistent et sont inséparables... Car nous vivons tout à la fois dans le temps court et dans le temps long » (p. 68).

1. « Car c'est par ces besoins profonds, ces ruptures et ces rétablissements d'équilibre, ces échanges forcés que tout a été mû et, de loin, commandé » (I, p. 126). Un peu plus loin, l'auteur parle du « schème d'ensemble » (II, p. 210) : le retrait de la Méditerranée hors de la grande histoire, son recul retardé jusqu'au milieu du XVIIe siècle. Parlant encore du remplacement progressif des villes-États par les villes-capitales, il écrit : « Elles parlent évolution, conjoncture, nous laissant à l'avance deviner la ligne du destin : ce repliement qu'annoncent tant de signes du XVIe siècle finissant et que le XVIIe siècle accentuera » (I, p. 322).

l'histoire que Braudel raconte, on comprend que son deuxième niveau — censé aussi occuper tout le champ de la longue durée — exige plus que le survol des économies, l'adjonction de la physique politique qui seule commande la sous-intrigue de l'affrontement des empires et du destin de cet affrontement. Dans sa phase ascendante, « le drame de la Méditerranée au XVe siècle est au premier chef un drame de croissance politique, cette mise en place de colosses » (II, p. 9). En outre, un grand enjeu se dessine : l'Atlantique appartiendra-t-il à la Réforme ou aux Espagnols ? Quand Turcs et Espagnols se tournent en même temps le dos, la voix narrative interroge : plus tôt qu'ailleurs, en Méditerranée, l'heure ne sonnerait-elle pas du repli des empires ? L'interrogation s'impose, car, comme dans le drame, la péripétie est porteuse de contingence, c'est-à-dire d'événements qui auraient pu tourner autrement : « Déclin de la Méditerranée ? Sans aucun doute. Mais pas seulement. Car l'Espagne avait tout loisir de se retourner vigoureusement vers l'Atlantique. Pourquoi ne l'a-t-elle pas fait ? » (II, p. 48). A son tour, la sous-intrigue du conflit des empires et du retrait de ce conflit hors de l'espace méditerranéen, exige d'être coordonnée avec la sous-intrigue du choc des civilisations monolithiques. On se rappelle le mot : « Les civilisations sont les personnages les plus complexes, les plus contradictoires de la Méditerranée » (II, p. 95) [1]. On a dit plus haut les péripéties de ces affrontements : destin des Morisques, destin des Juifs, guerres extérieures, etc. Il faut dire maintenant la contribution de ces sous-intrigues à la grande intrigue. Évoquant l'alternance des guerres extérieures et intérieures « dans un ordre assez net » (II, p. 170), le dramaturge écrit : « Elle suggère des perspectives au milieu d'une histoire confuse et qui d'un coup s'éclaire, sans qu'il y ait supercherie ou illusion. On n'échappe pas à la conviction que des conjonctures idéologiques de signe contraire s'affirment, puis se remplacent » (II, p. 170). Ainsi, de même qu'Homère a découpé dans les histoires de la guerre de Troie l'ensemble qu'il choisit de raconter dans l'*Iliade,* de la même façon, Braudel découpe, dans le grand conflit des civilisations qui fait alterner l'Occident et l'Orient, le conflit dont les protagonistes sont l'Espagne et la Turquie à l'époque de Philippe II et dont la trame est le déclin de la Méditerranée comme zone d'histoire.

Cela dit, il faut bien avouer que la grande intrigue qui fait l'unité de l'ouvrage reste une intrigue virtuelle ; le didactisme exige que les « trois temporalités différentes » (II, p. 515) restent disjointes, le but étant « de

1. Parlant des formes de la guerre, surtout des guerres extérieures (Croisades, Djihads), l'auteur évoque encore une fois l'engagement des civilisations, ces « larges personnages » (II, p. 170). Les personnages, comme les événements, sont très classiquement définis par leur contribution à l'intrigue principale.

saisir, dans leurs plus larges écarts, tous les temps divers du passé, d'en suggérer la coexistence, les interférences, les contradictions, la multiple épaisseur » (II, p. 515) [1]. Mais l'intrigue, pour être virtuelle, n'en est pas moins agissante. Elle ne pourrait devenir réelle que si l'histoire globale se laissait intégrer sans violence [2].

Finalement, Braudel, par sa méthode analytique et disjonctive, a inventé *un nouveau type d'intrigue* : s'il est vrai que l'intrigue est toujours à quelque degré une synthèse de l'hétérogène, l'intrigue virtuelle du livre de Braudel, en conjuguant des temporalités hétérogènes, des chronologies contradictoires, nous apprend à conjuguer des structures, des cycles et des événements [3]. Cette structure virtuelle permet néanmoins d'arbitrer entre deux lectures opposées de *la Méditerranée...* La première subordonne l'histoire événementielle à l'histoire de longue durée et la longue durée au temps géographique : l'accent principal tombe alors sur la Méditerranée ; mais alors le temps géographique risque de perdre son caractère historique. Pour la deuxième lecture, l'histoire reste historique dans la mesure où le premier niveau lui-même est qualifié comme historique par sa référence au second et où le second dérive sa qualité historique de sa capacité de porter le troisième : l'accent tombe alors sur Philippe II ; mais l'histoire événementielle est privée du principe de nécessité et de probabilité qu'Aristote attachait à une intrigue bien faite. L'intrigue qui enveloppe

1. Je me demande si Braudel n'a pas cru pouvoir éluder le problème de l'unité d'ensemble de son ouvrage en livrant au temps physique le soin de réunir les fragments de la durée morcelée. On lit dans les *Écrits* : « Or, ces fragments se rejoignent au terme de notre travail. Longue durée, conjoncture, événement s'emboîtent sans difficulté, car tous se mesurent à une même échelle » (p. 76). Quelle échelle, sinon celle du temps physique ? « Pour l'historien, tout commence, tout finit par le temps, un temps mathématique et démiurge, dont il serait facile de sourire, temps comme extérieur aux hommes, “ exogène ”, diraient les économistes, qui les pousse, les contraint, emporte leurs temps particuliers aux couleurs diverses : oui, le temps impérieux du monde » (p. 76-77). Mais alors la longue durée devient un des chemins par lesquels le temps historique est reconduit au temps cosmique et non plus une manière d'en multiplier les durées et les vitesses. Certes, c'est sur le fond du temps cosmique que le temps historique élève ses architectures. Mais c'est dans le temps physique qu'il faut chercher le principe unificateur des « temps particuliers aux couleurs diverses ». Je reviendrai sur le point dans la quatrième partie.

2. La polyphonie est faite des dizaines de temporalités, chacune impliquant une histoire particulière. « Leur somme seule appréhendée dans le faisceau des sciences de l'homme (celles-ci au service rétrospectif de notre métier), constitue l'histoire globale dont l'image reste si difficile à reconstituer dans sa plénitude » (II, p. 515). Cette image globale voudrait que l'historien ait à la fois l'œil du géographe, celui du voyageur ou du romancier ; sont ici nommés avec reconnaissance : Gabriel Audisio, Jean Giono, Carlo Levi, Lawrence Durrell, André Chamson.

3. Sur structure et structuralisme, on appréciera la franche déclaration qui clôt le livre (II, p. 520).

les trois niveaux donne un droit égal aux deux lectures et les fait se croiser sur la position médiane de l'histoire de longue durée, qui devient alors le point d'équilibre instable entre les deux lectures.

C'est à mon sens ce long détour par le caractère de quasi-intrigue qui permet enfin de remettre en question la notion d'*événement* que Braudel tient pour canonique [1]. L'événement, pour nous, n'est pas nécessairement bref et nerveux à la façon d'une explosion. Il est une *variable* de l'intrigue. A ce titre, il n'appartient pas seulement au troisième niveau, mais à tous, avec des fonctions diverses. Quand il émerge au troisième niveau, il revient avec l'indice de nécessité ou de probabilité qu'il doit à sa traversée des deux autres niveaux : c'est ainsi que Lépante perd de son éclat et régresse dans l'échelle d'importance ; la mort de Philippe II ne reste un événement majeur que pour la sous-intrigue de « La politique et les hommes » ; elle tend vers le non-événement, quand on la replace dans la grande intrigue de la lutte entre les géants politiques et sur la trajectoire du déclin de la Méditerranée, laquelle ne reçoit sa conclusion relative que quelques décennies plus tard. Au demeurant, nous avons vu les événements proliférer aussi au deuxième et même au premier niveau ; simplement, l'événement y perd son caractère explosif, pour revêtir celui de symptôme ou de témoignage.

La vérité, c'est que l'événement est ce qui distingue le concept de structure de l'historien de celui du sociologue ou de l'économiste. Pour lui, l'événement ne cesse d'investir du dedans les structures. Et cela de deux façons : d'une part, toutes les structures ne changent pas au même rythme. C'est lorsque les « vitesses différentes de la vie » (*Écrits*, p. 75) ne coïncident plus que leur discordance fait événement. Aussi bien les échanges entre de multiples aires de civilisations, les emprunts et les rejets constituent-ils des phénomènes quasi ponctuels qui ne marquent pas une civilisation à tous ses niveaux en même temps : « Ce n'est pas la durée qui est tellement créatrice de notre esprit, mais les morcellements de cette durée » (p. 76). D'autre part, à la différence du sociologue, l'historien traitant de structures est attentif à leurs points de rupture, leur brusque ou lente détérioration, bref à la perspective de leur extinction. A cet égard, Braudel n'est pas moins hanté que l'historien traditionnel par la caducité des empires. En un sens, *la Méditerranée...*, c'est la lente avancée, la marche retardée de l'événement majeur : le retrait de la Méditerranée de la grande histoire. C'est à nouveau la

1. Une dernière fois, dans la conclusion du grand œuvre, l'historien réaffirme sa suspicion à l'égard de ces « événements *brefs* et pathétiques, les " faits notables " de l'histoire traditionnelle » (II, p. 519).

fragilité des œuvres humaines qui passe au premier plan et avec elle la dimension dramatique dont la longue durée était censée délivrer l'histoire.

J'ai trouvé, chez d'autres historiens français de la mouvance des *Annales*, des notations — souvent furtives — qui trahissent ce retour à l'événement par le biais même de la longue durée.

Ainsi, dans le mariage de l'histoire avec l'anthropologie que préconise Le Goff, et dont le fruit est *Un autre Moyen Age*, c'est certes la longue durée — la très longue durée — qui occupe l'avant-scène (« long Moyen Age », « la longue durée pertinente de notre histoire à peu près équivalente à la société pré-industrielle »). Mais par ailleurs Le Goff ne résiste pas moins vivement que Braudel à la séduction des modèles intemporels d'une certaine sociologie. D'abord, parce que cette durée même n'est pas sans événements, mais bien plutôt ponctuée d'événements répétés ou attendus (fêtes, cérémonies, rites, etc.) qui rappellent ce qu'il y a de liturgique dans les sociétés historiques. Ensuite, parce que cette longue durée-là n'est plus : la civilisation médiévale est bien nommée : c'est une société de « transition ». Certes, les mentalités, sur lesquelles l'ethnographie historique met l'accent, sont « ce qui change le moins » dans l'évolution historique (p. 339) ; mais « les systèmes mentaux sont historiquement datables, même s'ils charrient en eux des épaves d'archéo-civilisations, chères à André Varagnac » (p. 340). Surtout, l'histoire, pour qu'elle reste histoire dans son union avec l'anthropologie, ne saurait « s'abandonner à une ethnologie en dehors du temps » (p. 347). C'est pourquoi l'historien ne saurait se plier au vocabulaire de la diachronie, tel qu'il est importé de la linguistique ; cette dernière, en effet, opère « selon des systèmes abstraits de transformation très différents des schèmes d'évolution dont se sert l'historien pour tenter d'appréhender le devenir des sociétés concrètes qu'il étudie [1] » (p. 346). L'historien doit plutôt s'attacher à dépasser le « faux dilemme structure-conjoncture, et surtout structure-événement » (p. 347).

En fait, je retrouve chez Le Goff un pressentiment de la thèse selon laquelle le passé doit sa qualité historique à sa capacité de s'intégrer à cette mémoire qu'Augustin appelait le « présent du passé ». Le Goff caractérise en ces termes son Moyen Age « total », « long », « pro-

1. « Spécialiste du changement (en disant *transformation,* l'historien se retrouve en terrain éventuellement commun avec l'ethnologue, à condition de ne pas recourir au *diachronique*), l'historien doit se méfier de devenir insensible au changement » (p. 347).

fond » : « C'est la distance de la mémoire constituante : le temps des grands-parents » (p. 11) ; « ce passé primordial où notre identité collective, quête angoissée des sociétés actuelles, a acquis certaines caractéristiques essentielles » (p. 11). Quoi d'étonnant, dès lors, si, dans cette mémoire constituante, la longue durée s'abrège en quasi-événements ? Notre historien ne caractérise-t-il pas le conflit entre le temps de l'Église et le temps des marchands, symbolisé par l'affrontement entre les cloches et les horloges, « comme un des événements majeurs de l'histoire mentale de ces siècles, où s'élabore l'idéologie du monde moderne, sous la pression du glissement des structures et des pratiques économiques » (p. 48). Ce qui, en effet, fait événement, c'est « la séparation essentielle et la rencontre contingente » de ces deux temps.

L'historien des mentalités rencontre les mêmes problèmes. Ainsi Georges Duby commence par une analyse sociologique entièrement non narrative des idéologies — il les déclare globalisantes, déformantes, concurrentes, stabilisantes, génératrices d'actions —, mais voit l'événement s'infiltrer dans les structures à la faveur non seulement des emprunts externes, des rejets et des conflits internes, mais des *dissonances*, des « écarts de temporalité » qui surgissent au point d'articulation entre situations objectives, représentations mentales et conduites individuelles ou collectives. L'historien est ainsi amené à souligner « les périodes critiques, où le mouvement des structures matérielles et politiques finit par se répercuter au plan des systèmes idéologiques et rend plus aigu le conflit qui les oppose [1] ». Je suis tenté, comme plus haut, de parler de quasi-événement pour caractériser ce que Georges Duby appelle ici « la poussée d'accélération », déclenchée par la polémique, « au sein des tendances de longue durée qui animent l'évolution de l'idéologie dominante » (p. 157).

Et le véhicule du quasi-événement, comme j'ai essayé de le montrer chez Braudel, c'est encore la quasi-intrigue. Je voudrais faire la même démonstration, à l'occasion de l'œuvre de Georges Duby, en mettant en parallèle l'article de méthode « Histoire sociale et idéologies des sociétés », évoqué plus haut, et la mise en œuvre de ses hypothèses de travail dans un des ouvrages les plus représentatifs de ce que l'auteur entend par histoire des idéologies. J'ai choisi les *Trois Ordres ou*

1. G. Duby, « Histoire sociale et idéologies des sociétés », in *Faire de l'histoire*, I. p. 157. On a dit, dès le chapitre premier, comment cette attention aux modalités temporelles du changement conduit à reconstruire conceptuellement une chaîne d'événements tels que la Croisade.

l'Imaginaire du féodalisme [1]. Je me propose de montrer comment, ici encore, l'auteur *dramatise* une structure idéologique par la construction d'une *quasi-intrigue* comportant commencement, milieu et fin. La structure en question est la représentation imaginaire de la société entière sous la forme d'une hiérarchie de trois ordres : ceux qui prient ; ceux qui combattent ; ceux qui nourrissent l'ensemble par leur labeur. La formulation de cette représentation imaginaire est prise chez un auteur du XVIIe siècle, Charles Loyseau, dans *Traité des Ordres et Simples Dignités*, publié en 1610. Mais ce n'est pas la période de six siècles, jalonnée par des formulations apparentées à celles de Loyseau, que couvre l'ouvrage. Duby, retrouvant à son tour l'art de l'auteur de l'*Iliade,* a découpé parmi toutes les vicissitudes de l'image trifonctionnelle une histoire qui a un commencement — les premières formulations par Adalbéron de Laon et Gérard de Cambrai — et une fin — la bataille de Bouvines, en 1214. Le milieu est constitué par les péripéties qui dramatisent la mise en histoire de cette représentation idéologique. C'est que Duby s'attaque à un problème différent de celui de Georges Dumézil, avocat infatigable de l'image trifonctionnelle. Alors que celui-ci s'emploie à établir — par voie comparative et par sa récurrence dans des constellations historiques différentes — que ce schéma appartient aux structures latentes de la pensée humaine, pour aboutir à la question de savoir *pourquoi* et *comment* « l'esprit humain choisit sans cesse parmi ses richesses latentes [2] », Duby réplique aux deux questions de Dumézil par deux autres questions, d'historien : *où* et *quand* ? Il choisit de montrer comment cette image trifonctionnelle « fonctionne au sein d'un système idéologique comme l'un de ses rouages principaux » (p. 19). Le système idéologique en question, c'est le féodalisme naissant, puis triomphant. Et, pour décrire ce fonctionnement, il construit ce que j'appelle une quasi-intrigue, dont l'image trifonctionnelle constitue, selon ses termes mêmes, le « personnage central » (p. 19).

Le plan suivi par Duby est à cet égard très instructif. Comme il s'agit bel et bien d'une structure, c'est-à-dire d'une représentation mentale qui « a résisté à toutes les pressions de l'histoire » (p. 16), il intitule sa première partie « Révélation », pour bien marquer la transcendance du système par rapport aux représentations fragmentaires. Mais déjà le système est fortement historicisé par les variantes des premières

1. Georges Duby, *Les Trois Ordres ou l'Imaginaire du féodalisme*, Paris, Gallimard, 1978.
2. Georges Dumézil, *Les Dieux souverains des Indo-Européens*, Paris, 1977, p. 210, cité par Georges Duby, *op. cit.*, p. 17.

énonciations et par la restitution de leur cadre politique, à l'époque où déclinent la monarchie carolingienne et le pouvoir qui en était solidaire, celui des évêques. Ce n'est qu'au terme de cette première enquête que peut être décrite l'articulation du « système » (p. 77-81) : postulat d'une cohérence parfaite entre le ciel et la terre ; concept d'ordre, devenu un attribut de la cité parfaite ; bipartition de l'ordre des évêques et de l'ordre des rois ; bipartition des groupes dominants : les prêtres et les nobles ; adjonction, à ce binarisme interne aux fonctions dominantes, d'un troisième ordre, la classe des assujettis ; enfin concept de mutualité, de réciprocité dans la hiérarchie, qui appelle structurellement la ternarité.

Or, la simple description du système atteste combien la trifonctionnalité est équivoque et ressemble peu à un véritable système. D'abord, la troisième fonction figure sous forme d'adjonction à deux oppositions binaires (évêque/roi, prêtre/noble). Ensuite, le rapport dominants-dominés s'ajoute, comme un autre système binaire spécifique, au binarisme interne de la domination (évoqué à l'instant) : d'où l'extrême instabilité du système. Enfin le système n'implique pas que les trois postes soient occupés par des rôles aussi bien typifiés que ceux de Dumézil. Seul l'*ordre* reste le mot clé. On comprend dès lors que le système soit si facilement en proie à l'histoire [1].

Avant de s'engager dans l'intrigue proprement dite, Duby procède, sous le titre « Genèse », à une sorte de vue rétrospective, appliquée à la formation du système, depuis Grégoire, Augustin et Denys l'Aréopagite. Il montre ensuite comment le glissement a pu se faire, de la spéculation théologique sur les hiérarchies célestes à la réflexion politique sur l'ordre et les ordres, joignant ainsi l'exemplarité céleste et la distribution ternaire des fonctions terrestres [2].

La quasi-intrigue commence véritablement lorsque le système est mis à l'épreuve des « circonstances » (p. 153-207), subit une « éclipse » durable (207-325), pour resurgir enfin, cette « résurgence » (325-fin) culminant dans l'« adoption » du système, adoption non seulement symbolisée mais effectuée et scellée par la victoire à Bouvines du roi, et donc des évêques, pour qui le système avait été prévu.

1. « L'adjonction d'une troisième fonction découle du principe de l'inégalité nécessaire. C'est pourquoi le schéma trifonctionnel prend place au seuil ou à la fin d'un discours sur la soumission et sur la structure d'une société dont le haut règne dans la perfection et le bas rampe dans le péché. La triplicité naît d'une conjonction des dissemblances qu'instaurent conjointement l'*ordo* — il y a les prêtres et les autres — et la *natura* — il y a les nobles et les serfs » (p. 81).

2. « Reconstituer la généalogie du système aide à comprendre sa structure, et la place qui fut assignée à la figure trifonctionnelle » (p. 87).

Telles sont les trois péripéties majeures entre lesquelles Duby répartit son intrigue. Or, il est remarquable que ce soit la crise où paraît sombrer la royauté qui enclenche l'histoire racontée [1]. Crise politique, d'abord. Mais surtout, au plan symbolique, compétition avec des systèmes rivaux eux-mêmes tripartites : le modèle hérétique, le modèle de la paix de Dieu, le modèle monastique créé à Cluny. La polémique ouverte par la concurrence des systèmes est proprement ce qui dramatise le modèle. Le triomphe de Cluny annonce l'« éclipse [2] ». S'y ajoute la révolution féodale qui impose un reclassement de tous les ordres, pour faire place à ce troisième partenaire, le peuple paysan. Ce qui met en compétition, au début du XIe siècle, non pas trois mais quatre modèles idéologiques (p. 200) : le modèle promis à la victoire et les trois modèles rivaux cités plus haut.

Quant au modèle idéologique d'Adalbéron et de Gérard, il est mis dans l'étrange position, non du reflet, mais de l'anticipation : anticipation du reflux du monachisme, anticipation de la restauration de l'épiscopat, anticipation de la renaissance de l'État monarchique [3].

C'est ce curieux décalage entre une survivance apparente et une anticipation réelle qui régit l'« éclipse » du système, racontée dans la quatrième partie. C'est « le temps des moines », profitant de la défaillance de la royauté capétienne et par conséquent de l'institution épiscopale. Mais « éclipse » n'est point disparition. Le temps de l'éclipse, c'est aussi l'émergence des « temps nouveaux » : temps des cisterciens, temps des marchands, temps des clercs, temps des maîtres et des écoliers.

Quant à la « résurgence », elle est marquée par la reconquête du premier rang par les clercs aux dépens des moines, l'occupation du second rang par les chevaliers, rempart des princes, et celui du troisième rang par les laboureurs. Mais, si le temps de l'éclipse était pour le modèle trifonctionnel celui de l'anticipation, le temps de la résurgence est celui du retard : « L'obstacle, dit Duby, fut la France royale...

1. « Une crise. Les formations idéologiques se révèlent au regard de l'historien dans les périodes de mutation tumultueuse. En ces moments graves, les détenteurs de la parole ne cessent de parler. Sortons maintenant de l'officine. Afin peut-être, de mieux comprendre pourquoi les outils y furent de cette façon maniés, le matériau élaboré, dans les méandres de la mémoire et dans les hasards de l'action » (p. 151).

2. « Le postulat de la trifonctionnalité sociale fut donc bien énoncé aussi contre les moines, et précisément ceux que fascinait Cluny. Il fut énoncé au moment où le monachisme réformé triomphait » (p. 177)).

3. « Il avait l'avenir devant lui. Toutefois, lorsqu'il fut proclamé par l'évêque de Cambrai et par l'évêque de Laon, il apparut à juste titre retardataire. Aussi ne fut-il pas reçu de longtemps » (p. 205).

L'obstacle fut Paris, trésor et symbole d'une royauté alliée au pape, aux évêques, à l'Église réformée, aux écoles, aux communes, au peuple » (p. 370). C'est ce qui fait de la résurgence une ultime péripétie. Seule l'« adoption » fait conclusion, dans la mesure où elle assure la réconciliation entre le modèle rêvé et l'institution réelle : Bouvines est l'instrument de ces retrouvailles. Le capétien a repris la place du carolingien. Mais, chose curieuse, au regard de l'esprit de système qui semblait régir l'ouvrage, le roi ne fait pas partie du schème triparti : « siégeant lui-même au-dessus de l'ordre, c'est-à-dire les trois ordres qui composent la société de cour » (p. 413).

Quoi qu'il en soit des doutes qu'on peut avoir sur la cohérence du modèle trifonctionnel [1], l'intrigue s'achève quand le symbole bascule de l'imaginaire rêvé à l'imaginaire constituant [2]. C'est donc bien l'« adoption » qui à la fois donne une fin à l'histoire racontée et confère un sens au « milieu », représenté par la triade : « circonstance », « éclipse », « résurgence ».

C'est tout ce que je voulais démontrer : les *quasi-événements* qui marquent les périodes critiques des systèmes idéologiques *s'encadrent dans des quasi-intrigues,* qui assurent leur statut narratif.

Mais c'est dans le champ de l'histoire politique que le retour à l'événement se fait le plus pressant. « Comment penser un événement comme la Révolution française », demande François Furet au début (p. 9) d'un ouvrage qui s'appelle précisément *Penser la Révolution française* [3].

Penser, l'historien le peut s'il s'arrache à l'alternative de la commémoration et de l'exécration dans laquelle il reste enfermé aussi longtemps qu'il continue de participer à « la hantise des origines dont est tissée l'histoire nationale » (p. 14) depuis 1789. Alors l'historien est animé par la seule curiosité intellectuelle, comme tout autre savant. A la faveur de cette prise de distance, il peut prétendre conceptualiser l'événement, sans assumer la croyance des acteurs dans la signification dudit événement comme rupture avec le passé et comme origine de

1. En fait, ce qui subsistera jusqu'à 1789, c'est le principe binaire de l'inégalité. La tripartition fonctionnelle vient plutôt s'insérer « dans l'intervalle entre le monarque et la plèbe, aidant celui-là à tenir celle-ci en bride » (p. 424).

2. « J'ai choisi de terminer cette étude à Bouvines : ce n'est pas par une sorte d'habitude, ni que je surestime l'événement. Je suis persuadé que s'achève là, en 1214, la primitive histoire de la figure trifonctionnelle, qui, dès lors, cristallisée, projetée sur tout le royaume de France, s'apprête à sortir de l'imaginaire, à s'incarner dans une institution » (p. 414). Et plus loin : « Je m'arrête, car à ce moment le postulat de la trifonctionnalité est retourné à ses origines » (p. 423).

3. *Op. cit.*

temps nouveaux, bref sans partager l'illusion de la Révolution française sur elle-même. Mais à quel prix l'historien vient-il à penser la Révolution française comme *événement* ? Il est remarquable qu'il n'y réussit partiellement qu'en croisant deux explications qui, séparément et peut-être conjointement, laissent un résidu, et ce résidu est l'événement même.

Penser la Révolution française avec Tocqueville, c'est la voir non comme rupture et origine, mais comme parachèvement de l'œuvre de la Monarchie, en tant que dissolution du corps social au profit de l'administration d'État. L'écart est ici extrême entre l'historiographie et la tyrannie du vécu historique des acteurs, avec son mythe des origines. Ce que Furet interroge, c'est précisément l'écart entre les intentions des acteurs et le rôle qu'ils jouent. Du même coup, l'événement disparaît, au moins comme rupture, dès que l'analyse procède par concepts explicites. L'analyse casse proprement le récit historique : Tocqueville, note Furet, « traite un problème, non une période » (p. 33).

Mais l'événement n'a pas été évacué à tous égards : si Tocqueville rend bien compte du *bilan* de la Révolution — François Furet dit : « de la révolution-contenu » — il reste à expliquer le *procès* même de la Révolution — François Furet dit : « de la révolution-modalité » —, à savoir la dynamique particulière de l'action collective qui fait que le bilan de la Révolution selon Tocqueville n'a pas été obtenu par une évolution à l'anglaise mais bien par une révolution. Or c'est là que réside l'événement. « Il reste que l'événement révolutionnaire, du jour où il éclate, transforme de fond en comble la situation antérieure et institue une nouvelle modalité de l'action historique, qui n'est pas inscrite dans l'inventaire de cette situation » (p. 39).

Il faut donc introduire un second modèle pour rendre compte de cette apparition sur la scène de l'histoire d'une modalité pratique et idéologique de l'action sociale qui n'était inscrite dans rien de ce qui l'avait précédée. Ce second modèle doit prendre en compte ce qui fait de la Révolution « une des consciences fondamentales de l'action politique » (p. 41), à savoir « une perpétuelle surenchère de l'idée sur l'histoire réelle, comme si elle avait pour fonction de restructurer par l'imaginaire l'ensemble social en pièces » (p. 42). On a nommé par là le phénomène jacobin.

Le modèle explicatif d'Augustin Cochin prend alors la relève du modèle de Tocqueville, pour montrer comment une nouvelle sensibilité politique a été produite à côté de l'ancienne, qui fait naître un monde nouveau à partir de l'individu et non de ses groupes institutionnels, et par le seul lien de l'opinion. A. Cochin trouve en effet dans les « sociétés de pensée » la matrice d'une conception du pouvoir qui repose sur le principe d'égalité, sur la transformation des individus isolés en peuple — acteur imaginaire unique de la révolution —, et sur la suppression de tout écran entre le peuple et ses porte-parole auto-désignés.

Mais le jacobinisme n'est pas seulement une idéologie, c'est une idéologie qui a pris le pouvoir. Dès lors, ni le démontage de ce que l'historien tient pour une « illusion de la politique », ni l'identification des canaux par lesquels s'est exercé sur la société ce nouveau pouvoir ne saturent l'événement Révolution. La série des scissions et des complots sont bel et bien des intrigues, au sens le plus ordinaire du mot. Certes, on peut montrer comment la mentalité du complot procède de la nouvelle sociabilité politique qui transforme en ennemi quiconque n'a pas su occuper la place symbolique du pouvoir tel que le système le définit. A cet égard, les pages sur le complot, comme conséquence de la nouvelle symbolique politique, sont extrêmement brillantes et convaincantes. Il reste que prendre le pouvoir, me semble-t-il, reste un événement non déduit du système idéologique qui définit le pouvoir. Les événements, la chronologie et les grands hommes reviennent en force sous le signe du complot. Même déduit du système idéologique, le complot, dirais-je, *réintroduit l'événement avec l'intrigue*. Car le complot est peut-être la pièce d'un délire, mais le délire est à l'œuvre, générateur d'événements.

C'est pourquoi Thermidor est un événement, pensé certes, mais jusqu'à un certain point seulement : « C'est la fin de la Révolution parce que c'est la victoire de la légitimité représentative sur la légitimité révolutionnaire... et, comme le dit Marx, la revanche de la société réelle sur l'*illusion de la politique* » (p. 84). Mais, à son tour, le « codage idéologique » du phénomène Robespierre n'épuise pas, me semble-t-il, sa signification historique. Dire qu'il incarne une idéologie — la lutte pour un imaginaire contre un autre —, c'est seulement, comme dans la tragédie grecque, nommer le thème qui correspond à l'intrigue. Or, c'est l'intrigue qui fait « que la Révolution parle à travers lui son discours le plus tragique et le plus pur » (p. 87). On a déduit de l'idéologie jacobine « le plus pur » de l'événement, mais non « le plus tragique ».

C'est pourquoi je ne me risquerai pas à dire, avec François Furet, que Thermidor, en marquant « la revanche du social sur l'idéologique » (p. 104), ramène de Cochin à Tocqueville, car la continuation de l'Ancien Régime passe non seulement par l'accélérateur idéologique du jacobinisme, mais par les actions que cette illusion politique a engendrées. En ce sens, le second schéma de la Révolution française, celui d'Augustin Cochin, ne vient pas plus à bout de l'événement que le premier, celui de Tocqueville. Nulle reconstruction conceptuelle ne pourra faire que la continuité avec l'Ancien Régime passe par la prise de pouvoir d'un imaginaire vécu comme rupture et origine. Cette prise de pouvoir elle-même est de l'ordre de l'événement. C'est elle qui fait que le fantasme d'origine est aussi une origine, pour retourner la formule de François Furet [1].

L'auteur a-t-il réussi à « penser » l'événement qu'est la Révolution française ? Je dirai, dans la ligne de ma réflexion sur la longue durée chez Braudel, que l'événement est restitué, au terme du travail d'explication, à la fois comme résidu de chaque tentative d'explication (à la façon dont la troisième partie de *la Méditerranée...* de Braudel constitue à la fois un supplément et un complément), comme dissonance entre structures explicatives, enfin comme vie et mort des structures.

Si la découverte de la longue durée ne reconduisait pas à l'événement selon l'une ou l'autre de ces trois modalités, la longue durée risquerait d'arracher le temps historique à la dialectique vivante entre le passé, le présent et le futur. Un temps long peut être un temps sans présent, donc aussi sans passé ni futur : mais alors il n'est plus un temps historique, et la longue durée reconduit seulement le temps humain au temps de la nature. On peut discerner des traces de cette tentation chez Braudel lui-même, faute d'une réflexion philosophique sur le rappport entre ce qu'il appelle un peu trop vite le temps subjectif des philosophes et le temps long des civilisations. C'est que la découverte de la longue durée peut exprimer l'*oubli* du temps humain, qui requiert toujours le repère du présent. Si l'événement au souffle court fait écran à la prise de conscience du temps que nous ne faisons pas, la longue durée peut aussi faire écran au temps que nous sommes.

Cette conséquence désastreuse ne peut être éludée que si une *analogie* est préservée entre le temps des individus et le temps des civilisations : analogie de la croissance et du déclin, de la création et de la mort, analogie du destin.

Cette analogie au niveau de la temporalité est de même nature que

1. Aussi bien le dernier mot du beau chapitre de synthèse de son ouvrage le concède-t-il implicitement : « Or, la Révolution française n'est pas une transition, c'est une origine, et un fantasme d'origine. C'est ce qu'il y a d'unique en elle qui fait son intérêt historique, et c'est d'ailleurs cet « unique » qui est devenu universel : la première expérience de la démocratie » (p. 109). Cet aveu, concernant l'événement, n'en recèle-t-il pas un autre, concernant le rapport entre l'explication et le récit, et finalement concernant l'attitude même de distanciation ? Si cet unique est devenu universel — du moins l'universel de notre réalité politique présente —, ne faut-il pas dire qu'un peu de désinvestissement éloigne de la commémoration, mais que beaucoup de désinvestissement y ramène ?

l'analogie que nous avons cherché à préserver au niveau des procédures entre attribution causale et mise en intrigue, puis au niveau des entités entre les sociétés (ou les civilisations) et les personnages du drame. En ce sens, *tout changement entre dans le champ historique comme quasi-événement.*

Cette déclaration n'équivaut aucunement à un retour sournois à l'événement bref, dont l'histoire de longue durée fait la critique. Cet événement au souffle court, quand il n'était pas le reflet de la conscience confuse et des illusions des acteurs, était tout autant un artéfact méthodologique, voire l'expression d'une vision du monde. A cet égard, Braudel est parfaitement justifié à s'écrier : « J'affirme contre Ranke ou Karl Braudi que l'histoire-récit n'est pas une méthode ou la méthode objective par excellence, mais bien une philosophie de l'histoire elle aussi » (« Préface... », *Écrits*, p. 13).

Par *quasi-événement*, nous signifions que l'extension de la notion d'événement, au-delà du temps court et bref, reste *corrélative* à l'extension semblable des notions d'intrigue et de personnage. Il y a quasi-événement là où nous pouvons discerner, même très indirectement, très obliquement, une quasi-intrigue et des quasi-personnages. L'événement en histoire correspond à ce qu'Aristote appelait *changement de fortune — metabolè* — dans sa théorie formelle de la mise en intrigue. Un événement, encore une fois, c'est ce qui non seulement contribue au déroulement d'une intrigue, mais donne à celui-ci la forme dramatique d'un changement de fortune.

Il résulte de cette parenté entre quasi-événement et quasi-intrigue que la pluralité des temps historiques, prônée par Braudel, est une expansion du trait cardinal du temps narratif, à savoir son aptitude à combiner en proportions variables la composante chronologique de l'épisode et la composante non chronologique de la configuration. Chacun des niveaux temporels requis par l'explication historique peut être vu comme un redoublement de cette dialectique. Peut-être peut-on dire qu'avec l'événement bref, l'épisodique continue de prévaloir dans des intrigues pourtant hautement complexes, et que la longue durée marque la préséance de la configuration. Mais le surgissement d'une nouvelle qualité événementielle, au terme du travail de structuration de l'histoire, sonne comme un rappel. A savoir qu'il arrive quelque chose même aux structures les plus stables. Il leur arrive quelque chose : en particulier, de mourir. C'est pourquoi, malgré ses réticences, Braudel n'a pu éluder d'achever son magnifique ouvrage par le tableau d'une mort, non certes celle de la Méditerranée, mais bien celle de Philippe II.

Conclusions

Qu'il me soit permis de faire le bilan des résultats atteints au terme de la deuxième partie de mon étude. Au regard des ambitions affichées dans le chapitre III de la première partie, ces résultats se tiennent dans des limites bien précises.

Seul, d'abord, a été soumis à l'examen un des deux grands modes narratifs, l'histoire. Est resté exclu du domaine de l'investigation tout ce qui sera placé, dans la troisième partie, sous le titre du *Récit de fiction* : disons, de l'épopée archaïque au roman moderne. La moitié seulement du terrain à couvrir par l'enquête a donc été parcourue.

Or, la restriction de nos analyses au récit historique n'a pas eu seulement pour effet de laisser *au-dehors* d'autres modes narratifs. Elle a entraîné une amputation de la problématique interne à l'histoire elle-même. En effet, l'*ambition de vérité*, par laquelle l'histoire, selon une expression heureuse de Paul Veyne, prétend au titre de récit « véridique » ne revêt toute sa signification que quand on peut l'opposer à la suspension délibérée de l'alternative entre vrai et faux, caractéristique du récit de fiction [1]. Je ne nie pas que cette opposition, entre récit « vrai » et récit « mi-vrai, mi-faux », repose sur un critère naïf de

1. A cet égard, je rappelle la convention de vocabulaire que je m'efforce de respecter : je ne tiens pas le terme *fiction* pour un synonyme général de « *configuration imaginée* ». Celle-ci est une opération commune à l'historiographie et au récit de fiction : à ce titre elle relève de *mimèsis* II. En revanche, dans mon vocabulaire, le terme *fiction* est entièrement défini par l'antithèse qu'il fait avec le récit vrai : il s'inscrit donc sur un des deux trajets de la référence du récit, et relève de *mimèsis* III, dont la problématique ne sera explicitement affrontée que dans la quatrième partie. Comme je l'ai dit plus haut, ce choix n'est pas sans inconvénients ; maints auteurs ne font aucune distinction entre fiction et configuration, pour autant que toute configuration est feinte, c'est-à-dire non donnée dans les matériaux mis en ordre par le récit. Ces auteurs peuvent légitimement tenir tout récit pour une fiction, dans la mesure où ils ne prennent pas en considération la totalité du genre narratif. N'ayant pas à rendre compte de la prétention de l'histoire à constituer un récit vrai, ils n'ont pas besoin d'un terme discriminant pour trancher entre les deux modalités *référentielles* entre lesquelles se répartissent grossièrement les configurations narratives.

vérité, qui devra être sérieusement remis en question dans la quatrième partie.

A son tour, cette première limitation en entraîne une seconde plus grave, qui concerne directement le rapport du récit au *temps*. Comme on vient d'y faire allusion, en mettant entre parenthèses l'ambition de vérité de l'histoire, on a renoncé à thématiser pour lui-même le rapport de l'histoire au *passé*. De fait, nous nous sommes délibérément abstenus de prendre parti sur le statut *ontologique* du passé historique en tant qu'*ayant-été*. Ainsi, quand nous avons discuté le concept d'événement, nous avons soigneusement dissocié les critères épistémologiques couramment associés à cette notion (unicité, singularité, écart) des critères ontologiques par lesquels nous distinguons de ce qui n'est que feint ce qui est effectivement arrivé (advenir, faire arriver, différer en nouveauté de tout réel déjà advenu). Du même coup, le rapport de l'histoire, en tant que gardienne du passé des hommes, à l'ensemble des attitudes par lesquelles nous nous rapportons au présent et au futur, est resté en suspens.

En conséquence, la question du temps historique n'a pas été déployée dans toute son ampleur. Seuls ont été pris en considération les aspects du temps directement impliqués dans les opérations de configuration qui apparentent l'histoire au récit. Même la discussion sur la longue durée est restée dans les limites d'une épistémologie appliquée aux constructions caractéristiques de l'explication en histoire. On a discuté des rapports entre longue durée et événement, on n'a pas cherché à savoir ce qu'il en est effectivement du rapport des temporalités multiples distinguées par l'historien à ce que celui-ci appelle, avec méfiance, le temps subjectif des philosophes — qu'on entende par là la durée bergsonienne, le flux absolu de conscience selon Husserl, l'historicité selon Heidegger. Une fois encore, la contribution de l'historiographie à ce débat ne pouvait être tirée au clair que conjointement avec celle du récit de fiction. C'est ce que nous avons laissé entendre en subordonnant, au chapitre III de la première partie, la question du temps refiguré par le récit à la résolution du problème de la référence croisée entre récit vrai et récit de fiction. Il faut même soupçonner que, grâce à sa liberté plus grande à l'égard des événements effectivement advenus dans le passé, la fiction déploie, concernant la temporalité, des ressources d'investigation interdites à l'historien. Comme on dira dans la troisième partie, la fiction littéraire peut produire des « fables à propos du temps » qui ne soient pas seulement des « fables du temps ». Il n'est pas inconcevable, dès lors, qu'il faille attendre le grand détour par le temps de la fiction pour se prononcer définitivement sur le rapport de l'histoire au temps.

Avouer les limites des analyses de notre seconde partie ne contraint point à minimiser l'importance des résultats que nous pensons avoir atteints. Simplement, ces limites rappellent que toute notre enquête s'est tenue au plan de *mimèsis* II, sans égard pour la fonction de médiation opérée par ce stade mimétique entre l'expérience pré-narrative et une expérience *refigurée* par le travail du récit sous toutes ses formes.

Toute notre seconde partie consiste dans une investigation des rapports entre l'écriture de l'histoire et l'opération de mise en intrigue, élevée par Aristote au rang de catégorie dominante dans l'art de composer des œuvres qui imitent une action. Si, en effet, la confrontation ultérieure entre récit historique et récit de fiction devait avoir un sens, il fallait au préalable s'assurer de l'appartenance de l'histoire au champ narratif défini par ladite opération configurante. Or ce rapport, à mesure qu'il se vérifiait, se révélait d'une complexité extraordinaire.

Pour le cerner, il a fallu d'abord, dans les chapitres I et II, recourir à une stratégie *antithétique* où se sont affrontées les thèses en gros nomologiques et les thèses globalement narrativistes. Au cours de cette polémique, nulle thèse n'a été soumise à la critique qui n'ait contribué, au prix d'une série de *rectifications*, à une première approximation du rapport entre l'histoire et le récit. Certaines de ces rectifications ne sont apparues que plus tard. Ainsi, dans la première partie du chapitre I, le plaidoyer pour une histoire non événementielle, tenu par les historiens français pour incompatible avec une interprétation narrative de l'histoire, est resté sans réponse critique immédiate, aussi longtemps qu'un concept plus affiné d'intrigue historique n'a pas permis, dans la dernière partie du troisième chapitre, de réintégrer l'histoire non événementielle dans le champ narratif. Mais il fallait d'abord, en écartant une lecture naïvement narrative de l'histoire, poser le problème dans la situation épistémologique la plus défavorable à un rapport direct et immédiat entre l'histoire et le récit.

Si, en revanche, le modèle nomologique a été soumis sans tarder à une critique assez vive, d'abord interne à la fin du chapitre I, puis externe dans le chapitre II, cette double critique n'a pas été purement négative. Du passage par le modèle nomologique, on a retenu l'idée d'une coupure épistémologique qui éloigne l'explication historique, armée de généralisations en forme de loi, de la simple compréhension narrative.

Cette coupure épistémologique une fois reconnue, il n'était plus possible de se rallier à la thèse trop simple selon laquelle l'historiographie serait une espèce du genre histoire racontée (*story*). Même si, au total, une interprétation narrativiste de l'histoire nous a paru plus juste que l'interprétation nomologique, les thèses narrativistes de plus en plus raffinées dont nous avons rendu compte dans la suite du chapitre II ne nous ont pas paru rendre une exacte justice à la spécificité de l'histoire dans le champ narratif. Leur défaut principal est de ne pas avoir pris suffisamment en compte les transformations qui ont éloigné l'historiographie contemporaine d'une écriture naïvement narrative, et de n'avoir pas réussi à intégrer l'explication par des lois au tissu narratif de l'histoire. Et pourtant, la justesse de l'interprétation narrativiste est d'avoir parfaitement aperçu que la qualité proprement historique de l'histoire n'est préservée que par les liens, si ténus et dissimulés soient-ils, qui continuent de rattacher l'explication historique à la compréhension narrative, en dépit de la coupure épistémologique qui dissocie la première de la seconde.

Cette double exigence de rendre justice à la spécificité de l'explication historique *et* de préserver l'appartenance de l'histoire au champ narratif, a conduit, au troisième chapitre, à compléter la stratégie antithétique des chapitres I et II par une méthode de questionnement en retour, apparentée à la phénoménologie génétique du dernier Husserl. Cette méthode vise à rendre compte du caractère *indirect* de la filiation qui rattache l'histoire à la compréhension narrative, en *réactivant les phases de dérivation* qui assurent cette filiation. En toute rigueur, le questionnement en retour ne relève plus de l'épistémologie proprement dite, encore moins d'une simple méthodologie au ras du métier d'historien. Il relève d'une *genèse du sens*, qui est de la responsabilité du philosophe. Toutefois, cette genèse du sens ne serait pas possible si elle n'était *étayée* par l'épistémologie et la méthodologie des sciences historiques. Ce sont ces dernières qui fournissent les *relais* capables de guider, dans chacun des trois registres considérés, la réactivation des sources narratives de l'historiographie savante. Ainsi, c'est l'explication causale singulière qui fournit la structure de transition entre l'explication par des lois et la compréhension par l'intrigue. A leur tour, les entités de premier rang auxquelles se réfère en dernière instance le discours de l'histoire orientent le regard vers des modalités d'appartenance participative qui assurent la parenté entre l'objet de l'histoire et les personnages du récit. Enfin, les discordances de rythme entre les temporalités multiples, enchevêtrées dans le devenir global des sociétés, révèlent une parenté profonde entre les changements historiques les moins ponctuels et les changements brusques de fortune qui, dans le récit, sont tenus pour des événements.

Ainsi métier d'historien, épistémologie des sciences historiques et phénoménologie génétique additionnent-ils leurs ressources pour réactiver cette visée noétique fondamentale de l'histoire que, pour faire bref, nous avons appelée *intentionnalité historique*.

Le résultat le plus significatif de l'examen critique de l'historiographie n'a pas encore été souligné. Il résulte du choc en retour de cet examen sur le modèle initial proposé au chapitre III de la première partie.

Certes, les traits essentiels du modèle de base ont été préservés dans les analyses de notre seconde partie : caractère dynamique de l'opération de configuration, primat de l'ordre sur la succession, compétition entre concordance et discordance, schématisation par la narration des généralités en forme de loi, concurrence entre sédimentation et innovation dans la formation des traditions au cours du développement des sciences historiques. Mais, comme on l'avait noté le moment venu, on devait seulement attendre d'une étude qui succédait à une simple confrontation entre la *distentio animi* augustinienne et le *muthos* aristotélicien, qu'elle fournisse « une esquisse qui requiert encore expansion, critique et révision ».

De fait, notre examen de l'historiographie ne s'est pas borné à vérifier la pertinence du modèle, en l'appliquant à un domaine aussi considérable de composition narrative. Un bon exemple d'*expansion* du modèle est fourni par la complexité, sans égale dans la *Poétique* d'Aristote, de la concordance discordante offerte par la narration historique. L'idée de *synthèse de l'hétérogène*, simplement suggérée dans la première partie, s'affranchit entièrement des limites que lui imposaient encore les « genres » littéraires et les « types » d'intrigue connus d'Aristote. On pourrait dire qu'avec l'historiographie, la « forme » de la concordance discordante se détache des « genres » et des « types » avec lesquels elle se confond encore dans la *Poétique*.

Par là même, l'expansion du modèle initial tend vers une *critique*, sinon du modèle en tant que tel, du moins des interprétations de l'explication historique demeurées trop proches de ce modèle. C'est le cas toutes les fois que la théorie de l'histoire reste mal distinguée d'une théorie de l'action et ne donne pas aux circonstances, aux forces anonymes et surtout aux conséquences non voulues, la place qui leur est due. Qu'est-ce qui transforme les actions en histoires, demande un philosophe ? Ce sont précisément les facteurs qui échappent à une simple reconstruction du calcul des agents de l'action. Ces facteurs donnent à la mise en intrigue une complexité sans égale dans le modèle réduit encore réglé, chez Aristote, sur la tragédie grecque (sans oublier toutefois l'épopée et, à un moindre degré, la comédie). Le modèle d'explication proposé par von Wright, pour coordonner les segments téléologiques et les segments nomiques à l'intérieur d'un modèle mixte, donne bien la mesure de la critique à laquelle doit être soumis un modèle purement actionnel de l'explication historique.

Irai-je jusqu'à parler d'une *révision*, par la théorie de l'histoire, du modèle initial ? Oui, jusqu'à un certain point. En témoignent les concepts de quasi-intrigue, de quasi-personnage et de quasi-événement, qu'il a fallu construire pour respecter la forme très indirecte de filiation par quoi l'historiographie la moins narrative dans son style d'écriture reste tributaire de l'intelligence narrative.

En parlant de quasi-intrigue, de quasi-personnage, de quasi-événement, nous avons voulu porter les concepts initiaux élaborés sous le signe de *mimèsis* II au voisinage de leur point de rupture. On se souvient combien l'intrigue qui sous-tend le grand ouvrage de Braudel, *La Méditerranée et le Monde méditerranéen à l'époque de Philippe II*, est enfouie dans l'œuvre et malaisée à reconstruire. On n'a pas oublié non plus la prudence que requiert le maniement des noms propres quand ils sont appliqués aux entités de premier rang de l'histoire. Enfin, la notion d'événement a dû perdre ses caractères usuels de brièveté et de soudaineté pour s'égaler aux discordances et aux ruptures qui ponctuent la vie des structures économiques, sociales, idéologiques d'une société singulière. Le *quasi* des expressions quasi-intrigue, quasi-personnage, quasi-événement, atteste le caractère hautement *analogique* de l'emploi des catégories narratives dans l'histoire savante. Du moins, cette analogie exprime-t-elle le lien ténu et dissimulé qui retient l'histoire dans la mouvance du récit et ainsi préserve la dimension historique elle-même.

TABLE

IMP. HÉRISSEY À ÉVREUX
D.L. FÉVRIER 1983, N° 6365

DANS LA COLLECTION « L'ORDRE PHILOSOPHIQUE »

J.L. AUSTIN, *Quand dire, c'est faire.*
ALAIN BADIOU, *Théorie du sujet.*
CLAUDE BRUAIRE, *L'Affirmation de Dieu ;*
Logique et Religion chrétienne dans la philosophie de Hegel.
BERNARD CARNOIS, *La Cohérence de la doctrine kantienne de la liberté.*
NOAM CHOMSKY, *La Linguistique cartésienne ;*
Structures syntaxiques ;
Aspects de la théorie syntaxique ;
Questions de sémantique.
JEAN T. DESANTI, *Les Idéalités mathématiques ;*
La Philosophie silencieuse.
GOTTLOB FREGE, *Les Fondements de l'arithmétique ;*
Écrits logiques et philosophiques.
H.-G. GADAMER, *Vérité et Méthode.*
JEAN-JOSEPH GOUX, *Les Iconoclastes.*
JEAN GRANIER, *Le Problème de la Vérité dans la philosophie de Nietzsche ;*
Le Discours du monde.
MICHEL GUÉRIN, *Le Génie du philosophe.*
WILHELM VON HUMBOLDT, *Introduction à l'œuvre sur le Kavi.*
FRANÇOIS LARUELLE, *Machines textuelles.*
LÉONARD LINSKY, *Le Problème de la référence.*
ROBERT MISRAHI, *Traité du bonheur*
1. Construction d'un château.
BERNARD PAUTRAT, *Versions du soleil (figures et système de Nietzsche).*
CHARLES S. PEIRCE, *Écrits sur le signe.*
JEAN-LUC PETIT, *Du travail vivant au système des actions.*
MICHEL PHILIBERT, *L'Échelle des âges.*
BERNARD QUELQUEJEU, *La Volonté dans la philosophie de Hegel.*
FRANÇOIS RECANATI, *La Transparence et l'Énonciation.*
JEAN-MICHEL REY, *L'Enjeu des signes (lecture de Nietzsche).*
PAUL RICŒUR, *De l'interprétation (essai sur Freud) ;*
Le Conflit des interprétations (essai d'herméneutique) ;
La Métaphore vive.
REINER SCHÜRMANN, *Le Principe d'anarchie (Heidegger et la question de l'agir).*
CHARLES SINGEVIN, *Essai sur l'Un.*
P.F. STRAWSON, *Les Individus ;*
Études de logique et de linguistique.